원서 4판

미술치료윤리
이론과 실제

Bruce L. Moon · Emily Goldstein Nolan 공저 | 임나영 · 오종은 · 이윤희 · 홍윤선 · 권민경 공역

ETHICAL ISSUES IN
ART THERAPY (4th ed.)

학지사

역자 서문

최근 국내에서는 미술치료가 빠르게 퍼져 나가면서 이에 대한 관심과 수요가 급증하고 있다. 사람들은 처음 '미술치료'를 떠올렸을 때, 미술치료가 미술로 마음을 어루만지고 상처를 치유한다는 점에서 막연하지만 뭔가 대단하고 멋있어 보인다고 생각한다. 그런데 사실 이렇게 폼 나는 미술치료의 모습 뒤에 정작 우리는 실제적인 미술치료에 대해 아는 것이 별로 없다는 씁쓸한 진실이 있다. 마치, 장님이 코끼리를 만지며 나름의 코끼리를 만들어 내는 것처럼, 사람들은 미술치료에 대해 많이 아는 것 같지만 아리송할 때가 더욱 많다. 아마도 이것은 우리나라의 미술치료가 너무나 빨리, 또 광범위하게 성장하면서 생긴 안타까운 모습인지도 모른다.

미술치료에 대한 높은 관심은 국내 미술치료의 급성장을 이끌어 냈지만, 우리는 만만치 않은 성장통을 겪게 되었다. 누가 미술치료를 해야 하며 어떻게 사용해야 하는지에 대한 전문적 기준과 훈련이 정립되지 않은 채 우후죽순처럼 미술치료가 시행되면서 여러 부작용을 낳았고, 이러한 부작용은 사회 문제로 이어지고 있다. 역자들은 이를 안타깝게 여기며, 미술치료사의 전문성 발달을 위해 미술치료윤리에 대한 고찰이 필수적이라는 데 함께 뜻을 모았다.

미술치료의 빠른 성장보다 바른 성장을 위해 반드시 필요한 것이 바로 '미술치료윤리'다. 그럼에도 여전히 미술치료 현장 및 교육 장면에서는 윤리에 대한 충분한 논의가 이루어지지 않고 있으며, 미술치료윤리를 딱딱한 이론으로만 오해하는 경우도 많다. 윤리는 이론에만 국한된 것이 아니라 살아 있는 현장의 소리, 실제의 문제다. 미술치료윤리는 다양한 임상 장면에서 발생할 수 있는 상황에 어떤 기준으로 대처할 것인가에 대한 이야기이기 때문이다.

『미술치료윤리 이론과 실제(Ethical Issues in Art Therapy)』는 미술치료의 질적 성장을 위해서는 윤리의 실제적 측면이 얼마나 중요한지를 보여 주는 책이다. 특별히 이 책인 4판은 생생한 미술치료 현장의 사례를 통해 미술치료 임상 현장이 다양화되고 확대되면서 나타나는 미술치료사들의 실제적 경험, 즉 임상 시스템 안에서 미술치료사가 받는 스트레스와 소진, 지지 방법에 대한 것뿐만 아니라, 디지털시대의 미술치료사에게 꼭 필요한 원격치료와 디지털미디어 활용 시 간과하기 쉬운 윤리적 이슈까지 다루고 있다. 이런 점에서 『미술치료윤리 이론과 실제』는 사람을 돕겠다는 생각은 있으나 어떤 원칙과 기준으로 전문성을 자리매김해 나가야 하는지에 대해서 혼란스러워하는 현장의 미술치료사들에게 좋은 처방이 될 수 있을 것이다. 이 책에는 미술치료사들이 매 순간 겪으며 고민하는 생생한 현장의 이야기가 가득 담겨 있기 때문이다. 단순히 치료기법만 배워서 금방 적용하는 미술치료가 아니라, 실제로 내담자와 경험하게 되는 치료적 내용, 치료적 관계 형성의 문제들이 세밀하고 친절하게 제시되어 있어, 아마도 우리는 이 책을 보면서 많이 고민하게 될지도 모른다. 이런 바람직한 고민은 결국 우리를 미술치료의 본질로 이끌어 줄 것이라고 기대한다.

길을 잃었을 때 문득 작은 불빛 하나가 길을 밝혀 줄 수 있는 것처럼, 역자들은 이 책이 미술치료의 길목에서 만나는 수많은 상황에 지침이 되기를, 미술치료를 배우는 사람들에게 좋은 교과서가 되기를 바란다.

이 책이 미술치료사로 성장해 가면서 겪는
성장통을 치유하는 데 도움이 되기를 바라며
역자 일동

저자 서문

이 책 『Ethical Issues in Art Therapy(4th ed.)』는 미술치료를 공부하는 학생, 미술치료사 그리고 표현예술치료전문가를 위한 것이다. 이 책은 미술치료 수업과정 중 전문가 윤리, 미술치료의 슈퍼비전 등의 과목을 위한 교과서로, 또한 미술치료의 이론과 실제의 부교재로 활용할 수 있고, 미술치료 슈퍼비전 및 자문 그룹 안에서 이루어지는 토론을 활성화하는 데 도움을 줄 수 있다. 이 책에서는 미술치료사가 겪는 문제들을 언급하고 있지만 이는 미술치료사뿐 아니라 내담자를 시각예술, 음악, 드라마, 움직임, 시 또는 연극 등 상위언어(metaverbal)로 치료하는 다른 분야의 치료사들에게도 적용될 수 있다.

이 책에서 논의된 윤리적 딜레마는 미술치료사라는 직업을 통해 겪게 되는 전형적인 문제들이다. 이를 통해 독자는 일상의 미술치료 현장에 심각한 영향을 미칠 수 있는 직업적 윤리 문제와 씨름하는 방법을 배울 수 있을 것이다. 아마도 이 씨름의 과정은 질문에서 시작해 질문으로 끝날 것이다. 미술치료사는 어떻게 직업과 관련된 도덕적인 질문들을 끊임없이 고려하는가? 직업에 있어서 윤리적인 미술치료사가 된다는 것은 어떤 의미인가? 도덕적 · 직업적 · 윤리적 · 법적 문제가 어떻게 겹치는가? 창의적인 미술치료사는 어떻게 직업의 경계를 유지하는가? 미술치료나 다른 상위언어를 활용한 치료에 적용되는 고유의 윤리적 문제들이 존재하는가? 우수한 슈퍼비전의 특징은 무엇인가? 미술치료사가 자문을 받아야 하는 시기는 언제인가? 내담자의 작품을 복제하거나 전시하거나 출판하는 적절한 시기는 언제인가? 미술치료 기간에 제작된 미술작품은 누구의 소유인가? 미술작품 자체가 권리를 갖고 있는가? 창의적 미술치료의 적용에 있어서 다문화에 대한 이해도와 다양성의 이슈는 얼마나 중요한가? 예술가이면서 미술치료사인 우리는 직업적으로 그리고 사회의 구성원으로서 어떠한 책임감을 가져야 하는가? 또한 미술치료의 교육자로서 학생들과 직업에 대해 어떠한 도덕적 책임감을 지녀야 하는가?

이번 개정판의 특별함은 내(Emily)가 나의 멘토이자 가장 영향력 있고 다재다능한 미술치료사인 브루스 문 박사(Dr. Bruce Moon)의 미술치료 교과서인 『Ethical Issues in Art Therapy』 개정판에 참여하게 되었다는 점이다. 나는 이 일에 참여하는 것을 영광으로 생각한다. 이번 판에서 나는 섹션별로 '나'라고 쓴 단어 옆에 괄호로 브루스(Bruce) 또는 나의 이름을 적음으로써 특정 개인의 경험이 누구의 것인지 구분할 수 있도록 하였다. 내가 새로운 장을 만들거나 기존 장의 내용을 크게 변경하였을 경우, 매 장의 시작 부분에 나의 목소리로 진행된다는 점을 밝혔다.

이 책에는 네 가지의 중요한 목표가 있다. 첫째, 나와 브루스는 미술치료사가 직면한 윤리적 딜레마와 관련된 질문을 던지고 그에 대한 정보를 제공하고자 한다. 둘째, 전문 임상 현장에서 미술치료사가 당면할 수 있는 까다로운 윤리적 문제에 대해 생각한 다음, 해결방법의 모형을 제시한다. 셋째, 강사나 슈퍼바이저가 이 책을 윤리적 문제를 겪는 학생들을 위한 기초 자료로서 창의적으로 사용하기를 바란다. 마지막으로, 윤리적 딜레마와 싸우기 위한 창의적인 방법으로서의 예술적 활동을 제시한다.

우리는 사례를 통해 특정한 윤리 문제에 관한 논의 방법을 제안할 것이다. 그러나 우리의 견해가 다른 사람들의 행동을 결정하는 명령이 되지 않았으면 한다. 우리의 논제는 단지 윤리적 추론의 하나의 예일 뿐이다. 따라서 독자가 각자의 위치에 맞게 적용할 수 있기를 바란다.

4판은 이전 판에 비해 많은 내용이 추가되었다. 소진과 연민 피로에 관한 '돌봄비용'(Figley, 2002) 내용을 논의하고, 시스템이 미술치료사와 내담자에게 어떻게 도움을 주고 어떤 역할을 할 수 있는지에 대해 이야기하고자 한다. '미술치료 슈퍼비전' 관련 장에는 슈퍼비전의 성장 모델을 제시하고, 자문에 관한 정보를 포함한다. '사설 치료실의 미술치료사' 관련 장에는 지역사회 스튜디오 모델 내에서의 윤리에 대한 내용이 추가되었다. 미술치료에서의 다양성과 다문화적 접근의 중요성을 다루는 장에서는 미술치료사의 실제적 적용에는 유능함이 기본이 된다는 전제를 바탕으로 다문화적 접근의 중요성에 대한 내용이 상당 부분 추가되었다. '디지털 시대의 미술치료' 관련 장에도 최신 정보가 많이 추가되었다.

4판에는 '미술치료사를 위한 윤리규정'(AATA, 2013)이 자주 인용되었다. 또한 '전문 임상에 관한 강령(Code of Professional Practice)'(ATCB, 2019)에 따라 개념을 다루었으며, 이들 문서는 각각 미국미술치료협회(American Art Therapy Association: AATA)와 미술치료 자격심사위원회(Art Therapy Credentials Board: ATCB)의 승인을 받아 이 책의 부록에 수록하였다. 관심을 가지는 독자들을 위해서 영국예술치료사협회(British Association of Art Therapists: BAAT)의 윤리 문서(BAAT, 2019) 또한 포함하였다. AATA 문서 자료(2013)는 미국미술치료협회의 국제기구를 통해 제공받을 수 있다.

American Art Therapy Association 4875 Eisenhower Ave.

Alexandria, VA 22304

Phone 888-290-0878

E-mail: info@arttherapy.org

Web Site: http://www.arttherapy.org

ATCB(2011) 문서는 Art Therapy Credentials Board를 통해 얻을 수 있다.

Art Therapy Credentials Board 3 Terrace Way

Greensboro, NC 27403-3660

Toll Free (877)213-2822   Phone (336)482-2858

FAX (336)482-2852

E-mail: atcbinfo@atcb.org

Web Site: http://www.atcb.org

제시된 AATA와 ATCB의 윤리 문서는 윤리적 딜레마 문제를 다루는 데 있어 큰 도움이 되지만, 궁극적으로 모든 경우에 적용하기에는 충분하지 않다. 결국은 슈퍼바이저, 임상가, 교육자, 학생 등이 도덕적 전문성에서 고려해야 할 문제들이 생길 때마다 고군분투해야 한다. 각자가 직면한 특정 문제를 윤리적 기준에서 어떤 부분을 적용해야 할지 결정해야 한다. 그 과정은 난처하고 혼란스럽고 때때로 두려운 일인데, 이 책이 그런 힘든 과정에서 도움이 되기를 바란다.

이 책은 슈퍼비전 그룹이나 학과에서 이루어지는 토의와 토론을 위한 윤리적 딜레마의 예들을 제시하며, 개인적으로도 문제에 관해 심사숙고할 수 있도록 해 준다. 전문적 경험의 깊이가 있는 강사, 집단 슈퍼비전 리더, 미술치료 자문가 등은 그들의 전문 활동 영역에서 직업적 윤리와 어떻게 끊임없이 씨름하는지를 보여 주는 모범이 될 수 있다.

각 장에는 토론과 사고를 촉진하기 위해 딜레마가 담겨 있는 짤막한 에피소드를 추가하였다. 또한 실제적인 적용과 관련된 문제들이 거의 모든 장에 포함되어 있는데, 이를 통해 독자는 자료를 자세히 살피고 주요 문제에 관한 자신의 입장을 명확하게 정리할 수 있다. 더불어 주제와 관련하여 메타인지, 동작, 시각 및 감각을 이용한 추천 예술활동도 제시하였다.

이 책의 도판은 메리우드 대학교(Marywood University) 문 박사(Dr. Moon)의 이전 대학원생들이 추천 예술활동에 예술적으로 반응하여 창조한 작품의 예시들이다. 인간은 여러 가지 방법으로 배울 수 있는데(Gardner, 1983, 1994), 이러한 주제에 관해서 미술활동을 하는 것이 그 지식의 깊이를 더할 수 있다(Allen, 1995). 이 책의 개발 단계에서 본 내용을 가지고 강의한 경험을 비추어 볼 때, 강사나 집단 슈퍼비전 리더에게 수업/그룹의 토론주제를 이해하고 명확하게 하는 방법으로 '추천 예술활동'의 활용을 추천한다. 미술치료의 직업 윤리 연구에 내재된 어려우면서도 불안감을 유발하는 주제를 예술적 감수성의 관점으로 다룸으로써 주제의 지적 토론을 풍성하고 깊이 있게 할 수 있다.

이런 예술활동이 의미를 지니기 위해서는 활동에 진지하고 집중적으로 임하여야 한다. 각각의 활동은 미술치료사에게 여러 상징적 의미가 있다. 그러나 이 모든 활동이 언제나, 누구에게나 유용한 것은 아니다. 그러므로 미술치료 강사와 슈퍼바이저는 상황에 맞게 추천 예술활동의 창의적 작업을 적용하고 수정하며, 나아가 자신만의 방법을 개발하도록 노력해야 한다.

수강생이나 슈퍼비전을 받는 학생들이 추천 예술활동에 관한 미술작품을 보여 주고 나누려고 할 때, 강사와 슈퍼바이저는 미술치료사로서 개인의 문제와 잠재력에 관해 해석하거나 충고하는 것을 피하는 것이 좋다. 말키오디와 라일리(Malchiodi & Riley, 1996)가 언급했듯이, "작업은 객관적인 자세로 바라보는 것이 가장 유용하다. 그러므로 초보 미술치료사나 학생들이 내담자와 겪는 일이나 자기 자신의 정체성에 관련된 취약한 부분들을 존중해 주어야 한다."(p. 101) 나의 경험으로는 그저 자신의 미술작품에 대해 이야기하도록 하는 것이 효과적이었다.

　　만약 독자가 이 책에서 수많은 윤리적 질문에 대해 흑백의 태도로 답을 찾고자 한다면 실망할 것이다. 실질적인 미술치료 세계에서는 그러한 경우보다는 회색지대의 영역이 훨씬 많다.

에밀리 골드스타인 놀란

이 책의 임상 장면은 실제로 일어난 일들로 구성되어 있다. 그러나 모든 상황은 우리와 함께 일한 사람들의 비밀보장을 위해서 허구화하였다. 소개된 사례는 다수의 특정 상황을 종합한 것으로, 개인의 사생활을 보호하면서, 동시에 미술치료사가 직면한 윤리 문제를 현실적으로 반영하기 위해 제시하였다.

서문

내가 1990년에 이 책의 초판을 마무리하고 있을 무렵, 나는 이 책의 2판이, 더 나아가 3판, 4판이 나올 것이라고는 상상도 하지 못했다. 하지만 2019년 여름, 지금 나는 4판의 마무리 작업을 진행 중이다. 미술치료사들에게 새로운 윤리적 딜레마가 나타난다면 새로운 개정판이 나올 수 있지만, 나에게는 이번이 마지막일 것으로 생각한다.

나의 스승이었던 돈 존스(Don Jones)는 나에게 할 만한 가치가 있는 그 무엇도 한 생애에는 끝나지 않는다고 하였다. 이에 따라 나는 동료이자 친구인 에밀리 골드스타인 놀란(Emily Goldstein Nolan) 박사에게 이 일을 계속 맡아 주기를 요청하였고, 그녀는 감사하게도 이를 이어받기로 하였다. 10여 년 전 에밀리는 미술치료 대학원 프로그램의 교수진으로서 참가하기 위해 마운트 메리 대학교(Mount Mary University)의 내 사무실에 면접을 보러 왔었다. 당시 그녀는 미술치료 강단에 서는 것이 처음이었지만 나는 그녀의 잠재력을 볼 수 있었다. 그리고 현재는 잠재력이 발휘되어 그녀가 대학을 비롯하여 미술치료 전문 커뮤니티의 리더를 맡고 있다는 점이 매우 기쁘다. 에밀리의 지성, 연민, 탁월함을 겸비한 헌신은 이 책의 가치를 높여 주었다. 그녀는 윤리적 실제에 관한 동시대의 흐름을 잘 인지하고 있고 그녀의 공헌은 높이 인정받고 있다.

몇 주 전 나는 런던에서 비틀스(The Beatles)의 상징적인 사진이 촬영되었던, 애비

로드 스튜디오(Abbey Road Studio) 바로 앞에 있는 그 유명하다는 횡단보도를 찾아갔다. 그로브즈 엔드(Groves End)를 따라 애비 로드(Abbey Road)로 향해 걸어가며 무엇을 기대해야 할지 막연했지만 횡단보도에 다가섰을 때 그곳에 있던 수많은 사람을 보며 놀랐다. 일부는 웃고 있었고 일부는 울고 있었으며, 누구는 셀카를 찍고 있었고, 다른 누구는 스튜디오 벽에 메시지를 남기고 있었다. 차들이 빠르게 지나가는 복잡한 교차로였지만 그곳의 군중들 사이에는 조용한 경외심 같은 것이 보였다. 비틀스의 마지막 루프탑 콘서트로부터 50년이 지났고 사진이 찍힌 지 반세기가 지났지만, 그곳에는 여전히 음악의 마법이 느껴졌다. 이것이 그들이 지닌 예술의 힘이 얼마나 큰지 보여 주는 게 아닌가!

같은 날 늦은 오후, 나는 우연하게도 마일 엔드(Mile End)에 있는 작은 레스토랑에서 에밀리를 만나게 되었다. 그녀는 런던에서 진행 중인 학회에 참석 중이었고 나에게 그날 무엇을 했는지 물어보았다. 나는 애비 로드로의 여정을 말하던 중 감정에 휩싸였고 아무런 말도 꺼낼 수 없었다. 눈에서는 눈물이 흘러내렸고 에밀리 또한 눈물로 나를 안아 주었다. 내가 경험한 이 감정을 그녀 역시 이해하였다는 것을 느낄 수 있었다.

모든 일은 돌고 돈다. 에밀리는 이 책에서 나를 멘토라고 언급하는데, 이제는 내가 그녀를 미술치료에서 계속 변화하는 윤리적 논증의 본질을 만들어 주는 멘토라고 생각한다. 이 책에 등장하는 일부 아이디어는 수백 년이나 된 철학에 기초를 두고, 다른 일부는 현대의 경험에 의한 것이다. 우리의 가장 큰 희망은 독자들이 그들의 실제적인 부분에서 맞닥뜨리는 질문들의 답을 찾고, 동시에 그 답에 다시 의문을 던지도록 하는 것이다.

브루스 문

차례

Chapter **7**
직업적 경계 유지하기 • 193

Chapter **8**
미술치료 연구자의 책임 • 235

Chapter **9**
미술치료 직업 분야에 대한 미술치료사의 책임 • 245

Chapter **10**
윤리적 위반 다루기 • 259

Chapter **11**
마케팅, 광고와 홍보 • 265

Chapter **12**
미술치료 스튜디오: 기관 및 개인 미술치료 • 275

Chapter **13**
미술치료에서의 다문화 역량과 다양성 이슈 • 293

1

세 가지의 길:
윤리적 사고방식

몇 년 전 한 작은 개인 정신병원에서 일하던 미술치료사가 경험한 일이다.

몇 주 동안 미술치료를 받던 한 내담자가 작별인사를 하러 미술 작업실에 들렀다. 그녀는 미술치료사와 포옹으로 인사하며 그간 작업실에서 보냈던 시간이 자신에게 참 의미 있는 시간이었다고 말했다. 그녀가 막 치료실을 나서려는 순간, 미술치료사는 건조대에 있는 그녀의 미완성 작품이 기억나서 "잊지 말고 그림 가져가세요."라고 말했다.

그녀는 뒤를 돌아보더니 "아뇨, 그냥 여기다 두고 갈래요."라고 말했다.

그는 놀랐다. 내담자는 그 작품에 많은 노력을 기울였고, 표현적으로나 기술적으로도 잘 그려졌기 때문이다. "왜 여기에 놓고 가려는 거죠?"라고 그가 물었다.

"음, 글쎄요. 우리 집에는 그림이 하나도 없고 미술을 할 수 있는 공간도 없거든요. 아마 결국에는 그림을 엉망으로 망치고 말겠죠. 게다가 그 그림을 보면 병원이 생각날 것 같아요. 차라리 다 잊어버리려고요. 어쨌든 그건 그냥 그림일 뿐이잖아요." 그러고는 돌아서서 작업실을 떠났다.

며칠 후 미술치료사는 작업실을 정리하다가 그 내담자의 작품을 우연히 보았다. 그는 그림을 건조대에서 꺼내면서 갑자기 막연한 슬픔을 느꼈다. 내담자는 "그건 그저 그림일 뿐이잖아요."라고 말했다. 그는 캔버스를 바라보며 계속해서 그 그림의 주인을 생각했다. 아무튼 그녀가 작품을 두고 갔고 더는 기억하지 않는다는 사실이 그를 신경 쓰이게 했다. 그때 동료 한 명이 들어와 그에게 물었다. "그거 오드리의 것 아니에요? 며칠 전에 퇴원한 걸로 알고 있는데요."

"퇴원했어요." 그가 말했다. "퇴원하는 날 작별인사 하러 왔었어요."

"그런데 왜 그림을 안 가져갔죠?"

"그림을 보면 병원 생각이 날 것 같다고 하더군요."

"흠, 그렇군요." 동료는 한숨을 내쉬었다. "재활용하면 되죠. 제가 내일 젯소[1]를 덧바를게요."

"아니요. 얼마간 그냥 보관하고 있는 편이 좋겠어요." 그가 말했다.

***

이 짧은 이야기는 미술치료사가 겪고 있는 몇 가지 중요한 윤리적 딜레마를 확연하게 보여 준다. 내담자의 자발적인 신체 접촉과 그에 대한 미술치료사의 반응과 관련하여 질문을 시작해 볼 수 있다. 나아가 치료 종결이 이루어진 방식에 대해 질문을 제기할 수도 있다. 모든 분야의 치료사는 당연히 이 같은 질문들을 갖고 고심해야만 한다. 하지만 다른 치료사가 아닌, 특별히 미술치료사에게만 해당되는 부가적인 질문들이 있다. 두고 간 작품은 누가 소유하는가? 어떤 이는 미술작품이 내담자의 치료 기록이라고 말할 것이다(Braverman, J., 1995). 그렇다면 미술작품도 내담자의 차트에 있는 다른 자료들과 비슷한 방법으로 보관해야 하는가? 내담자가 버린 작품을 미술재료로 재활용하는 것은 윤리적인가? 두고 간 작품은 전시할 수 있는가?

전미미술치료교육자협회(National Coalition of Art Therapy Educators)의 회의에서 한 미술치료사 집단이 이 문제에 대해 논의하였고, 폭넓은 의견들이 오고 갔다. 어떤 미술치료사는 내담자의 미술작품은 내담자의 것이라고 주장했다. 또 다른 미술치료사는 자신이 일하는 곳에서는 내담자의 미술작품을 치료사의 소유로 여긴다고 논쟁하면서, "결국 제가 모든 재료를 사잖아요."라고 말했다. 한편, 모든 미술작품은 창조적인 정신세계에 속한다고 주장한 사람도 있었고, 또 다른 사람은 임상과정

---

1) 역자 주: 젯소(gesso)는 캔버스에 그림을 그리기 시작하거나 새로운 작업을 하기 위해 덧칠하는 페인트다.

에서의 작품은 마치 의사한테 주는 소변 샘플과 비슷하기 때문에 그것은 병원의 소유라고 제안하면서 "아무도 소변 샘플을 돌려 달라고 요청하지 않습니다."라고 했다. 아마도 이런 종류의 질문에 대한 충분한 답은 미국미술치료협회(American Art Therapy Association: AATA)에서 출판한 윤리규정으로도 얻을 수 없을 것이다. 왜냐하면 이는 미술치료사가 내담자의 미술작품을 어떻게 여기는지에 따라 달라지기 때문이다. 이와 같은 질문들은 코드화하기가 어렵다. 그렇다면 윤리적인 미술치료사는 어떻게 해야 할까?

이 책에서 제시하는 많은 관점을 살펴보면 미술치료 직업과 연관된 윤리적 결정과 의견이 어떻게 정당화될 수 있는지를 묻는 질문이 생겨날 것이다. 이런 질문을 통해 우리가 어떤 것이나 어떤 행동이 옳다, 좋다, 혹은 정당하다고 할 때 그것이 무엇을 의미하는지를 생각해 볼 수 있다. 이런 질문들은 유서 깊은 역사를 지니고 있다. 프랑케나(Frankena, 1983)는 "윤리학은 철학에서 파생된 하나의 가지다. 윤리학은 윤리적 철학 혹은 도덕성, 도덕적 문제 그리고 도덕적 판단에 관한 윤리적 사고다."(p. 4)라고 했다. 어떤 사람이 이와 같은 윤리적 질문을 한다면, 그 사람은 철학의 영역에 들어간 것이다. 직업적 윤리학은 직업적 행동과 추론의 윤리성에 관한 연구이다.

훌륭한 윤리의식을 지닌 전문 미술치료사가 되는 것은 쉬운 일이 아니다. 직업 윤리의 딜레마에서 쉬운 정답을 찾기는 어렵다. 윤리적인 미술치료를 하기 위해 열심히 노력하는 것에는 지속적인 주의와 성찰이 필요하다. 우리는 이 일이 얼마나 힘든지 처음부터 인정해야 한다. 왜냐하면 이 일은 결과가 아니라 과정이기 때문이다. 윤리적으로 옳은 일을 하는 것에 전념하기 위해서는 내담자, 동료, 학생, 슈퍼바이지와 관련된 행동에 대한 지속적인 주의가 수반된다. 윤리적으로 행동하고자 노력하는 것은 어떤 의미에서는 높은 기준에 자신을 머물게 해야 하는 영웅적 행동과도 같다. 윤리적으로 행동하는 것은 매우 귀중한 성취이다. "그러나 속지 마세요. 훌륭한 윤리의식을 가지고 일한다는 평판을 얻는 일은 평생이 걸리는 일입니다. 그리고 그 평판은 가벼운 위반 하나로도 무너질 수 있습니다."(Johnson & Ridley, 2008, p. xiv) 우리는 전문 미술치료사로 인정받는 사람이 그 위치에 걸맞은 도덕적 의무를 다할 것을 기대한다. 이렇게 책임감 있게 행동하는 것이 윤리적 표준이 되어야 하는 것이다.

윤리적인 행동의 길을 따라 걷는 것은 외로운 여행이 될 수 있다. 윤리를 포기하라는 노골적이거나 은밀한 압력이 있기 때문이다. 윤리적으로 모범이 되는 행동에 대한 보상은 눈에 잘 보이지 않지만, 그에 대한 장애물과 유혹은 수없이 많다. 그럼에도 불구하고 윤리적으로 올바른 길을 따라 걷는 것은 가치 있는 일이다. 여행을 예로 들면, 처음부터 지도(만약 가지고 있다면)를 들여다보거나 GPS를 참고하면서 일정을 계획하는 것이 출발지에서 목적지까지 성공적으로 도착하는 데 도움이 될 것이다. 그런 의미에서 이 책은 창조적인 미술치료사가 직업과 관련하여 윤리적 결정을 하는 데 있어 큰 그림을 보며 탐구할 수 있도록 한다. 플레처(Fletcher, 1966)는 윤리적 사고의 세 가지 주요 모형을 설명하였다. 윤리적 결정의 세 가지 접근법은 다음과 같다.

1. 의무론적─법률 존중주의적: 하나의 행동의 가치가 그것의 결과로서가 아니라 구속력 있는 규정을 따름으로써 결정되는 것을 바탕으로 하는 윤리적 방침
2. 도덕률 초월론적─법률 존중주의의 반대: 원리가 없는, 무질서한, 무법의 접근
3. 목적론적─실용주의의/상황적: 목적을 이루어 주는 행위 또는 목적과 관련된 행위에 대한 평가

　이 세 가지 길은 모두 서양 윤리의 발달과정으로부터 영향을 받아 왔고, 그중 의무론적 사고의 법률 존중주의가 가장 보편적으로 걸어온 길이다. 하지만 직업적 윤리 강령 자체가 서구의 의무론적 사고의 산물이라는 것에는 논의의 여지가 있다. 플레처(1966)는 『Situation Ethics』에서 다음과 같이 언급했다. "바빌론 포로 시대 이후 유대인에게서 법률 존중주의가 승리했듯이, 비록 예수와 바울은 그것에 저항했지만, 법률 존중주의는 매우 오래전부터 지속적으로 기독교를 지배하는 데 사용되어 왔다."(p. 17) 또한 법률 존중주의는 직업적 윤리체계를 발전시키는 데 꽤 오랫동안 우세하게 작용했다. 그러나 의무론적 사고와 관련해서 하나의 규칙이 모든 경우에 일괄적으로 적용될 수 있는지에 대한 의문이 제기된다. 이런 의문들은 여러 상충되는 규칙이 동시에 존재할 때 복잡해지기 때문이다.

　이제 의무론적 접근을 시작으로 하여 윤리적 결정을 위한 세 가지 길에 대해 좀 더 자세히 알아보겠다.

윤리적 결정을 위한 첫 번째 길

의무론적 법률 존중주의

의무론적 법률 존중주의(deontological legalism)는 올바름으로 인도하는 윤리적 추론의 길이다. 윤리적 결정을 위해 이 길을 여행하는 미술치료사는 윤리적 체계 안에서 미리 정립된 규칙이나 규율에 따라 윤리적 문제 상황에 접근하고자 한다. 이런 종류의 문서의 예로는 1997년에 만들어진 AATA의 '미술치료사를 위한 윤리규정(Ethical Standards for Art Therapist)'과 미술치료 자격심사위원회(Art Therapy Credentials Board: ATCB)의 '윤리, 행동 및 징계절차에 대한 강령(Code of Ethics, Conduct, and Disciplinary Procedures)'(2018)의 조항 IV 행동기준을 들 수 있다. 이런 규칙과 규율은 윤리적인 행동의 길로 인도하는 안내 표지와도 같은 것이다. 이런 태도로 문제에 접근할 때에는 법적인 공식 문서가 최우선이 된다. 법률 존중주의에서 윤리적 행동의 기본적인 원칙은 반드시 지켜져야 하는 지침으로, 코드화된 규칙의 형태로 나타난다. 의무론적 관점에서 직업 윤리 강령은 전문가들의 비윤리적인 행동으로부터 시민의 권리를 보호하기 위해 공공규범을 토대로 사회와 맺은 계약이라고 볼 수 있다. 의무론적 강령 안에는 특정 딜레마의 해결책이 미리 정해져 있으며, 우리가 해야 하는 기본적 사고는 주어진 상황에 어떤 규칙을 적용할 것인지 분류하는 것이다.

대부분의 서구 종교—유대교, 가톨릭교, 기독교—는 법률 존중주의를 따라왔다. 플레처(1966)는 이런 종교들이 서구 사회에서 윤리적·도덕적 문제를 생각하는 방법에 지대한 영향을 미쳐 왔다고 언급했다. 더 나아가 서구의 종교는 미국 사법 시스템의 성장을 형상화하는 데 도움이 되어 왔다. 그러므로 우리는 의무론적인 사고가 왜 직업적·윤리적 결정을 하는 과정에서 흔히 사용되어 왔는지 이해할 수 있다. 다수의 문서화된 윤리 강령들은 우리 문화 안에서 생겨난 고유의 사고방식을 보여 주는 증거다. 그러므로 이런 상황은 유대교와 기독교를 바탕으로 하는 서구의 법률 시스템에서 자연스럽게 발생한 것이다.

의무론적 법률 존중주의는 미술치료사를 위한 미묘하고 매혹적인 특징들을 지니고 있다. 이는 치료사가 오로지 윤리 강령에 쓰인 것을 바탕으로 행동의 과정을 수행할 수 있도록 한다. 미술치료사는 하나의 특정한 문제에 대한 바람직한 행동을 윤리 문서에서 찾아봄으로써 윤리적 딜레마로부터 오는 불편한 감정을 어느 정도 해소할 수 있다. 법률 존중주의적 미술치료사들은 여러 가지 행동에서 나오는 복잡함과 씨름하거나 어떻게 해야 하는지 고심할 필요가 없다. 그들은 단지 적용해야 하는 규칙을 찾아서 따르면 된다. 정신적으로, 모더니스트가 예술적인 노력에서 진리를 추구했듯이 의무론적 추론은 예술 세계에서의 모더니즘과 일치한다고 할 수 있다 (Gablik, 1984). 의무론적 관점에서 추론하는 미술치료사는 직업의 윤리규정이 지닌 진리에 대해 어느 정도의 믿음을 갖고 있다. 어떤 면에서 의무론적 법률 존중주의는 개인에게 책임이 없음을 선언한다. 단지 규칙만 지키면 되기 때문이다.

　미술치료사가 AATA의 '미술치료사를 위한 윤리규정'과 ATCB의 '윤리, 행동 및 징계절차에 대한 강령'의 조언을 구하는 것이 매우 올바른 자세일 수 있지만, 이런 문서들은 윤리적인 결정을 내리는 과정에서 첫 번째 단계일 뿐이다. 미술치료사는 자신이 직면한 윤리적 딜레마를 조심스럽게 다루어야 할 의무가 있으며, 윤리 지침을 의지하는 것과 자기 자신의 추론 과정 및 임상의 맥락을 고려하는 것 사이의 균형을 유지하는 것이 필요하다.

윤리적 결정을 위한 두 번째 길

도덕률 초월론

　윤리적 추론의 길에서 법률 존중주의와는 반대로 접근하는 방식이 도덕률 초월론(antinomianism)이다. '도덕률 초월론'이란 문자 그대로는 '법에 반대하는'이라는 뜻이다. 이 길로 여행하는 미술치료사는 윤리적 결정을 내려야 하는 상황을 만났을 때, 문서화된 원칙이나 규칙을 전혀 사용하지 않는다. 도덕률 초월론자는 각각의 상황을 독특하게 여기며, 윤리적 해결책을 제시하기 위하여 모든 개인이 그 순간 자체를 의지해야 한다고 주장한다. 의무론자들이 행동에 대한 지침이나 법률의 규정을 중시하는 것과 달리, 도덕률 초월론자들은 법에 반대하므로 그들의 윤리적 결정은 종종 변덕스럽고, 무작위적이며, 전혀 예측할 수 없다고 여겨진다. 플레처(1966)는 다음과 같이 이야기했다. "그들은 한 상황에서부터 다른 상황에 이르기까지 예측 가능한 어떤 규칙도 따르지 않는다. 무질서 그 자체다."(p. 23) 장 폴 사르트르(Jean Paul Sartre, 1947)는 『실존주의(Existentialism)』에서 도덕률 초월론에 대해 서술했다. "우리 뒤에는 어떠한 변명도 없으며, 우리 앞에는 어떠한 정의도 없다."(p. 27) 도덕적 결정을 하는 데 있어서 이러한 접근방법은, 모든 각각의 상황이 오직 그 자체의 독특한 단일성을 가지고 있다는 믿음에서 출발한다.

도덕률 초월론의 사고를 적용하는 미술치료사는 실천해야 할 일반적 원칙이 없다고 생각하는 관점을 받아들인다. 존재의 근간이나 포괄적인 윤리 강령을 제정할 토대가 없으므로 미술치료사를 위한 윤리규정(ATTA, 2013) 혹은 윤리, 행동 및 징계 절차에 대한 강령(ATCB, 2018)을 거의 이용하지 않는다. 이들은 어떤 윤리적인 딜레마에 부딪혀 결정해야 할 순간이 되면 무엇이 정말 옳은지 알게 된다고 주장한다. 그들이 근본적으로 의지하는 것은 미술치료사의 직감이나 플레처(1966)가 언급한 초양심(superconscience)이다. 그러므로 도덕률 초월론적 미술치료사에게 윤리적인 결정을 내리는 것은 즉흥성에 관한 문제이며, 사실상 원리가 없고, 전적으로 임시방편적이고 충동적이라고 할 수 있다.

윤리적 결정을 위한 세 번째 길

목적론적 맥락주의 이론

윤리적 추론을 할 때 의무론적 법률 존중주의와 도덕률 초월론의 무질서 사이를 넘나드는 길이 목적론적 맥락주의 이론(teleological contextualism)이다. 목적론적 입장의 미술치료사가 윤리적 문제와 관련하여 결정을 내려야 하는 상황을 만나면 자신이 속한 직업 사회의 일반적인 도덕 원칙을 적용한다. 미술치료사는 일반적인 도덕 원칙을 자신이 마주한 문제에 관해 길을 제시해 주는 지침으로 생각하며 존중한다. 동시에 윤리적 지침의 내용을 잠시 보류하거나 조정해서 더 나은 결과를 얻을 수 있다면 기꺼이 그렇게 한다. 달리 말하면, 목적론적 맥락주의 이론을 따르는 미술치료사는 주머니에 윤리 지침서를 넣고 다니면서 최대의 이익을 위해 윤리적 딜레마를 눈으로 직접 보고 생각해 보려는 사람들이다.

이런 방법으로 윤리적인 결정을 내리는 길은 기회 원인론, 환경주의, 공리주의, 상황주의 등의 여러 가지 이름으로 불린다. 이름들을 보면 알 수 있듯이, 이 윤리적 접근의 핵심 개념은 맥락이 내용을 수정한다는 것이다. 보스조르메니 나기와 크라스너(Boszormenyi-Nagy & Krasner, 1986)는 맥락(context)에 대해 "서로에게 의미가 있는 사람들 사이에 존재하는 과거, 현재, 미래의 역동적이고 윤리적인 상관관계다."(p. 8)라고 언급했다. 어떤 의미에서 목적론적 맥락주의 이론은 건축계에서 말하는 '형태는 기능을 따른다.'와 일맥상통하는 윤리적 사고의 접근방법이라고 할 수 있다. 또 다른 방식으로 핵심 개념을 생각해 보면 윤리적 문제, 즉 주어진 상황에서의 특별한 사건은 상황에 적용하기 위해 만들어진 행동의 규칙과 동일한 가치를 지닌다는 것이다.

필자(Emily)가 윤리 수업을 몇 주간 진행하던 중에 한 대학원 학생이 고개를 저으며 손을 들고 이렇게 질문하였다. "우리가 여기서 배운 것 중에 그 어떤 것도 흑과 백으로 나눌 수 있는 것은 없는 것 같아요. 윤리는 모두 회색지대네요." 나는 신속하고 간단명료하게 대답하였다. "네, 맞아요, 케이트. 그런데 하나 딱 흑백으로 대답할 수 있는 윤리적 결정이 있어요……. 바로 내담자와는 절대로 성관계를 갖지 않는다는 결정이에요." 학급 전체가 낄낄 웃었다. 그러나 요점은 이것이다. 우리 모두는 각각의 상황에 대해 그 상황 있는 그대로 추론해야 한다는 것이다. 나는 윤리적 결정을 내릴 때 목적론적 접근을 통해 비판적 사고를 하는 것을 즐긴다. 주어진 상황 안에서 가장 큰 이익을 얻으려 노력하는 것은 그 상황 밑에 무엇이 있는지를 질문하고 분석하는 열정적 헌신이 필요한 일이다. 목적론적 맥락주의 접근은 윤리적 원리를 존중하는 동시에 특정한 상황의 미묘한 차이에 민감하게 반응함으로써 의무론적 법률 존중주의의 안정성을 흔들면서 도덕률 초월론의 무작위적 혼란에 도전한다. 윤리 문제에서 이런 목적론적 접근은 음악 이론, 악보, 리듬, 진행 코드 등 관련된 모든 규칙을 알고 있으면서도 어느 순간 예술의 목적을 위해 그 규칙들을 변형시키거나 포기할 수 있는 재즈 연주자와 비슷하다고 할 수 있다.

목적론적 맥락주의 추론에서는 반드시 미술치료사 스스로 윤리적 딜레마를 끝까지 풀어야 한다고 제안하고 있다. 어떤 규칙도 모든 상황을 해결할 수 없기 때문에

어떤 강령도 미술치료사의 모든 딜레마를 대신 해결해 줄 수 없다. 게다가 상충하는 규칙이 적용될 수 있는 상황도 반드시 생긴다. 그렇지만 개별 상황은 바람직한 직업 윤리 지침서와 적용 가능한 법칙의 조명 아래 검토되어야 하며, 어떤 선택이 최선의 이익인지를 생각해야 한다. 이것이 바로 이 책이 말하고자 하는 바다.

사례

상상해 보자. 당신이 대도시에 있는 한 아동복지기관에서 일하는데, 미술치료사는 당신뿐이다. 당신은 여기서 일한 지 몇 달 되지 않았지만 맡은 일에 탁월함을 보였고, 이에 당신의 치료가 아동에게 얼마나 좋은 영향을 미치고 있는지 그 기관의 많은 사람이 칭찬하고 있는 상황이다. 최근에 상사가 당신에게 기관의 모든 복지사에게 나누어 줄 수 있도록 미술치료의 방법과 활용에 관한 핸드북을 만들어 줄 것을 부탁했다. 상사는 이렇게 얘기한다. "여기엔 많은 아동이 있지만 미술치료사는 한 명뿐입니다. 이 핸드북을 만들면 미술치료가 필요한 모든 아동이 서비스를 받을 수 있을 겁니다." 그리고 출판부 국장님이 기관의 대외 이미지를 향상시키기 위한 수단으로 그 핸드북을 이용하는 데 관심이 있다고 덧붙였다.

논의점

이제 이 문제와 관련된 잠재적인 윤리적 질문들을 확인해 보자. 그 질문들은 다음과 같다.

- 미술은 인간, 특히 아동과 청소년을 연결해 주는 자연스러운 방법이다. 내담자가 받을 수 있는 치료 서비스의 질을 향상시키기 위해 다른 분야의 전문가에게 특정한 미술치료의 기법이나 교육을 제공할(혹은 제공하지 않을) 윤리적 책임이 미술치료사에게 있을까?
- 미술치료사는 그들의 고용주가 할당한 업무를 자신이 찬성하든 그렇지 않든 수행해야 할 의무가 있을까?

- 미술치료의 활용에 대해 특별한 훈련을 받지 않은 다른 분야의 전문가에게 미술치료 기법을 제공했을 때, 내담자나 미술치료 분야에 어떤 위험은 없을까?
- 미술치료사는 미술치료의 영역을 보호해야 할 윤리적 책임이 있을까?
- 핸드북을 제작하는 것과 기관에 또 다른 미술치료사의 고용을 제안하는 것 중 어떤 방법이 더 좋을까?

지금부터 앞의 묘사된 상황 안에서 생겨난 질문들에 관해 윤리적 결정의 세 가지 접근방법을 적용해 보고자 한다.

의무론적 법률 존중주의적 접근

미술치료사는 고용주가 할당한 임무를 완수해야 할 윤리적 의무가 있는가?

의무론적 입장에서 이런 상황을 접할 때, 우리는 미리 제정된 규칙이나 규정인 직업 윤리 강령, '미술치료사를 위한 윤리규정'(AATA, 2013), '윤리, 행동 및 징계 절차에 대한 강령'(ATCB, 2018), 그리고 적용할 수 있는 법률을 고려해야 한다. 의무론적 사고를 한다면 이 문제에 대한 정답은 '그렇다'일 것이다. 이것은 두 가지 법률상의 가정을 기초로 한다. (1) 미술치료사는 그 아동복지기관을 위해 일하는 것에 동의하여 계약을 맺었다. (2) 고용주가 할당한 임무가 부도덕하거나 법률에 어긋나지 않는다. 채용 계약을 했다는 것은 고용주에게 할당받은 타당한 임무를 수행하겠다는 약속을 의미한다. 이런 측면에서 미술치료사가 임무를 거부하는 것은 비윤리적일 수 있음을 정당하게 논쟁할 수 있다.

이 질문의 답을 결정하는 방법으로 법률 존중주의적 사고를 사용하고 있기 때문에, AATA의 윤리 문서(2013)에서 밝힌 윤리적 행동의 기본 규정을 참조해야 한다. 또한 이런 규정을 따라야 하는 지시사항으로 여겨야 한다. AATA의 윤리 문서 조항 '1.0 내담자에 대한 책임'에는 다음과 같은 적용 가능한 기준이 있다. "미술치료사는 내담자의 복지를 증진하고, 도움을 구하는 사람들의 권리를 존중하며, 자신들의 서비스가 적절히 사용되도록 합리적인 노력을 기울인다."(p. 3)

법률 존중주의적 시각에서는 "미술치료사는 내담자의 복지를 증진하고"라는 부분 때문에 미술치료사가 핸드북을 만들어야 한다고 본다. 미술치료사의 상사가 언급했듯이, 핸드북을 만들면 미술치료의 적용 범위가 확장되어 상당수의 내담자가 미술치료 서비스를 받음으로써 도움을 얻는 것이 확실하다. 그러나 다른 측면에서 고민해 볼 수도 있다. 미술치료사 자격증이 없는 임상가나 돌봄 종사자가 미술치료의 기법을 사용하였을 경우, 그들은 충분한 훈련을 받지 못했기 때문에 내담자에게 오히려 해를 입힐 가능성이 있다. 따라서 내담자의 복지를 위해 노력하는 것이 아닐 수 있다(Webster, 1994). 그러므로 법률 존중주의적 입장에서는 미술치료사가 핸드북의 제작을 거부할 수 있는 이유가 있을 수 있다. 출판을 한다면 AATA의 윤리 문서 조항인 '1.0 내담자에 대한 책임'을 위배하는 것일 수도 있기 때문이다.

미술을 치료의 수단으로 사용하는 훈련을 받지 않은 다른 분야의 동료 치료사에게 미술치료 기법을 제공했을 때 또 다른 위험은 없을까?

이 질문은 상당히 어려운 딜레마다. 어떤 미술치료사도 전문적인 훈련을 받지 않았거나 미술치료에 대한 지식과 감각이 없는 사람들이 미술치료의 전문적 분야에 발을 담그는 것을 지지하지 않기 때문이다. 마치 미술치료사가 약을 처방해 주는 것이 비윤리적인 것처럼, 정신과 의사가 심리치료 시간에 곁핥기식으로 미술치료를 하는 것은 비윤리적일 수 있는 것이다. 동시에 음악치료사만 음악을 사용하고 시치료사만 시를 사용하는 것이 아닌 것처럼 미술치료사만 미술 창작과정을 독점해서는 안 된다. 그러나 각각의 표현예술치료 분야의 전문 치료사는 그 분야의 지식을 발전시키는 역할을 하고, 치료의 요소로서 표현예술을 이용하는 임상가는 그 분야에 조예가 깊어야 한다. 앞에서 언급한 상황을 생각해 볼 때, 과연 핸드북을 사용하여 미술치료의 지식을 충분히 숙지할 수 있는지가 의문이다. 이를 고려하면 미술치료사는 핸드북을 제공하는 문제에 관해 거절하는 것이 옳다.

딜레마의 다른 한 측면에서 보면, 조항 '1.0 내담자에 대한 책임'에는 "미술치료사는 내담자의 복지를 증진하고, 도움을 구하는 사람들의 권리를 존중하며, 자신들의 서비스가 적절히 사용되도록 합리적인 노력을 기울인다."라고 서술하고 있다. 법률 존중주의적 관점에서 보면 이 조항 안에는 잠재적인 충돌이 존재한다. 한편에서 이 규정은 내담자의 권익을 위해 핸드북을 만들 수 있는 것처럼 보인다. 다른 한편에서는 핸드북을 사용하는 사람이 내담자에게 적절하게 서비스를 제공하는 것을 보장할 수 없기 때문에 핸드북을 만들지 말아야 한다고 논박할 수 있다.

윤리 문서 후반부의 조항 '6.0 전문적 역량과 성실성'에는 "미술치료사는 높은 수준

의 전문적 역량과 성실성을 유지한다."(p. 6)라고 서술되어 있다. 미술치료사가 앞
과 같은 상황에서 핸드북을 사용 혹은 오용할 가능성이 있는 사람의 역량을 통제하
는 것에는 확실히 논쟁의 여지가 있다. 그러므로 법률 존중주의 입장에서 이 규정을
따르면 미술치료사는 핸드북을 제작하지 말아야 한다. 더 나아가 조항 '10. 직업에
대한 책임'의 항목 10.1에는 "미술치료사는 조직의 회원이나 직원으로 활동할 때 직
업의 윤리규정을 준수한다."(p. 10)라고 명시되어 있다. 이 조항을 법률 존중주의 입
장에서 해석하면, 미술치료사는 다른 돌봄 종사자가 미술치료 분야의 윤리규정을
인식하고 적용할 수 있는 능력을 확신할 수 없기 때문에 핸드북을 제작하지 않는 것
이 옳다. 반대로 AATA에 소속되어 있지 않거나 ATCB의 자격증이 없는 다른 치료
사(혹은 돌봄 종사자)는 협회의 윤리 문서에 매여 있지 않다고 주장할 수도 있다. 웹
스터(Webster, 1994)는 충분히 준비되지 않은 상태에서 미술치료를 하는 사람들에
관한 여러 우려를 제기해 왔다. 앞에서 살펴보았듯이, 법률 존중주의 입장은 미술
치료 기법에 관한 핸드북 제작 문제에 반대와 옹호의 두 가지 입장을 두고 논쟁하는
데 모두 이용될 수 있다.

　이제 앞의 상황에서 발생하는 또 다른 윤리적 문제에 관해서 생각해 보자. 내담자
가 받는 치료 서비스의 질을 향상시키기 위해 미술치료사가 다른 분야의 전문가에
게 교육과 미술치료 기법을 제공해야 할 의무가 있을까?

　법률 존중주의적 사고는 미술치료사가 핸드북을 제작해야 한다는 결론으로 이끌
어 간다. 왜냐하면 문서에 미술치료사는 내담자의 복지를 위해 노력해야 한다고 서
술되어 있기 때문이다. 그러나 미술치료사는 그 핸드북을 사용하는 사람들의 역량
을 파악할 수 없으며, 그들이 전문인으로서의 기준에 맞는 행동을 하는지도 알 수
없다. 이에 앞서 인용했던 조항 6.0과 항목 10.1에 따르면 미술치료사가 핸드북을
제작하는 것은 옳지 않다고 볼 수 있다.

　법률 존중주의의 길을 따라가는 미술치료사는 미술치료사를 위한 윤리규정 안에
서 윤리적 행동의 기본 규칙과 요구들을 적용해야 하며, 그 규정들을 반드시 지켜야
할 지침으로 여겨야 한다. 법률 존중주의적 관점으로 윤리적 딜레마에 접근하는 미
술치료사는 어느 정도의 안정감을 경험할 수 있다. 왜냐하면 이런 추리의 방법은 개
인의 선택과 책임에 덜 의존하면서, 적용 가능한 규칙을 구하고 찾는 능력에 더 의
존하기 때문이다. 법률 존중주의적 미술치료사는 주어진 문제를 해결하기 위해 어

떻게 해야 하는지를 미술치료사를 위한 윤리규정에서 찾을 수 있다. 표면적으로 법률 존중주의는 미술치료사의 행동과 결정에 대한 개인적인 책임의 위험과 불확실성으로부터 치료사를 자유롭게 한다. 그러나 앞에서 살펴보았듯이, 적절한 규정을 선택하고 그것을 알맞게 해석하는 것은 그다지 쉬운 일이 아니다. 앞과 같은 상황을 보더라도 법률 존중주의적 추론은 한 사람에게 동시에 두 가지의 다른 방향을 제시할 수 있기 때문이다.

도덕률 초월론적 접근

앞에서 묘사한 상황을 도덕률 초월론적 시각에서 살펴보면, 미술치료사가 핸드북을 제작하든 그렇지 않든 그것은 전례가 없는 독특한 일이다. 그렇기에 도덕률 초월론적 미술치료사는 자기만의 윤리적 해답을 내리기 위해 상황의 맥락 자체에 의존한다. 행동에 알맞은 규칙과 규범을 찾는 법률 존중주의적 입장과는 대조적으로, 도덕률 초월론적 입장에서는 딜레마를 해결하기 위해 그 특정 상황에 전적으로 의지한다. 도덕률 초월론적 미술치료사는 한 상황에서 다른 상황으로 넘어가는 예측 가능한 어떤 과정도 따르지 않는다. 왜냐하면 그들은 상황별로 그 자체의 독특한 특징이 있다고 믿기 때문이다.

이미 논의된 질문들을 다시 생각해 보자. 미술치료사는 그들에게 할당된 임무를 완수해야 할 윤리적 책임이 있는가? 치료로서의 미술 활용에 대한 훈련을 받지 않은 다른 치료 분야의 동료에게 미술치료 기법을 제공하는 것이 위험하지는 않은가? 미술치료사는 다른 전문적 분야에 미술치료 기법을 제공할 책임이 있는가?

도덕률 초월론적 미술치료사는 고용주에 대한 윤리적 의무의 개념에 찬성하거나 반대할 수 있다. 또한 치료로서의 미술 활용에 대한 특별한 훈련을 받지 않은 다른 분야의 동료 치료사에게 미술치료 기법을 제공하는 것이 큰 위험이라고 추론하거나 또는 전혀 위험하지 않다고 추론할 수도 있다.

도덕률 초월론적 추론을 통해 미술치료사는 내담자의 이익을 위해 다른 치료 분야의 전문가에게 미술치료 기법에 관한 교육을 제공할 책임에 대해 논의할 수 있다. 그 결론에 도달하기 위해서 미술치료사는 임상의 맥락에 관한 자신의 생각과 감정을 살펴볼 것이다. 또한 미술치료사는 복지관의 요구에 대한 가치를 판단하고,

내담자에게 주어지는 잠재적 이익을 고려하여, 자신의 직감에 기초한 결정을 내리게 된다.

도덕률 초월론적 미술치료사는 또한 자신이 다른 동료에게 미술치료 기법을 제공할 의무가 없다고 결론지을 수도 있다. 이런 결론에 도달하기 위해서 미술치료사는 복지관의 요구에 대해 구체적인 장점과 단점을 진단할 것이다. 또한 복지관과 관련된 자신의 감정과 생각을 고려할 것이다. 미술치료사는 내담자에게 잠재적으로 해가 될 수 있는 가능성도 고려한 후 그 시점에 가장 옳다고 판단되는 것을 기초로 결정을 내린다.

도덕률 초월론적 입장에서 행동하는 미술치료사는 궁극적으로 윤리적 딜레마의 해결을 위해 특정 시점에 특정한 상황에서 발휘되는 자신의 직관적 감각에 의지한다. 이들은 윤리 문서를 바탕으로 하는 규정이 특정 딜레마와 관계가 없다고 여긴다.

이처럼 도덕률 초월론적 미술치료사는 자신의 결정이 장기적으로 어떤 영향을 미칠지 숙고하는 것에 노력을 기울이지 않는다. 왜냐하면 미래의 상황은 현재의 맥락과 아무런 관계가 없다고 가정하기 때문이다.

목적론적 맥락주의 이론적 접근

목적론적 관점에서 추론하는 미술치료사에게, 미술치료 기법 핸드북을 제작하느냐 안 하느냐의 문제는 설득력 있으면서도 서로 상충되는 이익을 포함하는 여러 윤리적 문제를 제시한다. 미술치료사는 자기가 속한 직업 사회의 윤리규정에 관한 충분한 지식으로 윤리적 문제에 대해 결정할 수 있다. 또한 자신의 직업 윤리적 목표를 존중하려고 애쓸 수 있으며, 동시에 상황이 허락한다면 윤리적 규정과 타협하거나 그것을 유보할 수도 있다. 이런 관점에서는 윤리규정이 필수적인 의무라기보다는 바람직한 목적이 된다.

앞에 언급한 상황에서 발생한 윤리적 문제로 다시 돌아가 보자. 미술치료사는 고용주가 할당한 임무를 완수할 윤리적 책임이 있는가?

목적론적 시각에서 보면, 미술치료사는 앞에서 언급한 미술치료사를 위한 윤리규정의 조항과 그 밖에 알맞다고 생각하는 다른 조항을 고려할 것이다. 또한 특정 상황이 상호 보완적이라면 이런 규정들을 기꺼이 재해석하고 타협하고자 한다. 그러므로 목적론적 이론의 미술치료사는 앞의 질문에 대해 다음과 같이 대답할 수 있다. "네, 저는 제가 맡고 있는 내담자가 최대의 이익을 얻을 수 있도록 맡은 업무를 완수할 책임이 있습니다. 그러나 만약 제게 할당된 임무가 궁극적으로 내담자에게 해를 입힐 수 있다고 판단된다면 저는 내담자의 이익을 위해 그것을 거부할 수밖에 없습니다." 이런 유형의 딜레마를 논의한 디트리히 본회퍼(Dietrich Bonhoeffer, 1961)는 다음과 같이 밝혔다. "선(good)에 관한 문제는 확실하지만, 결론이 나지 않은, 독특하고, 순간적인 상황의 한가운데에서 제기되고 결정된다……. 다시 말해, 우리 인생의 역사 한가운데에서 일어난다."(pp. 420-421)

목적론적 입장의 미술치료사는 또한 같은 질문에 이렇게 답할 수도 있다. "맞습니다. 저는 직업 사회에 최고의 이익이 되는 한, 제게 맡겨진 임무를 완수할 책임이 있습니다. 만약 제 판단에 그 임무가 원칙에 어긋난다면 직업의 이익을 위해 그것을 거절할 것입니다." 이런 경우 목적론적 미술치료사는 고용주의 요구가 지닌 가치에 무게를 실었다고 말할 수 있다. 미술치료사는 내담자의 복지를 고려해야 할 수도 있고, 직업 사회의 이익을 감안해야 할 수도 있다. 이와 더불어 자신의 행동에 대한 결과를 여러 관계의 맥락 안에서 생각할 것이다.

미술을 치료 목적으로 사용하기 위한 특정 훈련을 받지 않은 다른 분야의 동료 치료사에게 미술치료 기법을 제공하는 것은 위험하지 않은가?

주어진 상황 안에서 규정을 적용하려고 할 때, 상황은 그 자체가 서로 정반대되는 몇 가지 가능한 행동으로 이어질 수 있다. 여러 가능한 행동 사이에서 선택할 때 직업적 규정만 고려해서 결정할 수는 없으며 상황적 요인도 항상 염두에 두어야 한다. 목적론적 맥락주의 이론적 사고를 하는 미술치료사는 이런 관점에서 장단점을 따져 보아야 할 것이다. 미술치료사는 '미술치료사를 위한 윤리규정'과 '전문 임상에 관한 강령'에서 적용 가능한 조항들에 관심을 가져야 할 뿐만 아니라, 핸드북을 제공받는 사람의 자격 요건을 알아보는 일에도 그만큼의 관심을 가져야 한다. 게다가 문제와 관련된 미술치료 문헌(Mills et al., 1992, 1993; Webster, 1994; Moon, 2006) 등도 참고해야 한다. 미술치료사는 복지관의 다른 동료들에게 워크숍과 프리젠테이션을 통한 교육의 기회가 주어질 수 있을지 고민해 볼 수 있다. 또한 담당 복지사가 미술치료 기법 핸드북을 어떻게 인식할지 궁금해할 것이다. 미술치료사는 좀 더 폭넓은 맥락 안에서 자신이 일하는 아동복지관에 대한 윤리적 고민과 질문을 탐구할 것이며, 동료 및 내담자와의 관계를 검토해 볼 수 있다. 아울러, 핸드북이 복지관의 도움을 받는 많은 아동에게 미칠 수 있는 잠재적 영향력에 대해서도 고려할 것이다. 미술치료사는 고용주에 대한 책임에 대해서도 면밀히 검토한다. 이처럼 상황의 맥락 안에서 고려할 수 있는 여러 가지 요소와 다른 많은 질문에 대해 생각해 본 다음, 그 후에 자신의 직업 윤리규정과 상황에 맞는 인본적인 측면을 기초로 하여 결정을 내리게 된다.

미술은 아동, 청소년 그리고 다른 내담자와 관계를 맺는 자연스러운 방법이다. 그렇다면 내담자가 받을 수 있는 치료 서비스의 질을 향상시키기 위해 미술치료사가 다른 분야의 전문가에게 미술치료 기법을 제공할 의무가 있을까? 목적론적 미술치료사의 기준이 모든 내담자에게 이익을 제공하는 것이라고 가정한다면, 미술치료사는 많은 아동에게 혜택을 주기 위해 다른 분야의 전문가에게 핸드북을 제공할 수 있다. 미술치료사가 미술활동을 소유하고 있는 것도 아니며, 미술활동이 아이들에게 치료적 효과가 있다고 믿기 때문에, 미술치료사는 핸드북을 제작하는 것이 최대의 이익이라고 추론할 수 있다. 그런데 이것은 미술치료사가 핸드북 오용의 잠재적 위험에 대해 무지하다는 뜻이 아니고, 잠재적 이익에 좀 더 많은 비중을 두어 추론한다는 의미다.

반대로 목적론적 미술치료사는 훈련을 충분히 받지 못한 임상가에게 미술치료 기법을 제공하는 것은 이익이 될 수 없다고 추론하여 핸드북 제작을 거부할 수도 있다.

미술치료 기법 핸드북 제작과 관련된 앞의 상황에서 발생한 윤리적 질문에 대해, 의무론적 미술치료사는 "미술치료사를 위한 윤리규정을 찾아봅시다."라고 하면서 적절한 관련 조항을 찾아서 규정에 따라 행동할 수 있다. 그러나 앞에서 언급했듯이 의무론적 사고는 적용 가능한 규정에 대해 상충하는 추론을 할 수 있다. 도덕률 초월론적 미술치료사가 이 문제에 대해 어떠한 결론을 내릴지 예측하는 것은 거의 불가능하다. 이들은 상황을 면밀히 조사하고, 임상 맥락에 관한 자신의 생각과 감정을 탐색하며, 요구에 대한 가치를 진단하고, 내담자에게 주어질 즉각적이고 잠재적인 이익을 고려하여 자신의 직감으로 결정을 내린다. 이에 비해, 내담자에게 최선의 이익을 주는 것을 기준으로 삼고 있는 목적론적 미술치료사는 미술치료사를 위한 윤리규정을 찾아볼 것이다. 그 이후에 딜레마에 관한 자신의 입장을 명료화하고, 상황을 탐색하며, 자신의 생각을 검토한다. 이들은 자신의 책임하에 있는 사람들과의 관계를 고려하고, 특정 상황의 다각적인 측면을 검토한 후에 결정을 내린다.

윤리적 결정을 위한 세 가지 길

의무론적 법률 존중주의	도덕률 초월론	목적론적 맥락주의 이론
• 규정에 무엇이라고 쓰여 있는가? • 윤리규정의 어떤 조항을 적용할 수 있는가?	• 모든 상황은 다 독특하다. • 때가 되면 무엇이 옳은지 알 수 있을 것이다.	• 어떤 규정을 적용할 수 있는가? • 무엇이 최대 다수의 최대 행복을 가져올 수 있는가? • 내가 책임지는 사람은 누구인가? • 내 행동의 결과는 무엇인가?

토론할 문제

1. 앞에서 제시된 상황에 또 다른 윤리적 딜레마가 있는가? 있다면 무엇인가?
2. 당신은 미술치료사가 다른 분야의 전문가와 미술치료 기법을 공유할 책임이 있다고 생각하는가, 없다고 생각하는가? 그 이유를 설명하라.
3. 만약 당신의 고용주가 당신이 생각할 때 윤리적이지 않은 일을 부탁한다면 어떻게 반응할 것인가?
4. 당신은 어떤 윤리 사고체계–의무론적, 도덕률 초월론적, 목적론적–를 기초로 반응할 것인가?
5. 미술치료사가 아닌 다른 영역의 치료사가 미술치료 기법을 사용하는 것과 관련하여 발생할 수 있는 윤리적 문제에는 어떤 것이 있는가?
6. 앞의 문제 5에서 발견한 윤리적 딜레마와 관련해 AATA의 윤리규정에 관련 조항이 있는가?
7. 만약 미술치료사가 다른 분야와 미술치료 기법 공유를 거부한다면 이것이 미술을 통해 치료적 이익을 얻을 수 있는 내담자의 수를 제한하는 것인가? 이는 내담자에게 해가 될 수 있는가?
8. 어떤 미술치료사가 미술치료 기법에 관한 핸드북을 제작했다. 한 임상가가 핸드북을 읽고 미술치료 기법 중 하나를 사용하기로 결정했다. 만약 그 임상가

가 미술치료 기법을 오용하여 내담자가 해를 입었다면 저자인 미술치료사에게 책임이 있는가?

9. 어떤 미술치료사가 고용주가 지시한 일이 자신의 판단에 윤리적이지 않아 거절했는데 그 결과로 해고를 당했다면, 미술치료사는 그로 인해 미술치료를 받을 수 없게 된 내담자에게 오히려 해를 주는 것은 아닌가?

10. 한 기관의 어떤 미술치료사가 미술치료 기법에 관한 핸드북을 제작하였는데, 미술치료사가 아닌 직원이 핸드북을 오용했다면 그 미술치료사에게 책임이 있는가?

추천 예술활동

다음의 예술 작업은 이 장에서 언급한 내용을 메타인지적(meta-cognitive) · 시각적 · 운동적 · 감각적 방법으로 이해할 수 있도록 도와주기 위해 제시되었다. 이런 작업은 미술치료 수업이나 미술치료 집단 슈퍼비전 시간에 시행되는 것이 이상적이다. 수업이나 슈퍼비전 현장에서는 예술 작업의 과정과 결과물, 그리고 윤리적 문제에 관한 생생한 토론이 가능하다. 이런 토론은 학습 경험을 깊고 풍부하게 할 것이다. 개별 독자들 역시 학습 경험을 충분히 익히기 위해 몇 가지의 작업을 원할 것이다. 인간은 분명 여러 가지 방법으로 정보를 익히고 저장한다. 이 책에서 다룬 문제에 관한 반응으로 예술 작업을 하는 것은 그 주제를 정확히 이해하는 데 중요한 방법이 된다.

1. 세 가지 길: 당신이 선택한 시각적 미술재료를 사용하여 윤리적 추론에 관한 세 가지 형태(의무론적, 도덕률 초월론적, 목적론적)의 상징적 이미지를 표현해 보자. 동료와 그 이미지를 나누어 보자.

2. 콜라주 작업: 앞에서 언급한 미술치료 기법 핸드북 제작 문제에 대해 그 상황 속의 인물들(미술치료사, 상사, 출판부 국장, 내담자)이 무엇인가를 같이 하는 장면을 각 인물의 상징적인 이미지를 사용하여 콜라주로 만들어 보자.

3. 갈등적 이미지: 앞에서 언급한 상황에서 가장 공감이 가지 않는 인물(미술치료

사, 상사, 출판부 국장, 내담자 중)의 상징적인 이미지를 표현한다. 그 인물이 그 상황에서 어떻게 느낄 수 있는지를 생각하여 이미지에 반영해 보자.

4. 역할극: 슈퍼비전 집단이나 수업 시간에 구성원에게 역할(미술치료사, 상사, 출판부 국장, 내담자)을 맡겨 본다. 핸드북을 제작하라는 임무를 맡긴 후 며칠이 지난 상황에서 각각 상호작용하는 장면을 연출한다. 역할극을 하기 전에 각각의 참가자에게 맡은 인물이 그 상황에서 어떻게 느끼는지에 관한 상징적인 이미지를 그리게 한다.

5. 시: 슈퍼비전 집단이나 수업 시간에 구성원에게 앞의 상황과 관련된 인물 중 한 사람을 생각하게 한다. 그 인물의 입장에서 시를 한 편씩 쓴다. 각자의 시를 나누어 보고 그 과정에서 얻은 자신의 생각과 감정을 토론해 본다.

6. 미술치료사는 자신을 위해 무엇이 윤리적이고 무엇이 비윤리적인지 정해야 한다. 당신은 어떤 결정을 내릴지 생각해 보자. 의무론자인가, 도덕률 초월론자인가, 혹은 목적론자인가? 당신이 길을 따라 걷고 있는데 그 길을 막는 장애물을 만났다고 상상해 보라. 어떻게 그 장애물을 극복하겠는가? 당신의 미술작품을 동료와 나누고 그것이 윤리적 장애물을 다루는 당신의 경향과 어떻게 연관되는지 토론한다.

7. 당신의 삶에서 개인적·직업적 윤리의식을 형성하는 데 도움을 준 의미 있는 사람들을 떠올려 보자. 그중 한 명을 골라 그가 당신의 삶 안에서 보여 준 중요한 특징들을 강조하여 상징적 초상화를 제작한다. 미술작품을 동료와 나누고 그 사람이 당신의 윤리적 발달에 어떤 영향을 미쳤는지 토론한다.

8. AATA의 '미술치료사를 위한 윤리규정'을 읽고 그 느낌을 바탕으로 이 문서의 표지를 디자인해 본다.

9. 윤리적 사고의 세 가지 얼굴: 선택한 미술재료를 사용하여 윤리적 사고의 세 가지 형태(의무론적, 도덕률 초월론적, 목적론적)를 의인화하여 얼굴을 만들어 본다. 만든 이미지를 동료와 나눈다.

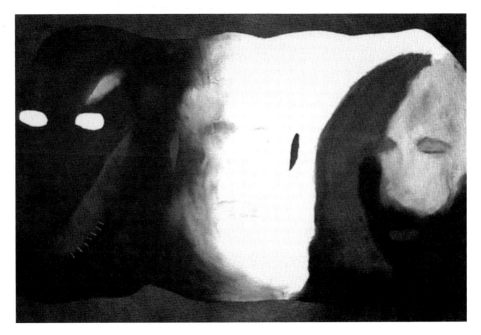

[그림 1-1] 윤리적 추론의 세 가지 측면-12"×38" 오일스틱
레베카 요더(Rebecca Yoder)

요약

미술치료의 직업 윤리를 공부하는 것은 우리가 어떻게 살아야 하는가의 질문 등을 하는 도덕철학을 공부하는 것과 같다. 이 책에서 초점을 두고 있는 윤리적 행동은 미술치료 분야에 해당되는 특정 딜레마를 위한 도덕적 가치와 윤리적 원칙의 적용을 포함한다. 미국미술치료협회와 미술치료 자격심사위원회는 윤리 및 행동 강령을 위한 가이드라인을 개발해 왔으며, 이 문서들은 내담자, 슈퍼바이지, 학생, 임상가를 거의 대부분의 상황에서 보호하는 역할을 할 것이다. 그렇지만 앞에서 강조한 것처럼, 이런 강령에는 한계가 존재한다. 꼭 필요하지만 충분하지 않다는 의미일 수 있다. 윤리적인 임상을 하기 위해서는 규정을 고수하는 것 이상이 필요하다. 이것은 높은 기준의 윤리 원칙에 따라 행동하려는 열정에 대한 깊은 헌신이 요구된다. 미술치료사는 단지 '나는 무엇을 해야 하는가?'가 아닌 '나는 어떤 사람이 될 것인가?'의 질문을 해야 한다.

chapter 2

내담자에 대한 책임

　미술치료사가 윤리적 태도로 임상을 하려면 내담자에 대한 치료사의 책임을 이해해야 한다. 간단하게 말해, 미술치료사는 내담자에게 해를 끼치지 않으면서, 그들의 복지를 증진시키고, 모든 내담자의 권리를 존중해야 하며, 치료사의 전문적인 서비스가 제대로 활용될 수 있도록 최선을 다해야 한다. 미술치료사를 위한 윤리규정(AATA, 2013)에 다음과 같이 명시하고 있다. "미술치료사는 내담자의 복지를 증진하고, 도움을 구하는 사람들의 권리를 존중하며, 자신들의 서비스가 적절히 사용되도록 합리적인 노력을 기울인다."(조항 1.0, p. 2)

　미술치료사는 치료 관계를 형성하는 치료 초기에 내담자에게 권리에 대해 알려주면서 명확하게 이해할 수 있도록 도와야 한다. 어떤 내담자들은 자신이 권리를 가졌다는 것을 알지 못하기 때문이다. 미술치료를 받고자 내담자가 먼저 찾아왔다는 사실 때문에, 치료 초기 단계에서 그들은 무방비 상태이자 두려움이나 걱정으로 정신이 없는 것처럼 느낄 수 있다. 그래서 내담자는 치료사가 치료 관계를 위해 제시하는 것은 무엇이든지 맹목적으로 받아들이기도 한다. 그러나 내담자에게 내담자로서의 권리를 알려 주고 교육하는 것이 중요하다. 휠러와 버트럼(Wheeler & Bertram, 1994)은 치료에 대한 사전 동의서에 포함되어야 할 스무 가지 항목의 체크리스트를 제시한 바 있다. 휠러와 버트럼(1994)의 항목 모두가 미술치료와 직접적으로 연관된 것은 아니지만, 이런 항목들은 미술치료사가 사전 동의서에 관한 이슈에 민감해질 수 있도록 도움을 줄 수 있다. 나의 임상 경험에 비추어 볼 때, 일반 내담자와 마찬가지로 미술치료 내담자에게 알 권리가 있다는 사실을 많은 영역에서 확인할 수 있었다.

사전 동의

맨 처음 치료적 관계를 맺을 때, 미술치료사는 내담자에게 내담자의 권리를 설명해야 한다. 미술치료사는 내담자와 치료사의 역할에 대해서 논의하고, 미술치료 과정에서 기대할 수 있는 것과 제한되는 것에 대한 명확한 경계를 밝혀야 한다. 내담자가 미성년자일 때에는, 주법(state law)에 달리 규정되어 있는 경우를 제외하고 부모나 법적인 보호자의 치료에 대한 동의가 필요하다. 그러나 미술치료사는 미성년자인 내담자에게도 내담자가 이해할 수 있는 언어와 방식으로 내담자의 권리를 설명해야 할 의무가 있다. 미술치료사는 미성년 내담자의 비밀을 보장하는 데 주의를 기울여야 하고, 내담자의 치료에 악영향을 줄 수 있는 정보를 부모나 보호자에게 공개하는 것을 삼가야 한다.

어떤 미술치료사는 내담자에게 그들의 권리에 대해서 구두로 설명하는 것을 선호하는 반면, 또 다른 미술치료사들은 사전 동의서 양식(Informed Consent Forms)을 사용하기도 한다. 두 경우 모두, 치료 파일이나 기관의 기록 문서에 각 내담자와 어떤 방식으로든 동의서와 관련된 주제(다음 참조)가 논의되었음을 기록하는 것이 중요하다.

미술치료 내담자는 다음과 같은 정보를 제공받을 권리가 있다.

- 미술치료 과정: 미술치료사의 이론적 접근방식 포함
- 미술치료사가 내담자에게 기대하는 것
- 내담자가 미술치료사에게 기대할 수 있는 것(안전, 예측 가능성, 관계)
- 미술치료 과정과 관련될 수 있는 모든 위험
- 미술치료 과정의 한계
- 미술작품을 보관하고 기록하는 방법, 디지털 방식으로 저장할 경우 파일을 저

　　장하는 방법
- 시행될 수 있는 미술치료 평가에 대한 특징과 목적
- 비밀보장과 정보 공개
- 비밀보장의 한계: 비밀보장이 유지될 수 없는 상황
- 아동학대 및 내담자가 자신이나 다른 사람에게 가할 수 있는 잠재적 위험을 보고해야 하는 의무
- 재정적인 협약: 치료비, 경비 그리고 보험 상환 문제
- 세션 진행 계획
- 문서의 내용 및 접근
- 미술치료사의 자격: 학위, 학회 소속, 국가자격증 그리고 미술치료사가 가지고 있는 주 자격 요건 포함
- 불만과 고충 처리 절차
- 치료 종결
- 미술치료사가 활용할 수 있는 슈퍼비전 관계

　　내담자의 권리를 소개하고 논의하는 방식은 미술치료사가 일하는 특정한 치료 환경에 따라 달라질 수 있다.

　　예를 들어, 미술치료사가 사설 치료사로서 성인 내담자와 만나게 될 때에는 첫 세션에 통상적으로 이런 부분들을 논의할 수 있는 시간을 계획할 것이다. 반면에, 미술치료사가 정신과 폐쇄병동에서 일할 때는 대부분의 병원이 내담자의 권리에 대해 설명하는 담당자를 지정해 두기 때문에, 치료사는 내담자의 권리에 대한 설명을 좀 더 편안하게 진행할 수 있다. 이러한 임상 환경에서는 사회복지사나 행정 담당자가 내담자의 권리에 대한 정보를 제공하고 동의서에 서명을 받도록 하는 경우가 많다. 미성년자와 일하는 미술치료사는 내담자의 부모나 법적 보호자에게 내담자의 권리를 알려야 하며, 내담자 본인에게도 발달단계에 적합한 방법으로 설명해야 한다. 공립학교, 지역 예술센터, 혹은 의료기관이 아닌 환경에서 일하는 미술치료사도 그 임상의 맥락에 맞는 방식으로 내담자의 권리에 대한 정보를 제공해야 한다. 미술치료사가 내담자에게 전달하는 내용은 미술치료사의 개인적인 스타일, 임상적 혹은 직업적 맥락에서의 요구사항, 그리고 내담자의 특징에 따라 형성된다.

미술치료사가 사전 동의와 관련된 절차를 마련하는 것은 (1) 내담자의 교육을 위해, (2) 치료적 동맹 관계의 형성을 위해, (3) 미술치료사에게 약간의 보호 조치를 제공하기 위해 중요한 일이다. 이미 언급한 것처럼, 대다수의 내담자들은 자신에게 권리가 있다는 것을 알지 못한다. 내담자의 권리에 대해 교육하는 것은 내담자에게 본질적으로 권한을 부여하는 내용을 알려 주는 것이다. 치료는 궁극적으로 내담자가 더욱 만족스러운 삶을 살도록 도와주는 것이다. 때때로 내담자는 권리가 박탈된 채 무기력한 상태로 미술치료실의 문을 두드린다. 내담자에게 자신의 권리에 대한 정보를 제공하는 과정은 그 자체로 중요한 치료적인 의미를 갖는다. 미술치료사는 치료과정 초기에 내담자의 권리에 대한 정보를 제공함으로써, 내담자를 존중하고 그들의 자율성을 인정하는 치료사의 기본 태도를 전달할 수 있다. 이런 의미에서, 이 과정을 통해 내담자는 자신이 존중받고 있다고 느낄 수 있으며, 치료적 동맹의 기초가 형성되기도 한다.

또한 내담자에게 자신의 권리에 대해 알리는 것은 미술치료사를 보호하기도 한다. 안타깝게도 우리는 정신보건 관련 직업군의 사람들이 의료과실 소송의 대상이 되는 일들이 빈번한 문화 속에서 살고 있다. 이 글을 쓰는 지금도 우리는 얼마나 많은 의료과실 소송이 미술치료사를 상대로 진행되고 있는지 의식하지 못한다. 하지만 우리는 이런 일들의 잠재성을 인지해야 한다. 의료과실 소송이 무책임한 의료인에게만 제기되는 것은 아니다. 베넷과 동료들(Bennett et al., 1990)은 잠재적인 문제를 예측하고 비윤리적이라고 여겨질 수 있는 행동으로부터 자신을 보호하는 것이 중요하다고 강조했다. 그렇게 하는 한 가지 방법은, 내담자가 자신의 권리에 대한 정보를 충분히 제공받았고 미술치료 참여에 동의했다는 것을 문서화하는 것이다. 직업적 맥락과 미술치료사가 선택한 소통방식과는 상관없이, 앞서 제시한 열두 가지 영역은 필수적으로 다루어져야 한다.

다음은 미술치료 사전 동의서 양식의 예다. 〈양식 1〉에는 동의서와 관련되어 논의되어야 하는 항목들이 제시되어 있다. 〈양식 2〉는 좀 더 보편적인 양식이다. 각각의 양식은 장점과 한계점이 있으며, 단지 동의서에 대한 논의와 이해를 위한 예일 뿐이다. 이제 우리는 동의서의 영역에 대해 자세히 살펴보겠다.

미술치료 사전 동의서(양식 1)

나 ___(내담자 이름)___ 는 미술치료사 ___(미술치료사 이름)___ 가 아래와 같은 사항의 정보
를 ___(날짜)___ 에 미리 제공하였음을 인정합니다.

미술치료 과정에 대한 이해   _____

내담자에 대한 미술치료사의 기대 _____

미술치료사에 대한 내담자의 기대 _____

(안전, 예측 가능성, 관계)

미술치료 과정과 관련된 위험 요소 _____

미술치료 과정의 한계 _____

미술치료 평가의 특성과 목적 _____

미술작품의 문서화, 보관 및 보안 방법 _____

비밀보장과 정보 공개 _____

비밀보장의 한계 _____

재정적인 협약 – 치료비와 요금 청구 _____

미술치료 세션 일정 _____

치료 문서의 내용과 열람 _____

미술치료사의 자격 _____

불만과 고충 처리 절차 _____

치료 관계를 종결할 수 있는 권리 _____

미술치료사가 활용할 수 있는 슈퍼비전 관계 _____

나는 미술치료에 참여하기로 동의하고 내가 위의 사항과 관련된 권리를 가졌다는 정보를 제공
받았음을 승인합니다. 나는 ___(미술치료사 이름)___ 에게 나의 심리적 · 신체적 병력과 상태에
대한 정보의 공개를 허용할 것을 승인합니다. 여기에는 검사 결과, 진단 평가, 인지적 · 시각적
문제와 관련된 정보를 포함합니다.

나는 ___(미술치료사 이름)___ 에게 미술치료 참여에 앞서 혹은 그 과정 중에 자문의 목적으로
나의 주치의나 치료사에게 연락하는 것을 허락합니다. 나는 엄격한 전문성과 비밀보장이 준수
될 것을 확신합니다.

서명 _____ 날짜 _____

법적 대리인 _____

등록미술치료사(양식 2)

날짜 _____   내담자 이름 _____

미술치료 동의서

나는 미술치료사 (미술치료사 이름)에게 미술치료를 받는 것을 동의합니다. 이 동의는 내가 서명으로 취소할 때까지 유효합니다.

나는 미술치료 세션 기록이 비밀로 지켜지고 나의 이름이 언급된 정보나 기록된 정보를 공개하기 위해서는 서명 동의가 필요함을 알고 있습니다. 법정 치료 명령에 의한 치료거나, 아동폭력이 의심되는 경우, 혹은 주 교정기관, 지방교도소와 같은 기관에서 치료를 받도록 의뢰받았을 때에는 담당 변호사에게 동의 없이 정보가 공개될 가능성이 있습니다. 또한 정보를 보유하는 것이 치료사나 타인을 해칠 수 있는 심각한 위협이 된다고 판단되는 근거가 있을 때에는 동의 없이 공개될 수 있습니다. 이 동의는 내가 서명으로 취소할 때까지 유효합니다.

나는 또한 미술치료사 (미술치료사 이름)가 나의 치료 세션에 대해서 자신의 슈퍼바이저와 논의할 수 있다는 것, 또 그 슈퍼바이저가 내담자의 비밀보장에 대해 위에 요약한 것처럼 윤리를 지킬 의무가 있다는 것을 알고 있습니다.

증인   서명

_____   or   _____

내담자 서명 혹은 내담자가 미성년자거나
비독립적일 경우 부모/보호자 서명

재정적인 계약

나는 ___(치료사 이름)___ 에 의한 미술치료를 세션당 _(금액)_ 지불할 것을 동의합니다. 나는 치료비가 그 시간의 서비스 비용으로 지불되는 것을 수락합니다. 나는 또한 예약된 시간을 지키지 못할 만한 질병이나 위급 상황을 제외하고는 적어도 24시간 이전에 치료를 취소하지 않을 경우 치료비를 지급해야 한다고 알고 있습니다.

_____

내담자/부모/보호자 서명

미술치료의 과정

미술치료에 대해 거의 아는 것이 없는 내담자와 치료 관계를 시작할 때, 내담자에게 치료과정을 정확히 설명하는 것은 부담스러운 일일 것이다. 미술치료를 실행하는 방법이 다양하기 때문에, 미술치료 과정 안에서 동의서와 관련된 부분을 설명하는 것은 더더욱 복잡할 수 있다. 그렇기에 나(Bruce)는 이 과정이 어떻게 전달되어야 한다고 정확하게 규정할 수 없다. 하지만 이 주제를 포함한 나머지 열 개의 영역과 관련하여, 내가 내담자에게 말해 왔던 내용의 견본을 소개하려고 한다. 이 대화의 견본은 관계 초기 동의서와 관련된 이슈를 어떻게 다루는지 감을 잡는 정도로 쓰였으면 한다. 왜냐하면 우리 모두 이 이슈들과 관련하여 자기만의 스타일을 개발해야 하기 때문이다. 다음은 나의 개인 미술치료 과정 중에 흔히 일어나는 대화를 재구성한 것이다.

브루스: 미술치료에 대해서 아는 것이 있니?

내담자: 아니요. 조금 낯설게 느껴져요.

브루스: 자. 있잖아. 나는 사람들이 온갖 방법을 통해 자신을 표현한다고 믿어. 자기 자신 안에서 일어나고 있는 일에 대해 말하는 것을 잘하는 사람이 있고, 전혀 그렇지 않은 사람도 있지. 어떤 사람은 시를 쓰거나 춤을 추기도 해.

내담자: 저는 그렇게 말을 잘하는 사람이 아닌데요.

브루스: 그건 괜찮아. 나는 우리가 살아가면서 생겨나는 중요한 일들 중에 어떤 것들은 언어로 표현될 수 없다고 생각한단다. 그래서 우리는 이미지를 통해서 그것들을 표현하는 시간을 가져 볼 거야.

내담자: 저는 그림을 잘 못 그리는데요.

브루스: 그건 문제가 되지 않는단다. 내가 널 도와줄 거야. 중요한 것은 네가 나를 믿고 여러 가지를 시도해 보는 거야.

내담자: 어떤 것들을요?

브루스: 물감을 이용해서 그림을 그리거나, 찰흙으로 만들어 보거나, 연필로 그림을 그릴 수도 있지.

내담자: 그럼 내가 무엇인가를 만들면 선생님이 나를 관찰하고 그게 어떤 의미인지를 말해 주는

것인가요?

브루스: 아니, 전혀 그렇지 않아. 나는 너에게 네 그림이 어떤 의미가 있는지 말하지 않을 거야. 물론 네 그림에 관심을 많이 갖겠지만, 나는 네 스스로 그것에 어떤 의미가 있는지 알 수 있도록 돕기만 할 거란다.

내담자: 쉬운 것처럼 들리네요. 재미있을 것 같아요.

브루스: 너에게 솔직해야겠구나. 이 과정이 항상 쉽지는 않을 거야. 오히려 때로는 결코 즐겁지 않을 수도 있단다. 치료를 받는다는 것은 힘든 일이야. 종종 네가 감당하기 힘든 감정들이 떠오를 수도 있다는 것을 알아야 한단다.

내담자: 그렇다면 이 모든 것이 다 무슨 소용이죠?

브루스: 가장 중요한 것은 네 자신을 표현하려고 노력하는 일이야. 나는 사람들이 자신의 감정을 표현하기 때문에 보통 아무런 문제가 없다고 생각해. 하지만 자신 안에 있는 모든 것을 마음속에 담아 두거나, 자기 또는 남을 해치는 방식으로 감정을 표현할 때, 종종 문제가 생기기도 하거든. 네가 내게 말한 내용으로 미루어 봤을 때, 너는 표출하는 것에 어려

[그림 2-1] 연결에 관한 것입니다.-24"×28" 크레파스
아네트 네메스(Annette Nemeth)

움을 느껴서 많은 것을 쌓아 두고 있는 사람이라는 생각이 드는구나. 이런 것들이 문제가 될 수 있거든.

다시 말하지만, 미술치료사는 미술치료 과정에 관해 설명하는 자기만의 스타일을 개발하는 것이 중요하다. 비록 이 과정이 만만치 않은 일일 수 있겠지만, 적어도 미술치료사가 내담자에게 미술치료가 어떻게 이루어지고, 미술치료사의 이론적 배경이 무엇이며, 세션 중에 어떤 일이 일어날 것인지에 대한 기본적 이해를 제공하는 것이 매우 중요하다.

내담자에 대한 미술치료사의 기대

미술치료 내담자는 기본적으로 미술치료 과정에 참여할 때 자신에게 무엇이 요구되는지를 이해해야 한다. 그중에는 다음과 같은 간단한 것들도 포함된다.

- 시간에 맞추어 올 것
- 미술작업에 적합한 옷을 입을 것
- 필요시 약간의 미술재료를 가져올 것
- 약속된 치료 일정을 지키지 못할 때 미술치료사에게 알릴 것
- 치료와 관련된 재정적인 의무에 책임을 다할 것

또한 이런 기대에는 미술치료의 본질에 관한 정보와, 치료과정의 진행 중에 발생할 수 있는 관계의 깊이에 대한 설명이 포함될 수 있다. 다음의 예를 보자.

내담자: 그래서 미술치료가 뭐예요?

미술치료사: 미술치료는 창작과정과 창작물을 통해 사람들이 직면한 문제를 다룰 수 있도록 하면서, 건강하고 만족스러운 삶을 위해 그들의 잠재력을 계발하도록 도와주는 것이지. 어떤 사람들에게는 말을 대신해서 감정을 표현하거나 소통하는 방법이 되기도 한단다.

내담자: 그렇지만 저는 그림을 잘 못 그려요.

미술치료사: 나를 믿으렴. '그림을 잘 못 그려요.'라는 말을 일하면서 수없이 들었단다. 나는 이 말

이 두려움에서 온다고 생각해. 너는 이 문제에 대해 정말로 나를 믿어야 할 거야. 나는 미술치료사로서 많은 역할을 하거든. 선생님이기도 하고, 보조자이기도 하고, 지도자이면서 안내인이기도 해. 나는 네 안에서 일어나는 이미지를 형상화할 수 있도록 도울 거야. 네 그림으로 너를 해석하려는 것이 아니라, 미술작업을 통해 너만의 의미를 찾을 수 있도록 돕는 것이란다.

미술치료사를 향한 내담자의 기대

미술치료의 내담자는 미술치료사에게 무엇을 기대할 수 있는지를 기본적으로 알아야 한다. 그중에는 미술치료사의 다음과 같은 행동도 포함된다.

- 시간에 맞추어 올 것
- 안전하고 예측 가능한 치료 환경을 유지할 것
- 내담자가 사용하는 기본적인 미술재료를 제공할 것
- 치료사가 약속 시간을 변경해야 할 경우, 내담자에게 미리 알릴 것
- 예외(이 장 앞부분에서 설명한 바와 같이)적인 경우를 제외하고는 내담자의 비밀을 유지할 것

이와 더불어 미술치료사는 예술 창작의 힘과 유용성에 대한 깊은 믿음을 전달하고자 할 것이다. 때로는 내담자에게 자신의 창의력을 긍정적인 방식으로 사용할 수 있는 능력이 있다는 치료사의 믿음을 표현해 주는 것이 도움이 되기도 한다. 어떤 미술치료사는 예술가로서, 그리고 치료사로서 자신의 전문 지식을 제공한다. 또한 내담자에게 지속적이고 안전하며 지지적인 환경이 제공될 것이며, 그렇기에 미술치료실에서 보내는 시간을 잘 활용할 수 있는 기회가 주어질 것이라고 알려 주는 것이 중요하다.

임상을 하면서 새로 만나는 내담자들에게 나는 그들이 누구이며, 필요한 것이 무엇인지 가장 잘 아는 대상이 바로 그들 자신이므로, 그들의 이런 전문성을 믿고 의지하면서 미술치료를 진행해 갈 것이라고 종종 말하곤 한다. 또한 내가 미술치료를 치료의 결실을 맺기 위해 우리 각자가 아는 것들을 서로 주고받으며 가는 여행으로

본다는 것을 내담자들에게 공유한다.

미술치료 과정과 관련된 위험

미술치료 내담자는 미술치료 과정 중에 경험할 수 있는 잠재적인 위험에 대해 미리 알고 있어야 한다. 대체로 이러한 잠재적인 위험은 정서적인 위험과 신체적인 위험의 두 가지 유형으로 나누어 볼 수 있다.

내담자는 이미지를 연상해 내거나 다루는 과정에서 정서적인 위험이 있을 수 있다는 것을 인식해야 한다. 미술치료는 때로 내담자가 오랜 시간 방치해 온 생각과 감정을 흔들어 놓는다. 이 과정을 겪으면서 종종 내담자는 나아졌다고 느끼기보다 더욱 나빠졌다고 느낄 수 있다. 내담자는 미술치료가 정서적으로 힘들고, 고통스러우며, 무서울 수도 있다는 사실을 알 권리가 있다. 치료의 결과는 내담자의 반응과 참여에 달려 있기 때문에, 내담자의 책임이 어떤 역할을 하는지 강조하는 것이 바람직하다. 미술치료사가 미술치료에서 경험할 수 있는 잠재적인 정서적 위험과 어려움을 미리 알리는 것 또한 도움이 될 것이다. 이에 내담자는 이러한 상황이 발생하더라도 너무 과도하게 위축되지 않을 수 있다.

또한 미술치료 내담자는 특정한 미술 매체나 도구, 과정과 관련하여 잠재적인 신체적 위험의 가능성도 미리 알아야 한다. 미술치료사는 그들의 작업 환경에서의 위험에 대해서 인식하고 있어야 하며 내담자에게 그에 대해 주의를 주어야 한다. 어떤 내담자는 특정 재료에 알레르기 반응을 보일 수 있고, 또 어떤 내담자는 특정한 냄새에 민감한 반응을 보일 수 있다. 치료사는 미술치료 세션에 적합한 옷을 입어야 하는 것과, 때로는 특정한 매체에 의해 옷이 상할 수도 있다는 것을 미리 알려야 한다. 위험 요소를 지닌 특정 매체를 다루는 미술치료사는 내담자가 그 매체를 다루기 전에 미리 그 위험에 대하여 설명해야 한다.

미술치료 과정의 한계

미술치료사로서, 우리는 미술치료를 통해서 반드시 내담자들이 원하는 삶의 변화가 일어날 것이라고 내담자에게 약속할 수 없다. 치료에 참여하는 내담자가 더 행복해지거나, 덜 불안해지거나, 더 나은 결혼생활을 하거나, 혹은 부모와의 관계가 나아질 거란 보장은 없다. 치료의 최종적인 성공과 실패는 언제나 내담자의 반응에 달려 있다. 내담자는 미술치료가 마법이 아니라는 것을 이해해야 한다.

미술치료는 여러 치료법 중의 하나다. 많은 내담자가 언어로 이루어지는 전통적인 심리치료와 상담의 도움을 받는 반면, 다른 이들은 오직 대화에만 의존하는 치료적 접근보다 음악치료나 레크리에이션 치료, 시 치료, 드라마 치료, 미술치료와 같은 치료법을 더 잘 활용한다. 어떤 사람들에게는 미술치료를 받는 것이 인생을 변화시키는 심오한 경험이 될 수 있다. 반면에 어떤 사람들에게는 미술치료가 효과적이지 않을 수 있다. 이런 의미에서 내담자들은 미술치료의 한계를 인식해야 한다.

미술작품의 문서화와 보관

미술치료사는 내담자에게 미술치료 세션 안에서 만든 자신의 미술작품이 어떻게 문서화되고 보관되는지 알려야 한다. 많은 미술치료사가 내담자의 작품 기록을 보존하려는 목적으로 사진을 찍는다. 이 경우 내담자가 작품 원본을 간직할 수 있으나, 미술치료사 또한 그의 작업 기록을 갖고 있다는 사실을 인지해야 한다. 어떤 미술치료사는 미술치료 과정 동안 내담자가 만든 작품을 포트폴리오 형식으로 보관했다가 미술치료 종결 시 내담자에게 돌려준다. '미술치료사를 위한 윤리규정' (2013), 조항 4에 이 문제와 관련된 내용을 다음과 같이 확인할 수 있다.

ㄐ.0 내담자의 미술작품

미술치료사는 내담자의 미술작품을 보호해야 하는 정보의 한 형태이자 내담자의 소유물이라고 여긴다. 어떤 치료 환경에서는 내담자의 미술작품이나 미술작품의 표현을 치료사 혹은 기관이 정한 주 규정 및 임상 실제에 부합하는 합리적인 시간 동안 보관해야 하는 임상 기록의 일부로 간주할 수 있다.

4.1 치료 목적 및 치료적 이익에 따라 내담자의 미술작품은 치료과정 중이나 치료 종결 시에 내담자가 돌려받을 수 있다.

4.1.a 미술치료사 또는 임상 기관이 임상 기록의 일부로 내담자 파일에 예술작품의 사본, 사진 복제 또는 디지털 이미지를 보유하는 경우, 내담자는 그에 대한 통지를 받는다.

4.1.b 내담자의 사망으로 치료과정이 종료되었을 때, 내담자의 원본 미술작품은 다음의 경우에 한해 친척에게 양도된다.

(a) 내담자가 미술작품을 누구에게, 어떤 상황에 공개해야 하는지 명시한 동의에 서명한 경우

(b) 내담자가 미성년자 또는 보호자 아래에 있으며, 미술치료사는 아동의 미술작품이 미술치료사에게 위임된 비밀보장을 위반하지 않는다고 판단한 경우

(c) 미술치료사가 내담자로부터 가족에게 공개된 미술작품의 일부 또는 전부의 양도를 원한다는 명확한 구두 표시를 받고 문서화한 경우

(d) 법정에서 위임한 경우

4.2 미술치료사는 교육, 연구 또는 평가를 목적으로 내담자 미술작품의 복사본, 슬라이드, 사진을 보관할 경우 내담자/법적 보호자에게 서면 동의를 받는다.

4.3 미술치료사는 내담자의 서면 동의서 없이는 대화 내용과 미술작품을 포함한 내담자의 미술치료 세션을 공개적으로 사용하거나 복제하는 것을 허용하지 않는다.

4.4 미술치료사는 내담자의 미술작품, 비디오 촬영, 오디오 녹음, 복제 혹은 제3자가 미술치료 세션을 보도록 허용하기 전에 내담자 또는 법적 보호자(해당할 경우)에게 서면 동의서를 받는다.

4.5 미술치료사는 강의, 글쓰기 및 공개 발표에서 임상 자료와 내담자의 미술작품을 사용하기 전에, 내담자 또는 법적 보호자(해당할 경우)로부터 서면 동의서를 받는다. 내담자의 신원을 보호하고 미술작품이나 비디오에서 내담자의 인적 사항이 드러날 수 있는 부분을 숨기기 위해 합리적인 조치를 취한다.

4.6 미술치료사는 내담자 또는 법적 보호자(해당할 경우)의 동의를 얻어 제3자, 학제 간 팀 구성원 및 슈퍼바이저에게 미술작품을 공개한다.

4.7 미술치료사는 내담자가 미술치료 서비스를 받는 동안 내담자의 미술작품이 보관되는 방식과 실제 미술작품, 사진 또는 디지털 이미지를 보관하는 기간을 설명한다.

미술치료 평가법의 본질과 목적

여러 미술치료 현장에서 미술치료사는 내담자의 초기 평가를 목적으로, 그리고 진단적 인상을 명확히 하는 보조 역할로, 미술치료 평가를 시행할 것이다. 개인 미술치료실의 치료사는 초기 단계에서 치료 계획을 세우고, 진단적 인상을 명확히 하기 위해 미술치료 평가 과정을 활용할 수 있다. 미술치료에서의 평가는 일시적 사건이라기보다 지속적인 과정이다.

미술치료 평가는 미술치료사가 치료의 목표를 세우는 데 귀중한 정보를 제공한다. 미술치료사는 예술적 행동을 섬세하게 관찰하도록 훈련을 받으며, 그 관찰한 내용을 전문적이고, 창의적이며, 공감하는 태도로 전달하는 법을 배운다. 내담자에게 미술치료 평가의 과정과 목적에 대해 알려 주는 것이 중요하다. '미술치료사를 위한 윤리규정'(2013), 조항 3에는 다음과 같이 서술되어 있다.

3.0 평가 방법

미술치료사는 내담자의 필요를 좀 더 잘 이해하고 제공하기 위해 평가 방법을 개발하고 사용한다. 미술치료사는 평가 방법을 전문적 관계 안에서만 사용한다.

3.1 표준화된 평가 방법을 사용하는 미술치료사는 해당 평가 방법의 타당도, 신뢰도, 규격화, 오류 범위 그리고 적절한 실행방법에 대해 익숙하다.

3.2 미술치료사는 적절한 훈련과 슈퍼비전을 통해 얻은 전문적 능력 안에서만 평가 방법을 사용한다.

3.3 행동과학 연구방법을 기반으로 평가 도구를 개발하는 미술치료사는 표준 도구 개발 절차를 따른다. 그들은 평가 도구를 사용하는 데 필요한 훈련, 교육, 경험 수준을 서면으로 명시한다.

3.4 미술치료사는 사용되는 평가 도구들의 목적과 특성에 대해 내담자에게 동의서를 받는다. 내담자가 언어나 절차상의 지시를 이해하기 힘든 경우 미술치료사는 자격을 갖춘 통역사를 준비한다.

3.5 평가 방법을 선택하고 결과를 보고할 때 미술치료사는 문화, 인종, 성별, 성적 지향, 나이, 종교, 교육 및 장애와 같이 결과에 영향을 끼칠 수 있는 요소들을

고려한다. 치료사들은 평가 결과가 타인에 의해 오용되지 않도록 합리적인 조
치를 취한다.

3.6 미술치료사는 평가가 실시되는 전문 기관의 절차와 규칙에 따라 평가에 사용
된 모든 미술작품과 이와 관련된 자료들의 비밀이 보장되도록 합리적인 조치
를 취한다.

비밀보장과 정보 공개

미술치료 내담자는 비밀보장 및 그의 한계, 면책특권, 사생활 보호와 관련된 정보
를 제공받아야 한다. 이와 관련된 개념은 이 장의 뒷부분에서 더 자세히 다룰 것이
다. 미술치료사가 비밀보장에 대해서 내담자와 논의할 때, 치료사는 치료 관계 안에
서 비밀보장의 문제가 어떻게 다루어질 것인지 명시하기를 원할 수 있다. 정보의 공
개가 필요할 수 있는 상황을 논의하고 내담자에게 이와 관련된 문서 양식을 숙지시
키는 것이 바람직하다. 또한 내담자가 비밀보장에 대한 자신의 권리와 그 권리의 한
계에 관해 이해하는 것이 중요하다.

비밀보장의 한계

비밀보장이 치료 관계에서 초석으로 여겨지지만, 그것을 유지하지 못하는 상황
들이 있다. 그러나 불행하게도 비밀보장을 위반해야 하는 특정한 상황을 명확하게
정의할 수는 없다. 그러므로 미술치료사는 종종 각자의 판단에 의지해야 한다. 이
문제에 대해 논의할 때, 미술치료사는 내담자에게 그들이 밝힌 내용은 보통 비밀유
지가 된다고 알려 주어야 한다. 그렇지만 미술치료사는 내담자 이외의 다른 사람들
에게도 의무를 가지고 있고, 그 의무는 법적 · 윤리적으로 타인을 위험으로부터 보
호하는 것이라고 설명해야 한다(Corey, Corey, Corey, & Callanan, 2015, p. 214). 미술
치료사를 위한 윤리규정(AATA, 2013)에는 내담자나 다른 사람들에게 위험이 임박
하다고 믿을 만한 이유가 있을 때, 미술치료사가 특정 정보를 공개할 수 있다고 서
술되어 있다. 아히아와 마틴(Ahia & Martin, 1993)은 다음과 같은 상황에서 비밀보장

의 위반이 허용된다고 밝혔다.

- 내담자가 자신이나 다른 사람에게 해를 가할 수 있는 경우
- 내담자가 범죄의사를 밝힌 경우
- 아동이나 노인, 기관·시설 거주자, 혹은 장애를 가진 성인의 학대나 방임이 의심되는 경우
- 법정이 상담자나 미술치료사에게 기록을 공개하도록 명령한 경우

미술치료사는 내담자에게 비밀보장이 유지될 수 없는 경우와 상황에 대해 설명해 주어야 한다. 이는 일반적으로 미술치료사가 아히아와 마틴(1993)이 제시한 앞의 네 가지 영역 중 하나의 결과로 내담자에게 일어날 수 있는 잠재적인 위험에 대해 걱정하는 상황을 의미한다.

비밀보장과 관련된 윤리적·법적 문제

내담자에게 미술치료 세션 안에서의 내용이 비밀로 유지된다는 기대보다 더 중요하고 당연한 기대는 아마도 없을 것이다. 비밀보장(confidentiality)이란 미술치료사가 내담자의 사적인 정보에 대해 비밀을 지킨다는 약속을 말한다. 비밀보장은 내담자와 미술치료사 사이의 치료적인 동맹의 초석이 된다. 네산(Nessan, 1998)은 비밀보장을 "신성한 믿음"(p. 357)이라고까지 이야기했다. 이 믿음은 내담자를 경건하게 보살피는 것이 필요한 치료 관계 안에는 특별하고 사적인 부분이 포함되었음을 의미한다. 그러나 비밀보장에는 한계가 있다. 미술치료사가 모든 상황에서 내담자의 비밀보장 권리를 약속할 수는 없다. 여기에는 내담자가 미술치료 세션 안에서 작업한 미술작품이나 나눈 대화의 내용을 밝힐 수밖에 없는 상황이 있다.

AATA의 미술치료사를 위한 윤리규정(2013)의 조항 2는 비밀보장에 대해 다음과 같이 기술하고 있다.

2.0 비밀보장

미술치료사는 치료 중이나 치료 종결 후에 전문적 관계의 맥락 안에서 내담자의 미술작품이나 대화를 통해 얻은 정보의 비밀을 준수한다.

2.1 미술치료사는 사생활과 비밀이 보장될 수 있는 환경에서 내담자를 만나야 한다.

2.2 미술치료사는 비밀보장의 한계에 대해 내담자에게 알려 준다.

2.3 미술치료사는 내담자와 타인의 건강과 안전에 즉각적이고 심각한 위험이 된다고 판단되는 경우를 제외하고는 내담자의 명시적 동의 없이 슈퍼비전이나 상담의 목적으로 내담자의 비밀 정보를 공개해서는 안 된다. 모든 공개는 내담자, 내담자의 가족, 대중의 복지와 관련된 법률에 따라야 한다.

2.4 내담자의 비밀 정보를 공개하는 것이 내담자에게 이익이 되는 경우, 미술치료사는 내담자와 타인의 건강과 안전에 즉각적이고 심각한 위험이 된다고 판단되는 경우를 제외하고는 가능하다면 공개 전에 내담자 또는 내담자의 보호자에게 동의서를 받는다.

2.5 미술치료사는 미술치료 중에 일어난 민사, 형사 또는 징계 처벌의 상황에서 법적 명령에 따라 정보를 공개한다. 이런 경우 꼭 필요한 정보만을 공개한다.

2.6 내담자가 미성년자인 경우, 법률로 별도 위임된 경우를 제외하고, 미성년 내담자의 부모 또는 법적 보호자로부터 필요한 모든 공개 또는 동의를 얻는다. 미성년자의 비밀을 보장하고, 미성년자의 치료에 부정적인 영향을 미칠 수 있는 정보를 부모 또는 보호자에게 공개하지 않도록 주의한다.

2.7 미술치료사는 연방, 주 및 기관 법률 및 규정과 정부 규정과 임상 실제에 부합하는 합리적인 기간 동안 내담자의 치료 기록을 보관한다. 자료는 비밀보장이 유지되는 방법으로 보관하거나 폐기한다.

코리, 코리, 코리와 캘러넌(Corey, Corey, Corey, & Callanan, 2015), 휠러와 버트럼(2012) 및 다른 이들에 의하면, 정신보건 관련 종사자(미술치료사 포함)는 위험한 내담자로부터 해를 입을 수 있는 선량한 사람들을 보호해야 할 윤리적·법적 책임이 있다. 또한 미술치료사는 자살을 시도할 가능성이 있는 내담자를 진단하고 효과적으로 개입해야 할 책임도 있다.

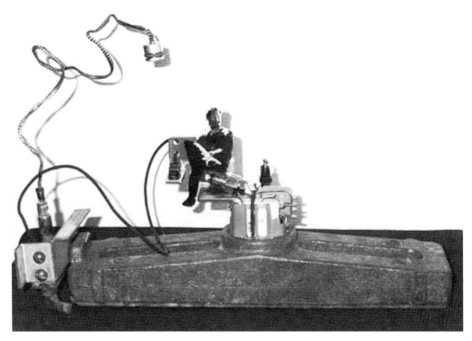

[그림 2-2] 경고 의무-혼합재료
히터피카식(Heather Picarsic)

비밀보장과 관련된 법정 사례

우리는 중요한 법정 사례로부터 미술치료사에게 내담자의 행동으로 인해 악영향을 받거나 해를 입을 수 있는 다른 사람들과 내담자를 보호할 의무가 있다는 사실을 배울 수 있다. 나는 에머리치(Emerich) 사건에 대한 법원의 판결, 대표적인 타라소프(Tarasoff) 판례의 요약, 그리고 재피 대 레드먼드(Jaffee v. Redmond) 소송 사건을 소개하고자 한다. 여기서 우리는 비밀보장 및 경고 의무와 관련된 윤리적이며 법적인 문제의 복잡성을 이해할 수 있다.

에머리치 판례

이 문제와 관련하여, 펜실베이니아에서는 에머리치와 필라델피아 인간발달센터(Philadephia Center for Human Development, Inc.) 간의 법정 소송 사건이 있었다. 에머리치 사건으로 펜실베이니아 대법원은 다음과 같은 세 가지 법적인 문제에 직면

했다. (1) 정신건강전문가는 제3자에게 위협이 되는 내담자에 대한 경고의 의무가 있는가? (2) 만약 경고의 의무가 있다면, 그 의무의 범위는 어디까지인가? (3) 이 사건의 사실에 의거해 법원의 판단이 옳았는가?

에머리치 사건은 테레사 하우슬러(Theresa Hausler)가 전 남자친구인 개드 조셉(Gad Joseph)에 의해 살해된 비극적인 살인 사건과 관련된다. 살해 당시 조셉은 정신질환과 마약중독으로 치료를 받고 있었다. 하우슬러의 재산 관리인[1]인 로날드 에머리치(Ronald Emerich)가 필라델피아 인간발달센터, 앨버트 아인슈타인 의학센터(Albert Einstein Medical Center), 하비 프리드릭(Harvey Friedrich), ACSW 등을 상대로 억울한 죽음과 생존자의 권리를 제기했다.

하우슬러와 조셉은 연인 사이로 필라델피아에서 동거생활을 했다. 상당 기간 동안, 그들은 필라델피아 인간발달센터의 상담자에게 정신건강치료를 받았다. 조셉은 외상 후 스트레스 장애, 약물과 알코올 중독, 분열정동장애(schizoaffective disorder)의 진단을 받았다. 그는 또한 하우슬러와 전처에게 신체적·언어적 폭력을 가한 경험이 있었고, 나아가 다른 여러 폭력적 성향을 드러내기도 했다. 그는 하우슬러를 죽이겠다고 위협을 가하곤 했고, 살인 충동으로 고통을 받고 있는 상태였다.

1991년 6월 27일이 되기 몇 주 전, 하우슬러는 조셉과의 관계를 끝내고, 그와 살던 집에서 나와, 펜실베이니아 리딩(Reading)이라는 곳으로 거주지를 옮겼다. 조셉은 그녀가 자신과 헤어지기로 결심한 것에 대해 격분하여, 센터에서 상담을 받는 여러 세션 동안 그녀를 해치고 싶다고 수차례 말했다. 6월 27일 오전 9시 25분경, 조셉은 그의 상담자에게 전화를 걸어 하우슬러를 죽일 것이라고 알렸다. 이에 상담자는 즉시 조셉과 아침 11시에 급하게 상담 약속을 잡았다. 상담하는 동안 조셉은 상담자에게 하우슬러에 대한 분노가 더욱 심해졌다고 털어놓았다. 오후에 그녀가 옷을 가지러 집에 들를 예정인데, 이것이 그에게는 엄청난 스트레스라고 말했다. 그리고 집에서 옷을 가지고 나가는 그녀를 보게 된다면 그녀를 죽일 것이라고 암시했다. 상담자는 조셉에게 자발적으로 입원치료를 받아야 한다고 권고했지만, 그는 거절하였다. 상담이 끝날 무렵, 조셉은 자신이 안정을 되찾았으며 하우슬러를 해치지 않겠

---

1) 역자 주: 재산 관리인(Administrator of the Estate)은 법률 용어로, 유언이 없는 사망자의 유산을 관리하도록 법원에서 지명한 사람을 뜻한다.

다고 말했다. 상담은 12시에 끝이 났고, 단지 그가 그녀를 해치지 않을 것이라는 상담자의 확신만을 바탕으로, 조셉은 센터를 떠날 수 있었다.

오후 12시 15분, 상담자는 옷을 찾기 위해서 필라델피아로 가는 중이라는 하우슬러의 전화를 받았다. 그녀는 그에게 조셉의 행방에 대해 물어보았다. 상담자는 그녀에게 그의 아파트로 가지 말고 다시 리딩으로 돌아가라고 지시했다. 그러나 하우슬러는 상담자의 지시를 무시하고 아파트에 갔고, 오후 12시 30분경 조셉의 총에 맞아 사망했다.

하우슬러의 가족은, 모든 피고인들이 조셉이 하우슬러에게 분명하고 즉각적인 해를 가할 위험이 있었음에도, 그 사실을 그녀 본인과 그녀의 가족, 친구, 경찰 등 다른 사람들에게 적절히 경고하지 못했다고 주장하며 고소했다. 이에 1심 법원은 정신건강전문가가 제3자에게 경고해야 한다는 의무가 펜실베이니아에서는 아직 채택되지 않았으며, 더불어 그러한 법적 의무가 있다 하더라도 상담자의 개인적인 경고만으로도 충분했다는 이유로 피고에게 유리한 판결을 내렸다.

고등법원 역시 정신건강 관련 종사자가 현재 내담자의 폭력적인 성향에 대해 제3자에게 경고할 의무가 없다고 재차 강조하며 1심 법원의 결정을 확정하였다. 이어 고등법원은 그러한 의무가 있다고 하더라도, 하우슬러가 남자친구의 집으로 가지 말라는 상담자의 경고를 무시해 사망했다고 결론지었다.

펜실베이니아 대법원은 특정한 경우에는 정신건강전문가가 제3자에게 해가 갈 수 있는 위협이 있을 때, 알려야 할 의무가 있다고 말했다. 그렇지만 제3자에게 알려야 할 의무가 적용되는 특정한 경우는 극히 제한적이라고 덧붙였다. 즉, 내담자가 식별 가능한 제3자를 상대로 심각한 상해를 구체적이고 즉각적으로 가할 것이라는 위협에 대해 정신건강전문가에게 이야기한 경우에는, 제3자에게 이러한 위험을 경고해야 할 의무가 있다고 밝혔다. 법원은 전문가가 정신건강 분야의 기준에 따라 내담자가 제3자에게 심각한 위험이 될 수 있다고 판단하거나 판단했어야 하는 상황에서만, 경고의 의무가 유효하다는 것을 분명히 했다.

법정은 이 밖에도 타라소프 판례(Tarasoff v. Regents of University of California, 17 Cal. 3d 425, 131 Cal.Rptr. 14, 551 P.2d 334)(1976)와 그 밖에 다른 주에서 있었던 많은 판례를 통해, 정신건강전문가와 내담자의 관계에는 제3자를 위험으로부터 보호해야 하는 의무가 포함된다는 결론을 내렸다고 기록하고 있다.

에머리치 사건에서 법정은 상담자가 하우슬러에게 경고를 주기 위해 적절한 노력을 했다고 판단하여 상담자와 다른 피고들의 손을 들어줬다.

타라소프 판례

타라소프 사건은 타티아나 타라소프(Tatiana Tarasoff)와 그녀를 살해한 프로젠짓 포다르(Prosenjit Poddar) 사이의 사건이다. 1969년 포다르는 캘리포니아 대학교 버클리 캠퍼스의 학생건강센터에서 일하는 심리학자에게 상담을 받고 있었다. 포다르는 상담 중 담당 심리학자에게 자신이 타티아나 타라소프를 살해할 것이라는 이야기를 했다. 심리학자는 포다르가 지극히 위험하며, 좀 더 정확한 관찰과 평가를 위해 정신병동에 입원시켜야 한다는 진단을 내렸다. 또한 캠퍼스 경찰에게 포다르의 살해 위협에 대해 알리고, 그가 위험하다는 진단을 통보했다. 캠퍼스 경찰은 포다르를 구금하였으나, 타라소프에게 가까이 가지 않겠다는 약속을 받고는 풀어 주었다. 심리학자는 또한 캠퍼스 경찰에게 도움을 청하는 편지를 쓰기도 했다. 그 후 심리학자의 슈퍼바이저는 편지와 심리학자의 치료 노트를 없애라고 지시했다. 당시 타라소프는 포다르의 살해 위협에 대해 전혀 알지 못했다.

포다르는 결국 타라소프를 살해했다. 타라소프의 부모는 살해 위협을 알리지 않은 것에 대해 대학의 운영위원회와 담당자를 상대로 소송을 걸었다. 결국 캘리포니아 주 대법원은 희생자에게 충분히 경고하지 않았다는 이유로 피고 패소 판결을 내렸다. 이 사건에서 법정은 치료사가 타인의 안전이 관여되었을 때는 비밀보장을 지키지 않을 수 있다고 판결했다.

재피 대 레드먼드 판례

타라소프 판례와 대조적으로, 미국 대법원은 재피 대 레드먼드 사건에서 전문 심리학자와 내담자 관계와 그 관계 안에서의 대화에 대해 연방법에 따라 증언을 거부할 수 있는 특권이 있다고 판결을 내렸다.

이 사건은 한 경찰 수사관이 체포과정에서 용의자에게 총격을 가해 사망한 데서 비롯되었다. 희생자의 가족은 희생자의 헌법에 의거한 권리가 침해되었다는 이유로 소송을 제기했다. 재판이 진행되는 동안, 경찰 수사관의 사회복지사는 총격 사건 이후에 진행된 상담일지를 제출하라는 명령을 받았다. 그 사회복지사는 그녀와 수사관 사이의 대화 기록은 심리치료사–내담자 비밀보장 특권에 의해 비자발적 공개로부터 보호받을 수 있음을 주장하며 상담일지의 제출을 거절했다.

연방법원이 피해자 가족의 승소 판결을 냈음에도 불구하고, 제7순회구의 연방 고등법원에서는 이 판결을 번복하였고, 결국에는 대법원도 고등법원의 판결을 확정했다. 이 사건의 문제와 관련된 법원의 판결은 연방법상의 비밀보장 특권의 범위가 심리학자와 정신의학자에서 공인 사회복지사까지 확대되었다는 의미에서 미술치료사에게 중요한 의미가 있다. 이는 추후 미술치료사와 다른 정신건강 관련 종사자에게도 적용될 수 있다고 보기 때문이다.

내담자에게 비밀보장과 그 한계에 대해 알리기

미술치료 내담자에게 비밀보장의 본질과 그 한계에 대해 알리는 것은 매우 중요하다. 그러나 이 과정은 미술치료 학생들뿐 아니라 경험 많은 치료사에게도 불편한 일이 될 수 있다. 왜냐하면 모든 미술치료사는 내담자가 자신을 신뢰하기를 바라기 때문이다. 비밀보장의 본질에 대해 논의하는 것은 안정감과 전문적이라는 느낌을 형성하는 방법이 될 수 있다. 반대로, 비밀보장의 한계에 대해 논의하는 것은 그 안정감을 위협하는 것으로 느껴질 수 있다. 비록 비밀보장과 그 한계에 대한 논의가 불편함을 초래할지라도, 미술치료 관계에서 비밀보장에 대한 모든 면을 다루는 것이 중요하다.

비밀보장의 모든 측면에 대한 논의가 이루어지지 않으면, 임상적 상황에서 문제가 발생할 수 있다.

사례

나(Bruce)는 입원 정신병동에서 일하는 미술치료 학생을 슈퍼비전한 적이 있다. 그녀는 다음과 같은 이야기로 집단 미술치료를 시작했다. "여러분이 이 방에서 이야기한 것이나 행동한 것은 비밀로 지켜질 것입니다."세션를 진행하던 중에, 한 내담자가 자신의 머리에 총을 거누고 있는 자화상을 그렸다. 그는 그림을 설명하면서, 최근에 무기를 구입하였고 병원에서 퇴원하자마자 자살할 계획이라고 했다. 그 미술치료 학생은 내담자의 작품과 그의 발언에 대해서 전문가로서의 적절한 반응을 보였다. 그날 그녀는 그 그림에 대한 보고서를 작성하고 정신병동의 치료 팀과 논의했다. 결과적으로 내담자는 자살에 대한 예방 조치를 받았고, 계획에 있었던 바다 여행이 취소되었다.

다음 날 그 내담자는 미술치료 학생이 복도를 지나가는 것을 보고는 화를 내며 그녀에게 다가갔다. "우리가 미술 그룹 시간 안에서 이야기하는 모든 것은 비밀로 한다고 하지 않았나요? 당신은 거짓말을 했어요! 나는 그룹 사람들에게 당신 말을 믿으면 안 된다고 다 말할 거예요!"라며 그는 큰 소리로 항의했다. 이 사건은 치료사를 매우 당혹스럽게 했을 뿐 아니라, 다른 치료집단 구성원들과의 미술치료 작업에도 큰 지장을 주었다. 슈퍼비전 시간에 나는 그녀가 치료집단에서 어떻게 말했어야 하는지 생각해 보도록 했다. "그들에게 모든 것이 비밀로 지켜질 것이라고 한 말이 진실일까요?"

이에 그녀는 "음, 대부분은 그렇지요."라고 말했다.

나는 "한 번 더 질문할게요. 당신이 비밀보장에 대해 설명한 모든 내용이 사실일까요?"

그녀는 "어떤 의미에서는요……. 음, 사실 그것은 그렇게 단순하지 않아요."라고 대답했다.

나는 그녀에게 물었다 "만약 내담자 중 한 명이 다른 사람을 해치는 그림을 그렸다면 어떨까요? 당신은 이 문제에 대해서 다른 사람에게 이야기할 건가요? 치료 팀 회의에서 이 문제를 논의할 건가요?"

"네, 그래야겠죠." 그녀는 즉시 대답했다.

나는 계속해서 "그렇다면 자살하려 한 당신의 내담자가 옳았네요. 내담자의 모든 이야기나 행동이 비밀로 지켜질 수는 없군요."

"네, 정확하게 말하면 그렇지요."

"음, 이것은 매우 중요한 문제입니다. 정확하게 짚고 넘어가야 한다고 생각해요. 나는 당신이 내담자들에게 미술치료실이 자신을 자유롭게 표현할 수 있는 안전한 공간이라는 확신을 주고자 했다는 것을 알아요. 하지만 비밀보장에 대해서 정직하게 말하는 것 또한 아주 중요합니다. 당신이 그룹을 시작한 방식을 생각해 볼 때, 그 내담자에게 당연히 화를 낼 권리가 있다는 것에 동의합니까?"

그녀는 잠시 생각하고는 "무슨 말인지 알겠어요. 그렇다면 다음에는 어떻게 이야기하는 것이 더 좋을까요? 저는 정말 그들이 안전하다고 느꼈으면 좋겠거든요."라고 말했다.

나는 그녀에게 다음과 같이 이야기해 보라고 제안했다. "그룹의 모든 사람이 자신이 원하는 것은 무엇이든지 말하고 그림을 그릴 수 있을 만큼의 안전감을 느끼는 것은 매우 중요합니다. 나는 그룹 안에서 일어난 일의 거의 대부분은 이 안에서의 비밀로 지켜진다고 말할 수 있습니다. 하지만 나는 병원 치료 팀의 일원으로서, 우리 그룹에서 일어난 일들, 특별히 누군가의 안전이 걱정될 때, 팀 회의에서 보고합니다.

그러자 그녀는 "그렇지만 그렇게 말하는 건 저 같지 않아요. 제가 말하는 방식이 아니라서……."라고 대답했다.

나는 "똑같이 표현하라는 것이 아니에요. 비밀보장의 중요성과 그 한계 모두를 내담자가 이해하도록 확실히 해야 한다는 것입니다."라고 말했다.

미술치료사는 윤리적으로 내담자의 비밀을 보장해야 한다. 미술치료 세션 중에 얻게 된 정보는 내담자가 공개하는 것에 동의하였거나 윤리적인 책임 혹은 법에 의해 요구되는 경우를 제외하고는 공개할 수 없다.

미술치료는 치료과정에서 미술작품이 만들어지기 때문에, 미술치료사로서 비밀보장과 관련된 책임은 치료사−내담자 관계의 범위를 넘어 확장된다. 윌슨(Wilson, 1987)은 다음과 같이 밝혔다. "미술치료의 임상 자료에는 순간적으로 사라지는 언어 데이터뿐만 아니라 실체로 남아서 영구적으로 알아볼 수 있는 미술작품이 포함되기 때문에, 미술치료사가 관련 전문가들과 그 자료들을 나눌 때 비밀보장의 문제가 더욱 복잡해진다."(p. 77) 이는 내담자가 이야기한 내용에 대해서뿐만 아니라 미술치료 세션 중에 만든 미술작품의 내용에 대해서도 비밀보장을 해야 할 의무가 있다는 것을 의미한다. 다시 말해, 미술치료 안에서 비밀보장의 문제를 고려할 때 내담자의 권리와 내담자가 창작한 이미지의 권리 모두를 언급해야 한다는 것이다.

미술치료사는 내담자의 작품에 대한 권리와 관련한 질문들과 진지하게 씨름해야 한다. 예를 들어, 절벽에서 뛰어내리는 자신을 이미지로 표현했다면 이것은 자살하고 싶은 마음을 나타내는 것인가? 자살 시도의 전조인가? 혹은 현재 자기 삶에서의 고통을 넘어서 자유롭게 날고 싶다는 것일까? 삶에서의 위험을 감수하고 싶은 갈망을 표현한 것일까? 아니면, 완전히 다른 의미일까? 내담자의 이미지에 대한 내용은 언제나 치료적 관계의 맥락 안에서, 그리고 작품에 나타난 상징적·문자적 의미의

[그림 2-3] 책임감의 무게-크레파스
수잔 베르넷(Suzanne Wernette)

평가를 바탕으로 탐구되어야만 한다. 미술작품의 존재는 미술치료 관계에서 제3의 실체로서, 다른 정신건강 관련 분야와 차별성을 가지게 하는 많은 요소 중 하나다. 제3의 실체로서의 미술작품은 미술치료의 비밀보장 문제를 더욱 복잡하게 만든다. 미술치료 관계에서 예술가-내담자, 예술가-치료사, 그리고 미술과정/결과물로 구성되는 삼자적 본성(The tripartite nature)은 윤리적인 의사결정을 더욱 복잡하게 한다. 이미지의 권리에 대한 문제는 이 책의 4장에서 더 자세히 다룰 것이다.

요약하자면, 미술치료사에게는 내담자의 비밀을 보장하지 못하는 세 가지 경우가 있다. (1) 미술치료사의 전문적 판단으로 내담자가 타인에게 위험하거나 해를 끼칠 수 있다고 여겨지는 경우, (2) 미술치료사의 전문적 판단으로 내담자가 자신에게 해를 끼칠 수 있다고 여겨지는 경우, (3) 미술치료사가 아동 학대나 방임을 의심하게 되는 경우다. 이 세 가지 경우에 대한 판단을 내리기란 쉬운 일이 아니다. 코리, 코리, 코리와 캘러넌(2015)에 따르면, "비밀보장을 포기해야 할 때와, 잠재적 희생자에게 위험을 알리고 보호해야 할 때를 판단하는 것은 극히 어려운 일이다. 대부분의 주(states)에서는 치료사가 희생자에게 경고하거나, 그들을 보호하기 위해 비밀을 공개하는 것을 허용하고 있다."(p. 222) 앞서 논의한 바와 같이, 에머리치와 타라소프 사건은 치료사의 면책특권과, 내담자를 보호할 의무, 내담자의 행동으로부터 해를 입을 수도 있는 사회구성원을 위해 경고하고 보호할 의무를 다룬 대표적 판례다.

면책특권 표시

비밀보장과 유사한 원칙 중 면책특권 표시(Privileged Communication)라는 법적 개념이 있다. "면책특권 표시란 일반적으로 어떤 사법 절차로부터 심리치료사에게 요구되는 비밀보장의 공개를 막는 법적인 개념이다."(Corey, Corey, Corey, & Callanan, 2015, p. 207) 면책특권 표시의 법적인 적용 범위는 주마다 차이가 있지만, 의사-내담자 관계와 변호사-고객 관계에서 효력을 가지는 면책특권은 대부분의 주에서 심리치료사-내담자 관계에도 적용된다. 면책특권 표시 법령은 치료사가 아닌 내담자의 사생활을 보호하기 위한 것이다. 그러므로 내담자가 이 특권을 포기한다면, 법정에서 요구하는 정보의 공개를 거부할 수 없다. 면책특권 표시 법령이 미술치료사의 내담자까지 보호할 수 있을지는 의문이다. 이 문제는 법정에서 다루어지기 전까지 불투명하게 남아있을 것이다. 이 글을 쓰고 있는 지금까지, 미술치료와 관련하여 내가 알고 있는 어떤 특정한 선례는 없었다.

사적 자유

사적 자유(Privacy)란 비밀보장이나 면책특권 표시와 관련이 있지만 구별되는 개념이다. 법적으로 사적 자유란 자신에 관한 정보를 다른 사람에게 공개할 것인지, 만약 한다면 언제, 어떻게 할 것인지를 스스로 결정할 수 있는 헌법상의 권리다.

1996년 미국 보건복지부(U.S. Department of Health and Human Services)는 「건강보험정보운용법(Health Insurance Portability and Accountability Act of 1996: HIPPA)」의 요구사항을 이행하기 위해 사적 자유 규정(Privacy Rule)을 제정하였다. 사적 자유 규정의 주요 목표는 시민의 건강과 복지를 보호하는 데 있다. 또한 양질의 의료 서비스를 제공하고 촉진하는 데 필요한 건강 정보의 교환을 허용하는 동시에, 개인의 건강 정보가 적절하게 보호되는지 확인하는 데 있다. 이 규정은 중요한 정보를 이용할 수 있도록 허락하는 동시에 의료 서비스를 이용하는 사람의 사적 정보를 보호하는 데 균형을 이루어 준다.

1996에 제정된 「건강보험정보운용법(HIPPA)」은 건강과 관련된 정보 보안과 사적 자유 관련 규정이 포함되어 있다. 미술치료사는 이 법령을 파악하여 이것이 어떻게 미술치료 임상과정에 적용되는지 이해해야 한다. 「건강보험정보운용법」은 개인의 의료 기록과 건강 관련 개인 정보를 보호하고 자신의 건강 관련 정보 공개에 대한 권리를 가지도록 하는 국가적 기준을 마련했다. 「건강보험정보운용법」은 건강 관련 기록 공개와 사용에 대한 한계를 밝히고 있으며, 의료 서비스 제공자와 건강보험 회사가 고객의 건강 관련 정보의 사적 자유를 보호하도록 하는 안전장치 역할을 한다. 사생활 보호 조항은 미술치료사가 치료, 치료비 지불 또는 보험 활용을 위한 경우를 제외하고는 내담자의 건강보험 관련 정보를 내담자의 허가 없이 사용하거나 공개하지 않도록 하고 있다. 사적 자유 규정에 따르면 미술치료사는 다음과 같이 행동해야 한다.

- 내담자에게 사적 자유의 권리를 알리고 그 정보가 어떻게 사용될 수 있는지 설명한다.
- 임상 시 사적 자유의 절차를 준수한다.
- 사적 자유 절차가 잘 이행되고 있는지 감찰한다.
- 개인의 신원이 나타나는 건강 관련 정보가 포함된 기록은 안전하게 보관한다.

미술치료사는 내담자의 사적 자유를 존중해야 한다. 미술치료에서 이 문제는 특별히 더 복잡할 수 있다. 왜냐하면 내담자의 미술작품에는 작품 제작 당시에는 의식적으로 깨닫지 못한 감정이나 이슈가 드러나 있을 수도 있기 때문이다. 미술치료사가 미술작품에 대하여 의논하는 과정에서 내담자의 사적 자유를 의도하지 않게 침범할 가능성이 있다.

이 외에도 미술치료사는 건강 정보를 보호하기 위한 준칙, 의료 전자상거래를 위해 국가가 정한 의무사항, 의료 서비스 업체 사업자 분류번호 등 「건강보험정보운용법」에서 규정하는 다른 규제들도 숙지하고 있어야 한다.

재정적인 협약

미술치료사는 내담자가 지불해야 할 특정 비용과 요금 청구에 대해 내담자에게 알려야 할 필요가 있다. 미술치료사와 내담자는 확실한 지불 일정에 대해 상호 협의를 해야 한다.

내담자의 치료비용을 보험사나 제3자 배상기관이 지불하는 경우에도, 내담자가 지불인에게 치료비를 청구할 책임이 있음을 설명해야 한다. 또한 미술치료사는 내담자와 보험자 부담금과 관련된 사항에 대해 미리 논의하여 치료비가 어떻게 결정되는지 내담자를 이해시켜야 한다. 마지막으로, 미술치료사는 내담자에게 미술치료 세션의 취소나 무단 불참 시 치료비 청구에 관한 정책을 명확하게 밝혀야 한다.

세션의 일정

미술치료사는 내담자에게 세션 일정이 포함된 미술치료 과정을 설명해야 한다. 가능한 모든 세션의 일정은 내담자와 미술치료사가 동의하여 규칙적이고 예측 가능한 방식으로 세워져야 한다.

치료 파일의 내용과 열람

치료 파일을 내담자에게 공개하는 것에 대해 미술치료사들의 의견은 각각 다르다. 치료 기록이 사적으로 취급되기를 선호하는 미술치료사가 있는 반면, 언제든지 내담자가 검토할 수 있도록 열어 놓는 미술치료사도 있다. 내담자에게 치료 파일을 공개하는 것에 대한 미술치료사의 시각은 문서 자체에 대한 치료사의 접근방식에 의해 영향을 받는다. 어떤 미술치료사는 세세하게 치료 세션를 기록하는 반면, 간단한 치료 요약만 남기는 미술치료사도 있다. 그리고 추천하고 싶지는 않지만 어떤 치료사는 기록을 전혀 안 하기도 한다.

미술치료사의 치료 기록에 대한 철학이 어떠하든지, 내담자는 치료사가 작성한 치료일지나 진단 기록지 및 기타 기록을 내담자의 복지를 목적으로 모두 열람할 수 있는 법적 권리가 있다. 이런 이유로 미술치료사가 정확한 치료과정을 기술하는 것은 중요하다. 치료일지와 미술치료 진단에 관한 서류를 최대한 기술적으로, 그러나 단정적이지 않은 언어로 기록하는 것이 좋다. 문서화에 관한 내용은 4장에서 더 자세히 다룰 것이다.

1990년대 이후 활발해진 소비자 권리 운동의 시각에서 본다면 소비자인 내담자는 자신의 치료 기록을 열람할 수 있어야 한다. 그러므로 미술치료사는 내담자가 나중에 치료 기록을 읽어 볼 수 있다는 가정하에 자신들이 관찰한 내용을 기록하는 것이 현명하다.

미술치료사의 자격

석사학위는 미술치료사로서 활동하기 위한 첫 번째 자격 요건이다. 미술치료 내담자는 미술치료사의 교육 배경과 임상 경력에 대해 알 권리가 있다. 미술치료사는 자신의 자격증에 대해 밝히고, 내담자가 미술치료 과정에 관한 질문들에 대답할 준비를 함으로써 내담자가 미술치료에 대해 가질 수 있는 터무니없거나 비현실적인 기대를 낮출 수 있다. 최근의 소비자 중심적인 경향을 생각해 본다면, 미술치료사는 치료에 앞서 내담자들에게 그들이 돈을 지불하고 받게 되는 서비스가 무엇인지를 알려야 한다. 미술치료사가 자신의 자격증과 전문 영역에 대해 명확하고 충분히 설명한다면 의료과실 소송이 생길 확률을 줄일 수 있을 것이다.

미술치료사는 학위 증명서, 등록 미술치료사 자격(ATR-registration with the American Art Therapy Association), 협회 공인 미술치료 전문가(ATR BC-Art Therapy Credentials Board certification), 그리고 그 밖의 미술치료사 관련 전문 자격증을 내담자에게 제시해야 한다. 또한 미술치료사는 자신이 했던 구체적인 임상 경험, 임상 대상, 특정 대상 등에 대한 고객의 관심사를 내담자에게 알릴 수 있다. 치료사의 전문 영역과 치료사가 현재 받고 있는 보수교육에 대해서도 알 권리가 있다. 졸업장이나 자격증, 수료증을 치료실에 비치하여 자신의 자격 사항을 밝히는 사람도 있고, 직접 내담자에게 자신의 이력서를 보여 주기도 한다.

불만과 고충 처리 절차

우리는 미술치료사와 내담자의 관계 안에 해결할 수 없는 갈등이나 불만이 없길 바라지만, 때때로 일의 성격상 이런 상황들을 맞이할 수 있다. 미술치료 내담자에게는 불만과 고충을 처리하는 적절한 절차에 관해 알 수 있는 권리가 있다. '미술치료사를 위한 윤리규정' 조항 18.0에는 다음과 같이 서술되어 있다.

18.0 문의 및 문제 제기

갈등과 불일치는 인간 상호작용에 내재되어 있다. 한 명이나 그 이상의 협회 회원이 미술치료사를 위한 윤리규정을 위반했을 수 있다고 한 명이나 그 이상의 개인이 생각하는 상황이 발생할 수 있다. 윤리위원회는 협회 정관에 명시된 책임 범위에 속하는 모든 문의를 처리할 수 있다. 비윤리적 행위에 대한 문제 제기는 윤리위

원회의 처리 범위를 벗어나며 해당 미술치료사를 관할하는 관련 자격 인정기관이
나 인허가 기관에서 처리된다. 윤리위원회에 대한 문의는 다음 이메일을 통해 윤
리위원회 위원장에게 제출할 수 있다.

ethicschair@arttherapy.org

　미술치료사가 AATA의 미술치료사를 위한 윤리규정이나 ATCB(Art Therapy
Credentials Board)의 '윤리, 행동 및 징계 절차에 대한 강령'을 위반했다고 생각하여
고소장을 제출하고자 하는 내담자는 ATCB에 그 문제에 대하여 알려야 한다. ATCB
의 윤리, '행동 및 징계 절차에 대한 강령', 조항 5에는 다음과 같이 서술되어 있다.

section 5.2.1 어떤 사람이 ATCB의 윤리 기준 및 정책 위반의 가능성이 의심된다
　　　　면, 위반 행동과 관련된 사항을 최대한 자세하게 고충처리서로 서면 작성한
　　　　다. 고충처리서는 모든 관련 서류와 함께 제출한다. 고충처리서는 협회장에게
　　　　제출하며 이의를 제기한 사람은 고소인이 된다.
section 5.2.2 고충처리서에는 고충사항의 대상이 되는 신청인, 증명인 또는 등록
　　　　인 이름을 포함해야 한다. 고충 행위와 관련된 상황과 사실을 설명해야 하며,
　　　　고소인과 해당 사건에 대해 알고 있는 사람들의 이름, 주소, 전화번호를 기재
　　　　한다. 익명의 고충처리서를 ATCB에 제출할 수 있지만, 고소인에 대한 후속
　　　　조치를 취할 수 없으며, 고충사항의 대상인 신청인, 증명인 또는 등록인에 대
　　　　한 효과적이고 철저한 조사와 제재 부과를 방해할 수 있다. ATCB는 협회장이
　　　　요구하는 양식에 따라 고충처리서를 제출할 수 있다.

　또한 미술치료사가 주에서 발행한 자격증(state license)이 있는 경우, 주의 자격 위
원회에는 요청 시 이용 가능한 고충 처리 방법에 대한 정보가 있을 것이다.

치료 관계의 종결

치료의 종결은 치료 관계에서 중요한 현상이다(Moon, 1998, 2012). 이상적으로, 종결은 치료자와 내담자 모두에게 삶의 변화와 전환을 의미하기 때문에, 미술치료 과정에서 중요한 단계다.

내담자는 치료 목표가 실현되고 치료의 성과가 가장 클 때 치료가 마무리될 것이라는 것을 알 권리가 있다. 더불어 미술치료사는 내담자에게 종결할 수 있는 권리가 있으며, 원하면 언제든지 치료를 끝낼 수 있음을 알려야 한다.

많은 미술치료사가 치료 세션 수의 한도가 명확하게 정해진 기관에서 일한다. 이런 환경에서는 내담자가 처음부터 세션의 한도가 어떻게 되는지 알고 있어야 한다. 또한 미술치료사는 내담자에게 몇 세션이 남았는지 주기적으로 알려야 한다. 반면에 제한이 덜한 기관에서 일하는 경우, 어떤 치료사들은 일상적으로 내담자에게 대략적인 치료 기간을 알리기도 하고, 어떤 미술치료사는 치료 기간을 명확히 예측하기에는 미술치료 과정이 너무 복잡하며 각각의 내담자가 너무 독특하다고 주장하기도 한다.

치료의 종결은 대부분의 치료 관계에서 매우 중요한 과정이기 때문에, 내담자에게 충분히 설명해 주어야 한다. 크레이머(Kramer, 1990)는 종결이 치료 관계의 종점이자 내담자의 새로운 시작점을 의미한다고 주장하였다. 내가 입원치료 시설에 있는 청소년들과 일할 때, 정신과 팀은 치료의 종결 단계를 전체 치료과정 성공을 시험하는 중요한 단계로 여겼다.

미술치료 종결은 치료과정 중에 얻은 성과물을 내재화하고 통합하는 시기다. 종결은 예술적인 치료 여행을 떠나기 위한, 그리고 미술치료사와 헤어져 다른 길을 가기 위한 준비의 기간이다. 이것은 내담자가 미술치료사와 함께 나누었던 기억과 경험의 형태를 활용하여 자신과 새로운 관계를 맺을 수 있다는 것을 의미한다. 이상적으로, 내담자는 치료 상황이 아닌 곳에서 만난 타인과 질적으로 새로운 관계를 창조함으로써, 미술치료사와의 관계 안에서 얻은 경험을 재현할 수 있다는 감각을 갖게 된다.

종결 기간에 미술은 내담자에게 미술치료사와의 이별에서 겪는 상실감을 표현하는 도구가 된다. 이러한 감정은 때때로 언어보다 이미지를 통해 심오하게 표현될 수 있다. 더욱이 치료과정 중의 예술적인 여행의 결과물들, 즉 조각, 페인팅, 회화는 내담자가 경험에서 얻는 가시적 대상의 역할을 한다. 이런 미술작품은 보이지 않는 내부의 경험을 관찰 가능한 외부 표현으로 바꿀 수 있다.

무스타커스(Moustakas, 1995)는 치료의 종결에 대해 다음과 같이 기술했다. "치료 종결의 목표는 내담자의 경험의 내용과 그 본질의 의미를 수용하는 방식으로 내담자의 경험을 하나로 통합하는 것이다."(p. 211) 종결할 때 내담자와 미술치료사가 함께했던 시간의 의미를 이해하는 데 많은 노력을 기울일 필요가 있다. 단순히 마무리하는 과정이 아니라 그들이 함께한 여정의 핵심을 만들어 내는 창조적이고 직관적인 과정이다.

맞이할 수밖에 없는 관계의 끝을 내담자가 긍정적으로 수용할 수 있도록, 미술치료사는 종결 과정 동안 중립적이고 일관적인 자세로 지지해 주어야 한다. 치료를 받는 대부분의 사람들 과거를 살펴보면 성공적인 종결을 하지 못한 경우가 많다. 오히려 그들은 병리적인 이별의 과정을 경험하기가 쉽다. 내담자는 건강한 방식의 이별을 경험하는 데 익숙하지 못하다. 미술치료사와 내담자 사이의 마지막 작업은 건강하게 상대방을 놓아주는 과정을 배우는 것이다.

적절한 치료의 기간에 대한 특정 치료적 맥락과 미술치료사의 이론적 입장과 관계없이, 내담자는 치료의 종결 시기를 알 권리가 있다. 이는 내담자가 치료목표를 달성하였기에 종결하거나, 보험에 정해진 기간이 만료되어 어쩔 수 없이 종결하거나, 내담자가 관계를 종결할 권리를 요구함으로 이루어지는 모든 경우에 해당된다.

슈퍼비전 관계

미술치료를 배우는 학생은 실습 및 인턴십 과정 안에서의 임상에 대해서 자신의 슈퍼바이저나 동료들과 주기적으로 상의해야 한다. 경력이 많은 치료사 또한 자신의 임상에 대해 꾸준히 자문하고 슈퍼비전을 받는 것이 좋다. 이를 위해 미술치료사와 미술치료를 배우는 학생은 내담자에게 슈퍼비전에 관해 알려야 한다. 또한 슈퍼비전 시간에 내담자의 미술작품을 공유하기 위해 미술치료사는 내담자의 서면 동의를 받아야 한다. 또한 내담자는 미술치료사가 슈퍼비전을 받는다는 사실과 함께 자신과 미술치료사의 관계가 슈퍼비전 시간에 논의되는 주제가 될 수도 있음을 알 권리가 있다. 이때 미술치료사는 내담자에게 슈퍼바이저 역시 내담자의 비밀을 보장하는 윤리규정을 지킨다는 것을 명확히 해야 한다. 또한 미술치료사는 슈퍼바이저의 이름과 자격 요건을 내담자에게 밝혀야 한다. 코리, 코리, 코리와 캘러넌(2015)에 따르면, "미술치료사가 담당한 사례를 다른 미술치료사들과 논의하는 것이 윤리적일지라도, 내담자에게 이 규정을 주기적으로 알리는 것이 바람직하다." 나의 경험을 되돌아보면, 내담자에게 슈퍼비전에 대해 알릴 때는 슈퍼비전의 초점이 내담자가 아니라 임상의 내용과 그 안에서의 감정에 맞춰져 있음을 설명하는 것이 좋다.

토론할 문제

  중요한 원칙들이 충돌할 때는 불가피하게 윤리적 문제들이 생겨난다. 때때로 미술치료사는 비밀보장의 원칙, 경고의 의무, 면책특권 표시 그리고 사적 자유 사이에서 균형을 잡기 위해 고군분투하게 된다. 다음은 미술치료사가 당면하게 되는, 비밀보장과 관련된 윤리적 딜레마에 빠질 수 있는 상황이다. 다음을 읽고 각 상황에 어떻게 행동해야 할지 생각하고 토론해 보자.

  1. 당신은 지역 정신건강 기관에서 일하고 있다. 그 기관에서는 식당과 휴게실을 미술치료실로 사용하고 있다. 심각한 우울증으로 힘들어하는 여성과 개별 미술치료 세션를 하는 도중에 세 명의 다른 내담자가 방으로 들어왔다. 자신의 그림에 대해 이야기하며 울고 있던 그녀는 그들이 방에 들어오자 당황하여 위축된 듯 보였고 말을 멈추었다. 그러고는 세션의 반 이상 시간이 남았지만 그만하고 싶어 했다. 이러한 상황에서는 어떻게 할 것인가?

     • 정해져 있는 세션 시간이 다 될 때까지 치료를 계속해야 한다고 주장한다.
     • 치료를 하는 장소의 특성상 있을 수 있는 일이라는 것을 받아들이도록 설득한다.
     • 치료 도중에 그 방에 들어온 세 명의 내담자에게 떠나 줄 것을 요구한다.
     • 내담자가 원하는 대로 세션을 끝내고 치료의 비밀을 보장하기 위한 대안을

찾을 수 있도록 기관의 담당자와 논의해 보겠다고 이야기한다.

- 세션를 끝내고 내담자에게 이 상황에 대해 사과한다.

2. 당신은 대형 주립 정신병원에서 일하는 미술치료사다. 한 내담자가 괴상하고 폭력적이며 성적인 요소가 포함된 그림을 그렸다. 그는 완성된 자신의 그림을 보고 만족해 하며 다른 사람들이 볼 수 있도록 미술치료실 벽에 걸고 싶다고 한다. 그의 요구에 어떻게 답할 것인가?

- 미술치료실에 그 그림을 걸도록 허락한다.
- 내담자에게 많은 사람을 위한 공간인 미술치료실에 전시하기에는 부적절한 그림임을 설명한다.
- 내담자에게 미술치료 시간에는 전시할 수 있지만 다른 때에는 전시할 수 없다고 말한다.
- 내담자에게 자신의 작품이기 때문에 그것을 어떻게 할지는 자유라고 이야기해 준다.

3. 미술치료 전공 대학원생으로서 당신은 마지막 임상 실습 기간 중 학대받은 여성과 아동을 위한 보호소에서 일하게 되었다. 어느 날 오후, 당신 어머니의 친구분이 남편을 피해 보호소에 들어왔다. 다음 날 아침, 당신의 어머니가 전화해서 친구분의 안부를 물었다. 당신이라면 이 상황에 어떻게 대응할 것인가?

- 어머니에게 친구분이 잘 지내고 있다고 이야기한다.
- 어머니에게 친구분이 어떻게 지내는지 알지 못한다고 이야기한다.
- 대화의 주제를 즉시 바꾼다.
- 이 보호소의 내담자에 대해서는 이야기할 수 없다고 말한다.
- 어머니의 친구분이 이 보호소에 계시지 않는다고 이야기한다.

4. 어느 날 저녁, 당신과 사설 정신병원에서 일하는 동료들이 근처 음식점으로 회식을 갔다. 즐겁게 식사하며 이야기를 하던 중에 일하다가 생긴 재미있었던 사

건들에 관해 말하게 되었다. 대화 중에 목소리가 점점 커져서 그 음식점의 다른 사람들도 들을 수 있을 정도가 되었다. 내담자들의 이름이 거론되지는 않았지만, 당신은 점점 더 내담자들에 대해 이야기를 하는 것이 불편해졌다. 이 상황에서 어떻게 할 것인가?

- 집에 일찍 가 봐야겠다고 하며 자리를 뜬다.
- 동료에게 대화의 주제를 바꾸자고 이야기한다.
- 동료에게 내담자들을 농담의 주제로 삼는 것은 전문가로서 적절치 않다고 충고한다.
- 동료에게 계속 이런 대화를 한다면 병원의 인사 담당자에게 알리겠다고 경고한다.

5. 당신은 정서장애 청소년을 위한 입원치료 기관에서 일하는 미술치료사다. 집단 미술치료 중에 한 내담자가 여성을 고문하는 가학적인 그림을 그렸다. 그는 그림에 대해 이야기하면서, "이건 그냥 판타지일 뿐이에요."라고 설명했다. 이후에, 당신이 그 그림 속의 여자가 아는 사람이냐고 물었더니, 그는 그렇다고 했다. 당신이 이에 대해서 더 알려고 질문을 하자, 그는 더 이상 대답하기를 꺼렸다.

- 프로그램의 다른 청소년에게 은밀하게 그림 속의 여자가 누구인지 물어본다.
- 내담자의 그림과 그에 대한 대화 내용을 의료 차트에 상세하게 기록한다.
- 치료 팀의 책임자에게 이 상황을 즉시 알린다.
- 당장은 아무 행동도 취하지 않고, 다만 내담자가 위험한 행동을 할 기미가 있는지 살핀다.
- 슈퍼바이저에게 이 상황을 알리고 슈퍼비전을 받는다.

미술치료의 과실 책임

앞의 문제들을 고려해 볼 때, 미술치료사들이 얼마나 과실 소송에 취약한지 생각해 볼 수 있다. 내(Bruce) 동료 중 한 사람은 이 장을 읽고 나서는 "이 부분을 읽으니 불안해지는 걸……. 큰일이 있기 전에 미술치료를 그만둬야겠어!"라고 농담하기도 했다. 이런 감정들은 당연히 자연스러운 것이지만, 의료과실 책임 때문에 직업을 바꾸는 사람은 없기를 바란다. 이에 나는 미술치료사가 윤리적인 태도로 임상을 해 나가면서 어떻게 의료과실 소송의 위험에 빠지지 않을 수 있는지에 대해 살펴보겠다.

코리, 코리, 코리와 캘러넌(2015)은 의료과실을 "전문적인 서비스를 제공하는 데 실패했거나 비슷한 상황에서 일반적으로 전문가에게 기대되는 정도의 전문 기술을 보이지 못한 경우"라고 정의했다(p. 190). 법적으로 의료과실은 내담자에게 해를 가하거나 생명을 잃게 할 수 있는 전문가의 과실이다. 이는 대부분 내담자를 위해 직무를 수행하는 것에 부주의하거나, 일반적인 치료에서 벗어난 부적절하고 부당한 처치를 할 때 발생한다. 미술치료사로서 우리는 전문 윤리 조항과 임상에서의 법적 기준을 준수해야 한다. 주의를 기울이며 근면하게 미술치료를 이행하지 않을 경우, 의료과실의 혐의로 이어질 수 있다. 미술치료사도 인간이기 때문에 실수를 피할 수는 없다. 하지만 우리는 현명한 판단력과 기술 향상을 위해 노력하고, 다른 미술치료사들도 보편적으로 인정하는 최신 지식을 활용할 수 있도록 훈련해야 할 것이다.

미술치료사는 의료과실 책임에 취약하다. 비록 소송에 휘말리지 않도록 하는 안전장치가 있기는 하지만, 나는 미술치료사가 손해배상 책임보험에 가입할 것을 강력히 권한다. 주로 병원이나 정신보건기관 그리고 다른 공공기관 환경에서 일하는 미술치료사의 경우 직장보험의 보장을 받는다. 이런 경우 자신이 이 보험의 혜택을 받을 수 있는지 확인해 보는 것이 좋다. 반면에 개업하여 개인적으로 미술치료를 하는 경우에는 의료과실 소송을 대비하기 위해 개인 손해배상 책임보험에 가입하는 것이 좋다.

이 책을 집필하고 있는 현재까지 미국 내에서 의료과실 소송을 당한 미술치료사는 없다. 그러나 미래에 미술치료사와 관련된 의료과실 소송이 없으리란 보장은 없다. 비르츠(Wirtz, 1994)는 다음과 같이 밝히고 있다.

미술치료사가 전문성을 인정받아야 하는 경우와 의료과실 소송을 당했을 경우의 두 가지 상황에 처했을 때, 자신의 전문성을 나타내거나 자신을 방어하는 방법은 같다. 세분화된 임상 기준들을 준수하는 것과 이와 관련된 법 조항들에 대한 지식, 그리고 적절한 임상 기록을 유지하는 것이다(p. 294).

미술치료사가 의료과실 소송으로부터 자신을 보호할 수 있는 가장 좋은 방법은 훈련받은 전문 영역의 서비스를 필요로 하는 내담자에게 치료를 제공하는 것이다. 미술치료사로서의 자신의 강점과 한계를 알고 자신의 전문 역량을 넘어서는 행동을 하지 않는 것이 중요하다.

다음은 미술치료사의 의료과실 소송에 대한 대비책이다.

- 내담자와 내담자가 만든 작품을 최고의 존중과 존엄성을 가지고 대하라.
- 내담자로부터 나온 작품과 감정을 굳이 설명할 필요가 없는 '사실'로 여기라. 이로써 내담자는 미술치료사가 자신을 판단한다고 느끼지 않고, 자신의 문제를 신중하게 대하고 있다고 확신할 수 있을 것이다.
- 명확한 이론적 근거를 가지고 미술치료 서비스를 제공하라(Stromberg & Dellinger, 1993). 치료 세션 중에는 자신의 행동에 적절한 치료적 근거를 지니고 있어야 한다. 절충주의란 명목하에 '직관만 사용하여 치료하는 것'은 위험하다.
- 내담자에게 이 장 초반에 언급했던 동의와 관련된 부분을 명확하게 알리라.
- 내담자에게 동의와 관련된 부분을 알렸으며 내담자가 미술치료에 동의하였음을 문서화하라. 치료 동의서에 내담자의 서명을 받으라.
- 미술치료 과정의 다른 모든 측면을 중요하게 여기는 것처럼, 종결과정도 그만큼의 시간, 계획 및 주의를 기울이며 진행하라.
- 보수교육을 받으라. 미술치료 및 기타 관련 분야의 최신 동향을 파악하라.
- 충분한 교육과 훈련을 받은 전문 분야의 임상에만 관여하라.
- 내담자 치료 계획과 그 진행과정을 정확하게 규칙적으로 기록하라. 치료계획에 변화가 생기면 꼭 기록하라.
- 내담자의 치료 파일은 7년 동안 보관하라.
- 치료 중에 아동학대가 의심되는 경우에는 법에 정해진 대로 반드시 보고하라.

- 내담자의 삶에 자신이 영향을 줄 수 있는 위치에 있음을 인식하고, 내담자에게 착취의 가능성이 생길 만한 일들을 피하라.
- 내담자와 이중관계를 맺는 것을 피하라.
- 적어도 치료 종결 후 2년 내에는 전 내담자와 사적인 관계를 맺지 말라.
- 내담자와 성적 관계를 맺지 말라.
- 임상 시 질문이 생기거나 문제가 발생했을 때에는 적절한 슈퍼바이저나 자문가를 찾으라.
- 슈퍼바이저나 자문가를 찾기 위해서는 미리 내담자에게 동의서를 받으라.
- 치료와 관련해 지역과 주의 법을 숙지하라.
- 전문가 책임보험에 가입하라.

요약

윤리적인 치료를 위해 미술치료사는 내담자에 대한 의무를 인식해야 한다. 미술치료사는 내담자의 복지를 증진시키고 내담자의 권리를 존중하며 그들이 받는 전문적인 서비스가 적절하게 활용되도록 노력해야 한다. 미술치료사는 다음과 같은 내용을 내담자에게 알리고 이해할 수 있도록 도와야 한다. 우선, 치료과정 중 내담자에게 기대되는 것과 그들의 의무에 대해 알려야 한다. 다음으로는 미술치료의 과정에 대해 알리고 치료사가 어떠한 이론을 바탕으로 임상에 접근할 것인지를 설명해야 한다. 또한 치료사는 내담자에게 미술치료를 통해 기대되는 효과뿐 아니라 위험성에 대해서도 알려야 한다. 내담자는 비밀보장, 정보 공개, 비밀보장의 예외에 대해 알 권리가 있다. 이 외에도 치료에 대한 재정적 의무와 개인 치료 파일의 내용, 그리고 미술치료사의 자격 또한 내담자에게 알려야 할 사항이다. 마지막으로, 치료사는 내담자에게 내담자 자신이 언제라도 치료 관계를 끝낼 권리가 있다는 것을 알려야 하며, 슈퍼비전을 받는 경우 그 사실을 알려야 한다.

내담자에 대한 의무와 관련하여 고민할 수 있는 윤리적 딜레마는 다양하다. 동의서의 원칙, 비밀보장, 면책특권 표시, 사적 자유와 같은 문제들은 서로 얽혀 복잡해지기 쉽다. 만약 우리가 언제나 단순히 의무론적 입장에서 결정 내릴 수 있다면, 미술치료사를 위한 윤리규정(AATA, 2003)의 해당 부분을 찾아 참고하면 문제가 해결된다. 그러나 현실에서 각각의 원칙들이 전문적 임상 현장에 적용될 때에는 원칙들 간에 충돌하는 복잡한 상황들이 발생한다. 미술치료사의 가장 기본적인 의무는 내담자에 대한 의무일 것이다. 그러나 우리는 또한 미술치료 세션 중에 만들어진 작품, 대중, 고용주, 미술치료사 집단, 그리고 우리 자신에 대한 의무도 있다. 윌슨(1987)은 다음과 같이 말했다. "미술치료사는 내담자가 만들어 낸 독특하고 개인적인 경험뿐 아니라 타인과 관여하면서 생겨나는 경험들도 다루어야 한다."(p. 77) 여러 의무가 얽혀 있는 상황에서 발생하는 독특하고 개인적인 일들은 여러 부분들 간의 갈등 안에서 종종 윤리적 문제를 야기한다.

미술치료사는 '미술치료사를 위한 윤리규정'과 '전문 임상에 관한 강령'을 숙지하고 있어야 한다. 그러나 이러한 규정들이 모든 임상 상황들을 설명하거나 해결해 주지는 않는다. 이것이 윤리적 의사결정에 대한 의무론적 접근방법의 단점이다. 임상 현실에서 이런 '규정'이 적절하게 적용될 수 없는 상황이 너무나 많다. 미술치료사로 일하면서 내담자에게 최대한 이익을 주기 위한 행동이 고용주와의 관계에 갈등을 일으킬 수도 있다. 또한 무고한 사람들에게 해가 가지 않게 하기 위해서 내담자의 비밀을 보장하지 못할 수도 있다. 이런 경우, 윤리적 딜레마와 관련해 어떤 결정이 최대의 이익이나 최소의 피해를 줄 것인지를 따져 보는 목적론적 입장으로 살펴보면 판단을 내리는 데 도움이 될 것이다.

다음의 예술활동들은 이 장에서 다룬 내용을 상위인지적·시각적·역동적·감각적 방식으로 토론해 볼 수 있도록 해 준다. 사람들은 다양한 방식을 통해 정보를 익히고 기억한다. 이 책에서 제기한 이슈들에 대해 예술활동으로 반응하는 것은 주제를 명확히 이해하는 데 큰 도움이 될 것이다. 다음의 예술활동은 미술치료 수업시간의 워크숍 주제나 숙제로 활용되고, 집단 슈퍼비전 시간에 토론 주제로 활용될 수 있다. 예술활동에 참여하고 그에 대해 토론하는 과정을 통해 우리는 생생하게 배우고 깊이 있게 이해할 수 있을 것이다. 이 책을 개인적으로 읽고 있는 미술치료사는 윤리적 문제들에 대해 더 깊이 이해할 수 있도록 다음의 활동 중 선별하여 미술작품을 완성해 보도록 한다.

추천 예술활동

1. 전문 미술치료사 혹은 미술치료 전공생 그룹의 구성원에게 다음과 같은 미술활동을 추천할 수 있다. 미술치료사가 내담자의 신뢰를 어쩔 수 없이 저버려야 하는 상황을 이미지로 표현해 본다. 그룹 안에서 각자의 이미지에 대해 이야기를 나누어 보자. 이미지들 사이에서 공통점을 찾아보자. 또한 주제와 관련하여 뚜렷한 차이점이 있다면 기록해 본다.

2. 소그룹 안에서 그룹 구성원들과 치료 초기 세션의 역할극을 해 본다. 그룹원 중 한 명은 비밀보장의 문제가 어떻게 설명되었는지, 그리고 동의서를 받는 과정은 어떻게 진행되었는지 기록해 본다.

3. 소그룹 안에서 그룹 구성원들에게 위험한 내담자와 만나게 된 상황(실제 있었던 상황 혹은 가상의 시나리오)을 상상해 보도록 한다. 그룹 구성원들에게 그 상황에 대한 시를 써 보도록 한다. 시를 함께 읽어 보고 시를 통해 일어나는 서로의 감정에 대해 이야기해 본다. 각각의 상황들에 어떻게 대처할 것인지 함께 생각해 본다.

4. 미술치료를 진행하는 한 아동 내담자가 아버지에게 신체적 학대를 받아 왔다는 것을 알았을 때 어떤 감정이 들겠는가? 당신을 뒤흔들 수도 있는 그런 상황에서의 감정들을 상징적인 이미지로 표현해 본다.

5. 4번 과제로 그린 이미지를 바라보면서 아동학대를 신고하는 자신을 상상하고 어떻게 그것을 보고할지 내용을 써 본다. 다 쓴 후에는 큰 소리로 읽으며 어떻게 들리는지 생각해 본다. 보고서를 읽은 느낌이 어땠는지 동료와 토론한다.

6. 2~4명의 구성원으로 이루어진 몇 개의 소그룹을 만들자. 각 그룹은 이 장에서 다루어진 주제들을 맡아 예술적 공연을 꾸며 본다. 시각적 이미지, 시, 춤이나 동작, 소리 등으로 구성된 공연으로 시간은 3~5분 정도로 진행한다. 모든 그룹의 공연이 끝난 후에 서로의 느낌을 이야기해 본다.

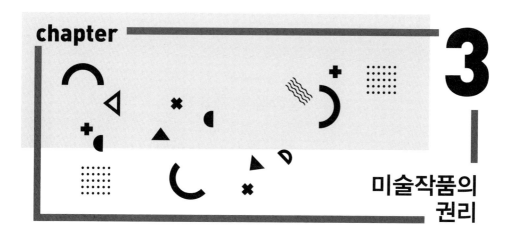

chapter

3

미술작품의 권리

나는 미술을 하고 싶어서 하는 것이 아니라, 해야 하기 때문에 한다.

체리 알티(Cherie Altea, 2019)

미술치료의 윤리적 원칙과 문제를 다룰 때, 미술치료의 맥락 안에서 창조되는 미술작품의 권리에 대해 깊게 탐구하는 것이 중요하다. 이때 이미지와 미술작품은 다른 서비스의 직업 윤리 차원이 아닌 전문적인 미술치료의 직업 윤리 차원에서 고찰되어야 한다. 이것은 관련 문헌에서조차 거의 논의되지 않는 어려운 주제다. 역사적으로 이미지와 미술작품에 대한 윤리적이고 법적인 쟁점을 보면 본질적으로 네 가지 영역에 초점을 두고 있다. 그것은 내담자의 심상에 대한 해석(Cohen-Liebman, 1994; Cohen, Hammer, & Singer, 1988; Cohen, Mills, & Kijak, 1994; Franklin & Politsky, 1992; Henley, D., 1987; Levick et al., 1990; McNiff, S., 1989, 1991; Moon, B., 2009; Ulman & Levy, 1984), 내담자의 미술작품 전시(Frostig, 1997; Spaniol, S., 1994, 1990a, 1990b), 미술치료 기록 보관(Braverman, J., 1995; Malchiodi & Riley, 1996), 완성된 미술작품의 소유(Braverman, J., 1995; Malchiodi, 1995; Moon, C., 1994)다.

이 네 가지 영역에서 미술작품에 관한 복잡한 법적·윤리적 문제가 발생한다. 미술치료사가 내담자의 이미지를 그것을 만든 사람과 관련은 있지만, 그 사람과 구별하고 분리하여 살아 있고 영혼을 불어넣은 하나의 실체로 여긴다면, 윤리적 문제는 더욱 복잡해진다(McNiff, 1992; Moon, 2004).

미술작품의 자율성

맥니프(McNiff, 1991)는 이미지의 자율성을 존중해서 생기는 어려운 쟁점에 관해 다음과 같이 서술했다. "윤리적으로 민감한 시대에 살지만, 우리는 치료적 맥락 안에서 창조되는 이미지와 행동 그리고 다른 표현에 대한 권리들을 거의 고려하지 않았다."(p. 277) 페미니스트나 다문화적 치료사나 생태치료[1] 이론가들은 지나치게 자기중심적이고 개인에게 초점을 맞추는 경향이 있는 최근의 심리치료와 미술치료의 이론체계를 비판하는 입장이다. 치료 안에서 이런 자기중심적 사고의 결과로, 감정의 세계는 오직 개인과 관련이 있는 것으로 규정된다. 이런 규정에서 출발한 치료 방법론에서는 내담자가 자기 자신과 관련된 모든 경험을 깊게 생각하도록 장려한다.

미술치료 문헌에서 미술작품의 권리에 대한 문제는 대개 소홀히 다루었다. 이렇게 무관심했던 이유 중에는 미술치료가 지금까지 심리치료의 이론적 배경인 전통적 서구 이론에만 의존했다는 점도 있다. 그 결과, 불행하게도 미술치료 문헌이 텅비어 있게 되었다. "이미지의 권리를 고려하는 것은 내담자, 사회 및 직업에 대한 윤리적 책임으로 대치되지 않는다. 예술적 표현을 자율적인 생명체로 인식한다는 것은 사회적 맥락에 그저 또 하나의 측면이 더해진 것이라 볼 수 있다."(McNiff, 1991, p. 278)

자율적인 이미지와 미술재료를 사용하여 창의적이고 의도적인 작업을 함으로써 자아 참조적(self-referential) 치료는 더욱 깊고 풍부하게 변화될 수 있다. 미술작업을 하면서 개인화된 이미지를 창조하는 것은 내담자가 세상을 바라보고 환경을 인식하는 방법을 바꿀 수 있다. 많은 미술치료사는 미술작업이 결코 자아 참조적일 수 없는 자신의 삶을 인식하고 수용하는 데 도움이 된다고 본다. 삶은 개인보다 큰 개

---

1) 역자 주: 생태치료(echotherapy)는 친환경적이고 생태 환경이 우수한 지역에서 각종 건강요법을 이용하여 질병을 예방하고 건강을 증진하고자 한다.

넘이다. 이미지는 개인을 반영하고 초월하는 동시에, 그 이미지를 만드는 개인을 재정립하는 데 도움을 준다. 미술작업을 하면서 내담자는 세상이 자신을 중심으로 돌아가는 것이 아님을 재확인하게 된다.

미술작품의 권리를 존중하는 미술치료사는 종종 '이미지가 무엇을 원하는가?'라는 질문을 함으로써 윤리적 문제를 고려하기 시작한다. 미술치료사가 미술작품으로 얻을 수 있는 최대 이익에 대해 심각하게 고려할 때, 이미지 해석과 명명하는 것의 적절성, 내담자의 작품 전시, 미술치료 세션 기록, 완성된 작품의 소유권 등의 문제에 깊이 있는 접근을 할 수 있다. 이제 내담자가 그린 그림에 대해 미술치료사의 내면에서 벌어지는 대화를 상상해 보자.

첫 번째 목소리: 이 그림에 특정한 정신질환으로 고생하고 있는 내담자가 그린 전형적인 그림이라는 꼬리표를 붙이는 것이 올바를까? 이 그림은 '경계선 성격장애'를 진단받은 다른 내담자들의 그림과 많이 닮았어.

두 번째 목소리: 이런 방법으로 꼬리표를 붙이는 것에 대해 이 그림은 어떻게 느낄까?

첫 번째 목소리: 모르겠는데…….

두 번째 목소리: 넌 다른 사람이 너에 대해 꼬리표를 붙이는 것이 좋니?

첫 번째 목소리: 그건 다른 문제지.

두 번째 목소리: 꼬리표가 달리는 게 좋아, 싫어? 질문을 피하지 마.

첫 번째 목소리: 알았어. 그건 싫어.

두 번째 목소리: 이미지가 정말 강렬하지?

첫 번째 목소리: 응. 정말 멋져. 아무래도 내담자들의 그림을 추려서 전시하는 것을 생각해 봐야 겠어. 이 그림은 전시회를 위한 멋진 작품이 될 거야.

두 번째 목소리: 너는 이 그림이 공식적인 자리에서 공개되는 것을 원한다고 생각하니?

첫 번째 목소리: 내가 그것을 어떻게 알아?

두 번째 목소리: 그림에게 물어봐. 이 그림을 그린 사람에게 물어봐. 너 자신에게 물어봐도 돼.

첫 번째 목소리: 그런 것은 너무 바보 같잖아.

두 번째 목소리: 다른 사람 대신 네가 결정을 내리는 것 역시 바보 같은 일이지 않을까?

첫 번째 목소리: 잠깐, 이 그림이 대체 누구의 소유지? 내담자야, 나야?

두 번째 목소리: 이 문제에 대해 그림은 어떻게 말할까?

미술치료를 공부하는 학생들과 이미지와 미술작품에 대한 권리를 주제로 이야기할 때마다, 학생들은 어김없이 "은유적인 의미가 아니고 글자 그대로를 말씀하시는 건가요?"라고 질문한다. 나의 대답은 '그렇다'이다.

그러면 학생들은 또 묻는다. "미술작품에게 말하라고 하실 때 교수님께서 원하시는 것이 비유적인 의미가 아니고 직접 그림에게 말을 걸라는 것인가요?"

나는 역시 '그렇다'고 대답한다.

임상 장면에서 미술치료사는 내담자에게 종종 자신의 그림과 대화하고, 그림에게 큰 소리로 말하도록 격려한다. 문자 그대로 이미지와 대화하는 것은 예술적 실체에 대한 민감성을 기르기 위한 훈련된 방법이다. 물론 이 과정에는 은유적인 측면 역시 존재한다. 미술치료사가 예술적 대상, 과정, 사건에 관해 민감하게 집중하는 것은 내담자의 감정에 대한 민감성을 개발하는 기초가 될 수 있다. 우리 미술작품을 대하는 방법이 곧 우리가 다른 사람을 대하는 방법과 연관될 수 있고, 반대로 다른 사람을 대하는 방법이 곧 미술작품을 대하는 방법일 수 있다. 이미지를 살아 있고 독립적이라고 생각하며 의인화할 때 우리에게 그 이미지를 소중히 여기고 존중하는 자세로 대할 의무가 생긴다. 미술작품과 함께하며 이야기하는 방법으로 우리는 그것을 만든 사람을 존중하고 소중히 여기는 법을 넓고 깊게 배울 수 있다.

이미지는 안과 밖의 시각이 만나는 장이다. 밖의 시각에서는 내담자 자신을 둘러싸고 있는 세계를 탐험하고, 안의 시각에서는 자기 자신을 탐험한다. 내면과 외면의 이 두 세계는 촉각, 후각, 시각, 청각, 운동성의 감각적인 경험으로 이루어진다. 이러한 다감각적인 경험은 이미지를 형성하고, 이 이미지들은 꿈을 구성하고, 정서를 구체화하며, 감각을 조직화하고, 경험에 의미를 부여하는 데 사용된다.

이미지는 한 사람의 인생에서 만나게 되는 외적·내적인 경험을 형상화한다. 디사나야크(Dissanayake, 1992)는 다음과 같이 말한다. "대화, 운동, 놀이, 일, 사교, 배움, 사랑, 돌봄 등이 인간에게 필요하고 개발되어야 하듯이, 예술 또한 인간의 정상적이고 필수적인 행위다."(p. 175) 그리기, 칠하기, 만들기, 시, 춤 그리고 노래는 중요한 소통방법으로, 인간을 개인적 사건의 영역에서 나눔이 가능한 경험의 영역으로 옮기는 것을 도와준다.

역사적으로 사람들은 예술적 이미지를 통해 세상을 배우고, 경험한 삶의 본질을 표현하고, 세상의 좀 더 큰 계획 안에서 인간이 어떻게 어울려 사는지를 탐험해 왔

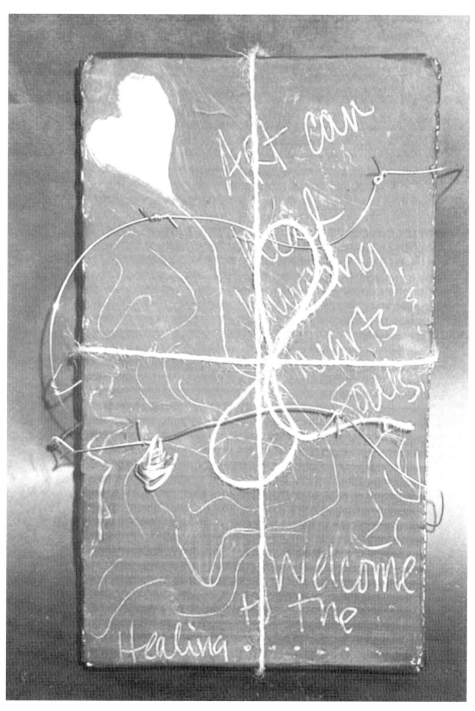

[그림 3-1] 힐링으로 오신 것을 환영합니다–혼합재료
폴린 소여(Pauline Sawyer)

다. 디사나야크(1988)가 지적하듯 "그러나 결국에 나는 과거에 추구했던 예술의 목적, 즉 사회적으로 의미 있는 것들을 형상화하고 견고히 하는 것이 오늘날에도 우리가 갈망하고 원하는 바라고 결론지을 수밖에 없다."(p. 200) 예술작업은 안과 밖에서 일어나는 경험의 균형을 맞추는 데 도움을 주고, 내면의 상태를 외적 이미지로 형상화하는 방법이 된다.

예술적 과정은 창조적 활동을 통해 감정, 생각, 감각 등을 통합할 수 있으며, 이는 치료적 맥락에 놀라운 도움을 준다. 예술적이고 이미지적인 과정을 이질적으로 받아들이는 심리학 이론들은 미술치료의 방법론을 종종 경시해 왔다. 지금까지도 어떤 미술치료사들에게는 그들의 직업을 전통적인 '개인 중심적' 입장 이상의 다른 견해로 생각하는 것이 매우 어려울 수 있다. 맥니프(1991)는 이렇게 말한다. "전문 미술치료사를 훈련하는 스튜디오에서 그림에 나타난 형태나 동작의 입장에서 이야기하기와 같은 간단한 활동을 해 보면, 상당한 저항을 보이고, 두려움과 무능감을 호소하는 참여자를 꾸준히 볼 수 있다."(p. 280) 이는 자아와 지나치게 동일시하는 몇몇 미술치료사의 성향과 일치한다. 이런 과도한 동일시는 현상의 중요성을 평가할 때 인간의 개인적 안락함만을 염두에 두는 경향으로 이어진다.

치료적 맥락 안에서 미술작품의 권리는 미술치료만의 독특한 윤리적 문제의 한 측면이다. 이미지를 살펴보고, 미술작품이 무엇을 원하고 무엇이 필요한지 주의를 기울이는 것은 미술치료사가 하는 모든 일에 깊은 의미를 갖게 해 준다. 해석의 타당성, 내담자의 작품 전시, 미술치료 세션의 기록, 미술작품의 소유권에 대한 질문은 이런 관점에서 생각해 볼 수 있다.

해석에 관한 윤리

이제 내담자의 미술작품을 해석하고 명명하는 일과 관련된 윤리적 질문을 생각해 보려 한다. 미술작품을 해석하고 기준에 따라 분류하는 일과 관련된 가장 중요한 문제는 이 일이 내담자와 내담자의 미술작품에게 해가 되는지 혹은 이익이 되는지를 생각해 보는 것이다. 헨리(Henley, 1997)에 따르면, "미술치료사로서 나는 항상 분석하고 있는 느낌이다. 그러나 이런 분석은 교사로서 그리고 미술치료사로서의

역할을 분명히 하는 해석을 의미한다. 이런 해석이 치료에서 내가 어떻게 개입해야 하는지를 알려 준다."(p. 65) 비록 많은 미술치료 교육 프로그램에서 이미지의 해석을 강조하고 있지만, 또 다른 관점에서 보면 미술치료사로서 우리는 본질적으로 이미지에 흥미와 호기심이 있다고 하는 편이 더 적절하다. 이 관점이 해석과 다른 이유는 흥미와 호기심이 질문과 참여로 이어지기 때문이다.

미술치료에서 이미지를 분석하고 해석하는 것에는 이로운 측면과 해로운 측면이 존재한다. 미술치료와 관련하여 '해석하다'라는 단어의 해로운 측면은 다음과 같이 정의할 수 있다. (1) 의미를 설명하다, 이해할 수 있도록 하다, (2) 번역하다, (3) 이해하고 있는 의미를 설명하다, 해석하다(Webster, 1988). 이렇게 정의된 의미에서 우리는 '해석'의 뜻이 단독적이고 독립적인 의미임을 알 수 있다. 이는 한 사람 [미술치료사]이 어떤 것 [내담자의 이미지]의 의미를 제시하고 설명하는 것이기 때문이다. 내담자의 미술작품을 미술치료사의 내적 활동(치료사의 마음속에서 일어나는)을 통해 해석할 때, 이미지와 내담자 모두를 함부로 명명할 가능성이 있다.

많은 미술치료사는 해석이 그들의 직업에 필수적인 요소라고 생각한다(Cohen, Hammer, & Singer, 1988; Franklin & Politsky, 1992; Gannt, 1986; Levick, 1983; Wadeson, 1980). 이들은 내담자의 상징적인 이미지를 인지 심리학적 구조로 바꾸는 것을 직업적 책임으로 여긴다. 이런 종류의 해석에는 (1) 진단적 분류, (2) 여러 학문 분야 간의 의사소통이라는 두 가지 주요한 목적이 있다.

이미지의 진단적 해석

코언, 밀스와 키자크(Cohen, Mills, & Kijak, 1994)에 의하면 미술치료 분야의 장기적인 생존은 진단적 연구의 목적으로 이미지를 전문적으로 해석하고 분석하는 능력에 달려 있다(pp. 105-110). 호로비츠(Horovitz, 1987)는 다음과 같이 말한다.

미술치료사들이 실버 테스트(Silver Test: ST)와 같은 평가 도구를 개발하는 노력을 지속하기를 바란다. 이를 통해 다른 정신건강 분야에서 미술치료의 효과와 중요성을 깨닫게 될 것이다(p. 128).

그러나 예술작품을 심리적 질병과 연관시키는 것은 두 가지의 축소주의 측면에서 윤리적으로 문제가 될 수 있다. 첫째, 한 인간인 내담자가 진단받은 병명으로 의미가 축소될 수 있다. 이런 지나친 축소화는 가끔 정신병동에서 듣게 되는데, 더는 내담자를 받을 수 없는 한계에 부딪힌 병원 직원이 "이번 주에는 '경계선 성격장애'를 더는 받을 수 없어요!"라고 말하곤 한다. 진단적인 범주 안에서 '경계선 성격장애'라고 말하는 것은 내담자를 비인간화하여 부르는 직원 간의 약식 대화가 되는 것이다. 둘째, 내담자의 미술작품을 병리적 상징이나 질병의 조짐으로 여길 때 그 작품의 의미는 축소될 수 있다. 맥니프(1989)에 따르면, "미술을 의도적으로 해석하는 것은 심리학과 미술사 모두에서 전반적으로 오해받고 제한되어 있다. 두 분야 모두 특정 기준의 틀에 따라 이미지를 명명하고 분류하는 것에 지나치게 중점을 둔다." (p. 55) 심리학에서 기준의 틀은 병리나 질병의 틀을 의미한다.

　　어떤 미술치료사들은 이런 해석과 진단으로 명명하는 것을 반대한다. 왜냐하면 그들은 이미지 안에 병리적 상징 이상의 것이 있으며, 내담자 안에 그들의 질병 이상의 것이 있다고 믿기 때문이다. 또한 이렇게 명명하는 것의 타당성에 대한 의문이 제기되기도 한다. 웨이드슨(Wadeson, 1980)은 다음과 같이 서술했다. "미술치료 문헌의 많은 내용이 적절한 증거자료가 없이 진단을 받은 집단의 미술표현의 특징을 설명하거나, 한 개인의 이미지가 어떤 의미인지 소개한다."(p. 329) 이처럼 예술작품의 해석에 대한 상반된 의견은 미술치료의 맥락 안에서 이미지의 해석과 관련하여 윤리적 문제를 제기한다.

　　해석 작업의 최종 결과로 미술작품에 특정한 진단이 내려지거나 심리학적 이름이 붙여지는데, 나는 이것을 '이미지 살해(imagicide)'라고 부른다(Moon, 1990, 1995, 2009). 이미지 살해는 이미지에 한 가지 이름을 붙임으로써 이미지의 의미를 제한하는 의도적인 살해다. 미술치료사는 무엇 때문에 이미지 살해를 저지르게 될까? 미술치료사가 이미지의 '진정한 의미'를 분석하고 설명하는 과정에서 다른 사람들(고용인이나 동료)에게 '권위'를 보여야 할 때 이런 이미지 살해가 도움이 될 수 있을까? 이런 생각은 내담자에게 어떤 영향을 미칠까? '권위'를 인정받는 것이 미술치료사의 역할일까?

　　어떤 미술치료사는 진단체계를 만들고 내담자의 작품을 해석하는 데 도움이 되는 공식을 만들어 적용한다. 이러한 해석은 종종 치료를 위해 구성된 팀에서 진단적

문제를 분류하는 데 도움을 준다. 그러나 진단의 윤리적 측면을 고려할 때 발생하는 질문들에 대해 생각해 보아야 한다. 내담자가 창조한 이미지가 내담자의 삶을 반영하는 투사과정이라고 여겨지는 것처럼, 이미지를 해석할 때 해석자의 삶이 투사될 수 있다고 여겨질 수 있는 것이다. 이 경우 치료사의 투사 능력과 관련하여 어떤 윤리적 질문들을 해 볼 수 있을까? 이러한 점을 어떻게 이해해야 해석의 과정에서 윤리적으로 행동할 수 있을까?

정신병동과 기관에서 일하는 미술치료사는 자신의 임상 장면에서 어쩔 수 없이 예술적인 면을 해석해야 하는 문제와 맞닥뜨린다. 리네쉬(Linesch, 1988)는 청소년 내담자를 상대할 때 과도하게 해석에 의존하는 치료와 그들의 문제를 다루는 것에 초점을 맞추는 치료를 비교했다. 그녀는 해석적인 접근을 하는 미술치료에 논의의 여지가 있다고 하였다. 그녀는 다음과 같이 생각했다. "청소년의 아직 완전하게 발달하지 않은 자아와 연약한 초자아 때문에 치료사의 이런 해석적인 노력은 청소년의 연약한 정신 구조에 파괴적인 영향을 미칠 수 있다."(p. 54) 이런 경고적 메시지를 상기한다면 해석적 접근을 할 때 그 과정에서 발생할 수 있는 위험을 인지하고 적용해야 한다. 내담자의 미술작품에 병리학적 이름을 붙이는 것과 부정적으로 해석하는 것이 치료 관계에 해를 끼칠 가능성이 있기 때문이다.

나는 이전에 출판한 책에서 명명할 때 발생할 수 있는 해로운 영향에 대한 임상적 예시를 설명한 적이 있다(Moon, 1998, 2012). 동료 중 한 명이 정신병동에서 미술치료 인턴 중인 학생에게 슈퍼비전을 해 주기 위해 병원을 방문했을 때의 일이다. 미술치료 세션에서 내담자인 14세 소녀가 입 밖으로 내민 혀를 강조한 그림을 그렸다. 이 이미지에 대한 반응으로 그 인턴 학생은 자신이 읽은 논문에 의하면 내민 혀는 성적 학대의 의미일 수 있다고 언급했다(Drachnik, 1994). 그러자 소녀는 미술치료실에서 급히 나가면서 다시는 돌아오지 않겠다고 말했다.

이 장면에서 발생하는 윤리적 문제를 네 가지 측면에서 고려해 볼 수 있다. (1) 내담자의 이미지는 여러 가지 의미로 해석이 가능하다. 성적 학대는 그중 한 가지 해석일 뿐이다. (2) 미술치료 인턴 학생의 언급은 내담자의 작품을 미성숙하게 해석한 한 예다. 왜냐하면 이런 개입은 비생산적으로 흐르기 쉽고 치료 관계를 방해하기 때문이다. 그 소녀의 이미지에서 발견한 중요한 요소에 대해 확장시켜 생각할 기회를 주었다면 더 바람직했을 것이다. 인턴 학생은 내담자에게 그림에서 묘사된 사람에 관해 연극을 하거나, 이야기를 만들거나, 시를 쓰는 활동을 제안할 수 있었다. 이런 제안을 하는 것이 내담자의 미술작품을 탐색하는 수단으로 예술 양식이 포함되었다는 점에서 해석의 정의와 좀 더 가까웠을 수 있다. (3) 미술치료 인턴 학생은 자신의 슈퍼바이저나 내담자의 시각에서 자신의 권위를 세우는 데 더 주목했을 수도 있다. 내담자와의 탄탄한 관계 형성 없이(그 시간은 겨우 세 번째 세션이었다) '전문적인' 해석을 하는 것은 그 소녀와 맺어 온 섬세한 치료적 동맹에 해를 줄 수 있기 때문이다. (4) 미술치료 인턴 학생은 드라크닉(Drachnik)의 견해를 정확하게 전달한 것이 아니다.

여러 분야가 접목된 의사소통

내담자의 이미지를 해석하는 또 다른 목적은 다른 분야와의 의사소통을 촉진하기 위한 것이다. 어떤 미술치료사는 해석적인 작업이란 내담자의 상징적인 이미지를 치료 팀의 다른 구성원들이 이해할 수 있는 인지 심리학적 구조로 바꾸는 번역과정이라고 설명한다. 이런 미술치료사는 이미지를 해석하는 것이 자신의 전문적인 의무라고 여긴다. 그러나 챔퍼나운(Champernowne, 1971)에 따르면, 하나의 언어(미술)를 다른 언어(말)로 바꾸는 일에는 "손실과 과오가 따른다."(p. 142) 미술치료사가 내담자에게 그의 미술작품이 무엇을 의미하는지 말해 주고자 하는 취지로 해석할 때, 치료 관계에 손상을 줄 수 있다. 내담자의 그림에 병리적 이름이 붙여질 때, 혹은 내담자와 직접 만나지 않은 상황에서 '전문적인' 해석이 내려질 때, 반드시 무엇인가를 잃는다. 이런 두 가지 해석의 형태는 내담자와 미술치료사의 관계적 맥락에서 이루어지기보다는 치료사 안에서 일어나는 과정일 것이다. 치료사의 내적인 과정만으로 내담자의 이미지 해석을 제한하는 것은 권위적인 인물(치료사)로부터 해석된 내용에 관해 언어적으로 반응하거나 반박할 수 없는 내담자와의 관계에서 특히 문제가 될 수 있다. 미술치료사의 해석에 관한 내담자의 확인이나 반박이 없다면 미술작품과 그것을 만든 사람에게 잘못된 치료적 방법으로 다가갈 수 있다. 따라서 미술치료에서 미술작품의 권리를 조명하여 모든 형식의 해석을 고려하는 것이 중요하다.

미술치료 관계의 3자적 특성

　미술치료 안에서 작품을 해석하거나 이를 병리적으로 명명할 때 나타나는 부정적인 효과를 막을 방법으로, 미술치료의 상호작용을 구성하는 동등한 세 파트너인 내담자, 미술작품 그리고 미술치료사의 관계에 대해서 생각해 볼 수 있다. 미술치료사가 권위적인 존재로서 내담자와 그 작품의 의미를 설명하는 것보다, 이 세 파트너 사이에 대화가 존재할 때 미술작품의 권리는 더 존중받을 것이다. 이 같은 주제로 토론이 열렸는데, 나의 동료 중 한 명이 "이 세 요소가 대화를 하면 정당한 해석을 내릴 수 있나요?"라고 물었다.

　나(Bruce)는 "이 세 요소 중의 하나라도 생략된 채 해석하는 것은 의문의 여지가 있으며 최악의 경우 폭력적일 수 있습니다."라고 대답했다.

　그러자 그 동료는 "대부분의 상황에서 내담자의 미술작품을 해석하는 것이 치료사의 의무가 아닌가요?"라고 다시 물었다.

　"물론이지요. 우리는 원래 분석하는 사람들입니다. 우리 모두 분석을 합니다. 하지만 유익한 방법과 좋지 못한 방법이 있습니다."

　"무슨 말인가요?"

　"제가 말씀드리는 것은 우리가 어떤 맥락에서 무엇을 기준으로 해석하는지 기억해야 한다는 것입니다. 내담자와 치료사가 삶을 변화시키고자 노력하는 미술치료 관계 안에서, 내담자가 직접 자신의 미술작품을 해석하는 것이 가장 정당한 혹은 유일한 방법일 수 있습니다."

　"그렇지만 내담자는 자신의 작업을 해석하는 훈련을 받지 않았는데요."

　"물론입니다. 바로 그 문제 때문에 이 세 요소가 서로 대화를 나눠야 하는 것입니다."라고 답했다.

　"그렇다면 당신의 말은 미술치료사의 역할이 이 세 파트너가 대화를 쉽게 나눌 수 있도록 하는 사람이라는 겁니까?"

　"예, 바로 그 말입니다."라고 나는 대답했다.

　'해석하다(interpret)'와 '해석(interpretation)'에는 선의의 뜻이 있다. '해석하다'는 무엇으로부터 의미를 가져온다는 의미이고, '해석'은 연극, 글쓰기, 행위, 비평 등을 이용하여 작품이나 주제에 관한 한 사람의 자기 해석에 대한 표현을 의미한다. 이런 사전적 표현 안에는 '주고받는' 느낌이 있으며, 관계와 책임의 측면을 알 수 있다. 이런 이해의 시각을 가진 미술치료사는 '해석'을 미술치료 관계의 맥락 안에서 이루어지는 치료사, 내담자 그리고 미술작품 간 대화의 중요한 과정으로 인식한다.

내담자의 미술작품 해석을 다각적 과정(미술치료사, 내담자, 이미지 간의)으로 받아들일 때 그 과정에 참여한 모든 구성원이 해석하는 다중적 의미를 존중하고 수용하는 정신이 생기게 된다. 이런 시각으로 접근할 때, 미술작품은 순차적인 해석의 바탕이 된다. 하나의 해석은 다른 해석을 불러오며, 그 해석은 또 다른 해석을 낳는다. 루빈(Rubin, 1986)은 "물론 작품에는 형식적이고 내용적인 많은 의미가 존재한다. 그러나 이런 해석들은 우리가 명료한 해답을 원하는 것과는 다르게 단순한 장치나 간단한 방법으로 이루어지는 것이 아니다."(p. 29)라고 결론지었다. 미술작품은 그 자체로 보여야 할 권리가 있으며, 이것은 다중적인 해석 안에서 모두 동등한 의미가 있을 수 있다는 것을 의미한다. 루빈(1986)은 다음과 같이 반박했다. "인간은 결국 복잡한 존재다. 그러므로 그들이 만드는 작품이나 표현적 행동 또한 복잡한 것이다."(p. 29) 윤리적으로 말하자면, 내담자의 이미지를 해석하는 유일한 방법은 존재하지 않는다.

내담자의 치료과정 안에서 반응적 예술활동의 역할을 주제로 토론할 때, 문(Moon, 1997b)은 공연, 시, 대화 등을 통해 이미지에 반응하는 창의적인 방법을 탐구하였다. 맥니프(1992)는 "치료과정에서 이미지를 해석할 때, 우리는 그 이미지들을 존중하는가? 권위적인 태도로 이미지의 의미에 대해서 묘사하는 사람이 있다면 어떤가? 당신의 작품에 꼬리표가 붙여지거나, 다른 사람에 의해서 당신의 그림이 설명될 때는 어떤 느낌인가?"(p. 184)라고 자문해 보아야 한다고 이야기한다.

미술작품과 이미지를 그것을 만든 사람과 분리하고 구별하여 독립된 개체로 여기고 연민을 가지고 대할 때, 미술치료사의 역할에 대한 생각과 표현이 새로운 시각으로 바뀔 수 있다. 이런 태도는 또한 우리가 내담자와 그들의 작품을 바라보는 새로운 방법을 제시해 준다. 새롭게 생각하고 행동할 때, 우리는 존중하고, 공감하고, 깊은 치유가 있으며, 윤리적으로 신중한 관계를 조성할 수 있다.

이 장에서 설명한 내용을 정확하게 파악하고 이해하는 데는 문제에 반응하는 예술작업을 하는 것이 좋다. 나는 미술치료사들에게 앞의 입장과 관련하여 상위인지

적 · 시각적 · 감각적 방법으로 접근하기를 권한다. 다음의 예술활동은 주제와 관련된 토론을 활성화하는 데 도움을 줄 수 있을 것이다. 강사나 슈퍼바이저는 미술치료 수업이나 집단 슈퍼비전 시간에 학습 경험을 더 깊고 풍부하게 하기 위해 자신만의 창조적인 예술작업을 제안해도 좋다.

추천 예술활동

1. 미술치료 수업이나 집단 슈퍼비전에서 믿음이 가고 안정감을 주는 동료에게 최근에 완성한 나의 미술작품을 소개하자. 작품에 대한 아무런 설명 없이, 4~5명의 동료에게 당신의 미술작품에 관한 해석을 쓰도록 부탁한다. 그 해석을 읽으면서 동료의 의견이 당신에게 어떤 영향이 미치는지 생각해 보자. 당신이 그 미술작품이라고 상상해 보자. 당신에 관해 쓰인 내용에 대해 어떠한 느낌이 드는가?

2. 미술치료 수업이나 집단 슈퍼비전 시간에 당신이 최근 완성한 미술작품을 보여 준다. 당신의 작품에 대해 어떠한 설명도 하지 않은 상태에서 4~5명의 동료에게 다음과 같은 방법으로 반응하도록 한다. (1) 미술작품에 대한 반응으로 시 쓰기, (2) 미술작품에 대한 반응으로 그림 그리기, (3) 미술작품에 대한 반응으로 동작하거나 춤추기, (4) 미술작품에 대한 반응으로 이야기 만들기, (5) 미술작품에 대한 반응으로 언어가 아닌 소리 표현하기. 동료들의 작품을 읽고 보고 들으면서 그들의 창작물이 당신에게 어떤 영향을 주는지 생각해 보자. 당신이 그 미술작품이라고 상상해 보자. 당신에게 반응하여 창조된 작업들에 대해 어떤 느낌이 드는가?

3. 1번 과제에서 얻은 해석문과 2번 과제에서 얻은 작품에 대한 창의적 반응의 질적 차이를 생각해 보자. 그 차이에 관한 당신의 감정을 상징화하여 미술작업을 하고 다른 동료와 나누어 본다.

내담자의 작품 전시

지난 수십 년간 미국에서는 정신질환을 앓고 있는 사람들의 미술작품에 대한 관심이 커져 왔다. 하지만 정신질환자의 그림에 관심을 두기 시작한 것은 훨씬 더 오래전부터다. 맥그리거(MacGregor, 1989)는 다음과 같이 말했다.

"20세기 초반에 유럽의 예술가들은 정신질환자의 그림에 관심을 두었고 그 영향을 받았다. 정신병리적 그림 전시가 처음으로 열렸으며, 많은 출판물에서 이러한 독특한 내용의 작품들이 등장하게 되었다."(p. 4)

맥그리거가 '정신병리적 작품' '정신병자의 미술' 등으로 부르는 것이 미술치료사에게는 불쾌할 수 있지만, 그의 시각은 정서적 · 정신적으로 어려움을 겪고 있는 사람들이 창조한 미술작품에 대해 지속적으로 관심이 있었다는 의미를 잘 전달하고 있다. 미술사학자이자 정신과 의사인 한스 프린츠호른(Hanz Prinzhorn)은 20세기에 들어와 몇십 년 동안 정신병동의 환자들이 그린 수천 점의 미술작품을 수집하여 1922년에 『정신질환자의 예술적 연구(Artistry of the Mentally Ill)』라는 책을 출판했다.

스파니올(Spaniol, 1990a)은 다음과 같이 밝혔다.

1985년 프린츠호른은 자신의 수집품을 가지고 첫 전시를 했으며, 미국의 네 군데 미술관에 선을 보였다. 그 사람들의 강렬한 시각적 이미지와 상징적 내용이 담긴 작품 때문에 미술계는 깜짝 놀랐다. 그 후로 정신질환이 있는 사람들의 예술은 갤러리에서의 전시회를 통해 미국 미술계의 주류로 들어왔다. (p. 70)

'제3의 미술'과 '민속미술'은 교육을 받지 않고 스스로 익힌 사람들의 예술을 말하는데(Borum, 1993, p. 24), 1990년대에 지속적으로 인기를 얻었다. 이들은 정식 훈련을 받지 않았지만 창조성으로 가득 차 있었다. 종종 제3의 미술가들은 정신질환으로 어려움을 겪었다. 마튼(Marton, 2002)은 다음과 같이 서술하였다.

정신질환자들의 경험에는 예술의 잠재적 연료가 될 수 있는 요소가 많이 있다. 고통은 실존적 문제의 자원이다. 편견, 억압, 감금, 시민권의 상실(단지 몇 개만 언급하였다)을 경험한 사람들의 명확한 시각은 인간 경험의 핵심을 건드리는 중요한 표현의 기초가 된다.

대중은 이런 예술가가 만든 원초적이고 원시적인 이미지에 목말라 있는 듯 보인다.

사람들은 많은 미술치료사에게 내담자들의 작품을 전시하도록 계속 요구한다. 그러나 전시의 잠재적인 이익과 장점을 강조하는 것에는 내담자와 그 이미지의 권리에 반하는 윤리적 책임이 있다. 미술치료사는 내담자와 미술작품이 착취되고, 선정적인 것으로 취급되고, 남용되는 것으로부터 보호해야 할 의무에 대해 생각해 보아야 한다. 동시에 공개적으로 미술작품을 전시해서 얻는 긍정적인 효과를 통한 내담자의 정서적 이득을 생각해 보아야 한다. 정신건강을 다루는 다른 분야에서는 이런 문제에 민감하지 않거나 심각한 경각심이 없기 때문에 윤리적인 딜레마와 싸우는 역할은 미술치료사의 몫이다. 미술치료사는 내담자와 그들의 이미지를 지지하고 보호하고 촉진하는 사람으로서의 기회를 갖는다. 세상에 태어나는 어떤 이미지들은 많은 관객에게 보이기를 갈망하는 반면, 어떤 이미지들은 비밀로 남길 원한다. 사실 이런 극과 극의 요구는 치료적 맥락에서 창조되는 미술작품에 동시에 존재한다.

미술치료사는 내담자와 그들의 창조적 노력을 연결하는 매개자 역할을 한다. 스파니올(1990a)에 따르면, "미술치료사로서 우리는 내담자를 옹호하기 위해 준비를 해야 한다. 우리는 그들의 창조적인 능력과 더불어 그들의 정신적인 한계에 집중하는 법을 배워야 한다."(p. 78) 이렇게 내담자를 옹호할 때, 미술치료사는 우리 일의 본질, 즉 애정과 공감을 갖고 내담자와 이미지를 대하는 것에 진심을 다할 수 있다.

미술치료사를 위한 윤리규정(2013) 조항 4와 5에서는 내담자의 미술작품에 관한 문제에 대해 다음과 같이 명시하고 있다.

4.0 내담자의 미술작품

미술치료사는 내담자의 미술작품을 보호해야 하는 정보의 한 형태이자 내담자의 소유물이라고 여긴다. 어떤 치료 환경에서는 내담자의 미술작품이나 미술작품의 표현을 치료사 혹은 기관이 정한 주 규정 및 임상 실제에 부합하는 합리적인 시간 동안 보관해야 하는 임상 기록의 일부로 간주할 수 있다.

4.1 치료 목적 및 치료적 이익에 따라 내담자의 미술작품은 치료과정 중이나 치료 종결 시에 내담자가 돌려받을 수 있다.

4.1.a 미술치료사 또는 임상 기관이 임상 기록의 일부로 내담자 파일에 예술작품의 사본, 사진 복제 또는 디지털 이미지를 보유하는 경우, 내담자는 그에 대한 통지를 받는다.

4.1.b 내담자의 사망으로 치료과정이 종료되었을 때, 내담자의 원본 미술작품은 다음의 경우에 한해 친척에게 양도된다.

(a) 내담자가 미술작품을 누구에게, 어떤 상황에 공개해야 하는지 명시한 동의에 서명한 경우

(b) 내담자가 미성년자거나 보호자 아래에 있으며, 미술치료사는 아동의 미술작품이 미술치료사에게 위임된 비밀보장을 위반하지 않는다고 판단한 경우

(c) 미술치료사가 내담자로부터 가족에게 공개된 미술작품의 일부 또는 전부의 양도를 원한다는 명확한 구두 표시를 받고 문서화한 경우

(d) 법정에서 위임한 경우

4.2 미술치료사는 교육, 연구 또는 평가를 목적으로 내담자 미술작품의 복사본, 슬라이드, 사진을 보관할 경우 내담자/법적 보호자에게 서면 동의를 받는다.

4.3 미술치료사는 내담자의 서면 동의서 없이는 대화 내용과 미술작품을 포함한 내담자의 미술치료 세션을 공개적으로 사용하거나 복제하는 것을 허용하지 않는다.

4.4 미술치료사는 내담자의 미술작품, 비디오 촬영, 오디오 녹음, 복제 혹은 제3자가 미술치료 세션을 보도록 허용하기 전에 내담자 또는 법적 보호자(해당할 경우)에게 서면 동의서를 받는다.

4.5 미술치료사는 강의, 글쓰기 및 공개 발표에서 임상 자료와 내담자의 미술작품을 사용하기 전에, 내담자 또는 법적 보호자(해당할 경우)로부터 서면 동의서

를 받는다. 내담자의 신원을 보호하고 미술작품이나 비디오에서 내담자의 인적 사항이 드러날 수 있는 부분을 숨기기 위해 합리적인 조치를 취한다.

4.6 미술치료사는 내담자 또는 법적 보호자(해당할 경우)의 동의를 얻어 제3자, 학제 간 팀 구성원 및 슈퍼바이저에게 미술작품을 공개한다.

4.7 미술치료사는 내담자가 미술치료 서비스를 받는 동안 내담자의 미술작품이 보관되는 방식과 실제 미술작품, 사진 또는 디지털 이미지를 보관하는 기간을 설명한다.

분명히 미술치료사를 위한 윤리규정은 먼저 내담자를 중심으로 하는 입장에서 쓰였지만, 앞의 내용을 보면 미술작품의 권리를 존중하는 내용이 포함되어 있다. 이 규정은 명백하게 내담자/예술가의 권리를 보호하기 위한 의도로 쓰였다. 또한 이 조항에는 내담자의 미술작품을 전시하는 것과 관련하여 일어날 수 있는 문제에 윤리적으로 접근하는 확실한 기준이 나타나 있다.

조항 5는 특별히 내담자의 미술작품 전시와 관련된 윤리문제를 다루고 있다.

5.0 내담자 미술작품 전시

미술치료 과정에서 만들어진 미술작품을 전시하는 것은 내담자들에게 그들의 미술작품을 일반 대중이나 그들의 작품을 보통 보지 못하는 기관에 있는 사람들에게 보여 줄 수 있는 기회를 제공한다. 미술치료사들은 작품이 내담자의 것임을 확실히 하며, 내담자의 미술작품 전시는 편견(stigma)과 선입견을 감소시키는 동시에, 대중에게 알리고 내담자에게 힘을 실어 줄 수 있는 잠재력이 있음을 확신한다. 내담자 미술작품 전시회를 준비하기 위해 미술치료사 및 내담자 또는 법적 보호자(해당할 경우)는 전시회로 얻는 이점을 내담자에게 미칠 수 있는 의도하지 않은 잠재적 결과와 비교하여 평가한다.

5.1 미술치료사들은 미술치료에서 창작된 미술작품을 전시하는 이유, 이점, 결과에 대해 사려 깊고 의도적인 대화를 통해 미술작품을 전시하고자 하는 내담자들을 참여시킨다.

5.2 미술치료사는 전시회에서 내담자와 그들의 이미지가 이용당하거나 잘못 전달되거나 내담자의 승인을 받지 않은 방식으로 사용되지 않도록 적절한 안전장치를 보장한다.

5.3 전시용 미술작품을 선정할 때, 미술치료사는 미술작품을 전시하는 이유, 내담자에게 미술작품의 치료적 가치, 자기 공개 정도, 관객의 반응을 용인하는 능력 등 여러 요소를 바탕으로 내담자가 의사결정을 할 수 있도록 돕는다.

5.4 미술치료사는 미술치료 세션 밖에서 창작한 미술작품을 전시회에 포함시킬 때의 장단점을 내담자 또는 법적 보호자(해당할 경우)와 논의한다.

5.5 미술치료사는 내담자의 미술작품 전시와 관련하여 내담자 또는 법적 보호자(해당할 경우)와 비밀보장(예: 개인사, 진단 및 기타 임상 정보)과 익명성(예: 이름, 성별, 나이, 문화)의 중요성을 논의한다. 미술치료사는 전시회에 이름을 올리기를 원하는 내담자의 권리를 존중한다.

5.6 미술치료사는 내담자 또는 부모나 법적 보호자의 서면 동의서를 받아 내담자의 미술작품을 전시한다. 미술치료사는 전시와 관련된 동의 사항을 확실히 하기 위해, 대중과 관객에게 전시회를 설명하고 광고하는 방법에 대해 내담자, 부모 또는 법적 보호자와 논의한다.

5.7 전시된 미술작품이 판매될 경우, 미술치료사와 내담자는 작품 판매를 시작하기 전에 잠재적인 치료 효과에 대해 논의한다. 미술치료사는 내담자, 책임 있는 당사자(해당할 경우)가 수익의 사용방법과 수익으로부터 특별히 이익을 얻을 대상[예: 내담자, 전시 대행 기관, 사회기부(social cause[s])]를 인식하고 이에 동의하도록 보장한다.

5.8 미술치료사는 내담자가 관람 가능한 관객의 범위와 대중 노출 정도를 이해할 수 있도록 전시회가 열리는 장소와 시기를 명확하게 명시한다.

5.9 온라인 전시회와 관련하여 미술치료사는 내담자들에게 이미지의 광범위한 가용성, 그에 따라 확대되는 관람객, 그리고 내담자의 작품 이미지가 온라인 시청자들에 의해 다운로드, 전달 또는 복사될 가능성이 있음을 인식하게 한다.

치료사와 내담자의 맥락 안에는, 특히 치료 초기 단계에는 종종 동등하지 않은 힘의 관계가 존재한다. 이런 현실에서 치료사가 앞의 윤리규정에서 언급한 교육, 연구, 발표나 전시의 목적을 위해 내담자에게 그의 미술작품의 사용 허가를 요구할 때

내담자가 불안한 감정을 갖는 것은 당연하다. 미술치료사의 요구에 동의해야 하는 압력은 예상보다 클 수 있다. 웨이드슨(1980)은 "비밀보장의 책임은 면책특권정보[2]의 시각적 형태를 띠는 미술작품까지 확장된다. 그 이유는 미술작업이 시각적인 형태의 특별한 의사소통에 속하기 때문이다. 그러므로 미술치료 세션이 심리치료의 한 형태로 진행되었다면 미술작품을 전시하는 것은 적절하지 못하다."(p. 41)라고 언급했다.

웨이드슨의 충고와 더불어, 미술치료사는 미술작품 전시를 위해 내담자의 동의를 구하는 과정에서 치료 관계 안에 존재하는 강압적인 압력에 관해 깊이 생각해야 한다. 어떤 내담자는 미술치료사에게 인정받기를 원하고, 어떤 내담자는 작품 전시의 요청에 우쭐해한다. 이런 압력들은 내담자가 전시 요청을 거절하는 것을 매우 어렵게 만든다. 어떤 내담자는 그 요청을 거절할 경우 치료사로부터 보복을 당할까 두려워한다. 또 어떤 내담자는 미술치료사가 자신에게 관심이 있다는 비현실적인 상상을 하기도 한다. 집단 미술치료에서 치료사가 한 내담자에게 작품 전시를 요청한다면, 그 내담자는 자신이 다른 구성원보다 더 가치 있는 사람이라고 느낄 수도 있다. 전시에 선택되고 제외되는 과정에서 내담자들 사이에는 경쟁, 적의 그리고 반감 등이 생길 수 있다. 그러므로 미술치료사가 내담자의 작품 전시를 계획할 때는 이런 영향을 줄 수 있는 역동적 압력을 신중하게 고려해야 한다.

스파니올(1990a, 1990b)은 내담자의 미술작품 전시를 위한 세 가지 기준을 제시하였다. 내담자의 대상에 민감하며, 내담자의 이미지에 대한 애정이 포함된 이 기준은 기회, 안전장치, 권한부여다. **기회**의 측면은 내담자가 자신의 정체성을 예술가로서 형성하는 환경이 열리는 것을 의미한다. 미술작업이 인격화되어 치료 관계에서 동등한 참가자가 될 때, 우리는 단순히 미술작품에 대해 이야기하기보다 미술작품과 함께 이야기하고 미술작품의 이야기를 들어야 한다. 이런 관점에서 스파니올의 세 가지 기준은 미술작품에도 적용된다. 미술치료사는 내담자에게 전시의 기회를 줄 뿐만 아니라 미술작품 자체도 드러낼 수 있는 기회를 주어야 한다. '**안전장치**'의 측면은 내담자를 보호할 수 있는 장치를 마련하는 것이다. 이때 가장 신경 써

---

2) 역자 주: 면책특권정보(privileged communication)는 법정에서 증언을 강요당하지 않는 변호사와 의뢰인, 의사와 환자, 남편과 아내 사이 등의 정보다.

[그림 3-2] 미술전시회에서-종이 위 분필
브루스 문(Bruce L. Moon)

야 하는 것은 비밀보장과 사적 자유의 유지다. 스파니올(1994)은 전시회에 대한 내용을 배포할 때 내담자가 작성하고 서명한 내용으로만 배포범위를 제한하는 것은 내담자의 비밀을 보장하는 동시에, 내담자 자신과 작품에 대해 원하는 수준만큼 의사소통할 수 있게 한다고 설명했다. 다시 말하지만, 여기에서도 보호는 내담자뿐만 아니라 미술작품에도 적용되어야 한다. **권한부여** 원칙은 내담자가 자신과 자신의 미술작품을 포함하여 전시의 모든 과정에서 스스로 결정을 내려야 하는 것을 의미한다.

미술작업이 인격화되고 치료 관계에서 동등한 참가자로 여겨질 때, 미술작품은 이야기의 대상을 넘어 스스로 대화하고 들을 수 있는 실체가 된다. 세 방향의 대화는 언어를 매개로 하는 전통적인 치료사와 내담자의 쌍방향 대화 패턴을 바꿀 수 있다. 이렇게 확장된 대화는 이미지가 자신이 전시되는 것을 어떻게 느낄지 고려하는 것이고, 이 점이 미술치료의 독특하고 중요한 특징이라고 할 수 있다. 내담자의 미술작품을 전시하려 할 때, 미술치료사가 미술작품의 적절성 또는 부적절성 및 독특성에 대해 고려함으로써 자신과 내담자가 윤리적으로 일을 처리하고 있음을 확신할 수 있게 된다.

미술치료사는 스스로 그림과 조각의 입장에서 질문을 던져 볼 수 있다. '내가 이 전시에서 존중과 배려를 받고 있는가? 이곳에 전시될 때 어떤 기분일까?' 놀스(Knowles, 1996)는 "…… 미술치료사는 내담자의 작품을 전시하는 문제와 관련하여 개인적 태도와 원칙을 반드시 점검해야 한다."(p. 207)라고 믿는다. 스파니올(1994)과 프로스티그(Frostig, 1997)는 내담자의 미술작품을 사용하는 문제에서 협조를 구할 때 서면 동의서 작성의 필요성을 언급했다. 더불어 미술작품에게도 동의를 얻어야 한다고 했다. 그렇다면 미술치료사는 어떻게 미술작품의 동의를 얻을 수 있을까? 미술치료사는 미술작품과 그 작품을 만든 내담자와 적극적인 대화를 함으로써 그들의 뜻을 확인할 수 있다. 내담자와 내담자의 이미지를 다루는 것은 항상 평행적이어야 한다. 이런 평행적 접근으로 윤리적인 세분화를 이룰 수 있다.

토론할 문제

1. 매리앤은 한 구립 천사의 집에서 일하고 있다. 최근에 그녀의 상사는 미술치료

시간에 창작된 미술작업을 가지고 전시회를 개최하도록 했다. 그 상사는 최근에 교통사고로 부모를 잃은 한 어린 소녀의 그림에 감동했다. 소녀의 그림은 정교했으며, 자신이 고아가 된 사실에 대한 슬픔과 분노가 고통스럽게 표현되어 있었다. 매리앤이 상사의 요구에 대해 윤리적인 문제를 언급하자, 상사는 무시하는 태도로 그 전시가 연간 기금의 모금 운동에 많은 도움을 줄 것이라고 했다.

- 당신은 상사의 요구에 어떻게 반응하겠는가? 그 이유는?
- 어떤 윤리적 기준을 바탕으로 행동하겠는가?
- 미술치료사를 위한 윤리규정 중에 이 딜레마와 관련된 조항이 있는가?

2. 존은 작은 사립 요양원에서 일하는 미술치료사다. 상사가 그에게 '공예작품' 전시회를 제안했다. 상사는 존에게 "다 좋은데 당신의 표현미술치료 시간에 만들어진 괴상망측한 작품은 전시하지 말게. 우울한 분위기를 만들 수는 없으니까."라고 지시했다.

- 당신은 상사의 지시에 어떻게 반응하겠는가? 그 이유는?
- 미술치료사를 위한 윤리규정 중에 이런 상황과 관련된 조항이 있는가?

3. 지방 텔레비전 방송국의 한 피디가 샌디에게 연락을 했다. 그는 정신질환을 앓고 있는 범죄자를 수용한 주립병원에서 일하는 미술치료사에 관한 '15분 리포트'를 제작하고 싶다고 했다. 또한 샌디의 내담자 중 한 명을 인터뷰하는 형식으로 프로그램을 구성하겠다고 이야기했다. 샌디의 상사는 이 상황을 긍정적으로 받아들이며 매우 흥분하고 있다.

- 이런 상황에서 어떤 윤리적 딜레마를 생각해 볼 수 있는가?
- 어떻게 해결할 것인가?
- 어떤 윤리적 사고로 접근하겠는가?
- AATA의 윤리 문서 중에 어떤 조항을 적용하겠는가?
- ATCB의 윤리 문서 중에 어떤 조항을 적용하겠는가?

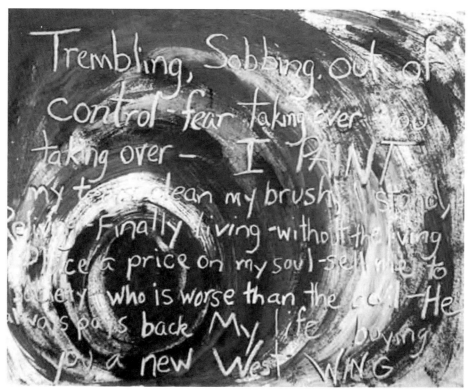

[그림 3-3] 떨리는, 흐느끼는—템페라, 크레파스
켈리 쉐펠(Keli Schroeffel)

미술치료 세션의 문서화와 기록 보관

1994년 일리노이주 시카고에서 열린 제25회 AATA의 연차 학술대회에서 AATA 회원들에게 새롭게 개정된 윤리규정이 소개되었다. AATA 윤리위원회 회장, 이사회 그리고 AATA의 법률 자문위원으로 구성된 패널은 그 당시 시행되고 있었던 미술치료사를 위한 윤리규정(AATA, 1990)의 요약본을 제공했다. 패널이 발표한 내용의 대부분은 거의 논쟁 없이 끝났다. 그러나 미술치료 세션에서 내담자가 창조한 미술작품의 소유권에 관한 문제를 토론할 때는 열정적이고 때로 과열되는 분위기였다.

AATA의 저널인 『미술치료(Art Therapy)』의 편집장 캐시 말키오디(Cathy Malchiodi)는 1995년에 쓴 사설에서 당시의 토론에 대해 다음과 같이 기술했다.

아마도 미술치료에서 가장 혼란스럽고 논쟁의 여지가 있는 문제 중 하나는 내담자의 미술작품 관리, 보관 그리고 처리일 것이다. AATA의 윤리 문서는 이 문제를 다른 시각에서 접근하고 있다. 미술치료사를 위한 윤리 강령(Code of Ethics for Art Therapists)의 1990년 판에서 '비밀보장' 조항은 다음과 같이 서술되어 있다. "미술치료사는 미술 표현물과 기록의 보관, 처리의 과정에서 비밀을 보장할 수 있는 규정을 만든다."(AATA, 1990)

가장 최근 판인 미술치료사를 위한 윤리규정(Ethical Standards for Art Therapists, AATA, 1994)에는 보다 명확하게 명시되어 있다. "미술치료사는 내담자의 상담일지를 주(States)의 법규와 임상 현장의 규정에 따라 적정 기간 보관해야 하되, 치료 관계가 종료되거나 치료가 완료된 시점에서 보관 기간이 적어도 7년은 되어야 한다. 기록의 보관과 처리는 비밀보장이 유지되면서 이루어져야 한다."(조항 2.6; Malchiodi, 1995, p. 2)

완성된 미술작업의 소유권에 대한 질문은 자연스럽게 미술치료 세션에서 창조된 미술작품을 치료 기록의 일부분으로 여기느냐 그렇지 않느냐의 문제로 이어진다. 만약 내담자의 예술적 표현물이 치료 기록의 한 부분이라면 명백하게 내담자가 자신의 작품에 대한 소유권을 주장할 수 없다. 브레이버맨(Braverman, 1995)은 "……많은 경우 미술작품은 치료 기록에 포함되어 있다."(p. 15)라고 했다. 이와 같은 입장 때문에 미술치료사는 내담자의 모든 실제 미술작업, 작품의 사진 영상물 또는 복사물을 적어도 7년간 보관해야 하는 곤란한 일이 생기게 되었다. 말할 필요도 없이, 이런 논리 때문에 많은 미술치료사가 힘들어했다. 예를 들어, 내담자가 많은 개인 미술치료실의 치료사는 엄청나게 큰 보관 장소가 필요하게 된 것이다. 또한 매년 수백 명의 내담자를 보는 단기 치료기관의 치료사는 그 많은 내담자의 작품 사본을 남기는 작업에 막대한 경비가 든다는 사실에 놀라움을 금치 못했다. 그러나 브레이버맨에 따르면, "직업적 책임과 의무는 비용 문제보다 더 중요하다."(p. 15) 1994년 AATA 학술대회의 윤리적 문제에 관한 패널 발표에서는 이런 입장의 잘못된 지침을 강하게 비난하는 '소식지 편집장에게 보내는 편지'가 작성되었다.

미술작품의 권리에 대한 참고 자료는 이제까지 거의 없었다. 1995년 AATA 소식지에 발표한 브레이버맨의 논문은 미술치료사가 민사소송으로부터 자신을 보호할 수 있는 정보가 명확하게 담겨 있다. 그 이후에 『미술치료』의 편집장에게 보낸 편지는 내담자의 권리 보호(Neustadt, 1995)와 AATA 이사회의 징계로부터 학회 구성원을 보호하는 내용을 다루고 있으나(Cox, 1995), 어디에도 미술작품의 권리를 보호하는 내용은 언급되지 않았다.

미술치료사가 내담자의 치료 기록을 다루는 방법에는 많은 쟁점이 존재한다. 어떤 미술치료사는 미술작업 과정을 풍부하게 묘사하고 기록을 위해 대화를 축어적으로 재구성하여 적는다. 또 어떤 미술치료사는 내담자의 미술작품 모두 혹은 일부를 디지털 사진으로 컴퓨터에 보관하거나 외장하드에 저장한다. 다른 치료사는 내담자의 미술작품을 자신의 소유물로 여기고 포트폴리오를 만들어 보관하기도 한다. 어떤 임상 기관에서는 치료 비용을 지불하는 다른 기관이나 보험회사의 요구로 상담일지의 작성이 필요하다. 미술치료사가 어떤 방법으로 기록하든지 혹은 자신의 고용주가 어떤 방법을 요구하든지, 기록 보관과 관련해 생각해 보아야 할 세 가지 중요한 원칙이 있다.

1. 문서화와 기록 보관은 항상 내담자를 존중하는 입장에서 이루어져야 하며, 내담자에게 최상의 치료를 제공하는 목적에 부합해야 한다.
2. 문서화는 정확해야 하며, 소송에서 미술치료사를 보호할 수 있는 형태여야 한다.
3. 문서화와 기록 보관은 항상 내담자의 이미지를 존중하는 입장에서 이루어져야 한다.

코리, 코리, 코리와 캘러넌(Corey, Corey, Corey, & Callanan, 2015)은 임상 기록에서 최소한의 필요조건으로 심리치료의 목적, 방법, 진행이 기록되어야 한다고 제안했다. 서류작업을 능률적으로 하기 위해, 많은 임상 기관에서는 내담자의 행동, 감정, 기분, 참여도 등을 숫자 등급으로 매기거나 체크리스트로 표시하는 양식을 만들었다. 어떤 미술치료사는 이런 간소화된 방법을 사용하고자 하는 유혹을 뿌리치기도 한다. 이런 방법이 미묘하게 내담자를 비인격화하는 지나친 단순화를 조장한다고 생각하기 때문이다.

모든 치료사는 자신의 일이 어떤 방법으로든 서면으로 기록되어야 한다는 것에 전반적으로 동의한다. 기록을 반대하는 미술치료사들은 내담자의 비밀보장을 유지해야 하고, 기록하는 것이 자신의 철학적 입장에 반대되며, 요구하는 양식을 다 작성하기에는 너무 바쁘다는 이유로 자신을 정당화한다. 그러나 미술치료사로서 문서화의 태만은 심각한 문제로, 미술치료사를 위한 윤리규정에 어긋나는 행동이다. 미술치료사를 위한 윤리규정 조항 2.7에는 다음과 같이 명시되어 있다.

> 2.7 미술치료사는 연방, 주 및 기관 법률 및 규정과 정부 규정과 임상 실제에 부합하는 합리적인 기간 동안 내담자의 치료 기록을 보관한다. 자료는 비밀보장이 유지되는 방법으로 보관하거나 폐기한다(AATA, 2013).

미술치료를 기록할 때 고려해야 할 여러 가지 요소가 있다. 일반적으로 미술치료 임상 일지에는 다음의 목록이 포함되어야 한다.

1. 내담자의 신상 정보
2. 세션의 날짜와 기간
3. 세션 중 내담자가 무엇을 했는지에 대한 묘사
4. 내담자가 사용한 미술 매체에 대한 설명
5. 내담자가 창조한 이미지에 대한 묘사
6. 내담자가 말한 내용의 요약
7. 의미가 있을 경우 내담자 말의 발췌 기록
8. 현재 치료목표의 언급
9. 현재 치료목표에 부합되는 미술치료사의 개입 사항
10. 세션의 간략한 요약

미술치료 기록은 내담자에 관한 기록으로 남겨진 이후에는 변경하거나 수정될 수 없다. 내담자의 기록을 수정하는 것은 위조로 간주될 수 있다. "사건 이후에 임상 기록을 위조하는 것은 법정에서 치료사의 성실성에 먹칠하는 일일 수 있다."(Corey, Corey, Corey, & Callanan, 2015, p. 171)

[그림 3-4] 서류작업을 생각하면-파스텔
수잔 베르네트(Suzanne Wernette)

　모든 시설이나 기관에는 고유의 기록 방법이 있으며, 내용의 질과 양에 관해서도 나름의 기준이 있다. 덧붙여 기록과 관련된 법적 요구에 따라 주마다 규정도 다양할 것이다. 앞서 언급했듯이, 문서화와 기록 보관은 항상 내담자를 존중하고 내담자에게 최선의 서비스를 제공하는 맥락에서 이루어져야 한다. 자신의 미술치료 파일의 내용을 볼 수 있는 내담자의 권리를 기억하는 것이 중요하다. 그러므로 임상 기록은 진실되고 내담자와 그의 이미지를 존중하는 자세로 작성해야 한다. 이 장의 서두에서 논의되었듯이, 내담자의 이미지가 인격화되고 치료 관계에서 동등한 참가자가 될 때, 이미지는 단순히 보고되는 대상이 아닌 치료와 연관될 수밖에 없는 실체가 된다. 내담자 미술작품의 기록과 관련하여 미술작품과 확장된 대화를 나누는 것이 미술치료의 중요하고 구별되는 특징이 된다. 내담자의 미술작품을 존중하는 태도로 내담자의 치료 일지를 작성한다면, 미술치료사는 자신과 내담자 모두가 윤리적으로 옳은 행동을 하고 있다는 확신을 할 수 있을 것이다.

　치료 일지를 작성할 때 내담자와 그의 미술작품을 동등한 입장에서 고려한다면,

간과할 수 없는 윤리적 문제를 짚고 넘어가야 한다. 미술치료사 자신이 미술작품의 입장이 되어서 자문해 볼 수 있다. '이 기록에서 나는 존중과 배려를 받고 있는가? 내가 이런 방식으로 설명되는 것에 대해 어떻게 느끼는가?' 기록을 할 때 미술치료사는 내담자의 복지뿐만 아니라 이미지의 복지까지 고려해야 한다. 미술치료사가 내담자에 관해 기록하는 방법과 그 내담자가 창조한 이미지에 관해 기록하는 방법에는 긍정적인 유사점이 존재하며 이것이 중요한 윤리적 가치다.

토론할 문제

1. 엘리는 개인 미술치료실에서 일하는 미술치료사다. 그녀는 이전에 주립 정신병원에서 일한 적이 있는데, 그때는 환자를 보는 시간보다 상담일지를 쓰는 데 더 많은 시간을 보낼 정도로 문서화에 치중했다. 이런 상황이 그녀에게는 너무 부담되었다. 지금은 개인 미술치료실에서 일하는데, 내담자들은 가벼운 우울감을 겪고 있거나 사소한 스트레스 문제를 갖고 있는 사람들이다. 개인 미술치료실을 개원하면서 그녀는 결단코 다시는 상담일지를 쓰지 않겠다고 다짐했다.

- 엘리가 임상 기록을 하지 않겠다고 결정한 것에 대해 어떻게 생각하는가?
- 엘리가 임상 기록을 중단한 것은 윤리적인가?
- 엘리가 기록을 중단해서 직면할 수 있는 법적 문제가 있는가?
- 엘리가 지금 만나고 있는 내담자 대상은 임상 기록이 필요 없다고 여겨도 되는가?
- 주립 정신병원에서의 경험은 엘리의 결정을 정당화할 수 있는가?

2. 스티브는 정신병원에서 일하는 미술치료사다. 그는 새로운 내담자들에게 미술치료 평가를 실시하고 기록하는 데 많은 시간을 쓴다. 스티브는 한 내담자가 평가서를 읽고 싶다고 했을 때 매우 당황스러웠다. 스티브는 내담자가 보고서를 잘못 이해할 수도 있다는 두려움 때문에 이 상황이 매우 불편했다. 그는 보

고서를 읽는 것이 별로 도움이 안 될 것이라고 애매하게 설명하면서 내담자에게 보고서를 읽지 않는 것이 좋다고 제안했다.

- 이 상황에 대처하는 스티브의 행동을 어떻게 생각하는가?
- 보고서를 읽지 않도록 한 것은 윤리적인가?
- 이런 상황에서 스티브가 직면할 수 있는 법적 문제는 없는가?
- 내담자가 자신의 미술치료 평가서를 읽을 권리가 있다고 생각하는가?

누가 이미지와 미술작품을 소유하는가

앞서 논의된 진단, 전시 그리고 기록 보관의 문제와 얽혀 있는 문제가 있다. '미술치료의 맥락 안에서 창조된 미술작품은 누가 소유하는가?' 이 장을 준비하면서 나(Bruce)는 경험이 풍부한 여러 동료에게 의견을 구했다. 돈 존스, 밥 얼트, 프랭크 고릴, 밥 숀홀츠, 팻 앨런, 캐서린 하이랜드 문, 그리고 션 맥니프 (Don Jones, Bob Ault, Frank Goryl, Bob Schoenholtz, Pat Allen, Catherine Hyland Moon, & Shaun McNiff)에게 이 중요한 질문에 대한 답변을 부탁했다.

돈 존스(Don Jones, ATR)는 AATA의 종신 명예회원으로 미국 미술치료의 개척자 중의 한 명이고 전 협회장이다. 돈은 하딩 병원 보조치료 부서의 과장으로 오랫동안 근무했으며, 지금은 은퇴했다. 그는 은퇴 후 수년간 미술작업실을 활발히 운영하고 있으며, 오하이오 지역의 중심에서 수많은 미술치료 프로젝트에 자문을 해 주고 있다. 그는 다음과 같이 말했다.

우선, 나의 대답은 '내담자'가 그의 미술작업을 소유한다는 것입니다. 누가 나의 작업을 소유하는가? 내가 누구에게 팔거나 주기 전까지는 내가 소유하지요. 만약 내가 치료를 받는데 미술치료사가 나의 작품을 치료실 밖에서 보여 주거나 전시하거나 복사한다면 기분이 나쁠 것입니다. 나는 치료를 위한 팀과 관련된 상황 안에서만 나의 작품이 공개되기를 원합니다.

나는 미술치료사의 실력을 뽐내기 위해 내담자의 작품을 보이는 것을 좋아하지

않습니다. 불행히도 나의 미술치료 초기에 했던 이런 일들 때문에 자책감을 느낀답
니다.

돈 존스(개인적 대화, 1999년 1월 26일)

밥 얼트(Bob Ault, ATR)는 종신 명예회원으로 AATA의 창립 회원이면서 초기 회장
을 역임했다. 밥(Bob)은 오랫동안 메닝거 클리닉(Menninger Clinic)에서 근무하였고,
이후에는 개인 미술치료실에서 일하였다. 그는 작고 전까지 Ault Academy of Art를
운영했으며, 캔자스 주 토피카의 보훈병원에서 자문 역할을 맡았었다. 그는 다음과
같이 말했다.

첫째, 미술작품은 언제나 내담자의 소유임을 밝힌다. 상황 끝!
한 사람의 문제, 책임, 약점, 일탈, 성취 등의 소유권은 항상 치료의 한 부분으로
이해되어야 합니다. 변화를 위해 애쓰거나 혹은 변화에 저항하는 사람은 다름 아닌
내담자이고, 자기 자신의 작품에 대한 소유권은 그 사람에게 치료목표를 달성할 수
있도록 하는 중요한 열쇠입니다. 그러나 소유권에 대한 문제는 치료과정에서 미술
작업의 역할과 치료의 형태에 따라 매우 다양해질 수 있습니다. 그러므로 모든 상황
을 만족시키는 한 가지 대답이 있기보다는 치료의 기본적인 목표, 개입 그리고 과정
을 고려해야 한다고 생각합니다.

만약 내가 미술작업을 의식의 깊은 곳까지 닿도록 하는 기법으로 사용하여 내담
자의 문제를 발견하는 분석적인 형태로 미술치료를 진행했다면, 그때의 미술작품
은 치료의 언어적 요소와 같은 것입니다. 그 미술작업은 내담자가 전시나 다른 목적
으로 사용하도록 허락하지 않는 한, 치료사는 비밀을 지켜야 합니다. 이것은 마치
내담자가 치료에서 어떤 일이 일어나는지를 다른 사람에게 말할 수 있지만, 치료사
는 그렇지 못하는 것과 같은 이치입니다. 그러므로 예술적으로 뛰어나지 않은 작품
이건, 교육적 용도에서 전시까지 사용할 수 있는 뛰어난 작품이건, 미술작품은 내담
자의 소유입니다. 미술치료 기간에는 미술작업을 미술치료사가 보관할 수 있고, 원
한다면 언제든지 내담자가 가져갈 수 있으며, 치료가 종료될 때에는 모든 작업을 내
담자에게 주게 됩니다. 예전에 어떤 내담자가 나에게 아직까지 자신이 치료 기간에
한 작업을 감상하고 있으며, 몇 년이 지났어도 그때의 대화, 깨달음, 감정적 경험이

기억난다고 이야기한 적이 있었죠. 그러므로 미술작업은 실제로 치료 안에서 만나는 시간에 국한되는 것이 아니라 치료의 연장방법이 된다고 할 수 있습니다.

미술치료의 또 하나의 형태로 통찰 중심이기보다는 미술과정을 더욱 강조하는 접근이 있습니다. 이 과정을 통해 내담자는 그리는 방법을 배우고, 표현의 주체가 자신이라는 것을 깨닫고, 자존감이 높아지죠. 이런 미술작품 역시 내담자의 것입니다. 하지만 나는 내담자에게 전시 혹은 다른 방법으로라도 자신의 미술작품에 경의를 표하기를 권할 수 있습니다. 나의 어떤 내담자들은 미술기법을 적극적으로 배우고, 미술작품과 어떻게 대화하는지 익히며, 자기 자신에게 만족하고, 좀 더 유능하게 사는 방법을 터득하게 됩니다. 종종 미술을 통해 다른 문제들이 얼마나 비슷한지를 생각할 수 있도록 하는데, 이 또한 효과적입니다. 미술작업은 종종 다른 사람들과의 연결을 위한 다리가 되기도 합니다. 그러므로 미술교사로서 나는 내담자에게 이런 형태의 미술치료에서 기술을 습득하고, 이미지와 재료, 나아가 자기 자신을 존중하며, 미술작품에 경의를 표하고 그 소유권을 주장할 것을 장려합니다. 내담자나 미술치료사가 미술작품을 주고받고, 그 작품을 사무실에 전시했다가 돌려주는 것 등과 관련하여 생각해 보아야 하는 쟁점들이 있습니다. 나는 당신도 이런 문제를 고려해 보기를 바랍니다. 치료사가 작품을 판매하는 작가를 명시할 때, 혹은 내담자가 자신의 이름을 같이 전시할 때는 문제가 좀 더 복잡해지죠. 어떤 물건은 그 자체로 마법적인 특징을 갖고 있습니다. 나의 내담자 중에 치료를 중단했다가 2년 후에 돌아온 사람이 있는데, 그는 "파란 그림이 어디 있죠? 내가 여기 벽에 기대어 놓았는데요."라고 물어본 적이 있습니다. 그래서 나는 생각했습니다. 그림은 치료사와 내담자를 지속적으로 연결해 주는 마법적 역할을 한다고요. 언제나 나는 작품을 폐기하기 전에 몇 년 동안 창고에 보관합니다. 물론 모든 작품을 다 가지고 있을 수는 없습니다. 언젠가는 모두 처리해야 할 때가 오겠죠. 이런 문제는 그 상황에 맞추어 다루어야 합니다.

밥 얼트(개인적 대화, 1999년 1월 28일, 2월 13일)

프랭크 고릴(Frank Goryl, MA, ATR)은 치료 매체로 점토를 전문적으로 사용하는 미술치료사다. 그는 활발하게 활동하는 예술가로 요양시설과 개인 미술치료실에서 정서적 문제로 힘들어하는 아동과 청소년을 담당하는 미술치료사로 일하고 있다. 그는 다음과 같이 말했다.

'미술치료적 맥락 안에서 창조된 완성된 미술작품은 누가 소유하는가?'라는 질문에 대해 도예실에서 이루어지는 미술치료의 경험을 바탕으로 두 가지 입장에서 대답하고 싶습니다.

첫 번째로 철학적 시각에서 완성된 미술작품이나 결과물은 미술 매체를 사용하는 과정에서 보면 별로 중요하지 않습니다. 리처드(M. C. Richard)의 저서 『Centering in pottery, poetry, and the person』(1962)의 이야기를 인용하면, "한 귀족이 말을 타고 마을을 돌아보는 중에 일하고 있는 도공을 지나치게 되었습니다. 그는 그 도공이 만들고 있는 그릇들에 감탄하였습니다. 그 그릇들에는 우아함과 거친 힘이 느껴졌기 때문이죠. 그 귀족은 말에서 내려 도공에게 물었습니다. '어떻게 이런 아름다운 그릇을 만들 수가 있소?' '아.' 도공은 대답하였습니다. '당신은 단지 그릇의 외면만 보고 있습니다. 내가 만들고자 하는 것은 내부에 있습니다. 나는 오직 그릇이 깨지고 난 후에 무엇이 남느냐에 관심이 있을 뿐입니다.'"(p. 13)

두 번째로 실용적인 측면에서 일반적으로 도예실에는 보관할 수 있는 공간이 부족하고, 이런 점을 반영하여 나의 공방에서는 '즉각적인 소유권' 규칙을 만들어 시행하고 있습니다. 나는 내담자에게 자신의 작업을 다음 주, 7개월 후, 7년 후가 아니라 "가마에서 나와 아직 따뜻할 때" 당장 찾아가도록 합니다. 나는 대부분의 도예가가 불을 땐 후에 가마의 신이 어떤 작품들을 허락했는지 가마를 열어 보는 것을 특별한 일로 여긴다고 생각합니다. 크리스마스 아침의 기분('와!')을 미루거나 지연시킬 필요는 없으니까요.

또한 나의 도예실에서 작업하는 사람들은 완성이든 미완성이든 '버려진' 작업은 도예 과정 중에 재사용하는 것으로 알고 있습니다. 사진을 찍어서 자료로 남기는 것도 규칙으로 정해져 있습니다.

프랭크 고릴(개인적 대화, 1999년 2월 6일)

밥 숀홀츠(Bob Schoenholtz, MS, ATR)는 필라델피아 지역에서 독립적으로 활동하는 미술치료사다. 그는 메리우드 미술치료 대학원 과정의 교수로 재직 중이다. 밥은 수많은 논문을 썼으며, 미술치료의 이미지, 인공두뇌학 그리고 심리치료에서의 은유적 사용 등의 주제로 국내에서 발표하기도 했다. 그는 다음과 같이 말했다.

많은 생각을 하게 하는 흥미 있는 질문입니다. 주립 정신병원에서 일했던 미술치료사 초기 시절, 나는 내담자의 미술작품을 병원의 자산으로 다루었고, 공적인 문서로 보관했습니다. 왜냐하면 치료에서 기록 보관에 이르기까지 전적으로 치료의 의학적인 접근을 받아들였기 때문입니다. 그러나 내담자가 자신의 작품을 가져가고 싶어 할 때는 그들의 마음을 존중하는 경우도 있었습니다.

미술치료의 경험을 통해 내가 내담자와 어떤 일을 하는지 알게 되고 나의 실력이 향상되면서, 그리고 주립병원과 의학적인 형태의 치료 환경을 떠나서 독립적인 미술치료를 하게 되면서, 내담자의 미술작업이 절대적으로 내담자의 것임이 명확해졌습니다. 이런 기록 보관이 내담자와 내담자의 미술작품을 존중하는 것보다 덜 중요해진 겁니다. 미술작업은 진단, 평가, 해석을 위한 것이라기보다 먼저 배우고 성장하는 것에 목적이 있습니다. 미술작업은 내담자 자신, 과정, 결과에 대해 알아가는 방법이 되었지만, 기록을 보관하는 일과는 거의 관계가 없게 되었습니다. 요즘에는 필요하거나 원할 때, 아마도 임상 발표를 위해 내담자의 작품을 사진으로 남깁니다(물론 내담자의 동의하에).

밥 숀홀츠(개인적 대화, 1999년 1월 26일)

팻 앨런(Pat Allen, Ph.D., ATR)은 시카고 아트 인스티튜트(School of the Art Institute of Chicago)의 미술치료 대학원 프로그램 교수로 활동하고 있다. 그녀는 『Art Is a Way of Knowing』(1995)과 『Art Is a Spritual Path』(2005)의 저자이며 미국 전역에 논문을 발표하고 워크숍을 진행한다. 그녀는 다음과 같이 말했다.

내 생각에 이미지는 창조적인 힘, 우주, 신, 어떻게 부르든 간에 이런 것들에 속해 있습니다. 종이, 찰흙, 혹은 이미지가 담겨 있는 형태라면 무엇이든 그것을 불러일으킨 것에 속합니다. 그런데 '속해 있다'라는 단어는 잘못 사용된 것 같네요. 나는 사실상 '미술작품'의 힘이자 흔적인 이미지를 위한 공간을 만들고 수용하는 지배인입니다. 개발품에 적용되는 지적 소유권 대부분의 측면을 믿지 않습니다. 따라서 미술은 무언가 진정한 의미에서는 소유될 수 없는 정신적이고 정서적인 소유권의 영역에 속한다고 생각합니다.

팻 엘런(개인적 대화, 1999년 1월 27일)

캐서린 하이랜드 문(Catherine Hyland Moon, MA, ATR-BC)은 시카고 아트 인스티튜트(School of the Art Institute of Chicago)의 미술치료 대학원 프로그램 교수로 활동하고 있으며,『Studio Art Therapy: Cultivating the Artist Identity in Art Therapy』 (2002)와『Materials & Media in Art Therapy: Critical Understandings of Diverse Artistic Vocabularies』(2011)의 저자다. 그녀는 미술작품을 누가 소유하는가 하는 문제에 대해 다음과 같이 말했다.

예술가로서, 그리고 내가 만든 작업에 관해 생각해 볼 때 '소유'라는 단어는 우습다는 생각이 듭니다. 작품을 만드는 데 거쳐야 할 많은 과정은 노예처럼 내가 마음대로 할 수 있거나, 내가 소유하고 있어서 이미지가 내가 원하는 대로 따라 주는 것이 아니라 미술작품과 협력해야 하기 때문입니다.

하지만 나도 소유하기 위해서 미술작업을 했던 것을 고백하지 않을 수 없습니다. 적어도 작품을 팔거나 주거나 없애기 전까지는 말입니다. 이것은 마치 션 맥니프와 다른 사람들이 내담자와 작품을 정의한 것처럼, 부모-자녀의 관계와도 같다고 생각합니다. 나는 어느 누구도 미술작품에 해를 끼칠 수 없도록 보호적인 태도를 취합니다. 하지만 나는 미술작품을 바라보고, 만지고, 작품에 대해 함께 얘기하는 방법을 통해 사람들이 미술작품에 열중하고, 작품에 새로운 생명을 불어넣기를 바랍니다. 그렇기에 작품을 전시할 때, 이런 창작의 협력 과정이 일어나는 곳에서 또 하나의 작품이 탄생됩니다. 나는 나의 미술작품이 우리(나와 내 작품을 보는 다른 사람들)의 미술작품이 되도록 합니다.

현대 서구 문화에서 우리가 생각하는 것과는 다른 방식으로 자신들의 미술을 바라보는 문화에 관해 생각해 봅니다. 에스키모인은 돌을 조각하는 것을 허공에 부르는 노래라고 여기죠. 내가 그 정도로 소유권을 주장하지 않는 것은 아닙니다. 나에게 보관할 수 있고, 계속해서 볼 수 있는 실재적 작업은 매우 중요하니까요.

나는 미술작품의 산업화에서 출발한 우리가 작품을 소유할 수 있다는 생각이 어느 정도인지 궁금합니다. 비록 사람들이 그들의 작품을 팔지 않더라도 그들 역시 미술을 산업적 상품으로 보는 문화의 한 부분에 속해 있죠. 이것은 마치 우리가 땅을 소유할 수 있다는 개념과도 같습니다. 매우 바보 같은 생각이지만, 우리는 그렇게 믿고 있고 어쨌든 그 믿음대로 행동하고 있는 것이죠.

치료 안에서 내담자와의 관계도 마찬가지라고 생각합니다. 미술작품은 마치 자식과 같이 내담자에게서 나온 것입니다. 다른 사람들이 그들의 자녀를 양육하는 방법에 대해 내가 개입하지 않듯이, 나는 나의 내담자가 자신의 작품을 어떻게 다루는지에 대해 개입하지 않습니다. 내담자가 조언을 구한다면 의견을 제시하지만요. 또한 어떤 위험의 소지가 있다면 개입을 합니다. 그러나 이 두 가지 경우를 제외하고 나는 내담자가 창조한 미술작품을 위해 최선의 결정을 하는 최고의 부모가 될 수 있도록 도와주려 합니다.

치료사가 내담자의 미술작품을 소유할 수 있다는 생각은 어처구니없게 느껴지네요. 이런 생각은 전반적인 예술적 과정을 바라보는 나의 관점과 반대됩니다. 이것은 우리 사회에서 힘을 우선적으로 보는 '힘으로 지배하는' 패러다임이며, 권력을 위임하는 페미니스트의 개념인 '힘을 나누는' 태도와 상충한다고 생각합니다. 나는 '힘을 나누는' 개념을 더 좋아합니다.

모든 세계의 최선이 되는 힘의 개념은 내담자, 치료사 그리고 미술작품의 관계가 이루어지는 미술치료 세션 안에 스며들게 되죠. 현실에서는 내담자가 갑작스럽게 치료를 끝내야 할 때 종종 자신의 작품을 가져가기를 포기합니다. 이런 상황은 힘이 듭니다. 미술에 어떤 일이 일어났는지를 결정하는 힘의 표현에 관한 중요한 부분을 잃어버리는 것이기 때문이죠. 나는 이런 잃어버린 부분을 고려하고 있으며, 또 이런 미술작품을 어떻게 해야 할지 몰라서 작품들을 오랜 시간 보관하고 있습니다. 그러나 결국에는 모든 작품을 다 보관하는 것이 불가능하기 때문에 내가 할 수 있는 최선의 선택을 하게 됩니다. 하지만 어떻게 하는 것이 옳은 일인지는 아직도 모르겠습니다. 『What's Left Behind』(1994)를 집필했을 때처럼, 나는 아직도 많은 물음에 답을 구하고 있습니다. 아마도 이런 자세가 필요한 것이 아닌가 합니다. 나는 항상 그런 물음들을 제기하면서 그에 대답할 수 있는 수천 가지의 방법들을 생각합니다.

캐서린 하이랜드 문(개인적 대화, 1999년 3월 7일)

션 맥니프(Shaun McNiff, Ph.D., ATR)는 AATA의 명예회원이다. 그는 창조적인 미술치료 분야에서 많은 책을 썼고, 그의 이론은 그 분야를 정비하는 데 도움을 주었다. 그는 다음과 같이 주장한다.

나는 '상황적 윤리'로 나의 책임을 축소하는 것은 싫지만, 내 경험에 비추어 보면 절대적인 소유권은 없다고 생각합니다. 만약 미술이 치료 상황의 한 부분에서 생성되었다면, 변화의 상황 등을 평가하고 기록하기 위해 미술작품을 갖고 있는 것이 필요하지 않을까요? 미술을 기반으로 하고 있는 사람으로서, 나는 미술치료실에서 창조된 미술작품 역시 치료실에서 평가와 기록의 결과를 위해 보관해야 하는 '임상 자료'라고 봅니다. 그러나 미술치료실 입장에서는 특정 개인이 자신의 미술작품을 소유하는 것이 최선이라는 결정을 할 수 있습니다. 그러므로 소유권에 대한 문제는 전적으로 상황과 관련된 목적과 가치에 따라 결정됩니다. 반면에 공동 스튜디오 안에서는 그에 맞는 치료적 철학을 바탕으로 사람들이 자신의 표현을 자랑스럽게 느끼게 하고, 집에 가져가고, 전시하고, 창조적 에너지를 계속해서 발산할 수 있도록 하는 자원으로 이미지를 사용하게 할 수 있습니다. 미술은 '불가사의한 힘(talisman)' (Jung이 언급한 개념으로 삶의 창조자에게 돌아갈 수 있게 하는 '아이돌'과 같은 역할을 하는 이미지의 '마법 효과')으로 볼 수 있습니다.

당신이 서술한 '미술치료의 맥락 안에서 창조된 미술작품'이라는 표현에서 소유권의 문제를 생각해 볼 수 있습니다. 여기서는 '맥락'이라는 단어가 열쇠입니다. 만약 미술치료사가 미술작품을 보관하는 것이 필요하다면 내담자의 상황에 맞게 해야 한다는 겁니다.

최선의 해결책으로는 디지털카메라와 즉각적이고 효과적으로 미술작품을 보관하고 정리할 수 있는 능력을 들 수 있습니다. 이 두 가지 방법은 이미지를 보관하는 탁월한 능력이죠. 내담자의 소유권 문제가 없을 때라도 오랜 시간 미술작품을 보관하고 간직하는 것은 어려운 일입니다. 양쪽 모두를 위한 소유권의 문제를 위해서는 이미지를 보관하는 데 이 방법이 유리할 수 있습니다. 디지털 이미지 역시 발표나 연구 등의 수많은 다른 형태의 사용처에서 유용할 수 있으니까요.

선 맥니프(개인적 대화, 1999년 1월 27일)

웨이드슨(Wadeson, 1980) 역시 미술작품을 누가 소유하는지에 관한 문제를 다루었다. "미술작품을 전문적으로 활용하는 것의 시작은 소유권의 문제라고 할 수 있습니다. 예술적 표현을 그 표현자의 연장이라고 여기고 있기 때문에 나는 작가가 미술품을 소유한다는 입장을 고수합니다……. 만약 한 내담자나 환자가 자신의 그림을 찢어 버리기를 원하거나 점토작품을 부수기를 원한다면 작품이 내담자에게 속한 것이기 때문에 이런 행동이 그 사람의 특권이 되는 것입니다."(p. 42)

치료적인 맥락에서 창조된 완성 작품의 소유권 문제에 대한 다른 동료들의 반응은 그 문제에 관한 생각의 연속성을 보여 준다. 그들의 반응을 살펴보면 내담자가 미술작품을 소유해야 한다는 단호한 주장에서부터, 내담자의 미술작품이 기관의 소유로 여겨지는 상황에 대한 설명, 그리고 이미지는 우주적인 창조적 힘에 속한다는 신념에 이르기까지 다양하다.

대부분 이런 입장은 이미지와 미술작품의 소유권에 관한 윤리적 딜레마에 의무론적으로 접근하고 있다. 그러나 절대적인 소유권이 없다고 말한 맥니프의 의견은 목적론적 입장에 기초한다. 내가 답변을 부탁한 미술치료사 중 그 문제에 대해 도덕률 초월론적 입장을 취한 사람은 없었다. 미술치료사는 이 문제에 관해 개인적으로 씨름해야 한다. 미술치료사 개개인은 소유권에 관한 문제에 어떤 윤리 조항을 적용해야 하는지 결정해야 할 것이며, 이런 결정이 임상 현장에서 적용되는 기관의 규정이나 국가의 법률과 균형을 맞추도록 노력해야 한다. 미술치료에서 직업 윤리의 실제 세계는 아마 회색지대에 있다고 할 수 있다.

캐서린 하이랜드 문은 저서 『What's been left behind: The Place of the Art Product in Art Therapy』(1994)에서 소유권에 관해 다른 입장에서 접근했다. 그녀는 치료가 끝난 후에 내담자가 남기고 간 미술작품을 어떻게 해야 하는지에 의문을 던졌다. 그녀는 '두고 떠난' 행동과 그 행동의 잠재적인 의미를 탐구함에 있어서, 미술치료사가 예술의 핵심적 정체성을 어디에 그리고 언제 남겨 두었는지에 대한 좀 더 폭넓은 연구를 하였다. 이 문제에 관한 윤리적 질문들은 이 두 가지 수준에서 탐구되어야 한다.

요약

우리의 일과 연관된 윤리적 · 법적 문제로 씨름하고 있는 미술치료사로서 미술치료 안에서 세 부분으로 형성된 관계를 기억해야 한다. 내담자의 권리, 이미지의 권리 그리고 우리 자신의 권리와 책임에 민감해야 한다. 역사적으로 미술치료와 관련된 윤리적 토론은 내담자의 권리와 치료사의 보호를 중점적으로 다루었지만, 이미지와 미술작품의 권리에 대해서는 거의 혹은 전혀 주의를 기울이지 않았다. 이 장에서는 미술작품의 진단, 전시, 기록 보관 그리고 소유권에 관해 다루었다. 이 장을 읽은 사람들이 의문을 제기했으면 한다. 또한 미술치료사들이 이미지와 관계를 맺는 방법, 그 이미지를 만든 사람들과 관계를 맺는 방법, 그리고 서로 관계를 맺는 방법 간에 직접적인 상관관계가 있음을 기억했으면 한다.

chapter 4

미술치료사:
예술가, 치료사 그리고 인간

미술치료사는 미술치료 관계 안에서 전문적인 치료사, 예술가 그리고 한 인간으로서의 정체성을 잘 엮어 내야 한다. 미술치료사는 내담자가 정체성을 찾고 표현하며, 자신의 경험, 감정, 생각을 처리하고, 삶의 여러 측면을 깊게 생각하게 하는 방법으로 미술작업에 참여할 것을 권한다. 또한 미술치료사는 내담자가 예술적 창조물을 통해 인생의 또 다른 선택이 있음을 깨닫고 잠재적인 능력을 끌어내도록 용기를 북돋아 준다. 창조적인 자기 탐색은 종종 변화를 이끌어 낸다. 창조적인 자기 탐색은 기존의 방식에 새로운 가치를 부여하거나 인생의 새로운 의미를 발견하도록 하기도 한다. 내담자가 미술을 통해 이러한 탐색을 하도록 도울 때 미술치료사들은 종종 스스로에게 질문을 던지게 된다. 나는 왜 미술을 하는가? 내가 다른 사람을 도울 수 있다고 생각하는 근거는 무엇일까? 무엇이 나로 하여금 미술을 통해 감정을 표현하는 것이 중요하다고 생각하게 하는가? 나는 내가 말하는 것을 실천하고 있는가?

미술치료사의 개인적 특성을 고려하지 않고서는 전문가로서의 미술치료사에 대해 논의하기 어렵다. 미술치료사 개인의 역사, 문화, 가치, 신념, 그리고 삶의 방식은 그들의 직장에서 일하는 것에 영향을 미친다. 이 장에서는 특별히 미술치료사의 직업적 정체성과 관련된 이슈를 다루려고 한다. 이 책 전반에 걸쳐 전문성과 관련된 질문들이 검토되겠지만, 이 장에서는 특별히 미술치료사의 개인적 특성 및 욕구와 관련된 주제들을 집중적으로 살펴보겠다.

미술치료사의 자기평가

　다음은 이 장에서 다루고 있는 주제와 관련된 미술치료사의 태도와 개인적 가치를 확인하기 위해 구성된 자기평가 도구다.

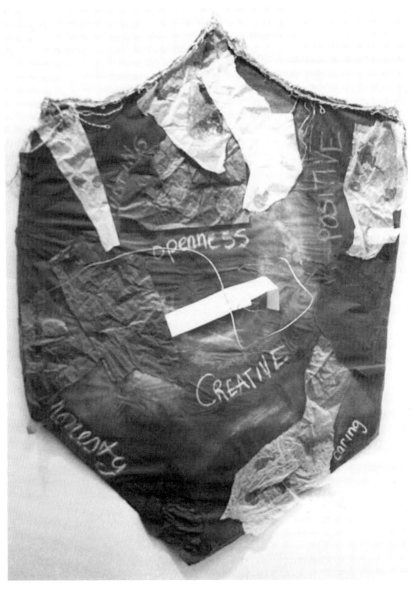

[그림 4-1] 미술치료사를 나타내는 문장(紋章)-혼합 재료
해더 피카시크(Heather Picarsic)

이 장의 나머지 부분을 읽기 전에 우선 평가지를 완성한 후, 각 문항에 대한 당신의 대답을 동료, 교수, 혹은 슈퍼바이저와 상의해 보는 것을 추천한다.

지시사항: 당신의 신념과 태도와 가장 비슷한 반응을 다음의 리커트 척도를 사용하여 나타내시오.

1 = 매우 동의하지 않음
2 = 동의하지 않음
3 = 보통
4 = 동의함
5 = 매우 동의함

1. 미술치료사는 대학원 교육과정 동안 개인 치료를 필수적으로 받아야 한다.
2. 미술치료사는 전문가로서의 자격을 유지하기 위해 미술작업을 계속해 나가야 한다.
3. 나는 내담자를 직면하도록 하는 것에 대해 어려움을 느낀다.
4. 미술치료사는 전문 자격을 취득하기 전에 성격 진단 검사를 받아야 한다.
5. 내담자에 대해 강렬한 감정(긍정적 혹은 부정적)을 가지는 것은 미술치료사에게 문제가 될 수 있다.
6. 미술치료사가 내담자에게 가지는 긍정적인 감정은 내담자에게 특별한 관심을 두고 있다는 증거가 될 수 있다.
7. 미술치료사가 자신의 일을 통해 개인의 정서적 욕구를 충족하려 하면 질 높은 미술치료를 진행하기 어렵다.
8. 지속적으로 보수교육을 받는 미술치료사는 그렇지 않은 치료사들보다 소진을 덜 경험할 확률이 높다.
9. 미술치료사는 전문가로서의 자격을 유지하기 위해 정기적인 심리치료를 받는 것이 필수적이다.
10. 경력이 2년 미만인 미술치료사는 슈퍼비전을 받아야 한다.
11. 능력을 갖춘 미술치료사라면 어떠한 내담자도 치료할 수 있어야 한다.

12. 개인적 삶에 만족하지 못하는 미술치료사는 비윤리적인 치료를 할 가능성이 있다.

13. 자기 인식이 가능한 미술치료사는 내담자와의 동일시를 피할 수 있을 것이다.

14. 미술치료사는 자신의 개인적인 욕구보다 전문가로서의 책임을 우선해야 한다.

15. 미술치료사는 미술치료사로서 임상을 시작하기 이전에 자신의 정서적인 문제를 완전히 해결해야 한다.

16. 활발하게 예술활동하는 미술치료사는 그렇지 않은 미술치료사들보다 소진을 경험할 가능성이 적다.

17. 미술치료사가 자신의 일을 통해 개인적인 욕구를 충족하려는 것은 비윤리적이다.

18. 미술치료는 내담자가 자신의 미술작품에 대해 이야기하지 않는 경우에는 효과적이지 않다.

19. 미술치료사는 자신이 편안하게 여기는 내담자들만 치료하는 것이 좋다.

20. 미술치료사를 위한 윤리규정은 미국미술치료사협회 회원들에게 요구되는 전문가로서의 행동에 대한 것이지만, 개인적인 것과 전문적인 것을 구분하는 것은 어렵다.

미술치료 전공생들은 학부와 대학원 과정을 마칠 무렵, 어떻게 미술치료사가 되는가에 대한 역사적, 이론적, 기술적 그리고 실용적 지식을 축적하게 된다. 경력이 부족한 미술치료사는 임상 현장에 이론 지식 외에도 독특한 개인적 특성을 개입시킨다. 개인적 삶의 이야기, 성 정체성, 문화적 가치, 사회문화적 지위, 신체적 능력, 성적 지향성, 개인적 신념, 욕구, 갈망, 강점, 약점, 성공, 좌절, 가치, 두려움, 이 모든 것은 직업적 정체성에 영향을 미친다.

돈 존스(Don Jones, 1973)는 미술치료사가 지닌 가장 큰 무기는 미술과 자기 자신이라고 밝힌 바 있다. 그는 다른 사람을 도우려 하기 전에 자기 자신에 관해 잘 아는 것이 중요하다고 강조했다. 미술치료 평가과정, 진단 범주 및 의례 절차, 심리치료적 기술 등에 대해 지식이 많더라도 부적절하거나 비윤리적인 미술치료사가 될 가능성은 충분하다. 내담자가 자신을 발견하고 표현할 수 있도록 돕기 위해서 미술치료사는 자신의 삶 속에서부터 진정한 예술적 발견과 표현을 경험해야 한다. 미술치

[그림 4-2] 이것은 쉬운 일이 아니다—종이 위에 분필
브루스 문(Bruce L. Moon)

료사의 작업은 평가, 진단 그리고 치료가 전부가 아니다. 치료사가 건강한 역할 모델이 되어야 한다. 자신이 말한 대로 삶을 창조적으로 살아가는 것은 미술치료사를 치료적인 존재가 되도록 하는 중요한 요소다. 미술치료사가 스스로의 삶을 통해 역할 모델을 제공하기를 꺼려 한다면 윤리적으로나 치료적인 면에서 임상에 많은 문제가 생길 수 있다.

전문가로서의 미술치료사와 한 인간으로서의 미술치료사를 구별하는 것은 어려운 일이다. 어떤 미술치료 이론가들(Allen, 1995; McNiff, 1998; Moon, 1997a)은 미술치료는 단순히 하나의 직업이 아니라 세상에 존재하는 방법이라고 말한다. "인생에서 매우 중요한 능력을 지닌 것들은 우리가 창조하는 그림, 시, 노래의 형태 안에서 생명을 부여 받는다. 이런 것들이 예술로 표출되는 것이다. 이것은 직업이 아니고, 업무도 아니다. 인생 그 자체다."(Moon, 1997a) 미술치료사는 반드시 자신의 개인적 욕구와 궁극적인 관심을 깊이 성찰해야 한다. 자기 인식이 부족한 미술치료사는 의도치 않게 내담자의 자기 탐색과 표현을 방해할 수 있다. 코리, 코리, 코리와 캘러넌(Corey, Corey, Corey, & Callanan, 2015)은 미술치료사가 자기 인식이 부족하면 치료의 초점이 내담자의 욕구에서 자신의 욕구로 옮겨질 수 있다고 경고하였다. 미술치료사는 자신의 취약점, 채워지지 않은 욕구, 갈등의 요인을 인식할 수 있어야 하고 이러한 특징들이 내담자와의 치료과정을 어떻게 방해할 수 있는지 아는 것이 중요하다.

석사 시절에 많은 학생은 미술치료사가 되는 것이 자신과 맞는지에 대해 질문한다. 아마도 미술치료를 공부하는 모든 대학원생은 때때로 자신이 이 일에 적합한지에 대해 질문을 던질 것이다. 이러한 의심은 학업적 능력이나 예술적 역량과 관련될 수 있다. '나는 왜 미술작업을 하는가? 나는 미술치료사가 되면 무엇을 얻는가? 나는 이 일에 적합한가? 나는 미술치료사가 되기 위해 필요한 기술과 능력을 가지고 있는가?' 이러한 질문들에 대해 명확한 정답은 없다. 어떤 미술치료사는 자신의 미술작업을 통해서 인생이 바뀌는 경험을 하게 되고 그 변화의 힘을 다른 사람과 나누고 싶어 한다. 대부분의 미술치료사들은 다른 사람이 변화하도록 돕는 촉매제의 역할을 하는 것에 만족을 느낀다. 또 어떤 미술치료사는 갈등을 겪고 있는 사람과 함께 함으로써 자기 확신의 기쁨과 개인적인 의미를 찾기도 한다. 무엇보다 미술치료사들은 자신이 미술을 통해 상처를 이겨 냈던 과정을 고통 속에 있는 다른 사람들과

나누고자 미술치료사의 길을 선택한다.

앞에서 제기한 질문들에 대해 미술치료사가 어떤 대답을 하느냐보다 중요한 것은 그 질문들에 관해서 고심하는 과정이다. 미술치료사는 거울에 자신의 모습을 솔직하게 비춰 보고 자신의 취약점, 욕구, 그리고 갈등 등을 파악해야 한다. 미술치료사가 의식적 혹은 무의식적으로 자신의 이슈를 내담자와의 치료 관계를 통해 해결하려고 할 때 치료적인 변화는 더딜 수 있다. 코리, 코리, 코리와 캘러넌(2015, p. 45)은 상담자가 곤경에 빠질 수 있는 요소들에 대해 언급하며, 이러한 요소들이 미술치료 분야에도 영향을 미칠 수 있다고 밝혔다. 이러한 요소들은 다음과 같다.

1. 다른 사람을 돌보려는 지나친 욕구
2. 힘에 대한 과장된 욕구
3. 인정, 수용, 존경, 칭찬에 대한 강한 욕구
4. 해결되지 않은 개인적 문제나 갈등
5. 내담자의 변화에 대해 지나치게 책임감을 느끼는 경향성

미술치료사가 자신의 욕구에 민감하지 않을 때는 내담자와의 치료 관계에서 그 욕구를 표현하고 얻으려고 시도하기가 쉽다. 미술치료사는 한 인간으로서 개인적인 욕구를 가지고 있다. 그러나 이러한 욕구는 내담자와의 관계를 보호하기 위해 치료 관계 밖에서 해결해야 한다. 미술치료사는 자신의 감정을 잘 다루어야 한다. 그렇지 않으면 감정이 치료사를 휘두를 수 있기 때문이다.

미술치료사가 되는 것은 커다란 보람을 느끼는 일이다. 가장 큰 보람 중의 하나는 내담자의 삶에 긍정적이고 영향력 있는 변화가 일어나는 것이다. 반대로 내담자가 발전이 없거나 더 나빠질 때 미술치료사는 고통스러운 좌절을 경험할 수 있다. 미술치료사가 자신을 위해서가 아니라 전적으로 내담자의 이익을 위해 치료에 임할 때 치료의 성공과 실패를 만끽하거나 견딜 수 있다.

미술치료사에게 아직 미해결된 개인적 이슈가 있다면, 그 영역에서는 내담자와 효과적으로 일하기 어려울 것이다. 따라서 미술치료사는 개인적으로 해결되지 않은 문제들이 무엇인지 파악하고, 그 문제들이 어떻게 자신의 일에 영향을 미치는지 깊이 성찰해 보아야 한다.

로라의 딜레마

로라는 최근 대학원 과정을 마친 미술치료사다. 그녀는 소규모 병원 부설 프로그램에서 정서적으로 불안정한 청소년들과 일하고 있다. 이 프로그램의 내담자들은 대부분 주요우울장애와 품행장애를 가지고 있으며, 자주 화를 내거나 자기 파괴적인 행동을 하는 등 파괴적이고 부정적인 방법으로 행동화를 하였다. 로라는 분노 표현을 과도하게 절제하는 집안에서 성장했다. 로라는 종종 치료실 안에서 마치 자신이 성난 십대들과 그들이 표현한 공격적인 이미지 안에 갇혀 있는 것 같다고 느꼈다. 그녀는 자주 힘들어했고, 때로는 청소년들에게 공포와 두려움을 느끼기도 했다. 그녀는 쉽게 울컥하기 시작했고 내담자에게 심하게 대하기도 했다. 그녀는 청소년들의 행동을 제한해야 할 때도 한계를 명확히 하지 못했다. 그녀는 스트레스를 심하게 받았으며 일이 버거워 보였다. 그녀는 차츰 대인관계에 있어서도 소원한 모습을 보이며 직장 동료와도 거리를 두었다. 로라의 상사가 그녀의 이러한 소원한 태도의 이유에 대해 물어보았을 때 로라는 바로 내담자들의 부정적인 행동에 대해 신랄한 비판을 쏟아냈다. 상사는 그녀가 내담자에게 어떤 영향을 받았는지 알아보기 위해 개인적인 치료를 받아 볼 것을 제안했다.

- 로라의 행동에 비윤리적인 면이 있는가?
- 만약 자신의 개인적 성장 배경이 청소년을 치료하는 것을 방해한다면 로라는 어떤 결정을 내릴 수 있을까?
- 상사가 그녀에게 개인적인 치료를 받으라고 제안한 것은 윤리적인가 혹은 비윤리적인가? 그 이유를 설명하라.
- 로라가 치료사로 적절하게 능력을 발휘할 수 없는 환경에서 계속해서 일하는 것을 용인하는 슈퍼바이저는 윤리적인가?
- 당신은 자신의 채워지지 않은 욕구나 갈등 혹은 개인적 문제가 미술치료사로서의 일하는 데 방해가 될 수 있다는 것을 알고 있는가?

미술치료사를 위한 치료

미술치료사의 자기 인식은 매우 중요하다. 다음은 자기 인식 이슈와 관련된 질문들이다.

1. 미술치료사는 교육을 받기 전에 개인적 미술치료나 심리치료를 받아야 하는가?
2. 현재 임상 활동 중인 미술치료사는 개인적인 미술치료나 심리치료를 필수적으로 받아야 하는가?

미국미술치료사협회(AATA)의 미술치료사를 위한 윤리규정(2013)의 조항 1.5~1.7은 이와 관련된 이슈를 부분적으로 다루고 있다.

> 1.5 미술치료사는 개인적인 문제로 업무와 관련된 활동을 잘 수행하지 못할 가능성이 크다는 것을 알고 있거나 알아야 하는 경우 치료활동에 참여하지 않는다.
> 1.6 미술치료사는 다음과 같은 경우에 전문적인 역할을 하는 것을 자제한다.
>   (a) 개인적, 전문적, 법적, 재정적 또는 기타 이익과 관계가 미술치료사로서의 기능을 수행하는 능력이나 효과를 손상시킬 것으로 예상될 때
>   (b) 전문적 관계를 맺은 개인이나 단체가 피해를 입거나 착취를 당할 때
> 1.7 미술치료사는 불편함을 느끼거나 개인 또는 내담자의 문제에 대해 질문이 있거나 이해 또는 적절하게 대처할 수 있는 능력에 대해 혼란스럽거나 불확실할 경우 슈퍼비전 또는 자문을 구한다.

이 규정들은 현재 활동하는 미술치료사에 관한 치료 이슈에 대해 간접적으로 언급하고 있지만, 미술치료를 공부하는 학생들에 관해서는 언급하고 있지 않다. 석사과정의 대학원생들이 치료를 시작할 때 교육적 경험의 한 부분으로 개인 미술치료나 개인 심리치료가 필요한가에 대한 논의가 가장 중요한 쟁점으로 대두될 수 있다. 많은 교육자는 미술치료 임상 수련생들이 내담자로서 치료를 경험해 보아야 함을

강조하고 있다. 미술치료사 자신이 미술치료 안에서 가장 강력한 치료적 도구 중 하나이기 때문이다. 따라서 미술치료사는 자기 자신에 대해 잘 아는 것이 필요하다. 개인 미술치료는 학생들로 하여금 왜 자신이 치료사가 되려고 하는지 탐색할 수 있도록 도와주며, 자신의 가치, 욕구, 동기 등을 예술적으로 점검할 수 있도록 해 준다. 또한 개인 심리치료는 석사과정을 시작하는 학생들에게 엄청난 지지를 제공해 줄 수 있다.

학생들은 다양한 학업적 배경과 개인사를 가지고 석사과정을 시작하는데, 그들 대부분은 교육과정의 초기 단계에서 불안과 혼란을 경험하게 된다. 미국미술치료협회(AATA)가 승인한 대부분의 교육기관에서는 다양한 배경을 지닌 학생들을 함께 교육시킨다. 학부를 졸업하자마자 대학원에 진학한 학생들도 있지만, 대학원 진학 이전에 관련 분야의 상급 학위를 취득한 학생들도 있다. 석사과정에 바로 진학한 학생들은 21세일 수 있지만, 중년 혹은 그 이상 연령대의 학생들도 함께 수업을 받게 된다. 복지 관련 분야에서 오랜 경험을 한 학생도 있을 수 있는 반면, 임상 대상을 거의 혹은 전혀 만나 보지 못한 학생도 있을 수 있다. 개인 심리치료의 경험이 있는 학생도 있을 수 있고 그렇지 않은 학생도 있을 것이다. 그러나 한 가지 공통적인 특징은 그들 모두에게 시작은 혼란스러운 경험이라는 것이다. 오랜 경험을 가진 교수들은 새로운 환경과 요구 그리고 새로운 경험에서 생기는 학생들의 정신적 혼란에 대해 민감하다.

미술치료 대학원 프로그램은 저마다 고유의 특징이 있지만, 초심자로서의 혼란을 경험하는 학생들을 이끌어 주는 공통된 요소가 있다(Moon, 2003). 캠퍼스 안에서 길을 찾는 것은 실제로 힘든 과제다. 캠퍼스의 지리적 배치를 익히고 나면 학생들은 학교 직원, 교수, 동료들과 수없이 관계를 맺는 어려움을 겪어야 한다. 이러한 일들은 그 자체로 압도적이다. 학생들이 경험하는 혼란의 또 다른 측면은 대학원 과정을 시작함으로써 더 이상 미래를 계획하고 예상하는 것이 끝났다는 의미로 다가오기 때문이다. 대부분의 학생은 자신의 직업을 결정하는 데 장기간 힘든 시간을 보냈다. 또한 많은 학생은 학교에 등록하기 위해 다른 여러 가지를 희생해야 했다. 어떤 학생은 처음 대학원에 가기로 결정하면서부터 실제로 석사과정을 시작할 때까지 긴 시간을 기다려 왔다. 과정을 시작하면서 학생들은 이런 상황들 때문에 어쩔 수 없이 어느 정도의 불안을 느끼게 된다.

새내기들은 새로운 삶의 단계로 들어가면서 자기 자신에 대한 의심 때문에 힘들어한다. 다음과 같은 의문을 품으며 괴로워할 수도 있다. 이것이 정말 내가 하고 싶은 일인가? 내가 성공할 만큼 충분한 능력이 있을까? 만약 시작한 후에 공부가 싫어지면 어떻게 해야 할까? 때로는 풀지 못한 오래된 감정과 불안정함이 학기가 시작되면서 뒤섞인다. 마지막으로, 미술치료 분야 자체가 주는 강력하고 깊은 역동성까지 더하게 되면, 우리는 이 분야를 시작하는 첫 단계에서 신입생이 겪는 내적 경험을 이해할 수 있다. 『Essentials of Art Therapy Training and Practice』(Moon, 2003)에서는 대학원 신입생의 새로운 세상을 묘사하기 위한 이미지를 스노우 볼로 상징화하였다. "미술치료사가 되기 위해 훈련과정에 들어가는 것은 마치 유리구슬을 흔들어 눈폭풍을 일으키는 것과 같다."(p. 32) 초반의 이러한 혼돈의 시기는 매우 중요하고 필요한 시간으로 궁극적으로 치료사 발전에 많은 도움이 된다. 학생들에게 대학원 진학은 삶에 있어서의 엄청난 변화이기 때문에 혼돈을 경험할 수밖에 없다. 이러한 변화의 경험에 있어 어느 정도의 두려움, 흥분, 그리고 불안감은 자연스럽게 동반된다.

대학원을 시작하는 것과 새로운 미술작업을 시작하는 것에는 유사한 특징이 있다. 예술가가 하얀 캔버스를 마주할 때의 가능성은 무한하다. 의식적으로 혹은 무의식적으로 다양하고 섬세한 결정을 내려야 한다. 캔버스의 크기와 모양을 어떻게 할 것인가? 붓을 사용할 것인가, 아니면 팔레트 나이프를 사용할 것인가? 이미지는 실제적으로 표현할 것인가, 아니면 실제적이지 않게 표현할 것인가? 추상적인 그림을 그릴 것인가, 아니면 정밀묘사와 같은 표현기법으로 그릴 것인가? 어떤 내용을 담을 것인가? 어떤 색, 선, 모양을 사용할 것인가? 어떤 감정을 투영할 것인가? 예술가가 작업하는 것에 따라 셀 수 없는 이미지가 쏟아져 나온다. 이것은 가능성의 혼돈스러운 바다와도 같다. 미술작업이 진행됨에 따라 예술가는 모든 질문에 답을 하게 되고, 이런 과정을 바탕으로 혼돈 속에 질서가 생기며 비로소 미술작품이 완성된다. 예술가가 작업을 통해 경험하게 되는 만족감과 교감은 혼돈의 가능성 속에서 질서를 만들어 가는 데 있다. 미술 창작 과정에 참여하는 것은 다양한 가능성이 존재하는 혼돈의 상황을 구조화하는 능력을 실현시키는 것이다. 대학원 신입생 또한 비슷한 상황에 놓이게 된다. 수많은 가능성이 주어지기 때문에 대학원 신입생들은 혼란스럽고 그 상황에 압도된다. 미술작업과 비슷하게, 마음속에 여러 질문들이 떠오른다. 미술치료는 확실한 분야인가? 예술가가 되는 것과 치료사가 되는 것 중 어느

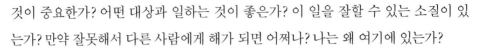

것이 중요한가? 어떤 대상과 일하는 것이 좋은가? 이 일을 잘할 수 있는 소질이 있는가? 만약 잘못해서 다른 사람에게 해가 되면 어쩌나? 나는 왜 여기에 있는가?

미술치료 대학원 과정, 특히 석사과정 시작 단계에서는 이러한 질문들에 명확하게 대답할 수 있도록 학생들이 직접 미술작업에 참여하도록 격려해야 한다. 상담 시간에 내(Bruce) 사무실에 들어와 문을 닫자마자 자리에 앉으며 울음을 터트렸던 한 학생이 있었다. 그녀는 자신의 미술치료에 대한 이론적 접근을 못마땅하게 평가한 임상 실습 슈퍼바이저에 대해 좌절의 감정을 쏟아 놓았다. 그 슈퍼바이저는 이 학생을 '뉴에이지 마술 집단'에 매료되었다고 평가했다. 슈퍼바이저의 이러한 평가는 그 학생의 불안정감을 자극했다. 나는 그녀가 몇 분 정도 이야기를 쏟아내도록 시간을 준 후에 객관적인 시각으로 바라볼 수 있도록 대화를 유도했다. 나는 슈퍼바이저가 말한 '뉴에이지'의 해석 가능한 의미들을 같이 생각해 보자고 제안했다. 결국 학생은 전문가로서의 자기 이미지에 관해 자신의 부족함을 인식함으로써 좌절의 감정을 가라앉혔다. 상담 시간을 마치면서 나는 그녀에게 스튜디오로 가서 미술작업을 하라고 제안했다. 다음 상담 시간에 그 학생은 그림을 한 점 가져왔는데, 생생한 자화상이었다. 색은 강렬했으며, 선은 마치 팔레트 나이프를 사용한 것처럼 두껍게 칠해져 있었다. 그녀는 배움의 여행이라는 주제를 상징적인 지도로 예술적으로 표현했다. 그녀가 미술치료 공부를 한 몇 년 동안 우리는 이 그림이 주는 다양한 이야깃거리에 관해 많은 대화를 나눌 수 있었다. 졸업할 무렵, 그녀는 미술치료에 관한 자신의 철학을 주장할 수 있으면서도, 동시에 슈퍼바이저의 관점에 대한 가치도 인정할 수 있게 되었다.

새내기가 겪는 또 다른 혼돈은 대학원의 여정을 시작하는 것과 내담자가 치료를 받기 시작하는 처음 단계가 유사한 상징성을 갖는다는 것이다. "학생들이 느끼는 혼란, 고통, 불안, 흥분, 두려움은 치료사와 내담자의 경험을 연결시켜 주기 때문에 훌륭한 자원이 될 수 있다."(Moon, 2003, p. 34) 따라서 우리는 새내기 학생들에게 그들의 두려움, 희망, 불안이 내담자가 치료를 시작하면서 느끼는 감정과 어떻게 비슷한지를 가르쳐 주어야 한다. 미술치료 훈련 초기 단계는 내담자의 내적 세계에 대한 경험을 비춰 주는 소중한 창과 같다.

미술치료를 공부하는 많은 학생이 개인 미술치료나 심리치료를 받은 것이 미술치료 공부에 도움이 되었다고 보고했다. 코리, 코리, 코리와 캘러넌(2015)은 "개인 심리치료를 받는 것은 상담자가 자신의 내담자의 욕구와 행복에 집중하는 능력을 증진시킬 수 있다."(p. 65)라고 말했다.

어떤 미술치료 대학원 프로그램은 교육과정에 개인 미술치료나 심리치료를 받는 것을 필수로 하지만, 어떤 프로그램에서는 그저 권하는 정도에 그친다. 아직도 개인적인 치료를 받는 것을 개인적인 문제로만 간주하고 공식화하지 않는 경우도 있다. 어떤 곳은 학생들에게 미술치료를 제공할 수 있는 미술치료사의 수가 제한적이기도 하다. 이러한 상황이라면 미술치료를 공부하는 학생들은 표현의 수단으로 미술작업을 사용하거나 자신의 치료에 학생들이 표현한 미술작업을 함께 이용할 수 있는 다른 분야의 치료사를 찾을 수 있다. 자칫 강압적으로 받아들여질 수 있기 때문에 학생들에게 미술치료 교육의 일부분으로 개인 미술치료를 필수적으로 받게 하기는 어렵다. 수련생이나 숙련된 미술치료사가 자신을 탐험하고 이를 함께 공유하려는 마음으로 자발적으로 개인 미술치료를 받았을 때 훨씬 더 도움이 될 수 있다.

가장 이상적인 상황은 미술치료를 배우는 학생이나 미술치료사가 개인 미술치료와 집단 미술치료를 자발적으로 경험하는 것이다. 개인 미술치료는 창조적인 자기탐색과 표현의 심층적인 과정을 경험할 수 있는 기회가 된다. 개인 미술치료는 미술치료사가 자신의 심리적 상처를 치유하는 자신만의 창조 작업을 안전하게 풀어낼 수 있는 장을 제공한다. 집단 미술치료에 참여하게 되면 다른 구성원들과 피드백을 주고받을 수 있고, 자신이 창조한 이미지를 통해 집단 안에서 피드백을 받으며, 집단 리더의 관찰로 도움을 받을 수 있다. 또한 집단 미술치료를 통해 미술치료사들은 협동적 미술활동 자체가 가지고 있는 치유의 힘을 경험할 수 있다. 개인 미술치료를 받는 것이 미술치료를 공부하는 학생에게 많은 도움을 주지만 경계해야 할 부분도 있다. 교수나 슈퍼바이저가 학생들에게 미술치료를 제공하는 것은 비생산적일 수 있고, '비윤리적'일 수 있다고 논의되어 왔다. 미술치료사를 위한 윤리규정(2013)의 조항 8.2은 다음과 같이 명시하고 있다.

미술치료사는 학생과 슈퍼바이지에게 영향을 미칠 수 있는 자신의 위치를 인식하고 그들의 신뢰와 의존성을 이용하지 않도록 한다. 그러므로 미술치료사는 자신의 학생이나 슈퍼바이지와 치료적인 관계를 맺지 않는다(p. 9).

당연한 이야기지만 교육과 치료는 미묘한 경계가 있다. 예를 들어, 집단 미술치료 기법을 가르치는 교수는 자신의 학생들이 집단 미술치료 안에서 느끼는 학습자로서의 경험을 촉진해야 한다. 이것은 수업 상황의 맥락에서 집단 미술치료의 경험을 제공해야 한다는 의미다. 그러므로 어느 정도는 실제 집단 미술치료의 가상적 체험이 있을 수밖에 없다. 그러나 교수가 학생들의 교육과 세션에서 집중해야 하는 것은 학생들의 학습과정이다. 교육적인 강조점을 유지하는 것은 교수의 책임이다. 수준 높은 미술치료 교육이 치료적 측면을 가지고 있다는 특성에도 불구하고 교수, 강사, 혹은 슈퍼바이저는 학생들을 치료사로서 대해서는 안 된다.

추천 예술활동

1. 어떤 사람이 당신에 관한 책을 쓰기 위해 고용되었다고 상상해 보자. 당신이 전문가인 주제의 책이기 때문에 책 표지의 이미지를 디자인하고 책 제목을 정하라고 부탁받았다. '내 인생의 책'이라는 제목으로 그리거나 칠하기 작업을 해 보자.

2. 1번의 '내 인생의 책'을 참고하여 그 목차를 써 본다. 각 장의 제목은 당신의 삶에서 의미 있는 사건이나 시기를 반영할 수 있다. 미술치료사로서 이런 사건들이 어떤 영향을 미쳤는지 생각해 보자.

3. '나는 필요하다'라는 제목으로 시를 써 보자. 집단 구성원이나 다른 학생들 앞에서 크게 읽는다. 당신이 발견한 욕구에 대해 자유롭게 이야기하고, 이런 욕구가 당신의 친구, 배우자, 다른 중요한 사람들과의 관계에서 어떻게 채워지는지 혹은 채워지지 않는지 토론해 보자.

4. 3번의 시에서 발견한 당신의 욕구에 대해 생각해 보자. 당신의 욕구 중에 미술치료사로서 채워져야 할 욕구가 있는가? 있다면 그 욕구를 어떻게 채울 수 있을까? 당신의 욕구가 직업에 어떻게 영향을 미치는지 생각해 보자.

5. '나는'이라는 주제로 춤/동작의 행위를 만들어 보자. 집단 구성원이나 다른 학생들 앞에서 춤/동작을 해 보자. 당신의 행위에 대한 관객의 반응을 들어 본다. 당신이 표현한 것들이 미술치료사가 되기로 결정하는 데 어떤 영향을 주

었는지 토론하고 그 이유에 대해 생각해 보자.

6. 세 개의 가면을 만들자. 하나는 '예술가'로서의 당신, 또 하나는 '전문가'로서의 당신, 그리고 나머지 하나는 '인간'으로서의 당신을 표현해 보자. 당신에 관한 이 세 개의 이미지 안에서 공통점과 차이점을 생각해 보자.

7. 6번의 가면을 이용하여 세 개의 다른 페르소나가 만나는 장면에 관한 대본을 써 보자. 다른 학생들 앞에서 대본을 읽거나 직접 연기해 본다. 관객에게 당신의 세 페르소나 사이에서 일어났던 상호작용을 어떻게 보았는지에 대한 피드백을 받아 보아라.

미술치료사와 내담자의 감정

미술치료사가 하는 일은 모든 것이 감정—자신의 감정과 내담자의 감정—과 연관되어 있다. 미술치료를 통해 도움을 얻으려는 사람들은 종종 자신의 감정과 싸우고 있다. 미술치료 안에서의 관계가 시작된 몇 분 안에 내담자 안에서는 미술치료사에 대한 감정이 일어나고, 마찬가지로 미술치료사도 내담자에게 감정적 반응을 일으키게 된다. 또한 이미지를 만들고 탐색하는 과정에서도 감정이 생겨나게 된다. 정신분석이론에서는 이런 감정들을 **전이**와 **역전**이라고 한다. 내담자의 전이 감정은 근본적으로 과거의 관계나 경험에 기반한 감정들이 미술치료사에게 투사되거나 치료사에게 향한 것이라고 할 수 있다. 이러한 감정들은 긍정적일 수도 있고 부정적일 수도 있다. 치료사의 **역전이**는 내담자에게 투사된 감정들로 이루어진다. 이러한 투사적 과정은 대부분의 치료 관계에서 일어나는 보편적인 과정이라고 할 수 있다. 내담자들은 미술치료사에 대해 자신의 과거 경험이나 실제 미술치료사가 아닌 존재하기를 바라는 인물에 기반하여 가상의 감정을 발전시킨다. 투사적 경험은 치료에서 다루어질 수 있다면 내담자가 자신과 자신의 행동 패턴을 이해하는 것을 도울 수 있다. 내담자의 전이를 치료사가 적절하게 다루게 되면, 치료적 관계가 깊어지고 내담자는 더 이상 필요하지 않은 과거의 관계 패턴을 변화시키기 시작한다.

나(Emily)는 임신을 간절히 원하는 내담자를 치료한 적이 있다. 그녀는 이미 두 명의 아이가 있었지만 네 명의 아이가 있는 가족을 이루고 싶어 했다. 그녀는 처음 미술치료를 시작할 때 자신이 남편에게 이해를 받지 못하여 슬프다고 이야기했다. 그러나 몇 주가 지나서 그녀는 자신이 치료 직전에 유산을 했었고 이 때문에 절망에 빠져 있었다는 것을 고백했다. 그녀가 산부인과에서 난임의 이유를 알아내기 위해 노력하는 일 년여 동안 나는 그녀와 치료를 진행했다. 그녀는 치료 기간 동안 계속해서 임신하려고 노력했다. 그런데 치료기간 중 내가 임신을 하게 되었다. 나는 임신 안정기인 12주까지 내담자들에게 나의 임신 사실을 알리지 않았다. 임신을 아직 겉으로 알 수 없는 초기에 미리 임신 사실을 내담자들에게 알렸다가 혹시라도 유산이 될 경우 내담자들에게 심리적 영향을 미칠 수 있다고 생각했기 때문이다. 그러나 임신 안정기가 되어 내가 그녀에게 임신 사실을 알렸을 때 그녀는 매우 분노했다. 처음 내가 그녀에게 임신 소식을 알렸을 때 그녀는 보통 때와 다름없이 치료를 마무리했다. 그러나 그녀는 며칠 후 위기상담이 필요하다고 연락해 왔다. 그녀는 내 임신 사실을 알고 배신감을 크게 느꼈으며 나와 더 이상 치료를 하기 어려울 것 같다고 이야기했다. 나는 그녀의 이러한 감정을 이해할 수 있었다. 우리는 그녀가 치료를 어떻게 진행할지에 대해 함께 논의했다. 많은 치료사가 여성이고 그들 중 대부분

[그림 4-3] 관계에 관하여-색 마커
마크 에싱거(Marc Essinger)

이 임신 가능성이 있는 여성과 치료하는 것에 대해 이야기를 나누었다. 나는 그녀에게 다른 전문가를 소개하기로 했다. 그렇지만 나는 여전히 그녀의 치료사일 것이라고 이야기해 주었다. 나는 그녀의 임신과 배신감에 대한 현재의 생각과 감정을 다룰 수 있는 최적의 치료사가 될 수 있다는 것을 설명하며 이러한 제안을 하였다. 결정은 그녀의 몫이었다. 그녀는 고심 끝에 치료를 계속 하기로 결정하였고 이후 우리의 치료는 보다 깊이 있게 진행되었다. 그녀는 보다 솔직하게 자신을 드러내게 되었고 자신의 경험을 미술작품을 통해 살펴보았다. 나에 대한 그녀의 신뢰감이 깊어진 것이다. 치료가 종료된 후 그녀는 이사를 가게 되었고 몇 년 후 나는 그녀에게 이메일을 받았다. 그녀는 갓 태어난 그녀의 세 번째 아기의 사진을 함께 보냈다. 그리고 네 번째 아이 또한 계획하고 있다고 덧붙였다.

나는 그녀와의 치료 경험을 통해 내담자가 가지는 치료사에 대한 시각이 치료의 성과에 영향을 미친다는 것을 이해할 수 있었다. 그리고 나의 감정적 반응들은 그것이 내담자를 위해 최선의 것들이라고 할 때 치료에 도움이 된다는 것 또한 확인할 수 있었다. 전이와 역전이는 '나쁜' 경험들만은 아니다. 그것들은 세션에서 내담자를 돕거나 치료 관계를 방해할 수 있는 정보를 제공해 준다. 치료 성과는 치료사가 이에 대해 어떻게 반응하는지에 달려 있다. 그녀와의 치료에서 나는 그녀가 나에 대해 가지는 배신감에 의해 상처받지 않았고 그것이 단지 그녀가 나에 대해 가지는 시각이며, 이를 다룸으로써 그녀의 현재 관계 패턴을 변화시킬 수 있는 새로운 경험을 가능케 할 수 있다는 것을 알고 있었다.

치료과정 중에는 다음의 네 가지 유형의 투사적 감정(전이)이 나타날 수 있다.

1. **전능한 마법사로서의 미술치료사**: 내담자는 일반적으로 삶의 위기의 순간에 치료를 찾게 된다. 이런 위기의 감정은 마치 급류를 타는 것과 같다(Moon, 2009). 내담자는 자신이 겪는 상황에서 통제력을 잃었거나 압도당하고 있다는 느낌을 받게 된다. 그들이 자신의 인생에 대해 모든 것을 잘 알고 있는 마법사와 같은 사람을 찾기를 원하는 것은 어쩌면 자연스러운 일이다. 사실 치료의 초기 단계에서 내담자의 치료에 대한 믿음은 중요한 요소가 된다. 미술치료사는 내담자의 고통스러운 상황에서의 압도적이고 강력한 힘이나 급격한 감정 변화와 예측할 수 없는 변화에도 흔들리지 않을 것이라는 생각은 미술치료에 대한

신뢰와 믿음의 기반이 된다. 이런 미술치료사에 대한 투사는 미술치료사가 내담자가 일들이 나아질 것을 기대하도록 하고, 미술치료에는 어떤 마법적인 힘이 있을 것이라고 희망하며 자신이 좋아질 것이라는 희망을 가능케 한다.

그러나 투사적인 패턴은 위험할 수 있다. 내담자가 나를 전능한 마법사처럼 바라본다는 것은 즐겁고 매력적일 수 있다. 결국 미술치료사 또한 자신에 대한 이런 비현실적인 감정과 이미지의 추구하는 방식으로 치료에 임하게 될 수 있다. 미술치료사는 내담자의 투사를 즐기면서 현실적이지 않은 시각을 발전시키게 되는 것이다. 이는 치료사가 내담자의 스스로 치유할 수 있는 힘과 능력을 가로채는 것이며 내담자로 하여금 만물을 꿰뚫어 보는 마법사적인 미술치료사에게 건강하지 못하게 의존하도록 하는 것이다.

2. **완벽한 역할 모델로서의 미술치료사**: 내담자는 일반적으로 자신에 대해서 부정적인 감정을 가지고 치료에 참여한다. 그래서 자연스럽게 자신이 지녔으면 하는 부분들을 치료사에게 투사하기도 한다. 내담자에게 미술치료사는 이상적인 부모, 친구, 성자, 혹은 연인처럼 여겨질 수 있다. 어떤 면에 있어서는 미술 창작 과정은 예술적인 자기표현을 '건강한' 행위로 받아들이게 하기 위해 이러한 투사의 대상이 되는 것을 허용하고 미술치료사들 또한 마찬가지로 내담자에게 좋은 모델의 역할을 한다. 그러나 이런 투사에 지나치게 빠지면 내담자는 치료사가 잘못을 저지르거나 결점이 있다는 것을 상상하지 못한다. 내가 임신을 하고 내담자는 하지 못했던 사례가 그 예다. 그러나 누구도 완전할 수 없고 누구도 다른 사람의 이상에 맞추어 살 수 없다는 현실은 미술치료사에게 함정과 같다. 코프(Kopp,1972)는 "개개인이 깨달아야 할 가장 중요한 사실은 다른 어떤 사람도 우리를 가르칠 수 없다는 것이다."라고 했다. 우리가 이런 실망스러운 사실을 받아들일 때, 치료사는 스승에서 고군분투하는 또 한 명의 인간으로 여겨지며, 치료사에 대한 의존을 멈출 수 있다. 내담자가 치료사를 이상화할 때, 내담자가 자신을 비하하는 현상이 함께 나타난다.

3. **마르지 않는 우물로서의 미술치료사**: 내담자는 때때로 치료사를 끝없이 감정적 지지를 해 주는 공급자로 여긴다. 내담자는 양육과 돌봄을 받기 원하며 마치

혼자서는 자신을 채울 수 없는 것처럼 행동한다. 이는 미술치료사를 계속해서 마실 수 있는 마르지 않는 우물과 같이 여기는 것과 같다. 미술치료사가 그저 공급하는 역할에만 머무르게 되면, 과도하게 자신을 내어 주며 정서적 에너지를 소진하게 되고, 동시에 내담자 자신을 돌볼 수 있는 능력을 방해받게 된다.

4. **못된 계모로서의 미술치료사**: 미술치료사를 투사적 패턴을 가지고 바라보는 내담자들은 비현실적으로 경계가 강하고 과도하게 방어적이다. 그들은 미술치료사의 진정성과 신뢰성을 끊임없이 시험하고, 치료사의 걱정과 관심을 수치스러운 것으로 여긴다. 일반적으로 이런 내담자는 인생에서 권위적인 인물과 자주 부딪히면서 부정적인 감정이 길러졌고, 미술치료사도 내담자 자신을 해치려고 기다리는 또 한 명의 악마라고 확신한다. 이들은 행동과 언어를 방어적인 무기로 사용하여 미술치료사와 안전한 거리를 유지한다. 이런 종류의 전이적 관계에서 일하는 미술치료사는 악마가 되어 버리고, 가치가 없는 단순한 존재로 여겨지며 경시되는 듯한 느낌을 받으며, 화가 나고, 압도되는 감정을

[그림 4-4] 받침대-파스텔
존 로스(John Roth)

느끼게 된다. 이 경우 내담자가 평가하는 치료사의 가치에는 객관성이 없다. 미술치료사는 내담자가 비현실적인 감정을 잘 다룰 수 있도록 도와주기 위해 아주 견고한 자아정체성과 목표 의식을 갖추어야 한다.

이와 같은 비현실적인 투사 유형이 가지는 부정적 영향력은 미술치료사가 자신의 감정, 욕구, 동기 등을 인식해야 하는 이유를 보여 준다. 만약 미술치료사가 자기 자신의 감정적 문제를 완전히 인식하지 못한다면 의식적 혹은 무의식적으로 내담자의 중요한 치료적 문제를 피하게 될 것이다. 이러한 경우 치료사와 내담자 사이에 회피를 위한 무언의 결탁이 이루어진다. 투사는 피할 수 없는 자연스러운 과정이다. 투사는 미술치료사와 내담자의 관계를 형성하는 단계에서 필수적이다. 투사의 부정적인 효과를 피하고 내담자의 시각적이고 언어적인 감정 표현을 충분히 이해하기 위해서, 미술치료사는 자기 자신에게 솔직해야 하고 내담자의 이미지, 언어, 행동에 마음의 문을 열어야 한다.

이어지는 짧은 이야기들은 앞에서 언급한 투사의 유형을 설명하기 위한 것이다. 각 상황에서 어떻게 반응할지 각자 잘 생각해 보기를 바란다.

제니퍼

"그냥 아무 말 없이 앉아 있는 치료사와 몇 번 상담을 한 적이 있어요." 제니퍼가 처음 미술치료실에 들어왔을 때 한 말이다. 그녀는 결혼생활에서 갈등을 겪고 있으며 이혼을 고려하고 있다. 또한 예측하기 어려운 감정적 폭발 때문에 직장을 잃을 위험에 처해 있다. 두 번째 세션에서 그녀는 상처 입은 호랑이의 이미지를 만들었고, 이미지를 만드는 일이 그녀에게는 강력하고 카타르시스를 주는 경험이었다고 말했다. "말로 나의 감정들을 담을 수 없었는데, 이미지는 모든 것을 말하고 있네요." 그다음 세션에서 제니퍼는 모든 친구에게 미술치료사를 만난 것이 인생에서 일어날 수 있는 최고의 일이었음을 이야기했다고 고백했다. 최근 세션에서 그녀는 치료사에게 자신이 이혼을 계속 진행해야 하는지 말아야 하는지, 옷은 어떻게 입는 것이 좋은지, 어떤 차를 사야 하는지에 관해 의견을 물었다. 그녀는 "당신의 마법이 내 인생 전체에 퍼졌으면 좋겠어요."라고 했다.

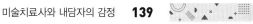

- 당신이 제니퍼의 미술치료사라면 '당신은 내 인생의 최고'라는 말에 대해서 어떻게 반응하겠는가?
- 당신은 제니퍼의 이혼, 외모, 차에 관한 문제에 대해 의견을 제시하겠는가?
- 제니퍼가 치료사의 마법이 그녀의 인생 전체에 퍼지기를 바란다는 말에 어떻게 반응하겠는가?
- 이런 상황에 어떤 미술작업이 도움이 될 수 있을까?
- 당신에 관한 제니퍼의 명백한 이상화를 어떻게 대하겠는가?

스티븐

스티븐이라는 한 청소년은 몇 달 동안 미술치료를 받고 있다. 그는 나이가 들면 '꼭 선생님처럼' 되겠다고 미술치료사에게 고백했다. 그는 미술치료사의 미술에 대한 열정과 내담자를 도와주는 책임감을 존경한다고 이야기한다. 이런 고백 이후, 미술치료사는 스티븐이 예술적인 문제에 관해 치료사에게 조언을 구하고 언제나 미술치료사의 제안을 수용하는 경우가 많다는 것을 깨달았다. 스티븐은 여러 가지 방법으로 미술치료사를 흉내 내었다. 그는 치료사의 미술적 스타일을 따라 하고, 치료사와 비슷하게 옷을 입고, 치료사의 말투를 흉내 내기도 한다. 스티븐은 미술치료사를 우상화하여 영웅처럼 대하고 있는 듯하다.

- 만약 당신이 미술치료사라면 스티븐이 자신의 감정을 본인의 스타일에 맞게 예술적으로 표현하도록 하기 위해 어떻게 도와줄 수 있겠는가?
- 스티븐이 당신을 우상화하는 것에 관해 어떻게 반응하겠는가?
- 당신을 흉내 내는 것에는 어떤 위험이 있을 수 있는가?
- 이런 상황에서는 어떤 미술작업이 도움이 되겠는가?

안드레아

안드레아는 미술치료사에 대해 점점 더 많이 의지하게 되었다. 그녀는 미술치료사에게 미술치료 세션을 주 1회에서 3회로 늘리자고 제안했다. 안드레아는 모든 일에서 아주 사소한 일까지 미술치료사의 조언을 구한다. 그녀는 끊임없이 자신의 예술적 표현에 대한 의견을 물어보고 치료사의 관심을 끌기 위해 끊임없이 졸라대며 질문을 퍼붓는다. 미술치료사는 그녀와 세션을 마치고 나면 감정적으로 점차 지쳐 갔고, 심지어는 그 시간을 두려워하기 시작했다.

- 만약 당신이 안드레아의 미술치료사라면 세션을 늘리자는 제안에 어떻게 반응하겠는가?
- 당신의 조언을 구하는 그녀의 요구에 제한을 두겠는가?
- 관심을 받기 위한 그녀의 행동에 어떻게 대처하겠는가?
- 그녀와 만나는 시간에 대한 당신의 감정을 어떻게 다루겠는가?
- 이런 상황에서는 어떤 미술작업이 도움이 되겠는가?

알렉

성격장애 진단을 받은 알렉은 첫 세션부터 자신의 미술치료사를 싫어했다. 집단 치료 시간에 분노하며, "선생님은 돈을 받기 때문에 우리를 챙겨 주는 거잖아요."라고 말했다. 또 미술치료사가 치료 분위기를 조성하기 위해 애쓸 때마다 '차갑고 비판적'이라고 비난했다. 알렉은 집단 세션에서 미술치료사를 깎아내릴 기회를 호시탐탐 엿보며, 종종 구성원들과 미술치료사에 대해 빈정대는 말을 나누기도 했다.

- 당신이 알렉의 미술치료사라면 그의 적대적인 표현에 대해 어떻게 반응하겠는가?
- '돈을 받기 때문에 우리를 챙겨 준다.'는 말에 어떻게 반응하겠는가?
- 이런 상황에서는 어떤 미술작업이 도움이 되겠는가?

미술치료 관계에서 일어날 수 있는 전이를 분리해 내는 것은 복잡한 과정이다. 이때 자신의 생각과 감정을 명확하게 하기 위한 미술작업이 유용할 수 있다. 다음은 미술치료사가 전이적 감정, 특히 내담자가 미술치료사에게 가질 수 있는 감정에 대해 생각할 수 있도록 돕기 위한 예술활동이다.

추천 예술활동

1. 앞에서 묘사된 네 가지의 투사적 감정(전이)에 대해 이야기 나누어 보자. 당신의 미술치료 세션에서 일어나는 전이의 형태를 상징적인 이미지로 표현해 보자.
2. 당신과 함께하는 내담자가 되는 것이 어떨까 생각해 보고 이를 상징적으로 묘사해 보자.
3. 미술치료사로서 당신의 장단점을 이미지로 표현해 보자.
4. 당신에 대해 비현실적인 감정을 가지고 있는 내담자에 대한 예술적인 반응 작품을 만들어 보자.
5. 내담자들이 일반적으로 당신을 어떻게 보는지 되돌아보자. 내담자의 눈을 통해 보이는 당신에 관한 시를 써 보자.

지금까지 나는 일차적으로 내담자가 미술치료사에게 투사하는 감정에 초점을 맞추었다. 그러나 이미 언급했듯이 미술치료의 과정은 내담자 및 치료사의 감정과 모두 연관되어 있다. 분명히 미술치료사도 내담자에 관해 감정적 반응을 하게 되고, 이런 감정들은 때때로 투사다. 소위 역전이는 치료사가 내담자에게 갖는 비현실적인 투사적 감정이고, 이런 감정은 여러 가지 형태로 나타날 수 있다. 내담자와 치료사 사이의 강렬한 감정이 일어나는 관계는 미술치료사의 해결되지 않은 문제를 자극하고 내면의 갈등을 불러일으킬 수 있다. 이는 미술치료사가 내담자와 자신을 동일시하고 있음을 드러내 주는 것이기도 하다. 그러므로 미술치료사가 자신의 역전이를 확인하고 투사적 감정을 정리하기 위해 슈퍼비전을 지속적으로 받는 것이 무엇보다 중요하다. 윤리적인 임상을 위해서 미술치료사는 자신의 내담자에 대한 감정적 반응에 대해 민감한 자기 인식을 유지하고, 이러한 감정적 반응의 의미를 이해하도록 노력해야 하며, 내담자의 욕구를 다루는 것으로 치료사 자신의 욕구를 채우려 하지 않도록 조심해야 한다.

미술치료사는 다음과 같은 '역전이'와 관련된 여섯 가지의 문제 패턴을 경험할 수 있다.

나도 겪어 봤어

'나도 겪어 봤어'는 내담자의 상황을 보고 미술치료사가 과거에 고심했던 자신의 경험을 떠올리는 것이다. 미술치료 과정에서 미술치료사의 삶의 경험이 알려지면 안 되는 것은 아니지만 객관성을 잃고 내담자와 자신을 과도하게 동일시하는 것은 도움이 될 수 없다. 경험이 부족한 미술치료사는 이런 문제에 쉽게 휩싸인다. 이런 상황에서 미술치료사는 내담자의 감정과 자신의 감정을 구별하는 데 어려움을 겪는다. 미술치료사는 과거에 자신이 그 문제를 해결했던 방법을 내담자에게 알려 주고 싶은 충동을 느낄 수 있다. 그런데 해결책을 알려 주는 것이 내담자에게 도움이 된다고 장담할 수 없다. 내담자의 문제에 해결책을 제시하는 것은 내담자를 무기력하게 만들기 쉽다.

내가 네 나이 때에는

이런 투사적 유형은 '나도 겪어 봤어'의 변형된 형태다. 주로 아동이나 청소년에게 적용하는데, 이때 미술치료사는 내담자의 경험이나 생각을 자신의 어릴 적 경험이나 생각과 구별하는 것이 어렵게 된다. 예를 들어, 미술치료사는 자신이 십대 때 경험했던 것을 바탕으로 청소년 내담자의 문제에 해결책을 제시한다. 여기에는 두 가지 위험 요소가 있다. 미술치료사는 내담자를 무기력하게 만들 것이며, 내담자는 어른들이 자신에게 이런 방식으로 접근하는 것을 불쾌하게 여겨 결국 치료 동맹이 깨질 수 있다.

내가 바로 그 사람입니다

어떤 점에서 이런 형태의 역전이는 내담자가 미술치료사를 이상화할 때 생기는 미술치료사의 반응이다. 미술치료사를 완벽한 역할 모델로 생각하고 자신의 문제에 관해 쉽고 빠른 해답을 갈망하는 내담자들이 이러한 역전이를 불러일으킬 수 있다. 미술치료사가 권위자로 훌륭하고 안정적인 위치에 있을 때, 내담자는 미술치료사를 이상적인 사람으로 간주하게 된다. 이렇게 주어진 권위는 미술치료사가 자신

이 내담자를 위한 해답을 가지고 있다고 생각하도록 한다. 때문에 미술치료사는 자신을 과도하게 드러내거나 치료 세션 중 부적절한 조언을 해 주는 결과를 낳는다. 이러한 경우 미술치료의 초점은 내담자의 욕구와 갈등에서 자신의 욕구와 갈등으로 옮겨지게 된다.

충분히 훌륭하다고 말해 주세요

미술치료사, 특히 초보 미술치료사의 경우에는 내담자에게 종종 비현실적인 기대를 한다. 어떤 미술치료사는 자신의 실력을 증명하기 위해 빠른 결과를 원한다. 내담자가 자신의 미술치료사를 기쁘게 하기 위해 비현실적이고 성급한 욕구가 있는 것처럼, 미술치료사도 자신의 내담자에게 가치 있다고 여겨지고 그들에게 호감을 사고 싶은 비이성적인 욕구를 가질 수 있다. 이런 미술치료사는 자기 회의(self-doubt)와 빈약한 전문적 자아상을 위장하기 위해 내담자에게 강화와 인정을 구한다.

유혹/시시덕거림

내담자에게 비현실적인 성적 감정을 느끼게 되는 것은 본질적으로 내담자의 유약함과 의존성을 착취하는 것이다. 미술치료사와 내담자의 관계에서 발생하는 강렬한 감정적 현상에서 특정 내담자에게 매력을 느끼는 것은 정상적이다. 그러나 미술치료사의 내담자를 향한 성적인 감정은 미술치료 작업을 방해할 가능성이 높다. 이는 미술치료사가 개인 심리치료를 받아야 하는 중요한 이유다. 또한 특정 내담자에게 곤란한 감정을 느낄 때 필히 슈퍼비전이나 자문을 받아야 하는 이유이기도 하다.

당신이 사라졌으면 좋겠어

'당신이 사라졌으면 좋겠어'는 많은 치료사가 드러내기 힘들어하는 전이의 형태다. 내담자의 확실한 거절은 미술치료사의 인정하고 싶지 않은 불쾌하고 싫은 모습들을 드러나게 한다. 이런 전이 형태는 종종 지나치게 요구적이거나 너무나 붕괴되었거나 혹은 너무 의존적인, 말하자면 미술치료사에게 어렵다고 여겨지는 내담자

를 대할 때 형성된다. 이런 현상은 내담자가 미술치료사의 도와줄 수 있는 능력을 시험하기 때문에 벌어진다. 미술치료사는 내담자가 자신이 제공할 수 있는 것보다 많은 것을 필요로 한다고 느끼게 되고, 이에 좌절감과 위협감을 느낀다. 그 결과로 미술치료사는 불안정감이 명백하게 현실로 드러나기 전에 내담자가 없어졌으면 좋 겠다고 생각하게 된다.

나(Emily)는 성폭행 경험을 털어놓은 내담자를 치료하는 것에 어려움을 느끼고 있는 학생을 임상 지도한 적이 있다. 그 학생은 내담자 경험의 자세한 내용들이 자 신의 성적인 트라우마 경험을 떠오르게 한다고 고백했다. 나는 그 학생의 이야기를 듣고 그녀의 반응이 충분히 있을 수 있다는 것을 알려 주었으며, 이러한 경험을 나 에게 나누는 것이 그녀를 얼마나 불안하게 할지 그리고 그녀가 본인의 개인 치료를 계속하는 것이 얼마나 중요한지를 확인시켜 주었다. 우리는 그녀의 경험이 내담자 와의 치료에 어떻게 영향을 주는지 논의하였고 그녀가 내담자와 지나치게 동일시 를 하고 있는지 확인하였다. 나는 그녀의 슈퍼바이저로서, 학생과 치료를 하지 않도 록 주의했다. 우리의 목표는 그녀가 내담자와의 치료 관계에서 길을 찾도록 돕고 그 녀를 보살피는 것이었다. 그녀는 자신의 역전이를 다루는 것과 내담자를 만나는 것 에 대해 자신감을 되찾게 되었다.

이런 역전이 패턴이 가진 본질적이고도 부정적인 잠재력은 미술치료사가 자신의 감정, 욕구, 동기를 인식하는 것에 대한 중요성을 다시 한번 부각시킨다. 미술치료 사가 자신의 감정과 갈등을 인식하지 못한다면 내담자의 중요한 치료적 문제를 쉽 게 놓치거나 무의식적으로 피하게 된다. 그러나 미술치료사의 투사는 자연스럽게 발생하는 피할 수 없는 현상인 것도 분명하다. 역전이 감정은 개인 심리치료나 슈퍼 비전을 통해서 이해되고 해결되어야 한다. 투사에서 일어날 수 있는 부정적인 영향 을 피하기 위해 미술치료사는 자기 인식 작업에 성실히 임해야 한다. 내담자의 시각 적·언어적 정서 표현의 중요성을 이해하기 위해 미술치료사는 자신의 이미지, 언 어, 행동 등을 개인 심리치료나 슈퍼비전을 통해 적극적으로 탐색하고 성찰해 보아 야 한다.

역전이에 대해 생각해 보는 것과 더불어 이러한 감정들을 탐색하기 위한 예술적 방법들에 참여하는 것도 도움이 될 수 있다.

[그림 4-5] 성화봉송-콜라주/혼합 재료
폴린 소여(Pauline Sawyer)

추천 예술활동

1. 앞에서 설명한 역전이의 여섯 가지 문제 유형을 살펴보고 특별히 당신에게 민감하게 다가오는 유형을 선택하자. 선택한 유형을 상징화할 수 있는 미술작업을 하고 당신이 느꼈던 감정과 문제에 관해 동료와 토론해 보자.
2. 내담자와 함께 있을 때 당신이 어떤 감정인지 생각해 보고, 당신의 감정을 담은 초상화를 제작해 보자.
3. 특정 내담자와의 관계에서 당신이 느끼는 두려움의 초상화를 제작해 보자.
4. 특정 내담자에 대한 당신의 감정을 시로 표현해 보자.
5. 이 장에서 언급한 문제에 관한 당신의 반응을 종합하여 미술작업으로 제작해 보자.

예술가–치료사: 윤리적 차원

미국에서 미술치료가 시작된 초창기부터, 그리고 미국미술치료협회의 역사를 훑어보면 '내가 예술가인가 혹은 치료사인가?'라는 질문은 미술치료사의 마음과 생각을 떠나지 않는 질문이었다. 이는 전문가들의 문헌과 연차학술대회에서도 논의되어 온 바 있다(Austin, 1976; Shoemaker & Gonick-Barris, 1976; Cohen, Ault, Jones, Levick, & Ulman, 1980; Gannt & Whitman, 1980; Feen-Calligan & Sands-Goldstein, 1996; Gorelick, 1989; Jones, 1999; Lachman-Chapin, 1983; McNiff, 1982, 1986; Robbins, 1982, 1988; Rosenburg, Ault, Free, Gilbert, Joseph, Landgarten, & McNiff, 1983; Wadeson, Landgarten, McNiff, & Levy, 1977; Wadeson, Junge, Kapitan, & Vick, 1999; Wolf, 1990).

나는 예술가인가, 치료사인가? 미술치료사는 일하는 동안 자신의 전문적 정체성의 근본적인 질문에 대해 고심한다. 이는 미술치료 분야의 핵심을 관통하고 있기 때문에 중요한 윤리 질문이다. 또한 미술치료가 어디서 출발했는지를 생각하게 하며, 개인 치료사뿐 아니라 치료사 집단 전체의 측면에서 바라볼 때 미술치료사가 누구인지에 대한 다양한 답변을 이끌어 낸다.

어떤 이들은 미술치료사가 예술창작자로서의 확실한 자의식을 가지고 있는 것이 윤리적으로 필요하다고 주장한다. 이는 미술치료사가 전시회를 열거나 미술 공모전에 나가는 것을 의미하는 것이 아니다. 미술치료사가 예술 매체를 사용하는 작업을 적극적으로 활용하고 자신을 표현을 위해 창조성을 사용하는 것을 의미한다. 한동안 미술치료 역사에서 미술치료사의 예술적인 측면은 거의 주목받지 못했다. 다른 치료 분야들 사이에서 우리의 입지를 세우고 홍보하기 위해 미술치료를 심리치료의 한 형태로 강조해 온 것이 사실이다. 그러나 이런 경향은 1990년대 초반에 이르러 미술치료의 예술적 전문가 상에 대해 새롭게 주목하게 되면서 전환되었다. 이는 미술치료사의 예술적 측면과 관련된 고유의 정체성을 다시 강조했다.

윤리와 관련하여 예술가/치료사의 정체성에 관한 질문은 전문적 생존과 관련될 수 있다. 현 시대는 정신과 신체를 돌보는 임상의 모든 분야에서 어려운 시기다. 많은 사회복지사, 심리학자, 상담자 그리고 음악치료사가 미국의 정신보건 시스템의 호의적이지 않은 환경에 때문에 자신의 분야를 떠났다. 미술치료사들과 미술치료를 공부하는 대학원생들은 종종 그들이 미술치료를 선택한 것이 과연 올바른 선택이었는지 고민한다. 예술가인 치료사로서 확실한 정체성을 갖는 것은 치료사로 활동하면서 어쩔 수 없이 경험하게 되는 직업에 대한 의심을 잠재우는 데 도움이 될 수 있다.

많은 미술치료사는 때때로 자신의 직업에 불안을 느낄 것이다. 자신의 직업에 대한 불안정감을 느끼는 것은 모든 분야에 있어서 일반적이다. 어떤 미술치료사는 이런 불안정감을 예방하기 위해 미술 창작 활동이 필수적이라고 주장한다. 그들은 미술이 사람에게 이로운 수단이며, 미술치료의 과정과 결과는 전문적인 삶의 험난한 바다에서 정서적인 닻을 제공해 준다고 설명한다. 앨런(Allen, 1992)은 "미술치료사는 수련 중에 그리고 그 후 임상 중에 예술 작업을 해야 할 의무와 권리가 있다."(p. 26)라고 주장했다. 존스(1999)는 미술작업을 하지 않는다면 미술치료사일 수 없다고 단언하였다. 존스(Jones, in Feen-Calligan & Sands-Goldstein, 1996)는 먹고 자는 것만큼 그의 노래, 시, 그림이 생존에 중요한 요소라고 했다. 이는 모든 미술치료사에게 받아들여지지는 않지만, 많은 미술치료사에게 해당되는 이야기다.

요약

미술치료사가 자신을 탐색하고 표현하지 않는 것은 내담자와의 치료 관계에 해를 입힐 수 있는 개인의 감정적 문제의 위험을 가지고 치료에 임하는 것과 같다. 이에 대한 자연스러운 해결방법 중 하나는 지속적으로 예술활동에 참여하는 것이다. 자신에 관해 잘 아는 것은 모든 치료 관계 기반의 필수적 요소다. 자신의 두려움, 불안, 저항, 갈등, 욕구 등에 직면을 피하는 미술치료사는 내담자에게 비윤리적인 태도를 보일 위험성을 가지고 있다. 자기 인식이 부족한 미술치료사는 내담자에게 해를 입힐 수 있다. 이것은 심각한 윤리적 문제다. 미술치료사는 자신이 하지 않은 것을 내담자에게 요구할 권리가 없다(Moon, 1995). 코리, 코리, 코리와 캘러넌(2015)은 미술치료사는 자신이 가지 않은 여행에 내담자를 데려갈 수 없기 때문에 지속적인 자기 탐색은 필수적이라고 충고하였다. 미술치료를 공부하는 학생이나 미술치료사가 개인 심리치료와 슈퍼비전에 참여하는 것이 중요한 이유는 이것이다. 치료사가 내담자에게 진정한 도움을 주고 싶다면 반드시 자신의 예술활동과 감정 탐색을 계속해야 한다.

미술치료사가 자신의 감정을 제대로 다루지 못할 때 내담자에게 비윤리적인 행동을 할 수 있다. 또한 미술치료사가 소진되어 힘들어한다면 비윤리적으로 행동할 위험이 있다. 소진된 치료사는 일반적으로 열정과 일에 대한 책임 의식이 부족하고 자신이 해야 하는 일에 둔하고 기계적인 태도로 임하게 된다. 소진된 미술치료사가 내담자에게 양질의 서비스를 제공한다는 것은 거의 불가능한 일이다. 소진과 자기 돌봄은 5장에서 자세히 다루어질 예정이다.

자기 탐색, 자기표현, 개인 치료, 슈퍼비전, 지속적인 교육과 미술작업을 진지하게 수행한다 해서 미술치료사가 항상 윤리적으로 행동하는 것이 보장되지는 않는다. 자기 인식과 관찰, 예술적 진정성과 윤리적 치료에 대해 간단한 방법은 없다. 그러나 이런 요소들이 미술치료사로서 일하는 동안 열정을 전달할 수 있는 핵심적인 도구가 될 수는 있다.

미술치료사가 된다는 것은 끊임없이 다음과 같은 질문을 하는 것이다. 나는 누구인가? 나는 무엇을 하고 있는가? 이 작업은 나에게 어떤 영향을 주는가? 전문적인 역할을 발전시키는 것은 자신의 강점과 취약점에 관한 솔직한 자기 진단에서 시작한다. 이를 위해 이 질문에 대해 깊이 있게 생각하며 예술적으로 자신을 탐색해 나가는 것이 필요하다. 다음의 예술활동들은 이러한 질문에 대해 생각하는 데 도움이 될 수 있다.

추천 예술활동

1. 왜 미술치료사가 되려는지를 주제로 그림을 그리자. 이 일을 하려는 동기에 대해 생각해 보자. 당신의 그림을 슈퍼바이저나 동료와 나눈다. 어떻게 미술치료사가 되는 것에 관심을 갖게 되었는지 이야기해 본다.

2. 미술치료사가 되는 것에 대한 희망과 두려움을 소재로 콜라주를 제작하자. 동료와 슈퍼바이저에게 콜라주와 관련된 감정을 이야기해 본다.

3. 미술치료 수업이나 집단 슈퍼비전 시간에 미술치료사로서 집단 구성원 개개인의 긍정적인 성격을 상징적인 이미지로 표현하게 하자. 서로 토론하고 나누어 본다.

4. 미술치료 수업이나 집단 슈퍼비전 시간에 미술치료사로서 문제가 될 수 있는 자신의 성격을 상징적인 이미지로 표현하게 하자. 서로 토론하고 나누어 본다.

5. 미술치료 수업이나 집단 슈퍼비전 시간에 네 개의 동심원을 그리게 한다. 가장 바깥쪽은 표면상의 관계를 나타내고 가장 안쪽은 친밀한 관계를 나타낸다. 구성원에게 자신이 관계를 맺고 있는 정도에 따라 각각의 원에 색, 선, 모양으로 채우게 하자. 이 이미지를 치료사-내담자 관계 안에서의 투명성의 개념을 가지고 이야기해 본다.

6. '치유란 무엇인가?'라는 질문에 관해 직업적 개념으로 예술활동을 하자. 그림, 조소, 연극, 시, 춤, 음악 등을 이용하자. 자신의 작품을 다른 사람과 나누고 토론해 본다.

7. 두 명에서 네 명 정도의 소집단으로 나누자. '미술치료사가 된다는 것'을 주제로 연극적인 요소를 가미하여 작품을 연출하자. 작품에 시각적 이미지, 시, 음악, 춤/동작, 대화, 소리 등을 이용해 본다.

chapter 5
치료 시스템 안에서의 책임

미술치료사가 내담자들에게 갖는 중요한 의무는 치료 시스템에 대한 책임이다. 이 장에서 나(Emily)는 미술치료사들이 일하게 되는 시스템에 대해 알아보고 그 안에서 윤리적 의사결정 관행을 유지함과 동시에 그러한 시스템을 다루기 위해 미술치료사들이 갖게 되는 책임감에 대해 알아보고자 한다. 또한 연민 피로, 2차 트라우마, 대리 트라우마, 소진, 자기돌봄에 대해 정의하고, 더 규모가 큰 건강관리시스템과 미술치료사들을 지원하기 위한 시스템의 책임에 대하여 논의할 것이다.

직장 내 스트레스의 결과

1.2.8 미술치료사들은 그들의 업무수행을 방해하거나 임상적 판단에 영향을 끼칠 수 있는 개인적 문제나 갈등에 대해 적절한 전문가의 자문이나 지원을 구해야 한다.

미국미술치료협회

미술치료사를 위한 윤리규정(2013)

미술치료사가 된다는 것은 쉽지 않다. 미술치료사는 많은 양의 스트레스를 감당하게 된다. 스트레스의 어떤 부분은 일 자체의 본질 때문이고, 또 일부는 미술치료사들이 일하는 환경에서 나타나며, 또 어떤 부분은 치료사 자신이 치료의 높은 기준을 유지하려는 기대 때문이기도 하다. 대부분의 미술치료 대학원생들은 그들의 직업이 내담자들에게 극적인 도움이 되며 자신에게는 강한 보상이 될 것이라 상상한다. 사실 이것은 동전의 한 면일 수 있다. 그러나 또 다른 한 면은 자주 언급되지 않는데, 미술치료사가 되는 것은 예술적 표현작업을 하고 자기를 탐색하는 일에 무거운 책임감을 요구받는 매우 힘든 일이라는 것이다. 고통받는 내담자들과 예술적·치료적으로 관계를 맺는 과정에서 미술치료사는 불가피하게도 자신의 내적 갈등과 감정을 보여 주게 된다. 미술치료사는 내담자의 고통뿐 아니라 다시 드러나는 치료사 자신의 감정적 상처로 인해 깊은 영향을 받지 않을 수 없다.

파버(Farber, 1983)는 미술치료사가 스트레스를 크게 받는 내담자의 다섯 가지 행동에 대해 설명했다.

1. 자살 언급
2. 공격성과 적개심
3. 치료의 갑작스러운 종결
4. 심하게 흔들리는 불안감
5. 무관심과 우울함

미술치료사들과의 토론에서 그들은 다음과 같은 문제로 임상 장면에서 크게 스트레스를 받는다는 것에 공감했다.

• 다른 분야의 전문가로부터 평가절하되는 기분을 느꼈을 때
• 너무 짧은 시간에 너무 많은 내담자를 만날 때
• 다른 미술치료사 동료들로부터 고립되었다고 느낄 때
• 내담자에 관한 걱정이 끊이지 않을 때
• 직업적 갈등으로 인해 사적인 관계까지 악영향을 받는다고 느낄 때
• 미술치료사로서 무능력하다고 느낄 때
• 미술치료 분야에 대한 합법성과 효율성에 의심이 들 때
• 고용주에게 인정받는다는 느낌이 들지 않을 때

이러한 일과 관련된 스트레스와 더불어, 많은 미술치료사는 그들의 개인 작업실에서 미술작업을 할 수 있는 시간이 부족한 것을 삶의 주요한 스트레스의 요인이라고 말한다. 이런 무능력감은 치료사들로 하여금 상실감을 유발하거나 본인들이 '진정한' 예술가가 아니라는 자괴감을 불러일으킨다.

고통스러운 정서적 · 정신적 장애로 힘들어하는 내담자들과 일하는 미술치료사들은 신체적 · 정서적 · 성적으로 학대받은 이들과 친밀하게 만난다. 치료사들은 임상 장면에서 매우 고통스럽고 공포스러운 이야기들을 듣게 된다. 또한 망가지고, 배신당하고, 침입당하고, 괴롭고도 분노로 가득찬 수많은 이미지를 보게 된다. 이러한 이미지들과 그에 동반된 이야기들이 가지는 무게는 충격적일 수 있다. 트라우마의 영향에 대해 늘상 보고 듣는 것 자체가 트라우마라고 볼 수 있다. 이러한 점에 있어서 미술치료사들이 내담자의 기분과 행동에 영향을 받지 않는다는 것은 불가피하다.

타인에게 도움을 주는 직업군을 가진 모든 이들은 연민 피로, 소진, 2차 트라우마, 대리 트라우마를 유발할 수 있는 상황을 맞닥뜨릴 수 있다. 연민 피로는 "내담자들의 정서적 고통을 감내"하는 것에서 발생하는 "돌봄비용"으로 묘사할 수 있다(Figley, 2001, 2002, p. 1434). 이러한 피로는 임상 장면에서 돌봄과 연민의 감정이 전반적으로 감소하면서 일에 대한 즐거움의 상실과 우울 증상으로 나타날 수 있다. 또한 미술치료사들은 내담자와 만났을 때의 바로 그 미술치료의 목적을 실현하고 미술치료의 업무를 수행하는 즐거움을 잃어버릴 수 있다. 연민 피로는 미술치료사들이 그들의 일에서 겪게 되는 스트레스로부터 회복하는 것에 어려움을 줄 수 있다. 미술치료사들은 내담자들의 이야기에 둔감해지고, 내담자와 동료들에게 주는 긍정적인 에너지의 감소가 나타나며, 임상적 오류를 범하고, 다른 사람들과의 관계에서 또한 어려움을 느낄 수 있다. 연민 피로 수준에 대해 온라인 테스트사이트 proQOL.org에서 ProQOL(Stamm, 2010)을 통해 자가 검사가 가능하다.

연민 피로에 더불어 미술치료사들은 2차 트라우마로도 고통받을 수 있다. 2차 트라우마란 타인의 트라우마적 경험에 반복적으로 노출될 때 나타날 수 있는 증후군이다(Hinz, 2018). 2차 트라우마를 앓고 있는 사람들이 겪는 증상은 외상 후 스트레스장애, 일명 PTSD로 알려진 것과 같다. 2차 트라우마와 유사한 대리 트라우마는 맥캔(McCann)과 펄먼(Pearlman)이 만든 용어로서 트라우마 환자를 대하는 심리치료사들을 위해 만들어졌다. 대리 트라우마는 내담자의 트라우마적 경험과 이야기에 장기간 노출되면 나타나게 된다. 의아하게도 내담자에게 더 헌신적이고 공감을 하는 치료사일수록 대리 트라우마가 일어나게 될 가능성이 증가한다. 대리 트라우마는 치료사에게 나타나는 자신, 타인, 그리고 세상을 경험함에 있어서의 지속적인 방식의 변화를 의미하며, 대리 트라우마의 영향은 치료사의 내적 세계와 관계에 깊게 스며든다(Pearlman & Mac Ian, 1995, p. 558).

마지막으로, 소진은 연민 피로, 2차 트라우마, 대리 트라우마의 결과로 나타날 수 있으며 이 모든 것이 서로 중복되어 나타나게 된다. 소진이란 업무 스트레스, 본인이 무능하다는 기분 및 냉소주의의 결과로 발생하는 육체적 · 정신적 · 정서적 탈진 상태를 뜻한다(Ceislak, Shoji, Douglas, Melville, Luszczynska, & Benight, 2013).

미술치료사들이 소진 상태가 되면 그들은 내담자들에게 도움을 주는 데 어려움을 가지며 때론 악영향을 끼칠 수 있다. 소진의 증상으로는 만성 피로, 불면증, 집중력 장애, 가슴 통증, 두근거림, 면역력 저하, 식욕 저하, 불안, 우울, 분노, 과민이 있다(Wonders, 2018). 때론 일정을 변경하거나, 업무의 성격을 변화시키거나, 다른 연령대의 사람과 일하거나, 작업 환경을 바꾸거나, 휴식을 취함으로써 소진을 완화시킬 수 있다. 자기돌봄과 윤리에 대한 놀이치료 슈퍼바이저이자 자문가인 원더스(Wonders, 2018)는 치료사의 생활환경, 개인사, 대처방식과 성격 등에 따라 연민 피로와 소진이 개개인에게 영향을 주는 방식이 다르다고 하였다. 미술치료사들에게는 내담자들의 이야기와 경험에서 오는 스트레스와 더불어 치료사 개인의 인생에서 아직 겪어 보지 못한 경험에서 오는 다른 스트레스 요인들도 존재한다. 따라서 미술치료사들은 스트레스를 덜 받는 일을 하는 사람들보다도 오히려 그들 삶에서 더 취약한 면이 있을 수 있다.

직장에서의 책임

소진, 연민 피로, 2차 트라우마는 내담자와의 상담의 결과로 나타나기도 하지만, 미술치료사가 상담을 할 때, 치료하는 데 무엇이 필요한지에 대한 지원과 이해가 부족한 시스템 안에서 상담을 한 결과로 나타날 수도 있다. 소진, 연민 피로, 2차 트라우마, 대리 트라우마를 경험한 심리치료 전문직 종사자들의 대다수는 수치심을 느

겼다. 이와 같은 경험에 대한 비난이 종종 미술치료사들을 향하게 되고 이러한 생각과 감정은 소진을 경험하는 치료사는 약하다는 개념으로 이어지게 된다. 그러나 미술치료사들이 실무와 시스템 내에서 지속적으로 자기성찰을 하기 때문에, 조직들이 어떻게 구조화되고 관리되고 운영되며, 그리고 의료정책에 대응하는지를 이해하는 데 있어서는 개개인의 반응이 영향을 미친다고 할 수 있다.

비록 많은 치료사가 이런 훈련을 통해 성장한다 하더라도, 미술치료사들은 여전히 헌신적인 보호자 역할을 요구받는다. 그러나 윤리적으로 볼 때, 미술치료사의 개인적 경험과 감정으로 인해 내담자에게 과잉동일시 되는 과정을 미술치료사가 스스로 인지하고 이해해야 하는지에 대해 강조했다. 여기서 주는 메시지는 연민을 가지되 경계를 정해 놓으라는 것이다. 윤리에서 경계를 유지한다는 것은 아주 중요하기 때문에 이 책에서는 경계와 관련된 하나의 장(7장)이 존재한다. 그렇다면 여전히 다음 질문이 남게 된다. 보호와 돌봄을 단지 돈벌이 수단으로 여기는 시스템 내에서, 어떻게 하면 경계를 유지하되, 헌신적인 미술치료사로서 남을 수 있을 것인가?

시저(Seager, 2014)는 '돌봄 관계'를 돌봄이 제공될 때 얼마나 수용적이고 접근이 용이한지, 그리고 치료 장소의 상황은 어떤지 등 돌보는 이와 돌봄을 받는 자의 돌봄 형태와 장소 상황 사이의 상호적이며 역동적인 시스템으로 정의하였다. 돌봄으로 인한 결과에는 치료사와 내담자의 관계가 가장 중요한 요소로 작용한다. 따라서 치료가 진행되고 있는 기관은 이러한 관계를 지원하는 시스템과 구조의 중요성을 이해해야 한다. "돌봄을 제공하는 것을 핵심으로 하는 기관은 그 무엇보다도 공감과 연민의 느낌을 강화하고 지속시키는 것이 우선순위가 되어야 한다."(Seager, 2014, p. 44) 반면, 치료사들에게 관찰되는 것은 많은 사례를 맡고 있는 데서 오는 부담에 비해 사례에 대해 보고를 전달받고 확인할 만한 시간과 슈퍼비전 및 자문을 받을 수 있는 자원이 부족하며, 어려운 내담자와의 상담 후 그것으로부터 회복할 시간이 부족하다는 것이다. 많은 시스템은 심지어 치료사와 돕는 관계에 있는 이들에게 공공연하게 또는 은연중에 어려운 상황이나 트라우마 상황이 덮히거나 흘러가게 두는 것에 대해 특별히 언급하지 말라는 메시지를 줌으로써 침묵 미덕을 강조한다(Markaki, 2014). 조직의 통념적 가치는 인간 관계와 경험에서 돌봄의 가치보다 생산성을 우선시한다.

시스템은 궁극적으로 돌봄 관계의 중요성을 구축하는 지원 구조가 잘 구성됨으로써 최상의 효과를 가질 수 있다. 다시 말해, 시스템이 조직 내 수행되는 업무의 심리적 속성을 이해하는 것과 미술치료사들에게 각 소속조직으로부터 정서적 지원을 받을 수 있도록 하는 것이 중요하다. "그러므로 치료사가 내담자를 공감적으로 수용하는 능력은 결국 공감을 지지하는 문화를 제공하는 기관의 역량에 대부분 달려 있다."(Seager, 2014, p. 46) 이는 내담자에게 미술치료사가 돌봄, 지원, 치유의 경험을 제공하는 것과 마찬가지로 동시에 조직이 치료사에게 돌봄과 지원 경험을 제공하는 평행적 과정이 필요함을 의미한다. 궁극적으로 보살핌을 받는 미술치료사들은 그들이 가치를 인정받고, 정서적으로 보살핌과 지원을 받으며, 내담자들과 동료들에게 계속해서 연결되어 있다고 느끼는 환경에서 더 높은 직업 만족도를 가진다. 또한 미술치료사가 연민을 가지고 좋은 상담을 하고 있다면 앞에서 언급한 돌봄비용을 경험하고 있다는 위험 가능성을 반드시 알아야 한다.

열정 유지하기

소진, 연민 피로, 대리 트라우마, 2차 트라우마는 내담자와의 작업에 영향을 끼치고, 윤리적 의사결정 기술을 위태롭게 만들 수 있다. 그렇기에 미술치료 학생들과 전문가들이 자신의 웰빙(well-being)을 위해 신경을 쓰는 것이 매우 중요하다. 미술치료사들은 본인이 '마르지 않는 우물'이 아니라는 것을 인지해야만 한다. 미술치료사들이 자신을 위한 돌봄을 받거나 소비된 감정을 채우지 않는다면 빠른 시일 내에 그 우물은 말라 버릴 것이다. 하지만 시스템 내에서 일할 때 다소 계산적인 입장에서 자신에게 돌봄의 기회를 주는 것이 내담자에게 좋은 서비스를 제공하기 위한 것이라 할 수 있지만 이런 태도만이 치료사의 소진에 유일한 대책이라 할 수는 없다. 자기돌봄에 대한 몇 가지 정의가 있다. 내(Emily)가 생각하기에 가장 알맞은 정의는 세상에서 자신의 목표를 수행하는 데 최적의 상태를 유지하기 위한 욕구를 충족시키는 의식적 행동이라는 것이다(A. Feretti, 개인적 대화, 2019년 1월 12일).

학생들과 이야기를 하면 종종 자기돌봄이 그들이 할 일에 포함되어 있지만 할 수 없었고 결국 실패했다고 말을 한다. 그러면 나는 즉시 학생들에게 화장실은 갔는지, 최근에 식사는 했는지 질문을 한다. 학생들의 답에 따라 나는 "축하합니다. 오늘 자

기돌봄을 하셨네요."라고 말하거나, "당신이 화장실을 가고 먹는 것에 대한 중요성
을 기억하기 위해 우리가 무엇을 할 수 있을지에 대해 더 이야기하고 이러한 기본적
인 기능이 사라진 당신의 삶에 무슨 일이 일어나는지 알아보는 것이 어떨까요?"라
고 말한다. 자기돌봄에 대한 일반적인 생각은 항상 거품 목욕과 마사지를 받는 것이
아니라, 물론 받을 수 있지만, 자기돌봄의 정도와 삶의 풍요로움의 수준과 관련이
있다는 것이다. 가장 기본적인 자기돌봄은 일상의 실천에서부터 시작된다.

자기돌봄의 수준 또는 정도(Wonders, 2018)

1. **일상의 실천**: 여기에 해당하는 사항은 모든 사람이 매일매일 행하고 실천해야
   하는 것으로 화장실을 가고 싶을 때 가고, 물을 많이 마시고, 영양가 높은 식사
   를 하고, 자기관리와 위생에 신경 쓰고, 몸을 움직이고, 충분한 잠을 자고, 건
   강한 삶의 리듬을 유지하는 일들이 있다.

2. **가볍고 적절한 수준의 실천**: 여기에 해당하는 자기돌봄은 작지만 의미 있는 행
   동으로 몸과 마음과 정신을 가볍고 쾌적하게 만드는 활동이다. 여기에는 거품
   목욕, 사우나 가기, 신나고 재밌는 거 보기, 태양을 쬐며 걷기, 애완동물과 놀
   기, 사교 모임에 참여하기 등이 있다.

3. **깊은 수준의 자기돌봄 실천**: 여기에 해당하는 것은 우리의 의식과 자기 이해를
   확장하고 몸과 마음과 정신의 치유와 성장을 위해 할 수 있는 것이다. 여기에
   서 실천은 심리치료, 독서 활동, 종교적 활동 참여, 건강하고 의미 있는 관계 맺
   기, 다른 문화나 자연으로 모험 떠나기, 사회적 대의에 참여하기 등이 있다.

삶을 풍요롭게 만드는 모델(Hinz, 2018)

힌즈(Hinz, 2019)는 자기돌봄을 넘어 삶의 풍요로움을 이룰 수 있는 모델을 제시
하였다. 이 모델은 기쁨과 즐거움을 추구하는 삶을 살기 위해 무엇을 해야 하는지
이해시키기 위해 표현치료연속체[Expressive Therapies Continuum: ETC(Hinz, 2009;

Lusebrink, 1990)]를 사용한다. ETC는 뇌의 구조와 기능을 통해 정보처리와 시각적 표현에 관련된 미술작업의 틀로 사용되는 연속체다(Lusebrink, 2010). 힌즈는 미술치료사의 일상생활 안에서 자기를 돌보고 삶을 풍성하게 하는 모델을 제시하고, ETC 체계를 이용한 자기돌봄이 뇌에 어떤 이익을 끼치는지 보여 준다. 자기돌봄은 종종 미술치료사가 매일 해야 하는 일의 목록에 추가되는 요소가 되곤 한다. 이 모델은 자기돌봄 활동을 종합적으로 의미하는 것뿐 아니라 일상 속에서 행복을 찾는 것, 다시 말해 "일반화된 웰빙"을 나타내고 있다(Hinz, 2018, p. 28). 나(Emily)는 종종 내담자와 학생들에게 작은 변화를 반복해서 만드는 것이 한꺼번에 큰 변화를 만드는 것보다 더 오래간다고 말한다. 미술치료사들은 자신의 행복을 위해 작은 변화를 만드는 것을 탐구할 수 있다. 자아 성찰, 개인 치료, 슈퍼비전, 컨설팅을 통해 미술치료사들은 자기돌봄을 넘어 삶을 만족스럽고 온전하고 충실하게 살아갈 수 있다.

붕괴된 시스템 내에서 미술치료사를 지원하기 위한 방안

현실적인 이슈하에서 타협하기에 앞서, 시스템 내에서 지원 구조를 구축하며 건강한 작업 환경을 만들고, 유지하고, 지속하려는 방안을 취하는 것이 필요하다. 비록 어느 정도의 노력이 요구되지만, 미술치료사들은 시스템 내의 변화를 지지하거나, 법률 정책 변화를 지원하는 방안을 찾을 수 있다. 하나의 방법은 다른 분야의 동료들과 동맹을 맺는 것이다. 같이 일하는 이들의 숫자가 클수록 그들이 내는 목소리와 변화를 지지하는 것에 힘이 생긴다. 이 변화에는 현재보다 더 적은 양의 담당 건수 요구, 슈퍼비전에 대한 요구, 돌봄 제공 이후 정서적 성찰과 안정을 위한 시간, 돌봄의 본질을 이해하는 경영진이나 관리자의 필요 등이 포함된다. 그러나 시스템은 보험사가 치료비의 보상을 정하는 것과 관련된 변화까지는 손댈 수 없으며 그 문제에 대한 변화와 관련해서는 제한이 있다는 점을 알아야 한다. 이러한 대규모의 구조적 변화는, 연방과 주 차원에서의 의료 정책의 변화를 지지하는 것까지도 아울러야 할 수 있다.

슈퍼바이저를 찾거나, 미술을 기반에 두고 트라우마에 대한 정보를 제공하는 슈퍼비전 또는 컨설팅 그룹에 가입하는 것이 치료사에게 도움이 될 수 있다. 슈퍼바이

저를 두거나 그룹에 가입된 것은 미술치료사에게 고립에서 벗어나 다른 이들과 관계를 맺을 기회를 준다. 또한 미술치료사들은 일상생활의 흐름에 통합될 수 있는 자기돌봄과 삶의 풍요로움을 가질 방안을 찾을 수 있다. 마지막으로, 변화하지 않거나 변화할 수 없는 시스템 안에서 일하다가 소진된 미술치료사들의 경우, 내담자를 향한 돌봄이 위협받지 않도록 좀 더 지지적인 다른 조직이나 단체를 찾아야 한다.

미술치료사에 대한 일반적인 인식

웰빙을 유지하기 위한 노력에는 크게 세 가지 중요한 측면이 있다.

첫째, 미술치료사들은 개인적 삶의 질에 세심한 주의를 기울여야 한다. 업무 환경이 아닌 곳에서 정서적 · 관계적 · 사회적 · 영적 욕구를 충족시켜야 한다. 미술치료사들은 가족, 친구, 그리고 보람 있는 활동 등을 통해 개인적 욕구를 채울 수 있다. 미술치료사들은 자신의 욕구를 만족시키기 위해 직장에서의 관계에 너무 과도하게 의존하고 있다는 것을 깨달을 때마다 마음속에서 '빨간 신호등'이 켜져야 한다.

둘째, 미술치료사는 웰빙을 유지하기 위해 적극적으로 예술활동에 참여해야 한다. 임상 장면에서 이루어지는 미술작업과 구별되는 자신만의 예술적 · 창조적 활동을 하는 것이 중요하다. 미술치료사 개인의 미술 창작 활동은 내담자의 트라우마 경험으로부터 오는 감당하기 어렵고 압도되는 고통에서 벗어날 기회를 준다. 미술치료사는 예술 창작을 통해 임상 활동에서 겪는 강렬한 감정을 표출할 수 있는 건강하고, 실질적이고, 효과적인 메커니즘을 가질 수 있다.

셋째, 미술치료사들은 웰빙을 유지하기 위해 자신을 전문적으로 발전시키도록 노력해야 한다. 이는 자기 분야의 새로운 발전에 대해 알고 있고, 전문 영역을 확장해야 함을 의미한다. 미술치료 분야의 새로운 논문을 찾아보고 이론과 적용을 바탕으로 확장되는 개념을 연구해야 하며 지속적인 교육이 필요하다. 교육 활동은 많은 형태를 가지는데, 전문적 연구, 미술치료 학술지와 논문 구독, 관련 직종의 서적 읽기, 관련 워크숍 및 세미나 참석, 지역 및 국제적 학술대회 참석 등 다양한 형태로 가능하다.

배움에는 끝이 없다. 새로운 내담자는 미술치료사의 능력과 지식을 새롭게 시

험할 기회가 된다. "우리의 실력이 계속 유지되며 대학원 과정을 통해 우리가 알아야 하는 지식을 모두 배웠다고 생각하는 것은 미성숙한 발상이다. 계속해서 공부하지 않는다면 시작할 때의 부족함을 어떻게 알 수 있겠는가?"(Corey, Corey, Corey, & Callanan, 2015, p. 330) 미술치료사들은 자신 분야의 최신 문헌을 지속적으로 연구해야 할 윤리적 책임을 지닌다.

요약

이 장은 연민 피로, 대리 트라우마, 2차 트라우마, 그리고 소진에 대하여 다루었다. 미술치료사들은 내담자들의 삶의 고통의 목격자이자 자기 삶의 고통의 목격자이기도 하다. 미술치료사들이 가치를 인정받지 못하고 지원받지 못할 때, 적은 자원과 시간으로 많은 생산량을 내라고 요청받을 때, 그들의 미술치료 경험을 같이 처리할 사람이 없을 때, 연민 피로, 2차 트라우마, 대리 트라우마, 그리고 소진 상태에 빠지기 쉽다. 미술치료사가 집중하지 못하고, 올바른 치료 결정이 힘들어지고, 정신건강의 문제나 중독의 위험에 놓일 때, 내담자의 관리가 위태로워진다. 미술치료사들이 자신이 연결되고, 도움을 받고, 가치를 인정받고, 이해받고 있다고 느끼는 시스템 내에서 일할 때, 미술치료사들은 자신이 하는 일에 다시 열정을 태우고 내담자를 효과적으로 돌볼 수 있다. 치료와 연관된 조직, 단체, 그리고 시스템이 미술치료사와 치료 관련 전문가들이 하는 일의 본질을 이해해야 건강한 작업 환경을 조성할 수 있다.

미술치료사가 자신 및 타인과 연결하는 방법으로 자기돌봄 훈련, 미술작업, 풍요로운 삶을 활용할 때, 직장 내 스트레스로 인한 증상과 반응을 효과적으로 관리할 수 있다. 그러나 자기돌봄 그 자체만으로 소진, 연민 피로, 그리고 돌봄비용으로 발생하는 다른 증상들의 심각한 본질을 치료하는 것은 부족하다. 치료, 슈퍼비전, 그리고 컨설팅은 미술치료사들이 자신의 한계를 지속해서 인식하고, 스트레스를 처리하기 위한 또 다른 좋은 방법이다.

추천 예술활동

1. 내담자가 경험한 고통에 대응되는 시각적 이미지를 창작해 보자. 이미지와 대화하고 이것이 어떻게 유지되었으면 하는지 질문해 본다. 그 후 당신이 내담자의 이야기와 경험을 목격하며 느꼈던 고통을 이미지로 창작해 본다. 이미지와 대화하고 이것이 어떻게 유지되었으면 하는지 질문해 본다. 두 이미지를 양옆에 두고 둘이 어떻게 비슷하고 어떻게 다른지 관찰해 본다.

2. 그릇 혹은 용기를 만들어 보자. 이를 사용하여 내담자가 경험한 감정적 내용과 직장 시스템 내의 건강하지 않은 교류와 기대 등을 담을 수 있는 지지 역할로서의 그릇을 상상해 본다.

3. 열심히 풍요롭게 살고 있는 본인의 모습을 만화책으로 만들어 보자. 책 속에서 당신은 어떻게 보이는가? 매일, 매주, 매월 어떤 활동을 하고 있는가?

4. 4개의 사분면으로 나뉜 그리드를 만들어 보자. 각각의 사분면에 일별, 주별, 월별, 연별 라벨을 표시해 본다. 각 사분면에 자신의 자기돌봄 실천을 표현하는 콜라주를 만들어 본다.

5. 당신이 일하는 기관, 단체, 시스템과 일치하는 동화나 미신에 대해 찾아보자. 이런 이야기들이 당신의 업무 또는 인턴십 환경 안에서 어떻게 전개되는지 그 이미지를 만들어 본다. 이미지를 만들어 본다. 이미지를 만든 후 더 심오한 의미를 찾기 위해 저널을 써 본다.

6. 자신이 일하는 단체나 환경의 본질을 보여 주는 공연예술을 만들어 보자. 공연은 시각예술, 시, 음악, 춤/움직임 또는 소리가 포함될 수 있다. 공연을 동료들과 공유하고 반응을 물어보자.

토론할 문제

1. 소진, 연민 피로, 대리 트라우마, 2차 트라우마의 서로 다른 점은 무엇인가?
2. 치료사가 겪는 소진, 연민 피로, 대리 트라우마, 2차 트라우마에 대한 책임에

있어 단체, 조직, 시스템은 어떤 역할을 담당하는가?

3. 어떻게 미술치료사들은 하루 일과 속에서 해야 할 일을 더 추가하지 않으면서 간단한 방법으로 자기돌봄을 실천할 수 있는가?

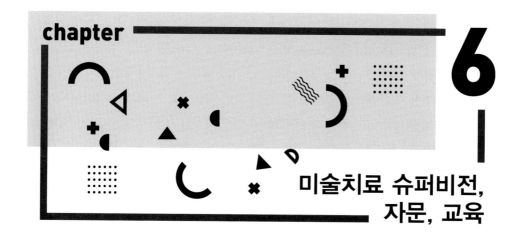

chapter

6

미술치료 슈퍼비전, 자문, 교육

슈퍼비전

슈퍼비전은 미술치료사가 되기 위해 받아야 하는 훈련의 기본적인 과정이다. 또한 치료사가 전문가로서의 역할을 적절히 수행하기 위해 필요한 능력을 유지하는 중요한 방법이기도 하다. "슈퍼비전은 미술치료사의 전문성을 위한 훈련과 보수교육에 필수적이다."(Malchiodi & Riley, 1996, p. 21) 미술치료에 대해 모든 것을 알고 있는 미술치료사는 없고, 모든 종류의 내담자를 치료할 수 있는 충분한 기술과 경험을 가지고 있는 미술치료사 또한 없다. 슈퍼비전을 통해 미술치료사는 내담자에 대한 이해를 넓히고, 치료과정 중 자신의 모습을 성찰하며, 미술치료 이론과 실제의 적용에 대한 깊은 통찰을 할 수 있다. 미술치료 슈퍼비전의 궁극적 목표는 이러한 다양한 영역을 통합하여 숙련되고 전문적인 미술치료사를 만드는 것이다. 그러므로 적절한 슈퍼비전을 받는 것은 미술치료를 공부하는 학생뿐 아니라 현재 활동 중인 전문가 모두에게 중요하다.

'supervision'이라는 단어는 '～의 머리에, ～의 위에'를 뜻하는 'super'와 '보다' '감시하다'를 뜻하는 'videre'에서 파생되었다. 뉴펠트(Neufeldt, 1988)는 슈퍼비전을 비평적인 관찰과 지도를 하는 행위, 과정, 직업으로 정의했다(p. 1345).

슈퍼바이저는 타인의 업무를 감독하며 업무에 대한 성취도를 평가하는 사람이다. 슈퍼비전과 슈퍼바이저에 대한 정의에는 (1) 관리, (2) 교육, (3) 역할 모델링의 세 가지 뚜렷한 기능이 포함되어 있다.

슈퍼비전의 관리 기능이란 슈퍼바이지의 치료 업무가 질적·양적으로 적절하게 수행되고 있는지 감찰하는 것이다. 또한 슈퍼비전의 교육 기능은 슈퍼바이지가 자신의 미술치료 경험에 대한 통찰을 통해 성장하고, 전문적 지식을 발달시키도록 촉진하는 것을 의미한다. 슈퍼바이저는 자신의 지식과 풍성한 임상 경험에서 비롯된 지혜를 바탕으로 슈퍼바이지에게 도움을 줄 수 있도록 노력해야 한다.

마지막으로, 슈퍼비전의 역할 모델링 기능은 슈퍼바이저가 슈퍼바이지에게 전문가로서 긍정적인 역할 모델을 보여 주는 것이다. 역할 모델로서 슈퍼바이저는 슈퍼바이지의 전문적 자질과 정체성, 도덕성을 키워 주기 위해 지지적이고 표현적인 슈퍼비전 환경을 만들도록 노력해야 한다. 동시에 슈퍼바이저는 미술치료의 전문성을 직접 보여 줌으로써 슈퍼바이지가 미술치료사로서 자부심을 가질 수 있도록 해야 한다.

개인 슈퍼비전의 멘토 모델

슈퍼비전의 관리 기능, 교육 기능, 그리고 역할 모델링 기능은 상보적이다. 이 기능들이 각기 적절히 수행될 때 멘토 모델의 슈퍼비전이 가능하다. 슈퍼비전의 멘토 모델은 슈퍼바이지가 슈퍼바이저를 중요한 지원자이자 지혜와 전문적 지식을 갖춘 조력자로 받아들이는 지지적 슈퍼비전 관계가 형성되어야 가능하다. 멘토는 슈퍼바이지와 동등하게 정보를 전달하고 수용하도록 노력해야 한다. 멘토/슈퍼바이저는 슈퍼바이지의 미술치료 진행상황을 감독하는 동시에 슈퍼바이지와 상호성을 유지하는 미술치료의 권위자다. 멘토는 슈퍼바이지가 인지적 어려움이나 정서적 혼란에 빠졌을 때 이를 이해하고 그 의미를 깨닫는 데 도움을 줄 수 있는 전문적 지식, 경험, 능력이 있어야 한다. 슈퍼비전은 슈퍼바이지의 가이드면서 동시에 함께 여행하는 동료 여행자에 비유될 수 있다. 멘토의 임무는 슈퍼바이지가 슈퍼바이저에게서 자유로울 수 있도록 하는 것이다. "구루(guru, 슈퍼바이저)는 순례자(슈퍼바이지)들이 전통적인 것을 탈피하는 전통을 따라 이전의 자신을 벗어남으로써 자신을 찾

을 수 있도록 가르쳐야 한다."(Kopp, 1976, p. 19)

멘토는 여러 방식으로 슈퍼바이지의 관찰하는 자아 역할을 한다. 캐리건(Carrigan, 1993)은 "슈퍼비전은 매우 개인적인 관계이지만, 슈퍼바이저와 슈퍼바이지 사이의 소통은 슈퍼비전 안에서만 이루어져야 한다. 때로는 책임과 권력이 슈퍼바이저에게 실리고 슈퍼바이지는 힘을 잃을 위험에 처하는 불평등한 관계가 될 수 있다."(p. 134)라고 지적했다. 슈퍼비전에서 내담자에 대한 가설과 과정에 대한 아이디어를 갖고 미술치료 임상 경험을 보고하는 것은 슈퍼바이지의 의무다. 멘토의 의무는 슈퍼바이지와 '함께하는 것'이며, 슈퍼바이지의 경험이 가진 의미를 반영하고 살펴보는 것이다.

멘토/슈퍼바이저의 역할은 관심을 기울이는 '정서적 관리자(caretaker)'의 역할이다. 보스조르메니-나지와 크래스너(Boszormenyi-Nagy & Krasner, 1986)는 "슈퍼바이지에 대한 슈퍼바이저의 역할은 치료사의 역할과 유사하다."라고 말하였다. 예를 들어, 치료사-내담자의 관계는 우정과는 다르다. 치료는 두 사람간의 진실한 만남이라는 점에서 우정관계와 비슷하지만, 둘 사이의 에너지와 기대치에는 차이가 있다."(p. 395) 멘토는 슈퍼바이지와는 달리 감정에 치우치지 않고 객관적이면서 동시에 온정적이고 수용적인 태도를 취해야 한다. 미술치료 슈퍼바이지는 때때로 내담자의 이미지나 내담자와의 대화와 행동을 접하면서 내담자가 느끼는 자극과 영감, 감정에 압도당하기도 한다. 이때 슈퍼바이지는 내담자에 대한 자신의 반응을 세심하게 살펴보기 위해 멘토의 각별한 안내와 지도가 필요하다.

미술치료사들은 내담자의 극심한 고뇌, 분노, 외로움, 성생활, 그리고 깊은 갈망에 노출되어 있다. 초보미술치료사뿐 아니라 노련한 미술치료사 또한 내담자들의 강력한 힘을 마주할 때 압도당할 수 있다. 멘토의 관찰하는 자아는 이러한 슈퍼바이지의 강렬하고 주관적인 경험을 중립적이고 객관적인 시각에서 바라볼 수 있도록 도와주는 완충 역할을 한다. 즉, 멘토는 슈퍼바이지가 전문적인 미술치료사로 성장하도록 정서적인 안정감을 제공하는 "지지적 환경"(Winnicott, 1960, pp. 140-152)을 제공한다.

특히 멘토/슈퍼바이저의 또 다른 역할은 초보 미술치료사인 슈퍼바이지가 임상에서 실수했을 때 그에 대한 공감적 태도로 그들의 실수를 해결하도록 돕는 것이다. 예를 들어, 미술치료 슈퍼바이지가 자신을 치유자라고 생각하는 비전문적인 정체

[그림 6-1] 슈퍼비전-혼합매체
폴린 소여(Pauline Sawyer)

성을 가진 경우, 슈퍼바이저는 슈퍼바이지의 이러한 생각이 비현실적이라는 것을 직면시켜야 한다. 치료사는 전능하지 않기 때문에 그들의 내담자를 치유시키지 못한다. 궁극적으로 미술치료 내담자를 치유할 수 있는 것은 내담자 자신뿐이다. 미술치료 내담자들은 어려움을 겪고 있다. 내담자가 치료를 조기 종결하기도 하고, 때때로 자살하기도 한다. 궁극적으로 자신의 치유에 대한 책임은 미술치료 내담자에게 있다. 슈퍼바이저는 슈퍼비전을 통해 치유자가 되려고 하는 슈퍼바이지의 비현실적인 관점을 다루어야 한다.

　미술치료를 공부하는 학생이 내담자와 함께하는 고통스러운 현실을 마주할 때, 멘토는 영웅이 되고자 하는 학생 옆에 서서 그들이 누군가를 치유할 수 없다는 것을 조심스럽게 확인시켜 주어야 한다. 근본적인 역설은 멘토는 내담자와 학생의 고통을 치유하기 원하지만 결국 할 수 있는 일은 미술과정의 창조적인 치유력을 사용하도록 그들을 격려하는 것뿐이라는 것을 알고 있다는 것이다(Moon, 2003, p. 50).

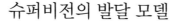

슈퍼비전의 발달 모델

앞 절에서는 슈퍼비전의 멘토 모델을 설명했지만, 슈퍼비전을 개념화하는 또 다른 방법으로 발달 모델이 있다. 발달 모델은 슈퍼바이지가 성장 과정의 단계를 거쳐 유능한 미술치료사가 되는 것을 지지한다. 발달 모델은 슈퍼바이지가 꾸준히 학습하고 성장해 가면서 자신의 역량을 발견하도록 돕는 것이다. 슈퍼바이저는 미술치료 슈퍼바이지가 내담자의 수치심을 유발하지 않는 방식으로 이야기하도록 격려하기 위해 발달적 슈퍼비전 접근방식을 사용할 수 있다(Thomas, 2010). 종종 초보 미술치료사는 치료 관계와 경험을 탐색하면서 자신이 무언가 잘못하고 있다는 느낌이 들 수 있는데, 모델의 레벨은 초보 미술치료사가 여전히 자신감과 능력을 갖기 위해 노력하고 있다는 것을 강화하는 데 도움이 된다.

슈퍼비전의 멘토 모델 외에도 발달 모델은 생산적인 정신건강 분야의 현 추세를 이해하는 것과 종종 외부 슈퍼비전을 의뢰해야 하는 상황에도 도움이 된다. 슈퍼바이지가 일하는 곳에 직속 미술치료사가 없다면, 임상 현장 내에서 미술치료의 모델링을 경험할 수 없다. 종종 미술치료사들은 다른 분야나 정신건강전문가들에게 슈퍼비전을 받기도 하는데, 이것은 또한 발달과정 중에 있는 미술치료사들에게 염려되는 부분이다. 발달 모델에 의하면 슈퍼바이지가 개인별 문화적 차이, 개입 기술, 평가기법, 사례개념화, 이론적 지향성, 치료목표 및 계획, 전문윤리에 대한 이해를 가지고 있는지 변별하기 위해서는 슈퍼바이저가 필요하다(Stoltenberg & McNeil, 2009). 미술치료사들은 미술 매체와 자료의 적절한 선택을 포함하여 미술치료 임상의 세부적인 것까지 생각하여 어떠한 길을 갈 것인지 고려해야 한다.

사회복지 및 상담자 훈련에는 수많은 슈퍼비전 발달 모델이 있는데(Holman & Freed, 1987; Saari, 1989; Stoltenberg & Delworth, 1987), 이 모델들은 슈퍼바이저와 슈퍼바이지를 묘사하는 측면에서 매우 유사하다(Watkins, 1995). 에버렛, 밀즈, 두보이스와 개런(Everett, Miehls, DuBois, & Garran, 2011)은 학생들과 함께하는 발달 모델을 사용하는 것이 슈퍼바이저가 학생들의 능력과 수준을 평가하는 데 도움이 된다고 주장하였다. 토머스(Thomas, 2010)는 통합 발달 모델(Stoltenberg & McNeil, 2009)의 네 가지 레벨과 각 레벨에 존재하는 윤리적 문제에 대해 설명하였다. 레벨 1의 슈퍼바이지는 동기를 갖고 있고, 슈퍼바이저에게 의존적이며 자신의 성과에 초점을 맞춘다. 이 수준의 윤리적 문제는 주로 역량에 대한 것이다. 슈퍼바이지는 초기 단계의 지식과 경험을 활용하며, 종종 불안을 느끼고, 자신의 독특한 경험을 벗어난 복잡한 뉘앙스에 대해 이해가 부족할 수 있다.

레벨 1 미술치료 슈퍼바이지의 예

한 슈퍼바이지는 슈퍼바이저에게 자신이 인턴시절 치료를 받았을 때 가장 도움이 되었던 것 중의 하나가 매 세션이 끝난 후 치료자가 자신을 안아 주었던 것이라고 하였다. 슈퍼바이지는 자신도 각 미술치료 세션이 끝날 때마다 내담자를 안아 주는 것에 전념하고 있다고 말했다. 슈퍼바이저는 그가 자신의 경험에 초점을 두고 있는 레벨 1의 슈퍼바이지라는 것으로 이해했다. 슈퍼바이저는 그가 내담자와의 관계에서 갖고 있는 권력에 대한 것, 다양한 트라우마를 가진 내담자가 포옹을 거부한다고 말하기 어려울 수 있다는 것 또는 포옹이 내담자의 트라우마를 오히려 다시 유발할 수도 있다는 것을 이해하도록 도왔다.

레벨 2의 슈퍼바이지는 유동적인 동기를 갖고 있고, 슈퍼바이저에 대한 의존과 독립적으로 일할 수 있는 능력 사이에서 움직이며, 내담자와 동일시하고 집중하는 경향이 있다. 레벨 2의 슈퍼바이지의 큰 과제 중 하나는 명확한 경계를 갖는 것이다. 실력이 향상되고 내담자에 대한 연민이 증가함에 따라, 초보 치료사들은 내담자와 동일시하면서 경계를 유지하기 어려울 수 있다. 동일시에 압도당하면 치료효과는 감소될 수 있다. 경계는 슈퍼바이지의 전문성과 개인적 관계 모두에서 중요하다.

레벨 2 미술치료 슈퍼바이지의 예

슈퍼바이지는 몇 달 동안 심한 우울을 겪다가 호전된 내담자와의 세션 후, 내담자의 작품을 슈퍼바이저와 공유하며 기뻐했다. 수개월간 의미 없는 연필 그림만 끄적거렸던 내담자가 오일파스텔을 요청했고, 그녀의 기분을 묘사하기 위해 많은 색을 사용하여 그림을 그렸다. 슈퍼바이지는 내담자가 돌파구를 찾은 것 같아 매우 흥분했고, 슈퍼바이저와 그 세션에 대해 이야기하고 싶어 했다. 그 슈퍼바이지는 일정

기간 내담자와 함께해 오며 호감을 키워 가게 되었고, 종종 집에 있을 때도 내담자를 생각하거나 내담자가 세션 외의 시간을 어떻게 지내고 있을지에 대해 궁금해하기도 했다. 그러나 슈퍼바이지는 그 세션 직후 슈퍼바이저를 만날 수 없었다. 결국 슈퍼바이지는 예정된 다음 슈퍼비전 이전에 슈퍼바이저를 만나고자 요청했다. 슈퍼바이저는 이 슈퍼바이지에게 명확한 경계 설정이 중요하다고 생각했다. 그들은 이번 주말에 만나 슈퍼비전 미팅을 가질 것을 계획했다. 슈퍼바이지는 집으로 돌아온 후에도 내담자와의 세션에 대한 생각을 멈출 수 없었다. 그녀는 집에 있던 자신의 파트너에게 내담자와의 세션에 대해 이야기하고 휴식을 가졌다.

레벨 3의 슈퍼바이지는 안정적인 동기를 가지고 있고, 일반적으로 자율적이며, 자신의 장단점을 정확하게 파악하는 데다 내담자의 강점과 약점을 평가할 수도 있다. 레벨 3의 슈퍼바이지는 안정적이고 일관된 동기를 갖고 있고 자율적이며 자신과 내담자에 대한 강점과 약점을 평가할 수 있고, 이것은 모든 영역에 걸쳐 통합되어 나타난다. 슈퍼바이지의 자기 인식은 상당히 안정적이며, 임상적 결정은 주로 이론에 근거한다. 일반적으로 이 단계의 윤리적 우려는 임상적 맹점이 발생하는 것이다. 맹점은 이중/다중관계, 개인적 건강 문제나 심리적 문제, 고통스러운 삶의 문제 등의 출현으로 발생할 수 있다.

구조적 미술치료 집단 슈퍼비전

앞에서 설명한 개인 미술치료 슈퍼비전의 멘토 및 발달 모델 외에도 집단 슈퍼비전 시간은 미술치료 수련을 위해 미술치료자격심사위원회(ATR)가 요구하는 임상 시간으로 활용된다. 또한 집단 슈퍼비전은 대학 및 대학원에서 미술치료 교육프로그램으로 널리 시행되고 있다. 집단 슈퍼비전 형태는 비용 면에서 효율적이며, 슈퍼바이지가 동료의 피드백과 상호작용을 통해 다양한 관점을 제공받는다는 추가적 장점이 있다. 슈퍼비전을 받을 수 없거나 외부에서 슈퍼비전을 받아야 할 때 동료 미술치료사가 집단 슈퍼비전을 진행한다. 수많은 전문가는 집단 슈퍼비전이 정서적 지지와 동료 피드백, 아이디어와 통찰을 나누는 데 있어 개인 슈퍼비전보다 더 많은 이점을 가지고 있음을 주장했다(Bratton, Landreth, & Homeyer 1993; Fish, 2008;

Malchiodi & Riley, 1996; Newman & Lovell, 1993). 그러나 집단 슈퍼비전이 널리 활용되고 있다는 사실에도 불구하고, 미술치료 실무자와 훈련생을 위한 집단 슈퍼비전 방법을 구체적으로 제시하는 자료는 비교적 적었다(Malchiodi & Riley, 1996).

다음의 설명은 집단 슈퍼비전 자료가 부족한 현실을 감안하여 제시하고자 하는 미술치료 집단 슈퍼비전 모델에 관한 것이다. 이 모델은 1991년 월버(Wilbur), 로버츠-윌버(Roberts-Wilbur), 모리스(Morris), 베츠(Betz), 하트(Hart)에 의해 개발된 미술 기반의 구조화된 집단 슈퍼비전 모델로서 지난 20년 동안 여러 대학과 임상 훈련 장면에서 활용되어 왔다.

구조적 미술치료 집단 슈퍼비전 모델의 개요

구조적 미술치료 집단 슈퍼비전 모델은 6개의 기본 단계로 구성된다. 이것은 슈퍼바이지 인원에 따라 12~16주 동안 6~8명의 슈퍼바이지의 집단 슈퍼비전에 사용하기 위한 것이다. 6단계의 과정을 완료하는 데 필요한 일반적인 시간은 약 3시간이다. 각 집단 세션은 한 명의 슈퍼바이지에게 주로 초점이 맞추어지지만, 모든 그룹 구성원의 적극적인 참여를 위해 구성되었다. 구조적 미술치료 집단 슈퍼비전 모델은 슈퍼바이저가 한 번에 한 명씩 슈퍼비전하는 일대일 상호작용을 구성원들이 수동적으로 관찰하는 형태가 아닌 모든 집단 구성원이 참여하는 슈퍼비전을 제공한다.

모델의 단계와 각 단계에 대한 구체적인 설명은 다음과 같다.

- 1단계: 지속적인 미술 제작
- 2단계: 핵심질문의 명료화 및 도움 요청
- 3단계: 질의응답 시간
- 4단계: 동료 및 슈퍼바이저의 피드백 후 쉬는 시간
- 5단계: 슈퍼바이지 응답
- 6단계: 공개 토론

초기 세션에서 슈퍼바이저는 여섯 가지 단계를 설명하는 구조화된 미술치료 집

단 슈퍼비전 모델 지침을 제공한다. 다음으로 슈퍼바이저는 모델의 각 단계에 따라 그룹을 지도한다. 초기에는 진행 단계에 따라 슈퍼바이지가 무엇을 해야 하는지를 명확히 설명하는 것이 필요하다. 그러나 내 경험에 의하면 구조가 빠르게 자리 잡게 된 후에는 슈퍼바이지에게 각 단계에 할당된 시간제한을 알려 주는 것 외에 슈퍼바이저의 지시는 거의 필요 없다.

미술치료 집단 슈퍼비전 구조의 단계

1단계: 지속적인 미술 제작 슈퍼비전 집단의 모든 구성원들은 12~16주 동안 지속적인 미술작업에 참여하게 된다. 참여자들은 자신들이 활용할 수 있는 매체를 파악하고, 하나의 작품을 오랜 기간 작업하고 재작업하는 과정에 몰두한다. 슈퍼바이지를 위한 유일한 지침은 임상 경험에 초점을 맞추는 것이다. 각 슈퍼비전 시간의 첫 시간은 미술작업을 추가하는 데 전념한다. 슈퍼바이저도 슈퍼비전 집단에 응답하는 데 초점을 맞춘 지속적 미술작업에 참여한다.

밀러(Miller, 2012)는 하나의 캔버스에서 작업하는 유사한 과정에 대해 다음과 같이 언급했다.

임상 훈련은 성장에 관한 것이며, 성장은 움직임과 변화에 관한 것이다. 학생들이 하나의 캔버스에 머무르게 되면 정열적인 에너지에서 타성에 이르기까지의 다양한 에너지와 마주하지 못하고, 더 이상 '살아 있다'고 느끼지 못하거나 유용한 것을 놓치게 된다(p. 168).

슈퍼비전 그룹 구성원들은 좌절감을 느끼거나 갇혀 있다고 느낄 때 또는 다 끝났다고 느끼는 순간에도 계속해서 작업하게 된다. 슈퍼비전 과정 내내 계속 작업할 것에 대한 기대감이 있다. 그 결과, 임상 작업에 대한 끊임없이 변화하고 진보하는 예술적 반응이 나타난다.

2단계: 핵심질문의 명료화 및 도움 요청 이 단계에서 슈퍼바이지는 진행 중인 사례에 대한 간략한 발표 및 토론을 통해 도움이 필요한 상황 정보를 제공한다. 사례에 대한 배경 정보 발표와 토론 후에, 슈퍼바이지는 그룹에 도움을 요청한다. 슈퍼바이지가 요청할 수 있는 주제는 다양하지만, 대체로 세 가지 범주 중 하나에 해당한다. 즉, 기술을 익히는 것, 개인의 성장 및 통합이다.

예를 들어, 미술치료 전공 학생은 내담자의 공격적 행동에 대해 이해하고 이를 해결할 수 있는 적절한 치료전략을 세우는 데 있어 어려움을 겪을 수 있다. 이러한 문제는 기술을 익히는 것에 중점을 둔 그룹에게서 도움을 받을 수 있다. 또는 슈퍼바이지의 개인적 문제와 유사한 어려움을 가진 내담자와의 작업에서 어려움을 겪는 슈퍼바이지가 있다고 하자. 이 경우 슈퍼바이지는 개인의 성장에 초점을 맞추어 그룹에 도움을 청할 것이다. 어떤 경우는 슈퍼바이지가 자신의 개인적 신념 및 가치를 통찰하고 임상 기술에 적용하도록 도울 수 있다. 예를 들어, 독실한 가톨릭 신자인 미술치료 인턴이 낙태를 원하는 청소년 내담자와 미술치료를 하면서 어려움을 느끼는 것이 그 예가 될 수 있다.

슈퍼바이지는 다루고 있는 문제의 특성을 보다 구체화해야 한다. 그룹 구성원이 어떤 피드백을 제공할 것인가를 결정하는 데 도움이 되기 때문이다. 슈퍼바이저의 임무 중 하나는 그룹 구성원의 피드백에 주의를 기울이는 것이다. 예를 들어, 슈퍼바이지가 기술을 익히는 것에 대해 도움을 요청하고 그룹 구성원 중 한 명이 개인적 성장에 대한 응답을 제공하는 경우, 슈퍼바이저는 피드백 제공을 자제시키고 슈퍼바이지의 요청에 맞는 응답을 하도록 제안해야 한다. 비록 이것이 지나치게 보일지라도 도움을 요청하는 슈퍼바이지가 직면한 문제의 본질을 명확히 하는 데 도움이 된다. 그것은 또한 그룹 구성원들이 경청 및 응답 기술을 익힐 수 있도록 돕는다.

3단계: 질의응답 시간　이 단계에서 슈퍼비전 그룹 구성원은 원탁회의 방식으로 슈퍼바이지가 제시한 사례 정보 및 도움을 요청한 문제에 대해 적어도 한 가지 이상 질문을 던져야 한다. 이 단계는 그룹 구성원들이 슈퍼바이지에게 필요한 도움을 완전히 이해할 수 있도록 추가정보를 제공한다. 3단계가 완료되면 슈퍼바이저는 슈퍼바이지의 핵심질문을 다시 정리하고 도움 받고자 하는 요청 내용, 즉 기술 구축, 개인 성장 및 통합의 성격을 명확히 한다. 여기서 유의할 점은 슈퍼바이저의 관점에서 볼 때 반드시 필요한 도움을 요청하지 않은 경우 슈퍼바이저는 슈퍼바이지의 요청을 무시할 수 있다. 슈퍼바이지가 자신의 취약점에도 불구하고 개인적 성장이나

통합에 대한 도움을 요청하기보다 기술 구축에 대한 요청만 하는 경우는 흔한 예다. 이때 슈퍼바이저는 슈퍼바이지와 그룹을 위해 보다 유익한 방향으로 슈퍼비전을 이끌어 갈 수 있다.

4단계: 동료 및 슈퍼바이저의 피드백 후 쉬는 시간　구조적 미술치료 집단 슈퍼비전의 4단계에서는 구성원들이 슈퍼바이지가 제시한 2, 3단계의 정보를 바탕으로 확인된 문제에 대해 공유하며 피드백을 나눈다. 슈퍼바이지는 동료들이 의견을 제시할 때 침묵을 지키도록 요청받는다. 슈퍼바이지는 메모를 작성할 수 있지만 피드백에 응답할 수는 없다. 이러한 침묵은 슈퍼바이지가 '예, 그렇지만' 또는 '그렇게 이미 해 봤는데……'와 같이 피드백에 저항적으로 반응하는 것을 제한하기 위함이다(Wilbur, Roberts-Wilbur, Morris, Betz, & Hart, 1991, p. 95).

이 단계에서는 각 그룹 구성원이 슈퍼바이지의 요청에 응답해야 하는 원탁회의 형식을 다시 사용한다. 이러한 방식으로 모든 구성원들은 슈퍼비전 과정에 적극적으로 참여하게 된다. 그룹 구성원들의 경청 능력은 통찰력 있는 질문을 던지고 도움 요청에 대한 응답과 제안을 하는 가운데 훈련된다.

그룹의 모든 구성원이 피드백을 제공한 후, 슈퍼바이지는 그룹의 의견을 검토하고 프로세스의 다음 단계를 준비할 시간을 제공한다. 일반적으로 쉬는 시간은 15분이다. 이때 그룹 구성원들은 다른 사람들과 이야기하거나 휴식을 취할 수 있지만, 슈퍼바이지와는 상호작용할 수 없다.

5단계: 슈퍼바이지 응답　5단계에서 슈퍼바이지는 그룹으로부터 받은 피드백에 응답하게 된다. 슈퍼바이지는 그룹의 피드백에 대해 어떻게 느꼈는지, 도움이 되었는지, 왜 그랬는지에 대해 나누는 시간이다. 그룹 구성원들은 슈퍼바이지가 각 구성원들의 피드백에 응답할 동안 침묵을 유지해야 한다.

6단계: 공개 토론　슈퍼비전 그룹의 토론은 5단계에 이어서 진행된다. 이 단계에서 모든 구성원은 현재 슈퍼바이지의 초점이 자신의 임상 작업과 어떠한 관련이 있는지 되돌아보게 된다. 예를 들어, 한 슈퍼바이지가 청소년 내담자와 적절한 직업적 경계를 설정하는 것의 어려움을 제시했다고 생각해 보자. 이때 그룹 구성원들은 공개 토론을 통해 그들의 성인 내담자나 노인 내담자와 가졌던 직업적 경계와 관련된 경험과 전략을 공유할 수 있다. 또한 공개 토론을 통해 그룹 구성원이 진행 중인 미술작업을 검토할 수도 있다.

앞에서 설명한 구조적 미술치료 집단 모델은 실무자 슈퍼비전 및 대학원 미술치료 교육프로그램에 적용하기 위해 만들어졌다. 이 모델은 모든 그룹 구성원들이 슈퍼비전 과정을 통해 기술을 구축하고 개인의 성장과 통합을 이룰 수 있도록 체계적인 접근방식을 제공하기 위한 것이다.

슈퍼비전에서의 반응적 미술 창작

개인 및 집단 슈퍼비전 모두, 슈퍼바이저와 슈퍼바이지 관계의 가장 중요한 특성 중 하나는 멘토의 역할 모델링 기능이다. 미술치료 슈퍼바이저는 무언의 시연을 통해 존재감을 드러내며 슈퍼바이지에게 유용한 피드백과 치료전략을 제공할 수 있다. 역할 모델의 기능으로서 미술치료 멘토들은 때때로 슈퍼비전 중에 반응적 미술작업을 진행한다. 반응적 미술작업은 미술치료 멘토와 슈퍼바이지가 슈퍼비전의 주제와 관련된 이미지나 생각, 정서에 대한 개인적 반응을 미술작품으로 표현하는 것이다. 피시(Fish, 2008)는 "반응적 미술은 치료사들이 임상 작업을 탐색 또는 표현할 수 있는 방법을 제공한다. 그것은 언어뿐만 아니라 이미지를 사용하는 능동적인 경청의 한 형태다. 슈퍼바이저는 이미지를 사용하여 미술치료 인턴과 의사소통하며 역할모델을 보여 준다."(p. 76)라고 주장했다. 반응적 미술 창작은 다음의 네 가지 면에서 슈퍼비전 관계에 도움이 될 수 있다. 첫째, 반응적 미술작업은 멘토와 슈퍼바이지 모두가 서로 공감하는 데 도움이 된다. 둘째, 반응적 미술작업은 슈퍼바이저가 슈퍼바이지의 정확한 발달수준을 파악하는 데 도움이 된다. 셋째, 반응적 미술작업 과정은 슈퍼비전에서 자주 야기되는 감정의 출구 역할을 한다. 넷째, 반응적 미술작업은 멘토와 슈퍼바이지 간 대화의 출발점이 될 수 있다.

슈퍼비전 시간에 멘토는 예술적 역할 모델을 보임으로써 슈퍼바이지에게 치료와 훈련의 기본이 미술 창작임을 자연스럽게 강조한다. 웨이드슨(Wadeson, 1986)은

"미술치료의 본질 자체(미술 창작)만이 이해를 가능케 한다."(p. 88)라고 말했다. 반응적 미술 창작은 슈퍼바이저와 슈퍼바이지가 만나는 장을 제공한다. 서로에 대한 반응 이미지를 창조하는 과정은 슈퍼비전 관계를 더욱 깊고 풍부하게 한다. 이러한 이미지는 슈퍼비전의 원천이 될 수 있다. 멘토는 슈퍼바이지에게 미술 창작으로 반응함으로써 미술치료의 예술적 본질에 대한 지지와 확신을 보여 준다. 이것은 슈퍼바이지에게 매우 귀중한 선물이 될 것이다.

자문

본문에서 말하는 자문(consultation)은 공유할 수 있는 전문적 경험을 가진 정신건강 관련 동료 간의 자발적이고 전문적 관계다(Thomas, 2010). 자문가는 슈퍼바이저와 같은 임상적 책임이 없으므로 그들은 일반적으로 윤리적 위반에 대해 책임을 지지 않는다. 자문가는 조언을 줄 수 있지만, 치료사가 반드시 그것을 받아들이거나 수행할 필요는 없다. 자문은 미술치료사가 훈련을 마친 후, 더 이상 슈퍼비전에 참여하지 않을 때도 할 수 있다.

미술치료사들은 특정 치료 상황이나 내담자에 대한 의견을 묻고자 자문 관계를 활용할 수 있고, 검사나 기법 운영과 같은 새로운 기술을 익히거나 문서를 작성하고 관리하는 것을 훈련할 때도 자문가에게 도움을 받을 수 있다. 미술치료사도 자문 그룹에 참여할 수 있다. 이러한 그룹들은 미술치료사들이 겪는 어려움에 대응하기 위한 창조적 작업을 위해 모인 동료로 구성된다. 미술치료사들은 자문 그룹에서 동료들로부터 지원과 조언을 얻는다.

미술치료 슈퍼바이저와 자문가의 윤리적 문제

미술치료 슈퍼비전 및 자문은 다른 정신건강 분야의 슈퍼비전 및 자문과 많은 공통점을 가지고 있지만, 미술치료의 예술적 본질로 인한 몇 가지 중요한 차이점이 있다. 공통점은 슈퍼비전을 통해 치료에 대한 접근방식과 철학, 내담자의 복지, 그리고 치료윤리에 대해 다룬다는 점이다. 그러나 미술치료는 미술 창작 과정이라는 핵심적 측면에서 미술치료만의 독특함을 지닌다. 말키오디와 라일리(Malchiodi & Riley, 1996)는 미술치료의 예술적 요소에서 비롯된 미술치료 슈퍼비전의 네 가지 독특한 측면에 대해 언급하였다. "슈퍼바이저는 그들의 슈퍼바이지가 다양한 방식으로 학습할 수 있다는 것을 기억하고, 자신이 깨달음을 얻기까지 고군분투했던 경험을 회상하여 마음속에 깊이 새길 필요가 있다."(Malchiodi & Riley, p. 26) 이 네 가지 측면은 다음과 같다.

1. 전문가로서의 정체성
2. 대인관계 기술
3. 개인의 치료 철학
4. 미술치료 슈퍼바이지의 다양성

언어를 매개로 하는 치료 분야의 슈퍼비전과 달리 미술치료의 예술적 요소는 이 네 가지 영역 각각에 영향을 미친다.

미래의 미술치료사를 교육하고 슈퍼비전하는 미술치료사는 자신에게 중요한 윤리적 책임이 있음을 자각해야 한다. 그들은 자신의 학생과 슈퍼바이지에 대한 책임뿐 아니라 그들의 학생들이 미래에 만나게 될 내담자에 대한 간접적인 책임도 있다. 또한 미술치료 학생들과 슈퍼바이지의 전문적 성장을 촉진하기 위해 최신의 학술 정보로 가르치는 것이 매우 중요하다. 이것은 미술치료 교육자, 슈퍼바이저, 연구자는 적절한 전문적 자질을 갖춘 채 정확한 정보를 제시해야 함을 의미한다.

다른 권위적인 관계와 마찬가지로 교사와 학생, 그리고 슈퍼바이저와 슈퍼바이지의 관계에는 불평등한 요소가 있다. 교육자와 슈퍼바이저는 학생과 슈퍼바이지에게 미칠 수 있는 자신의 영향력에 민감해야 하며, 그들의 신뢰와 의존을 이용하지 않도록 조심해야 한다. 미술치료 교육자나 슈퍼바이저가 그들의 학생이나 슈퍼바이지와 치료적 관계를 맺는 것은 부적절하고 비윤리적이다.

미술치료 교육

미술치료 학생에게 있어 미술치료 교육자의 영향은 매우 크다. 미술치료 교육자와 학생의 관계에는 미술치료의 이론과 역사, 철학, 임상 기술, 다양한 내담자의 특성, 집단작업, 관련 심리 이론, 인간 발달, 평가, 치료계획, 다문화 능력, 사회적 다양성, 윤리 및 실무 기준, 인턴십 경험, 연구 및 미술작업의 치유 과정 등이 포함되어 있다. 그러나 이것이 다가 아니다. 미술치료 교육은 학생들을 인간적으로 성장시키는 것과도 밀접하게 관련되어 있다. 따라서 미술치료 교육자들은 학생, 학생들이 미래에 만날 내담자, 직업, 사회에 대해 깊은 책임을 가져야 한다. 미술치료 교육자는 학생들에게 의미 있고 윤리적인 교육을 제공하기 위해 미국미술치료협회의 교육 기준과 각 주마다 있는 다양한 면허 요건을 준수해야 한다. 미술치료 교육은 미술치료사가 되기 위한 기본적 요소다. 미술치료 교육의 궁극적인 목표는 이러한 다양한 학습 영역을 통합하여 입문 수준의 전문 미술치료사를 만드는 것이다.

미술치료사가 되는 것은 결코 쉽지 않다. 학생들은 자신의 삶의 의미를 찾기 위해 교육 프로그램에 참여한다. 그들은 자기 정체성의 내적 이미지, 그리고 그들이 세상에서 무엇이 되고 싶은지에 대한 아이디어와 수많은 질문을 가져온다. 미술치료 교육자들은 학생들의 질문에 답할 뿐 아니라 새로운 질문을 갖게 하고 자기 이해를 높일 수 있도록 도와준다. 또한 그들의 경험과 아이디어, 감정, 가치에 대한 세계관을 확장하도록 도와야 한다.

학생들은 다양한 학문 및 개인적 배경을 가지고 미술치료 교육을 받으며, 교육 여정의 초기 단계에는 종종 혼란스러운 경험을 한다. 어떤 학생들은 학부 직후에 대학원에 입학하는 반면, 몇몇 학생은 이미 관련 분야의 전문 학위를 소지하고 입학한다. 또 일부 학생들은 매우 어릴 수 있고 어떤 학생은 중년 이상일 수 있다. 누군가는 인적 서비스 분야의 넓은 경험을 가진 반면, 어떤 학생은 내담자와 거의 접촉한 경험이 없다. 그들의 배경에 관계없이 한 가지 공통점은 대학원 과정을 시작하는 것이 종종 스트레스 경험이 된다는 것이다. 미술치료 교육자들은 학생들이 새로운 환경과 기대 그리고 미술치료 교육으로 인해 혼란을 경험할 수 있음을 기억해야 한다.

미술치료 교육자들에게는 학생들에게 역할 모델을 해야 하는 중대한 윤리적 책임이 있다. 이 책임은 학생들에게 미술치료사가 된다는 것이 무엇을 의미하는지 보여 주는 살아 있는 사례를 제공한다. 따라서 미술치료 교육자는 학생들의 지적 발달과 정서적 발달을 촉진하는 동시에 학생들이 복잡하고도 의미 있는 전문성을 가질 수 있도록 도울 의무가 있다. 미술치료 교육자는 이러한 과정에서 생기는 피할 수 없는 좌절과 의구심을 살피며, 전문적 자질을 위해 필요한 수많은 모델링을 제시한다. 이것은 곧 미술치료의 숙달로 이어진다. 미술치료 교육자는 끊임없이 배우고 연구하며, 타인에 대한 온정과 개인 작업에 대한 헌신을 보여 주어야 한다. 이러한 과정 가운데 미술치료 교육자들은 예술작품의 창조자이자 성장하는 예술가로서 자신의 내적 이미지를 돌아본다.

이상적으로 말하면, 학생들의 삶에 미술치료 교육자들만큼 영향력 있는 사람들은 없다. 학생들은 앞으로 전문 미술치료사로서 미래의 내담자에게 양질의 임상 서비스를 제공하게 될 것이므로, 미술치료 교육자들은 그 내담자에게까지 깊은 책임을 지게 된다. 이러한 의무의 윤리적 무게를 신성한 믿음이라 칭하는 것은 결코 과장된 표현이 아닐 것이다.

미술치료 교육자의 문지기 역할

미술치료 교육자의 핵심적인 역할은 학생들의 능력과 전문성을 개발하는 것이다. 대학원 미술치료 전공 교수들에게 어려운 문제는 전문적 역량이 부족한 학생들을 알아보고 선별하는 것이다. 대학원 미술치료 전공 교수진은 문제 행동을 보이는 학생들을 알아보고 개입함으로써 결국 대중을 보호하는 문지기의 역할을 할 수 있다(Corey, Corey, Corey, & Callanan, 2015; Johnson et al., 2008; Vacha-Hasse, Davenport, & Kerewsky, 2004). 효과적인 훈련에 필요한 전문적 역량 및 개인적 자질을 갖추지 못한 치료자가 내담자에게 심각한 위험을 끼칠 수 있다는 인식이 확산되고 있다. 따라서 미술치료 교수진이 학생에 대한 평가와 문지기 기능을 진지하게 수행하는 것은 윤리적으로 반드시 필요하다.

미국 내 여러 대학원의 미술치료 교육자들의 토론을 통해 문지기 역할의 중요성이 강조되고 있다. 이것은 어떤 학생이 학업적 수행은 잘할 수 있지만 성격 특성이나 해결되지 않은 개인적 문제로 인해 내담자와 효과적인 치료적 관계를 구축할 수 없을 때 특히 그렇다. 궁극적으로 볼 때, 미래 내담자의 복지는 교수진이 이러한 학생을 선별하는 것과 매우 관련 깊다. 미술치료 대학원생은 종종 훈련과정에서 개인적 문제를 해결해야 하는 과제에 부딪힌다. 이로 인해 학생들은 개인적인 삶의 일부가 드러나 자신의 취약함을 느낄 수 있다. 교수진은 학생에게 개인적 문제를 해결하고 전문성을 개발할 수 있는 시간과 공간을 허용해야 하며, 학생은 미래의 내담자가 자신의 개인적 특성으로 인해 해를 입을 가능성에 대해 직면해야 한다. 이러한 상황은 교수진과 학생 모두의 노력을 통해 극복되며, 개선이나 선별 모두 개인에게 도움이 되도록 구성되어야 한다. 교수진이 수련 프로그램의 전문적 역량 기준을 충족하지 못한다고 평가한 학생은 대학원 미술치료 과정을 이수할 수 없다. 그러나 낙제는 최후의 수단이며 개선에 대한 모든 노력이 실패한 후에만 이루어져야 한다.

슈퍼바이지와 학생에 대한 윤리 문제는 미술치료사를 위한 윤리규정(AATA, 2013)의 조항 8에서 다루고 있다.

8.0 미술치료 학생과 슈퍼바이지에 대한 책임

미술치료사는 미술치료를 배우고자 하는 학생들과 미술치료 슈퍼바이지에게 정확하고 학술적인 최신 정보를 활용하여 전문적인 성장이 촉진되도록 지도한다.

8.1 미술치료사는 교육자, 슈퍼바이저 그리고 연구자로서 고도의 학문 능력을 유지하고 정확한 최신 정보를 제공한다.
8.2 미술치료사는 학생과 슈퍼바이지에게 영향을 미칠 수 있는 자신의 위치를 인식하고 그들의 신뢰와 의존성을 이용하지 않도록 한다. 그러므로 미술치료사는 자신의 학생이나 슈퍼바이지와 치료적인 관계를 맺지 않는다.
8.3 미술치료사는 학생, 고용인 또는 슈퍼바이지가 자신들의 교육, 수련, 경험 수준을 넘어서는 전문적인 서비스를 제공하거나 제시하지 않도록 합리적인 조치를 취한다.
8.4 미술치료사가 슈퍼바이저의 역할을 할 때에는 자신의 슈퍼비전 수준을 유지하고 자신의 슈퍼비전에 대한 적절한 자문과 슈퍼비전을 받을 책임이 있다.
8.5 미술치료사는 다음과 같은 상황을 제외하고는 학생과 슈퍼바이지에게 수업이

나 교육활동 과정 중에 구두나 서면으로 그들의 성적 경험, 학대와 방임의 경험, 심리치료, 부모/동료/배우자/애인과의 관계 등 개인적인 정보를 요구하지 않는다.

(a) 프로그램과 수련기관에서 등록 당시 이를 명확하게 요구한 경우

(b) 자신의 슈퍼비전과 전문적인 활동에 지장을 주거나 자신과 그 주변인에게 위협이 된다고 판단되는 개인적 문제를 가진 학생들을 평가하고 도움을 주기 위해 정보가 필요한 경우

8.6 미술치료사가 아닌 치료사에게 교육 또는 슈퍼비전을 제공할 때, 미술치료사는 훈련생이 받게 되는 슈퍼비전과 훈련의 성격, 목표, 기대, 한계 및 그에 따른 자격이 미술치료의 공식적인 연구와 구별됨을 이해할 수 있도록 예방적 조치를 취한다.

미술치료 교육자와 슈퍼바이저는 슈퍼바이지의 임상 작업의 질에 대한 윤리적 책임이 있다. 따라서 학생 또는 슈퍼바이지에게 자신의 교육, 훈련 및 경험 수준의 범위 내에 있는 미술치료 서비스만 제공할 수 있음을 알려야 한다. 또한 미술치료 교육자와 슈퍼바이저는 슈퍼비전 기술의 질을 유지하고, 필요할 경우 이에 대한 자문이나 감독을 받는 것이 필수적이다.

전문가로서의 정체성

이전 장에서 언급했듯이, 오랜 시간 미술치료사들은 다음과 같은 질문을 던져 왔다. 나는 예술가인가, 치료사인가? 이러한 전문가로서의 정체성 문제는 슈퍼바이지에게 혼란을 줄 수 있다. 전문가로서의 정체성에 대한 혼란은 그들이 내담자와 함께하는 일에 부정적인 영향을 줄 수 있기 때문이다. "그러므로 슈퍼비전에는 슈퍼바이지가 내담자와 일할 때 어떤 이론적 배경에서 접근하고 있는지 확인하는 것 외에, 미술치료사로서 예술이 하는 역할에 대해 명확한 정의를 갖도록 초점을 맞출 수 있다."(Malchiodi & Riley, 1996, p. 26)

대인관계 기술

　미술치료사는 때때로 다른 의료 전문가들에게 자신의 미술치료 분야를 설명하고 방어해야 하는 경우가 있다. 내담자와의 미술치료 작업은 언어적 의사소통에만 집중되지 않기 때문에, 미술치료사는 다른 전문가들의 이해를 위해 미술치료의 개념을 설명할 수 있는 의사소통 기술이 있어야 한다. 특히 미술치료 슈퍼바이저는 슈퍼바이지가 자신의 치료 작업을 적절하게 소개하고 설명할 수 있도록 도와야 한다.

개인의 치료 철학

　전문적인 미술치료 커뮤니티가 형성된 이후로 미술치료 역사 안에서 철학적인 논쟁은 계속 전개되어 왔다(Wadeson, Landgarten, McNiff, Free, & Levy, 1976). 이 논쟁의 핵심은 미술치료의 양극성, 즉 **치료로서의 미술 대 미술 심리치료**라는 측면에서 미술치료에 대한 철학적 접근에 집중된다. 루즈브링크(Lusebrink, 1990)는 "미술치료 스펙트럼의 한 쪽 끝은 시각적인 매체를 사용하여 작품을 만드는 예술적 측면에 집중하고, 다른 쪽 끝은 통찰을 돕는 이미지에 대해 언어적 자유연상의 과정을 강조한다."(p. 10) 웨이드슨은 "미술치료 분야는 치료사에 따라 그 임상의 접근방식이 상당히 다양하다. 어떤 미술치료사가 미술에 중점을 둔다면, 또 다른 미술치료사는 치료에 중점을 둔다. 또는 자신을 미술을 도구로 사용하는 심리학자로 여기는 미술치료사도 있다."(p. xi) 대부분의 미술치료사는 자신의 미술치료 임상에 융(Jung), 프로이트(Freud), 아들러(Adler), 실존주의 학자들, 대상관계 이론가, 예술론의 이론적 관점을 적용시킨다. 이러한 각각의 철학적 · 이론적 접근은 미술치료의 예술적 요소에 영향을 주고받는다. 미술치료 슈퍼바이저와 슈퍼바이지는 치료 철학의 연속선상에서 어느 한 부분에 존재할 수 있다. 그러나 최근 미술치료사들은 임상으로부터 얻은 지식과 경험을 바탕으로 미술치료 영역의 고유한 이론을 개발하고 있다.

　명백히 미술치료 슈퍼바이저의 치료 철학과 이론적 관점은 그들의 슈퍼비전 스타일에 영향을 미친다. 말키오디와 라일리(1996)는 성공적인 슈퍼비전을 위해 슈퍼바이지가 자신의 철학적인 면에서 화합할 수 있는 슈퍼바이저를 찾는 것이 중요하다고 제안했다(p. 26). 그러나 슈퍼바이저가 자신과 다른 이론적 접근방식을 택하고 있는 슈퍼바이지를 포용할 수 있다면 그 슈퍼비전 또한 이점이 있다. 중요한 것은 슈퍼바이지가 협력적이고 도전적이며 치료기술 능력을 개발하는 데 도움이 될 수 있다고 느끼는 슈퍼바이저를 선택하는 것이다.

미술치료 슈퍼바이지의 다양성

미술치료 슈퍼바이지는 문화적·개인적 차이와 다양한 배경을 가지고 있다. 대부분의 미술치료사는 대학원 석사과정 중에 처음 슈퍼비전 경험을 한다. 폭넓은 분야의 경험을 가진 슈퍼바이지도 있지만, 실습 및 인턴십 경험이 전부인 슈퍼바이지도 있다. 20대 초반의 초보 미술치료 대학원생도 있지만, 중년의 학생도 있을 것이다. 많은 미술치료 학생들, 슈퍼바이지와 슈퍼바이저는 각자의 학문적 배경 외에도 미술 실습과 관련된 예술적 배경을 갖고 있다. 따라서 미술치료 슈퍼비전에서 미술작업은 필수적이다.

상담 전문가 정체성, 대인관계 기술 및 개인 철학과 같은 미술치료 슈퍼비전 및 자문의 각 주제들은 예술 제작 과정의 영향을 받는다(Malchiodi & Riley, 1996). 미술치료 슈퍼바이저와 슈퍼바이지는 내담자의 미술작품, 그리고 치료에 대한 자신의 이미지에서 깊은 영감을 받는다. 미술치료와 미술치료 슈퍼비전의 핵심은 미술, 예술적 표현과 사색이다. 미술치료사의 철학에서 미술의 역할은 어떻게 치료가 이루어지고 어떻게 슈퍼비전할 것인지에 큰 영향을 미친다.

슈퍼바이지의 권리 및 멘토/슈퍼바이저의 의무

미술치료 슈퍼바이저와 슈퍼바이지의 관계는 미술치료사의 발달에 매우 중요하다. 미술치료 슈퍼비전에 대해 윤리적으로 고찰할 때 슈퍼바이지의 권리와 멘토/슈퍼바이저의 의무는 중요한 문제다. 타일러와 타일러(Tyler & Tyler, 1997)가 제안한

'권리장전'에서는 슈퍼바이지의 권리에 대해 다음과 같이 명시하고 있다.

- 방해와 방해물이 없는 슈퍼비전 세션
- 슈퍼바이저의 슈퍼비전 접근방식에 대한 충분한 이해
- 법에 의해 규정된 경우를 제외한 슈퍼바이지와 내담자에 대한 기밀유지
- 슈퍼비전 기간 동안 작성되는 모든 자료에 대한 지속적인 접근
- 슈퍼바이저에게 슈퍼비전의 유용성에 대한 피드백 제공
- 필요에 따라 다른 전문가의 자문을 구함

미술치료 슈퍼바이저는 슈퍼바이지가 유능하고 윤리적인 미술치료 서비스를 제공할 수 있도록 관리, 교육 및 역할 모델링 기능을 제공할 책임이 있다.

넓은 의미에서 미술치료 슈퍼바이저는 슈퍼바이지의 행동에 대해 도덕적 · 윤리적 · 법적 책임이 있다. 대리 책임의 개념은 슈퍼바이저가 슈퍼바이지의 행동을 알지 못하였을 때에도 슈퍼바이지의 행동에 대해 슈퍼바이저가 책임을 지는 것이다. 미술치료 슈퍼바이저는 슈퍼바이지의 과실 행위에 대해 잠재적인 책임이 있다. 미술치료 슈퍼바이저의 주요 의무는 훈련 중인 슈퍼바이지 또는 미술치료사가 제공하는 서비스를 모니터링하는 것이다. 따라서 슈퍼바이저는 슈퍼바이지의 사례와 슈퍼바이지의 미술치료 내담자의 진행 상황을 알고 있어야 한다.

미술치료 슈퍼바이지는 슈퍼비전의 목표에 대해 알 권리가 있다. 미술치료 슈퍼바이저는 슈퍼바이지에게 슈퍼비전의 목표를 알려야 하고, 슈퍼바이저가 진행 상황을 어떻게 평가할지 알려 주어야 한다. 또한 슈퍼비전에 대한 자신의 평가 기준과 절차에 대해 미리 공지해야 한다. 슈퍼바이저는 구두상뿐만 아니라 문서로 슈퍼바이지가 슈퍼비전에 대한 평가와 피드백을 할 윤리적 · 법적 의무가 있다는 것을 알려야 한다.

이 장의 앞부분에서 언급한 것처럼 미술치료 슈퍼바이저는 슈퍼바이지의 임상과정을 감독하는 역할을 하는 동시에 상호적인 관계를 유지하도록 노력해야 한다. 그러나 슈퍼비전에는 동등하지 않은 힘의 관계가 존재한다. 미술치료 슈퍼바이저는 감독자, 평가자, 교육자 그리고 고문의 역할을 담당하기 때문에 슈퍼바이지에게 영향력을 행사할 수 있는 권위를 가지게 된다. 슈퍼바이지가 전문가로 성장할 수 있도

록 돕는다는 점에서 슈퍼비전 관계는 치료 관계와 흡사하다. 그러므로 슈퍼바이저가 자신의 역할에서 어떤 방식으로든 배임적 · 학대적 태도를 보인다면 슈퍼바이지와 슈퍼바이지의 내담자 모두에게 해가 될 가능성이 있다.

만약 미술치료 슈퍼바이저가 최신의 학문적 연구 결과를 잘 이해하고 활용하려는 노력을 하지 않아 슈퍼바이지의 내담자에게 피해가 생겼다면 슈퍼바이저의 과실로 간주될 수 있다. 슈퍼바이저가 슈퍼바이지에게 적절한 임상적 방향을 제시하지 못하는 것도 마찬가지다. 또한 미술치료 슈퍼바이저가 슈퍼바이지의 의견을 무시하고 평가 절하하거나 어떠한 방식으로든 슈퍼바이지를 함부로 대하는 것은 학대적인 태도를 보이는 것이라고 할 수 있다. 이러한 미술치료 슈퍼바이저의 배임적 · 학대적 태도는 슈퍼바이지와 슈퍼바이지의 내담자 모두에게 큰 피해를 줄 수 있다.

미술치료 슈퍼바이저가 고려해야 할 법적 문제

미술치료 슈퍼비전 관계에 적용될 수 있는 세 가지 법률적인 원칙은 동의, 비밀보장과 그 한계 그리고 법적 책임이다(Corey, Corey, Corey, & Callanan, 2015, p. 349). 미술치료 슈퍼바이저는 슈퍼바이지가 내담자에게 자신이 슈퍼비전을 받고 있음을 알렸는지 확인해야 한다. 미술치료 슈퍼바이지는 자신이 주기적으로 슈퍼바이저를 만나 내담자의 사례로 슈퍼비전을 받고 있다는 것을 반드시 내담자에게 알려야 한다(McCathy, Sugden, Koker, Lamendola, Mauer, & Renninger, 1995).

미술치료 슈퍼바이저는 내담자의 대화에 대해 비밀을 보장할 법적 책임이 있다. 물론 내담자가 자신이나 타인에게 위험한 행동을 할 소지가 있는 경우는 예외다. 슈퍼바이저는 슈퍼바이지가 내담자에게 비밀보장의 한계를 명확히 알렸는지도 확인해야 한다.

마지막으로, 미술치료 슈퍼바이저는 미술치료 슈퍼바이지가 담당하는 내담자의 복지에 대해 법적 책임을 가지고 있다. 미술치료 슈퍼바이저는 슈퍼바이지의 행동에 책임이 있기 때문이다. 이러한 의무에는 직접 책임과 대리 책임의 두 가지 형태가 있다. 미술치료 슈퍼바이저는 만약 자신이 슈퍼비전을 소홀히 하거나, 정확하지 않은 조언을 했거나, 전문 분야 외의 것을 감독했을 경우에 직접적인 책임을 져야 한다. 대리 책임은 미술치료 슈퍼바이저가 자신의 슈퍼바이지가 한 부적절하거나 부적합한 행동에 대해 책임을 지는 것을 말한다.

미술치료 슈퍼바이저는 전문성을 유지하도록 관리하는 역할을 하기 때문에 내담자, 슈퍼바이지, 학생, 대중 그리고 미술치료 전문집단의 복지를 위해 노력해야 한다.

슈퍼비전, 자문, 위기에 처한 미술치료사

이 책의 4장에서는 예술가, 전문가이면서 동시에 한 인간으로서의 미술치료 전공생과 임상가에 대해 다루고 있다. 미술치료사도 인간이기에 때로는 전문적 · 윤리적으로 행동하지 못하게 만드는 요인들을 경험한다. 이러한 요인에는 정서적 불안정, 알코올 혹은 마약 중독, 육체적 쇠약, 전문가들이 경험하는 '번 아웃' 등이 있다. '번 아웃'이 5장에서 논의되긴 하였지만, 이러한 요소는 때때로 미술치료 슈퍼비전의 중요한 주제가 되기도 한다. 슈퍼바이저는 슈퍼바이지의 트라우마 정보를 읽을 수 있는 렌즈를 가져야 한다. 즉, 슈퍼바이저는 슈퍼바이지의 번 아웃, 지나친 연민, 트라우마의 대리 경험 등, 트라우마의 신호를 이해하고 슈퍼바이지가 내담자, 기관 및 조직에 대한 반응을 탐색하도록 도울 수 있다. 미술치료 슈퍼바이지가 이러한 요인 중 하나 혹은 그 이상의 요인 때문에 어려움을 겪고 있다면 전문가로서의 책임을 적절히 수행할 수 없다. 다음은 개인적 · 전문적인 문제 때문에 위기에 처한 미술치료사와 관련된 특성이다.

- 자신의 직업 정체성에 대한 혼란
- 다른 미술치료사 및 동료와의 단절감
- 정서적 어려움 및 불안정성
- 약물 중독
- 불만족스러운 인간 관계
- 사회적 고립
- 업무와 관련된 에너지 소진 및 열의 부족

미술치료 학생과 슈퍼바이지가 어려움을 느끼는 경우는 다양하다. 예를 들어, 대학원생에게 주어지는 다중적인 요구는 그들을 압도하기도 한다. 미술치료 학생들은 대학원 수업과정을 따라가기 위해 자신의 삶에서 의미 있던 사교활동이나 개인적인 미술 창작 작업을 포기하기도 한다. 타인과의 관계가 멀어지면 고립감으로 이어질 수 있고, 이는 당황스러움과 자기불신을 야기하기도 한다.

대학원 미술치료 전공 학생들은 종종 "학교에 입학한 이후로 미술작업을 할 시간이 없었어요."라고 탄식한다. 이는 미술치료사의 정체성을 훼손하는 내재적 패턴이 될 수 있는 심각한 문제다. 존스(Jones, 1999)는 "노래를 전혀 부르지 않는 음악치료사나 춤을 추지 않는 무용치료사를 상상해 보라. 미술치료사 역시 미술치료사로 살아가기 위해서 미술작업을 해야 한다."라고 말했다. 미술치료사가 전문적인 예술가 수준의 미술작업을 해야 한다는 의미가 아니다. 중요한 것은 미술치료사가 미술 매체 및 그 창작 과정에 지속적으로 참여해야 한다는 것이다.

한 미술치료 전공 학생이 눈을 가리고 횃불을 돌리면서 줄타기 묘기를 보이는 서커스 단원으로 자신을 묘사한 적이 있다. 대부분의 미술치료 대학원생들이 학문적으로 성공하기를 바라는 것은 자연스러운 일이다. 그러나 학생들이 공부에만 몰두하기보다는 인간으로서 자신을 인식하고 자신을 채울 수 있는 활동들에 시간을 활용하는 것이 필요하다. 장기적으로는 자신의 개인적인 삶을 충분히 누리며 B학점을 받은 학생이 오직 학업에만 열중하여 A학점을 받은 학생보다 훌륭한 미술치료사가 될 가능성이 크다.

물론 과도한 압박감을 느끼는 것은 학생들만이 아니다. 미술치료사가 석사과정을 마치고 전문적인 치료사의 길로 접어들었다고 갑자기 스트레스의 부정적인 영향에서 벗어나는 기적이 일어나는 것은 아니다. 석사과정 중에 학생들이 해야 할 많은 과제가 있는 것처럼, 직장에서 또한 미술치료사에게 요구하는 다양한 기대가 있다. 때로는 주어진 사례가 지나치게 많기도 하고 치료 이외의 업무가 많이 생기기도 한다. 현대 보건 관련 업종은 치료사의 임상에 대해 칭찬하기보다는 실수를 지적하는 기관문화가 증가하고 있다. 이러한 업무 스트레스와 여러 개인적인 스트레스, 예를 들어 남편, 부인, 아이들, 시댁, 그 밖의 중요한 개인적 관계, 융자금 상환, 차 할부금 문제 등으로 치료사는 과도한 스트레스를 받는다. 또한 초보 미술치료사가 직장에서 소외감을 느끼는 경우도 빈번하다. 더 이상 석사과정 때처럼 미술치료사 동료들과 자주 만나지 못하면서 초보 미술치료사뿐 아니라 숙련된 미술치료사조차 직장에서 소외감에 빠지기 쉽다. 이 고립감은 정기적으로 상담이 가능한 미술치료사를 찾거나 미술치료 관련 그룹에 가입하고 참여하여 해소할 수 있다.

대학원 과정 중의 많은 과제와 압력 때문에 미술치료사의 삶에서 종종 제거되는 첫 번째 활동은 개인적인 미술작업이다. 미술작업을 하는 데에는 시간과 에너지가 필요하다. 미술치료 학생뿐 아니라 전문 미술치료사들도 해야 할 일이 너무 많아서 미술 스튜디오에 갈 시간이 없다고 느낀다. 이는 미술치료사의 전문적 정체성과 충돌하는 심각한 문제다.

이러한 어려움을 방지하기 위해 미술치료 슈퍼바이저는 교육 프로그램 중에 미술작업을 할 수 있도록 하고 학생들이 개인 치료를 받도록 해 주어야 한다. 또한 미술치료 교수진과 슈퍼바이저가 전문적인 치료사로서의 삶과 개인적인 삶을 조화롭게 이끌어 가는 역할 모델이 되어야 한다. 이러한 측면에서 슈퍼비전은 슈퍼바이지가 전문 치료사로서의 정체성을 확립하고 윤리적인 임상과 자기 탐색, 성장을 가능케 하는 삶의 방식을 만들어 가는 데 도움이 될 수 있다. 슈퍼바이저가 미술치료 학생이 소진되지 않는 방법을 모델링을 통해 깨닫도록 돕는 것은 윤리적으로 매우 중요한 슈퍼비전의 역할이다.

미술치료 슈퍼바이저는 자신의 슈퍼바이지가 일주일에 몇 명의 내담자를 만나게 되는지, 자신의 개인 미술작업과 개인적 삶을 풍부하게 하는 활동에 얼마만큼 시간을 할애하는지를 스스로 감독하도록 만들어야 한다. 미술치료사가 계속해서 지나치게 많은 내담자를 담당하면서 개인적 미술작업이나 취미활동 시간을 내지 못하고 있다면 치료와 관련된 직무 효율성이 떨어지거나 소진이 올 수 있는 위험에 처했다고 볼 수 있다.

미술치료 슈퍼바이저와 자문가는 슈퍼바이지가 자신을 잘 관리할 수 있도록 돕기 위해 무엇을 할 수 있는가? 미술치료사로서 그리고 개인으로서의 에너지와 열정을 유지할 수 있는 가장 근본적인 방법은 자신에게 공급이 필요하다는 것을 깨닫는 데서 시작한다. 미술치료사는 전문적으로 돌보는 사람이며 공급자다. 그래서 미술치료사는 나눌 수 있기 위해 공급받을 수 있어야 한다는 것을 깨달아야 한다. 미술치료사가 개인적인 회복과 충전을 위해 계획을 세우도록 돕는 것은 슈퍼바이저에게 필수적이다.

이와 관련된 한 예로, 엄마의 돌봄과 집중적인 관심이 필요한 어린 자녀를 둔 한 여자 미술치료사가 있었다. 그녀와 그녀의 배우자는 모두 풀타임 정규직이었다. 그녀는 어느 날 자신이 완전히 소진되었다는 느낌이 들었다. 슈퍼비전 시간에 그녀는 자신을 잃어버린 것처럼 느끼고 미술작업도 전혀 하지 못하고 있다며 슬퍼했다. 미술치료 슈퍼바이저는 일주일에 한 번이라도 자신을 위해서 개인적 미술작업 시간을 내 보라고 제의했다. 그녀는 남편과 의논해 토요일 저녁 아이들이 잠든 후에 개인 스튜디오에 가서 미술작업을 진행하기로 결정했다. 그녀는 그 시간에는 가능한 한 어떤 것도 신경 쓰지 않으려고 했다. 미술작업의 일정이 일상화되면서 일과 개인적인 삶 모두에서 긍정적인 회복의 경험을 할 수 있었다. 이것은 우연한 결과가 아니며, 지속적인 계획과 헌신, 후속작업이 필요했다.

미술치료사는 임상 전반에 걸친 다양한 순간에 자신의 전문적 정체성에 대한 일시적인 불만을 자연스럽게 경험할 수 있다. 때로는 다른 미술치료사와 거리감을 느끼며 위축되기도 하고, 개인적인 관계에서 문제가 있을 수도 있으며 사회적으로 고립감을 느낄 수도 있다. 미술치료라는 일에 대해 열정이 식은 것처럼 느껴지기도 할 것이며, 이러한 여러 문제 때문에 휴식이 필요하다는 빨간 불이 켜지기도 할 것이

[그림 6-2] 내담자의 인간다움 기억하기-컬러 마커
마크 에싱거(Marc Essinger)

다. 그러나 이러한 경험은 충분히 일어날 수 있는 보편적인 현상으로, 그 자체가 치료사의 능력을 떨어뜨리거나 비윤리적으로 행동하게 만드는 것은 아니다. 하지만 여러 문제 상황이 한꺼번에 다가오거나 장기간 계속된다면 위기가 올 수 있다. 미술치료사는 이러한 상황들에 대해 솔직하게 인정하고 주의 깊게 대처해야 한다. 경고 신호를 무시할 때 비윤리적인 행동을 할 가능성이 있다.

다음은 위기에 처한 미술치료사가 야기할 수 있는 윤리적인 주제에 대한 질문이다.

1. 개인적인 문제로 정서적 혼란에 빠진 미술치료사는 정서적 고통에 처한 내담자를 치료할 수 있는가?
2. 소진된 미술치료사는 내담자에게 해가 될 것인가?
3. 알코올을 남용하는 미술치료사는 내담자를 도울 수 있을까?
4. 미술치료사가 '지나치게 많이 주기'만 한다면 내담자에게 어떤 해가 갈 수 있을까?
5. 미술치료사가 다른 미술치료사와 소통하고 만나는 것은 왜 중요할까?
6. 개인적인 삶에서 행복하지 않은 미술치료사는 좋은 치료사가 될 수 있을까?

이 질문 중 어느 하나라도 쉽게 대답하기 어려울 것이다. 미술치료 슈퍼비전은 미술치료사가 이러한 문제들을 해결하고 개인적 · 전문적 영역에서 건강하게 살 수 있도록 도움을 주는 것이어야 한다. 지속적인 개인 미술작업, 보수교육, 개인 분석 및 슈퍼비전 등을 통해 내담자에게 윤리적 임상 서비스를 제공하는 미술치료사가 될 수 있다.

요약

미술치료 슈퍼바이저와 슈퍼바이지, 미술치료 교육자와 학생 사이의 관계는 단순하지 않다. 슈퍼비전 및 교육의 관계는 치료 관계와 유사하지만, 슈퍼비전 관계는 감독, 교육 그리고 역할 모델로서의 슈퍼비전과 훈련 역할에 머물러야 한다. 미술치료 슈퍼비전과 교육의 가장 중요한 목표는 학생/슈퍼바이지의 자기 자각 능력을 키우고, 전문성과 치료기술 발전을 촉진하는 것이다.

미술치료 교육자와 슈퍼바이저는 반드시 교육 및 슈퍼비전에 대한 훈련 경험을 갖고 있는 미술치료사여야 한다. 미술치료 슈퍼비전은 임상적 능력과 교육적 이해를 넘어서는 기술을 요한다. 오늘날 미술치료 슈퍼바이저는 다음 세대의 미술치료사를 육성하기 위해 그들을 지원하고 감독할 책임이 있다. 이에 더해 내담자, 슈퍼바이지, 미술치료 학생, 대중, 나아가 미술치료사들의 복지를 보호할 책임 또한 지니고 있다.

미술치료사는 미술작업을 통해 성장하고 깨달음을 얻을 수 있다는 믿음을 가져야 한다. 교육 및 슈퍼비전으로 미술치료사가 전문성과 능력을 개발하기 위해서는 정직하게 자신을 바라보는 것이 필요하다. 슈퍼바이지는 미술활동을 통해 이러한 자기 이해와 평가를 할 수 있다. 미술치료 교육자, 슈퍼바이저, 학생, 슈퍼바이지 모두 교육 및 슈퍼비전 문제에 대한 고민뿐만 아니라 예술적 자기 탐구가 필요하다.

추천 예술활동

1. '이상적인 슈퍼바이저'를 그림으로 표현해 보자. 당신이 원하는 슈퍼바이저의 특징을 생각해 본다. 동료나 같은 그룹의 구성원, 슈퍼바이저와 그 이미지와 특징에 대해 이야기해 본다.

2. '최악의 슈퍼바이저'를 그림으로 표현해 보자. 당신이 가장 피하고 싶은 슈퍼바이저의 특징을 생각해 본다. 동료나 그룹 구성원, 슈퍼바이저와 그 이미지와 특징에 대해 이야기해 본다.

3. 슈퍼비전 관계에서 겪은 긍정적 혹은 부정적 경험을 8컷 만화로 표현해 보자. 동료나 그룹 구성원, 슈퍼바이저와 그 만화에 대해 함께 이야기해 본다.

4. 당신의 삶에서 권위 대상을 상징하는 세 가지 미술작품을 만들어 보자. 그 세 작품을 서로 간의 관계에 따라 배열해 본다. 이러한 권위 대상이 어떻게 관련되는지 생각해 보자. 이 권위 대상의 유사점과 차이점을 찾아본다. 권위 대상이 당신에게 어떤 영향을 주었는지 동료와 이야기해 본다. 권위 대상은 당신을 지지해 주거나 자율권을 주었는가? 그들이 당신을 좌절시키거나 억눌렀는

가? 권위를 가진 위치에 있을 때 당신은 당신의 권위 대상과 어떠한 점이 비슷한가? 혹은 당신은 그들과 어떻게 다른가?

5. 수업 시간이나 집단 슈퍼비전에서 미술치료사가 내담자에게 자신이 슈퍼비전을 받고 있다는 것을 알리는 역할극 장면을 구상해 보자. 내담자는 미술치료사가 슈퍼비전을 받고 있다는 것을 알고는 그 치료사의 능력을 불신하면서 자신이 제대로 된 치료를 받고 있지 못한 것은 아닌지 불안해하고 있다. 이러한 상황에서 생길 수 있는 임상적·윤리적 문제들에 대해 이야기해 본다. 슈퍼비전 사전 동의서 때문에 내담자가 가지게 되는 불편한 감정을 어떻게 다룰지 토론해 본다.

6. 미술치료사에게 필요한 개인적 자질에 대한 목록을 만들어 보자. 이 목록을 상징적인 문장(紋章)으로 표현해 보자. 수업 시간이나 집단 슈퍼비전 시간에 이 문장을 발표한다. 토론을 통해 서로의 유사점과 차이점을 찾아본다.

7. 자문 그룹의 이미지를 작성해 보자. 이 그룹의 목적은 무엇인가? 누가 그 모임에 참석할 수 있는가? 그룹 구성원들끼리 서로에게 무엇을 제공해야 한다고 생각하는가? 집단 미술작업을 하는 것이 어떻게 미술치료사에게 도움이 될 수 있을까?

8. 소진된 미술치료사의 모습을 그림으로 표현해 보자. 이 그림에 대해 수업 시간이나 그룹 슈퍼비전 시간에 동료나 구성원과 이야기해 본다. 소진으로 이어지는 특성 및 상황에 대해 토론해 본다.

9. 특별한 영감을 주었던 교육자의 이미지를 만들어 보자. 그리고 수업 또는 슈퍼비전 그룹에서 다음 사항에 대해 토론해 볼 수 있다.

- 그들은 호기심을 자극하거나 매력적인 환경을 만들기 위해 무엇을 했는가?
- 그들은 당신의 관심을 끌고 주의를 유지하기 위해 무엇을 했는가?
- 그들은 당신이 학습에 전념하는 데 어떤 도움을 주었는가?
- 그들은 당신이 강의실 밖에서 배우도록 격려하기 위해 무엇을 했는가?
- 그들은 당신을 그들의 훈련에 끌어들이기 위해 무엇을 했는가?
- 그들은 다양한 학습 경험을 만들기 위해 무엇을 했는가?

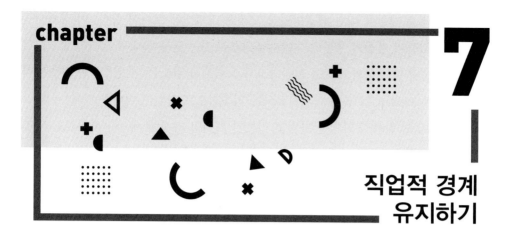

chapter 7

직업적 경계 유지하기

우리의 손을 붙잡아 주고 한계를 갖는 것. 그것이 없다면, 우리 존재의 경계가 없었을 것이고, 우리는 모든 것의 의미가 사라질 때까지 우리의 권리를 확장할 것이다.

코맥 맥카시(Comac McCarthy) (『The Crossing』, p. 153)

이 장에서는 적절한 직업적 경계를 세우는 것과 유지하는 것에 대해 다루려 한다. 미술치료에서 '직업적 경계'란 미술치료사가 정의하고 유지하는 치료 관계에서의 경계를 의미한다. 치료 관계에서 경계를 확립하고 유지하는 것은 복잡한 과정이다. 미술치료사와 그들의 내담자 사이의 적절한 경계를 유지하는 것을 어렵게 하는 많은 내부적 · 외부적 영향력이 있다. 치료사들이 치료 관계의 적절한 경계를 유지하지 못할 때는 윤리적인 문제들이 나타날 수 있다. 미술치료사의 직업적 경계와 관련된 윤리적 딜레마를 일으키는 영향력들은 자기 공개, 역할 혼동, 이중관계, 치료 안에서의 성적 충동 등이 있다.

이 장에서 제기된 윤리적 이슈들은 미술치료사를 위한 윤리규정(AATA, 2003)을 언급하는 것만으로는 충분히 다루어질 수 없다. 치료 관계에서는 때로 '규칙'이 통하지 않는 애매모호하고 복잡한 상황이 있기 마련이다. 미술치료는 알 수 없는 관계와 미래의 사건들을 포함하고 있고 이러한 관계들에서는 어떤 상호작용이 일어날지 알 수 없다. 많은 경우 미술치료사들은 직업적 경계와 관련된 다루기 힘든 윤리적 · 임상적 문제들에 대한 해결방안을 모색하고 고민해 보아야 한다. 이 장에서는 미술치료사들이 자신의 행동이 내담자들에게 미치는 영향에 대해 정직하게 고민하고, 이와 관련된 자신의 태도를 의식하고자 노력해야 한다는 이야기가 반복될 것이다. 카피탄(Kapitan, 2015)은 미술치료사는 지속적으로 자신이 어떠한 정치, 사회 그리고 문화적인 암묵적 가정을 가지고 있는지 그리고 자신이 세상을 바라보는 적절한 시각을 가지고 있는지에 대해 자기 자각을 점검하는 **자기성찰적**인 치료를 해야 한다고 주장하였다. 미술치료사가 명확한 직업적 경계를 확립하기 위해서는 자신의 동기와 행동을 충실하게 점검해 가는 태도와 함께 전문적인 차원과 개인적인 차원에서의 세밀함과 성숙함이 필요하다.

구디엘과 가바드[(Guthiel & Gabbard)(Agell, Goodman, & Williams, 1995 재인용)]는 정신의학에서의 직업 경계를 위배하는 것을 묘사하기 위해 '경계 침해'라는 용어를 사용했다. 그들은 직업적 경계와 관련된 잠재적인 일곱 가지 중요한 영역으로 역할, 시간, 장소와 공간, 치료 비용, 의상, 언어, 신체 접촉을 꼽았다. 미술치료사로서 직업적 경계에 관한 문제를 다룰 때는 다음과 같은 것을 고려해 볼 수 있다.

1. **역할**   윌리엄스(Williams, 1995)는 "미술치료사는 자신의 역량을 벗어나는 임상, 경험, 훈련 또는 교육에 참여하는 것을 경계해야 한다."(p. 107)라고 주장했다. 미술치료 관계에서 치료사들은 여러 역할을 담당하는 경우가 많다. 미술치료사는 내담자와 관련한 자신의 여러 역할에 대해 반성적으로 살펴보고 자신의 행동에 대한 명백한 근거들을 확인해야 한다. 미술치료사는 내담자를 경청하고, 가르치며, 격려하고, 함께하고, 도전하고, 상담하고, 위로한다. 이러한 다양한 역할들은 때때로 역할 혼동과 모순을 불러올 수도 있다. 이와 관련하여 미술치료사들은 다음과 같은 질문을 스스로 던져 보기를 추천한다.

   • 나는 미술치료사로서 받아 온 교육과 훈련에 적절한 행동을 하고 있는가?
   • 나는 나의 전문 분야를 넘어서고 있지 않은가?
   • 혹시 나는 다른 영역의 전문 서비스를 제공하고 있지는 않은가?
   • 내가 속한 기관에 이 역할을 보다 적절하게 할 수 있는 다른 사람이 있지는 않을까?

2. **시간**　임상 환경에서 시간 관리 능력은 미술치료사들이 발달시켜야 할 중요한 능력이다. 어떤 미술치료사들에게는 시간 관리가 쉽지 않을 수 있다. 미술 작업을 하는 데 충분히 많은 시간을 쓰는 것에 익숙한 미술치료사는 한정되어 있는 치료 시간으로 인해 어려움을 겪기도 한다. 예를 들면, 대부분의 기관 장면에는 내담자들이 지켜야 하는 일과가 정해져 있다. 이러한 장면에서 미술치료사가 일할 경우 치료사들은 자신에게 할당된 시간 안에 치료 작업을 할 수 있어야 한다. 이는 사설 치료실에서 일하는 미술치료사도 마찬가지다. 미술치료사는 내담자에게 치료 시간을 명확하게 제한해야 한다.

시간 관리 문제들과 관련하여 미술치료사는 다음과 같은 질문을 스스로 던져 보아야 한다.

- 나는 명확한 시간 경계를 설정하고 있는가?
- 나는 계획에 따라 세션를 시작하고 끝마치는가?
- 나는 혹시 예술적으로 기술이 훌륭한 내담자나 언어 표현을 잘하는 내담자에게 더 많은 시간을 할애하고 있지 않은가?
- 나는 미술작업을 위해 적정한 시간을 허용하고 있는가?
- 치료 시간에 이야기를 나눌 수 있는 충분한 시간을 허용하고 있는가?
- 시간은 미술치료 과정에 적합하게 사용되고 있는가?

3. **장소와 공간**　치료가 직접적으로 일어나게 되는 물리적 환경은 미술치료의 매우 중요한 요소다. 미술치료사들은 다양한 장소에서 일한다. 물리적인 환경이 어떠하든지 미술치료사는 내담자가 미술 창작 작업을 통해 치료를 경험할 수 있는 최적화된 환경을 제공하도록 노력해야 한다. 미술치료사는 작업 공간과 관련하여 다음과 같은 질문들을 스스로 던져 보아야 한다.

- 나의 스튜디오 또는 사무실은 미술작업을 하기에 편리하게 혹은 불편하게 되어 있는가?
- 스튜디오/사무실의 작업 공간은 내담자의 비밀을 보장해 줄 수 있는 공간인가?
- 내담자의 파일 정보들은 안전한 곳에 보관되어 있는가?

- 작업 공간은 다양한 기능을 제공하고 있는가? 또 이러한 요소가 미술치료에 어떠한 영향을 끼칠지 생각해 본 적이 있는가?
- 작업 공간은 내담자의 다양한 요구가 충족될 수 있는가?

4. **치료 비용**   미술치료사에게 미술치료 비용에 대한 방침을 세우는 일은 중요하다. 이러한 방침은 미술치료사를 위한 윤리규정(AATA, 2013)의 조항 11.0에서 확인될 수 있는 다음과 같은 영역을 포함해야 한다.

11.0 비용 합의

미술치료사는 내담자, 제3의 치료비 지불자, 슈퍼바이지와 이해 가능하며 받아들여질 수 있는 전문적 관행에 따른 지정 계약을 진행한다.

11.1 미술치료사가 다른 전문가(고용주/고용인 관계 제외)와 협력하여 일할 때, 각 전문가에 대한 비용 배분은 제공된 서비스에 기초로 두며, 누가 추천을 했는지에 근거하지 않는다.

11.2 미술치료사는 내담자를 금전적으로 이용하지 않는다.

11.3 미술치료사는 치료 시작 전에 비용을 공개하고 비용 변경이 있는 경우 적절하게 통보한다.

11.4 미술치료사는 제공되는 서비스의 내역과 비용을 내담자, 제3의 치료비 지불자, 슈퍼바이지에게 사실대로 알린다.

11.5 미술치료사는 다음의 경우에만 물물교환을 할 수 있다.

   (a) 임상적으로 금지되지 않은 경우

   (b) 내담자에게 착취적이지 않을 경우

   (c) 내담자와 미술치료사가 거주하는 곳에 사회적으로 허용되는 기준이나 관행이 있을 경우

   물물교환이란 내담자와 미술치료사가 상품이나 서비스 등 내담자의 비화폐성 보상으로 미술치료 서비스를 교환하기로 합의한 것이다.

11.6 미술치료사는 전체 비용을 부담할 수 없는 내담자에게 미술치료 서비스를 동등하게 제공하기를 간절히 바라며, 가능하다면 그런 필요를 수용하기 위해 슬라이딩 스케일 요금제(sliding fee scale)[11]를 제공한다.

재정적인 문제들은 매우 까다로울 수 있으며, 잘못 다루어졌을 때에는 내담자와 미술치료사 사이에 껄끄러움이 생길 수 있다. 내담자와 치료 비용에 대해 논의하는 방식은 미술치료 관계에 오랫동안 영향을 끼칠 수도 있다. 재정적인 문제와 관련하여 미술치료사는 다음과 같은 질문을 스스로 던져 보아야 한다.

- 치료 비용이 공정하고 타당한가?
- 재정 문제가 있는 내담자에게 치료비를 적게 받아야 할까?
- 다른 사람보다 치료비를 적게 지불하는 내담자에게 불편감을 느끼지 않을 것임을 어떻게 확신할 수 있을까?
- 비용 청구를 전문적인 방법으로 시행하고 있는가?
- 물물교환이나 서비스교환 지불방식으로 치료비를 지불하는 것은 윤리적인가?
- 내담자의 미술작품으로 치료비를 대치하는 것은 허용될 수 있는 일인가?

5. 의상(외적 모습)　　개인적인 외적 모습에 대한 문제는 미술치료사나 미술치료 전공생들에게 어려운 문제를 야기할 수 있다. 어떤 미술치료사들은 의상과 외적 모습이 사람만의 개인적 정체성의 중요한 표현이라고 생각한다. 자기만의 특성과 개성을 살려 옷을 입고 꾸미는 것을 자기의 분명한 표현 방식으로 인식하고 이에 대해 자긍심을 가지고 있는 미술치료사도 있을 것이다. 그러나 어떤 경우에는 정신보건 관련 기관에서 일하는 전문가가 독특한 외적 모습을 연출하는 것이 적합하지 않다고 본다. 미술치료사는 그들이 일하는 곳에 적합한 외적 모습을 하고 있는지에 대한 질문을 종종 받게 된다. 최근에는 신체에 피어싱을 하는 것과 문신에 대한 논란이 제기되기도 했다. 미술치료사들은 그들의 옷과 외적 모습을 외부로 보이는 하나의 상징으로서 그들만의 창의적이고 독특한 개성을 표시하는 것이라고 여길 수 있지만, 다른 의료기관에서 일하는 전문의들에게 이러한 모습은 유별나게 보이거나 비전문적으로 비춰질 수 있다. 미술치료사는 직장 환경 속에서 그들이 가지고 있는 외적 모습이 줄 수 있는 잠재적인 긍정적 혹은 부정적 영향에 대해 깊이 생각해 보아야 한다. 그러

---

1) 역자 주: sliding fee scale은 내담자의 지불 능력에 따라 비용을 다르게 적용하는 서비스 요금 체계다.

나 개성적인 자기표현을 억압하자는 의도로 외적 모습에 대해 깊이 생각해 보자는 것은 아니다. 미술치료사는 임상 환경에서 그들의 모습이 주는 영향과 관련하여 다음과 같은 질문을 스스로 던져 보아야 한다.

- 나의 옷, 헤어스타일, 또 다른 외적 모습들은 어떠한 메시지를 전달할 수 있을까?
- 내가 일하는 임상 환경에 알맞은 모습을 갖추고 있는가?
- 내가 생각하는 '전문적인 외적 모습'은 무엇인가?

6. 언어   미술치료사는 치료 현장에서 사용되는 언어의 영향에 대해 고려해 보아야 한다. 어떤 미술치료사들은 격식을 갖추지 않은 언어를 사용하기도 한다. 예를 들어, 미술치료사들은 내담자들에게 자신을 성을 뺀 이름으로 부르도록 한다. 이는 다른 의료 전문의들과는 대조되는 모습이다. 정신과 의사들과 내과 의사들은 공식적인 명칭, 즉 닥터 뒤에 자신의 성을 붙여 부르도록 한다. 시걸(Siegel, 1990)은 이러한 일반적인 규칙의 예외적인 예다. 『사랑, 묘약과 기적(Love, Medicine and Miracles)』(1990)에서 그는 환자들에게 내과 의사인 자신을 이름으로만 부르게 한 이유를 밝혔다. 둘 중 어느 한 방식이 더 낫다고 볼 수는 없다. 하지만 언어 사용방식에 따라 관계적 맥락이 형성될 수 있다. 때때로 미술치료사들은 별명을 사용하기도 한다. 별명을 사용하는 것은 전문적인 치료 관계에 있어서는 문제가 될 수 있다. 구디엘과 가바드(1993)는 이와 관련해 일어날 수 있는 문제들을 지적했다. 그들은 별명을 사용함으로써 치료 관계의 진지함을 잃어버릴 수 있다고 주장했다. 미술치료사는 어떻게 그들의 내담자들을 호명할지, 또 어떻게 자신들이 불릴지에 대해 고려해 보아야 할 것이다.

치료 환경에서 지나치게 격식을 무시하는 일은 치료 관계 발전을 방해할 수 있다. 린슬리(Rinsley, 1983)는 이러한 교묘한 **평등화**(leveling)를 내담자들이 마치 미술치료사의 친구나 가족이 된 것처럼 관계를 설정하고자 하는 것으로 설명했다. 내담자들이 치료사에게 평등화하려는 한 가지 방법은 그들이 치료사에게 개인적인 친구처럼 다가가는 것이다. 대부분의 미술치료사는 내담자들에게 호감을 받고 싶어 하기 때문에 이러한 형태의 저항 패턴을 다루기는 쉽지 않

다. 어떤 미술치료사는 권위주의를 없애고 비계층적인 방식으로 내담자에게 다가가려는 성향을 보인다. "하지만 미술치료사의 전문적인 치료 관계는 개인적 관계와 다르다는 것을 명심하라."(Moon, 2012, p. 126) 내담자들이 치료사를 친구처럼 대하는 데서 비롯되는 치료 관계 형성의 혼란은 전문가로서 올바른 언어를 사용할 때 방지할 수 있다.

스파니올과 카타네오(Spaniol & Cattaneo, 1994)는 치료 관계에서 언어가 가지는 힘에 대해 언급한 적 있다. 그들은 어떻게 하면 미술치료사들이 지나친 독점적 언어 사용을 피할 수 있는지에 대해 강조했다. 전문가로서 미술치료사의 빈약한 문법 이해, 지나친 은어 사용과 불경한 언어 사용은 치료 관계에 좋지 않은 영향을 주므로 피해야 한다. 다음과 같은 질문들은 미술치료사의 언어 사용에 대해 도움을 줄 것이다.

- 내담자들과 이야기할 때 은어를 사용해도 되는가?
- 치료 환경에 따라 때때로 욕하는 것도 허용되는가?
- 내담자들을 지칭할 때 이름만 부르는 것은 올바른 일인가, 아니면 좀 더 격식을 차린 방식으로 불러야 하는가?
- 치료 관계를 잘 유지하기 위해서는 어떤 방법으로 내담자가 치료사를 부르는 것이 가장 적합할까?

7. **신체 접촉**　내담자들과의 신체 접촉을 해야 하는지, 그렇지 않은지는 미술치료사들에게 상당히 복잡한 문제일 수 있다. 어떤 미술치료사들은 내담자들과의 신체 접촉이 사람이 살아가는 과정 중에 일어날 수 있는 자연스러운 일이기에 신체 접촉을 제한해야 한다는 것은 인정할 수 없다고 말한다. 반면에 내담자들과의 신체 접촉은 금지되어야 한다고 생각하는 미술치료사들도 있다. 또 어떤 치료사들은 내담자, 학생, 슈퍼바이지들과의 신체 접촉을 사람들 사이에 있을 수 있는 인간적인 제스처 정도로 간주한다. 반대로 내담자와의 신체 접촉이 내담자에게 침투적이거나 착취적일 수 있다는 점을 크게 우려하는 치료사도 있다. 물론 신체 접촉 또는 다른 사람과의 미술작업 중 손을 대는 행동에 관한 의사결정은 잠재적인 긍정적 혹은 부정적 영향에 대한 충분한 고려를 통해

[그림 7-1] 언어에 대한 고려-크레파스와 오일스틱
웬디 보에처(Wendi Boettcher)

이루어져야 한다. 이는 미술치료사 자신의 직관으로만 결정지을 수 있는 문제가 아니다.

미술치료사는 신체 접촉을 하거나 혹은 삼가고자 하는 이유에 대해 깊이 생각해 보아야 한다. 내담자나 슈퍼바이지와의 신체 접촉이 직업 경계와 관련해 언제나 문제를 일으키는 것은 아니지만, 자칫하면 여러 가지 어려운 상황을 야기할 잠재적 가능성을 가지고 있다. 미술치료사와 내담자들 사이의 신체 접촉은 영향을 미칠 수 있는 강력한 사건이다. 신체 접촉은 오해를 일으킬 수 있다. 미술치료사가 부적절한 신체 접촉을 한다면 법적·윤리적 문제들을 낳을 수 있고 고소를 당할 수도 있다. 신체 접촉과 관련된 문제는 미술치료사가 직업적 경계를 확립하고 유지하는 데 문제가 될 가능성이 크기에 이에 대해 철저하게 살펴보아야 할 것이다.

미술치료는 신체 접촉과 관련된 여러 측면을 가지고 있다. 많은 미술치료사

는 자신의 내담자들이 치료사가 내담자와의 신체 접촉을 피해야 한다는 생각을 하는 것에 대해 불쾌하게 생각한다는 것을 발견하게 된다. 내담자들은 이러한 절제가 지나치게 차갑고 자연스럽지 않다고 여기는 것이다. 그렇지만 어떤 미술치료사들은 내담자와 치료사 간의 신체 접촉을 금기시한다. 그들은 신체 접촉인 치료적 관계를 훼손하고 비전문적인 상호작용을 야기할 수 있으며 내담자에게 잘못된 오해를 가지게 하거나 성적으로 해석될 수 있다고 경고한다. 치료에 미칠 수 있는 긍정적이거나 부정적인 잠재적 영향력에 대해 충분히 고심하여 내담자와의 신체 접촉을 할지 안 할지에 대해 답을 내려야 할 것이다. 윌리엄스(1995)는 "내담자에게 필요한 안정감을 주기 위해서 의도적으로 포옹하는 미술치료사는 실제적으로는 치료 관계뿐 아니라 예술 안에서의 상징적 내용성의 힘을 간과하고 있는 것이다."(p. 107)라고 기록했다.

미술치료사는 내담자나 학생 혹은 슈퍼바이지와 신체 접촉을 하거나 또는 하지 않는 것에 대해, 자신이 갖고 있는 이유에 대해 숙고해 보아야 한다. 이 질문에 고민하면서 미술치료사는 자신의 의도와 동기를 살필 수 있다.

다음과 같은 질문들은 신체 접촉에 대해 고민하는 미술치료사에게 도움이 될 것이다.

- 어떠한 상황에서 내담자를 포옹하는 것이 허용될 수 있는가?
- 내담자가 자신을 잡아 달라고 부탁한다면 어떻게 반응해야 할까?
- 내담자와 악수를 해도 되는가, 내담자의 등을 토닥토닥 쳐 주어도 되는가, 어깨 동무를 해도 되는가 등을 결정할 때 어떤 가이드라인을 가지고 결정해야 할까?
- 내담자의 미술작업에 관여하는 것이 허용되는 경우는 언제인가?

치료 세션 동안의 미술작업

거의 대부분의 치료사와 상담자들은 앞서 제시한 구디엘과 가바드(1993)의 일곱 가지 경계의 영역에서 어려움을 겪고 있다. 그러나 미술치료사들은 미술치료만의 특성으로 인해 내담자와 함께 미술 창작을 해도 되는가 하는 까다로운 고민거리를 하나 더 가지고 있다. 내담자들과 함께 미술을 창작하거나 혹은 이를 절제하는 것, 이러한 문제는 미술치료사들에게만 있을 수 있는 특유한 직업적 경계에서의 딜레마라고 할 수 있다. 이 문제는 미술치료 전문가 커뮤니티 안에서 열렬한 논쟁거리로 자리 잡고 있다(Haeseler, 1989; McNiff, 1982; Moon, 2009; Rubin, 1998; Wadeson, 1980). 어떤 미술치료사들은 내담자와 함께 미술 창작작업을 하지 말아야 하는 경우는 거의 없다고 주장한다(McNiff, 1982). 문(Moon,1995)은 미술치료사들의 미술작업은 미술 환경을 조장하는 데 아주 큰 역할을 한다고 단언했다. "미술 창작 활동을 할 때 나는 나의 개인적 내면의 여정을 재연한다. 나는 이러한 의식에 대한 나의 의지와 열정이 내담자로 하여금 자기 자신을 찾는 여행이 괴롭지만 동시에 도전할 만하고 가치가 있다는 확신을 하도록 도울 수 있다고 믿는다."(Moon, 2009, p. 88) 그러나 웨이드슨(Wadeson, 1980)과 또 다른 미술치료사들은 미술치료사들이 내담자들과 미술작업을 하는 것에 반대한다. 그 이유는 치료사의 미술 창작이 내담자의 미술 창작과정을 침해한다고 생각하기 때문이다. 웨이드슨(1980)은 다음과 같이 진술했다.

> 내가 이러한 행동을 하지 않는 이유에는 몇 가지가 있다. 첫째, 우리가 탐색해야 하는 것은 내담자의 삶이지 나의 삶이 아니다. 이것은 역할의 문제다. 둘째, 미술에 익숙하지 않은 내담자들이 많은 경험을 쌓아 온 나의 그림을 볼 때 위축될 수 있다. 셋째, 내가 그림을 그리거나 조각작업을 하는 것은 내담자의 소중한 시간을 낭비하게 할 수 있다(p. 42).

미술치료사들이 내담자와 함께 미술작업을 해야 할지, 말아야 할지에 대한 결정은 치료 관계에 커다란 영향을 미친다. 이 때문에 이러한 질문은 윤리적 문제와 관련된다. 미술치료사는 내담자들과 미술작업을 함께 할지, 하지 않을지를 결정할 수 있다. 내담자에게 최선의 이익을 줄 수 있도록 고려된 결정이라면 두 결정은 모두 윤리적이다. 내담자와 함께 미술작업을 하기로 결심했다면, 미술치료사는 미술작업에 참여하는 데 끊임없이 열정을 보여야 하며 서로 의견이 충돌되는 일이 없도록 하고 내담자의 미술작업에 부정적인 영향을 주지 않도록 해야 한다. 만약 내담자와 작업을 함께 하지 않을 것을 결정했다면 그에 따른 결과들을 주의 깊게 살펴보아야

한다. 치료사가 내담자가 작업할 때 지나치게 신경을 쓰는 것이 내담자의 미술작업을 통한 자유로운 표현을 방해할 수도 있다. 또한 내담자와 함께 미술작업을 하지 않는 경우 내담자와 치료사 사이에는 힘의 차이가 커질 수 있고, 치료 관계에 해가 될 수도 있다. 내담자와 함께 미술작업을 할 것인지의 여부는 이러한 문제들을 고려한 후에 결정해야 한다.

미술치료사가 특정 내담자와의 올바른 경계를 유지하는 데 어려움을 겪을 때는 다음과 같은 질문을 자신에게 던져 보아야 한다. 내가 이렇게 행동하는 것은 어떤 이유 때문인가? 나의 행동이 어떤 식으로 내담자에게 도움이 될까? 행동에 대한 목적을 이해하려는 태도는 치료사가 자신의 행동에 대한 자각을 하도록 돕는다. 만약 치료사의 행동이 어떠한 방법으로도 도움이 되지 못한다면 그 행동을 절제하는 것이 최선의 방법이다. 코리, 코리, 코리와 캘러넌(Corey, Corey, Corey, & Callanan, 2015)은 이렇게 기록했다. "내담자에게 우리의 행동이 미치는 영향에 대한 자각과 고민이 없는 행동은 그 자체가 비도덕적이다."(p. 254) 우리는 윤리적인 의사결정을 통해 내담자들이 필요한 부분을 위해 노력해야 한다.

미술치료사의 직업적 경계에 대한 가치 있는 깨달음은 미술 창작활동을 통해 이루어질 수 있다. 직업적 역할을 확립하고 유지하기 위해서는 정직하게 자신을 평가할 수 있어야 한다. 미술활동을 통해 우리는 직업적 경계와 관련된 자신의 문제를 투명하게 바라볼 수 있다. 미술치료사는 경계의 이슈에 대한 성찰과 더불어 예술적인 자기 탐색 작업을 통해 이러한 이슈에 대해 더욱 깊이 있게 탐색할 수 있다.

추천 예술활동

1. 수업 시간이나 집단 슈퍼비전 시간에 미술치료사가 경험할 수 있는 내담자와 관련된 경계의 문제에 관한 짧은 이야기를 만들어 보자. 그리고 집단 구성원들이 각각 한 이야기를 선택하여 그림으로 표현해 보자. 각자가 선택한 상황에 어떻게 대응할 것인지 미술작업으로 표현하고, 이 이미지와 상황들에 대해서 다른 집단 구성원들과 나누어 본다. 당신이 내담자에게 어떻게 대응할 것인지 예상한 것에 대한 다른 구성원들의 피드백을 들어 본다.

2. '나의 경계선'을 그림으로 표현해 보자. 그림을 그리는 과정 중에 일어나는 감정에 집중해 보라. 당신이 떠올린 그림들과 느낌들을 믿을 수 있는 슈퍼바이저나 동료와 나누어 본다.

3. 당신이 가지고 있는 직업적 경계에 대한 개념이 무엇인지 생각해 보자. 그리고 당신의 생각들을 시적 형태로 표현해 보자. 집단 구성원들과 시에 대해 의논해 보고, 그들이 쓴 시가 어떠한 윤리적 문제를 표현하고 있는지 의견을 물어본다.

4. '나의 직업 경계가 무너지고 불확실해질 때'라는 주제를 콜라주 기법으로 표현해 보자. 콜라주 작품에 드러난 윤리적 문제에 대해 슈퍼바이저나 동료들과 의견을 나누어 본다.

5. '나의 직업적 경계가 융통성 없이 경직될 때'를 주제로 하여 미술작품을 만들어 보자. 4번 활동에서 만들었던 콜라주 작품들과 비교해 본다. 그리고 동료들이나 슈퍼바이저와 미술작품에 드러난 윤리적 문제들에 대해 나누어 본다.

6. '나의 위기'에 대해 이미지를 만들어 보자. 마음속으로 이미지를 만드는 과정에서 느끼는 감정에 집중하자. 이 이미지에 대해서 이야기를 나누어 보고 무슨 감정을 느꼈는지 슈퍼바이저나 동료와 함께 나누어 본다.

7. 수업 시간이나 집단 슈퍼비전에서 올바른 경계를 유지하는 데 어려움을 겪는 미술치료사가 처한 상황에 대한 역할극을 연출해 보자. 이러한 상황의 문제를 다루는 방법을 의논해 본다(다음의 예 참조).

각각의 역할극에서 슈퍼비전 집단 내의 리더나 강사는 각각의 참여자들에게 미술치료사나 내담자의 역할을 준다. 미술치료사의 역할을 맡은 사람은 반드시 내담자 역할에 대한 정보를 미리 알아서는 안 된다. 역할을 분담한 뒤에 각자 맡은 역할에 대한 설명을 들은 후 그에 대해 생각해 보도록 한다. 그리고 이러한 생각을 토대로 하나의 미술작품을 만들어 보자. 30~60분의 시간을 주고, 미술작품이 완성되면 리더 혹은 강사는 관찰자들에게 그 장면이 개인 예술 치료 세션의 마지막 15분이라고 이야기해 주며 장면을 설정하도록 한다. 각 역할극마다 10분씩 할애한다.

역할극 상황

역할극 1

미술치료사: 당신은 지난 일 년간 상당히 우울증이 심한 내담자를 만나고 있다. 지난 두 달 동안 내담자의 증세는 악화되었다. 당신은 내담자가 혹시나 자살 계획을 하고 있지는 않은지 걱정하고 있다. 당신은 내담자에게 도움을 주는 것에 상당한 부담감과 어려움을 느끼고 있다. 당신은 이 세션 동안 주의 깊게 내담자를 지켜봐야 할 것이다.

내담자: 당신은 한 해 동안 미술치료사를 알고 지내 왔다. 사실 미술치료는 막연한 우울감 때문에 찾았다. 지난 몇 달 동안 우울증은 더 깊어졌고 문제들은 심각해졌다. 미술치료사가 당신에게서 멀어지는 것 같은 느낌이 들었고, 이 느낌은 자신을 상당히 괴롭혔다. 이번 세션에는 치료사에 대한 당신의 감정을 표현하기 위해 미술을 사용해 보기로 했다.

역할극 2

미술치료사: 당신은 지난 몇 달 동한 한 내담자를 만나 왔다. 내담자와 만나는 기간에 점점 그 사람에게 인간적인 매력을 느끼고 있다. 하지만 당신은 직업 경계를 유지하는 데 상당히 확고한 편이다.

내담자: 당신은 지난 몇 달 동안 미술치료사를 알고 지내 왔다. 미술치료사와 알고 지내면서 그 사람이 인간적인 매력을 가지고 있다는 것을 강하게 느꼈다. 결국 미술치료사와 좀 더 '개인적'인 관계로 발전시키겠다고 결심했다. 이번 시간에는 당신의 미술작업을 통해 이러한 관계에 대해 미묘하게 표현할 것이다.

역할극 3

미술치료사: 당신은 지난 몇 주 동안 한 내담자를 만나고 있다. 당신은 이 내담자가 코카인 상습 복용자라는 것을 알게 되었다. 당신은 이 상황에 어떻게 대처해야 할지 결정해야 한다.

내담자: 당신은 지난 몇 주 동안 미술치료사와 알고 지내 왔다. 당신은 코카인을 단순히 기분전환

용으로 복용한다고 생각하며 문제라고 느끼지 않는다. 미술치료사가 이를 문제시하는 것은 당신을 매우 성가시게 한다.

역할극 4

미술치료사: 당신은 일 년 넘게 한 내담자와 만나고 있다. 개인적으로 미술치료가 내담자에게 상당히 도움이 된다고 생각하고 내담자와 함께 미술작업을 하는 것이 즐거웠다. 하지만 지난 6주 동안 내담자는 당신에게 치료 비용을 지불해야 하는 것을 '잊어버렸다.' 당신은 이번 세션에 치료 비용에 대한 문제를 말하려고 한다.

내담자: 당신은 일 년 넘게 미술치료사와 알고 지내 왔다. 개인적으로 미술치료가 자신에게 상당히 도움이 된다고 생각하고, 미술치료사와 함께 미술작업을 하는 것을 즐거워한다. 그러나 약 두 달 전에 당신의 자동차 엔진이 망가져 버려서 그것을 수리하는 데 많은 돈을 써야 했고, 그래서 미술치료 비용을 준비하지 못했다. 미술치료사가 이 문제에 대해서 아무 언급도 하지 않아서, 당신은 이 상황이 문제가 되지 않는다고 생각하게 되었다. 하지만 아무래도 상당히 꺼림칙하다. 당신은 이번 시간에 미술작업을 통해 이러한 감정들을 표현해 볼 것이다.

역할극 5

내담자: 당신은 지난 몇 주 동안 미술치료사와 알고 지내 왔다. 지난주에는 정말 친한 친구가 사망하는 일이 있었다. 미술작업을 할수록 당신은 슬픔으로 가득 차기 시작했다. 당신은 이야기하고 싶지도 않고 그림을 그리고 싶지도 않다. 그저 누군가가 옆에서 손잡아 주길 바란다. 결국에는 미술치료사에게 자신의 손을 잡아 달라고 부탁한다.

미술치료사: 당신은 지난 몇 주 동안 내담자에게 미술치료를 하고 있다. 당신은 내담자에 대해 모든 것을 이해하기에는 아직 모르는 것이 많다. 당신의 세션 계획은 계속해서 내담자의 삶에 무슨 일들이 있었는지 알아 가는 것이다.

자기 공개

미술치료사는 내담자들에게 얼마만큼 자신을 솔직하게 보여야 하는가, 즉 얼마만큼 자기 공개(self-disclosure)를 해야 하는가라는 반복되는 어려운 질문에 고심하게 된다. 과연 적절한 직업적 경계는 무엇일까? 미술치료사의 개인적인 삶에 있어서 어떠한 정보들이 내담자들에게 공개될 수 있을까? 개인적으로 간직해야 하는 정보들은 어떤 것일까? 왜 그리고 언제 내담자들과 감정적으로 소통해야 하는가? 미술치료사는 내담자와 함께 미술작업을 해야 하는가, 아니면 그저 내담자의 작업을 관찰하는 입장에 머물러야 하는가? 이러한 질문들은 머릿속을 상당히 복잡하게 하고, 결국 치료사들과 내담자들 사이의 직업적 경계 문제에 도달하도록 한다.

미술치료사의 자기 공개는 전혀 공개하지 않는 불투명한 것부터 중간 입장인 반투명을 포함하여 투명하게 공개하는 것까지 다양한 스펙트럼이 존재할 수 있다.

불투명한	반투명한	투명한
미술치료사의 삶의 모든 부분을 내담자에게 공개하지 않는다.	미술치료사는 개인적인 정보를 나누는 것에 신중하게 주의를 기울여야 한다. "함께 나누는 나의 이야기가 내담자들에게 도움이 되는가" 하는 질문을 던진다.	미술치료 관계는 상호 간의 자기 공개를 통해 이루어진다.

미술치료사의 전문적 성장에 영향을 미치는 이론 모델들은 정보 공개의 범위를 결정하는 데 영향을 준다. 예를 들어, 정신분석을 공부한 미술치료사들은 보통 내담자들과의 관계를 불투명한 형태로 유지할 때가 많다. 인본주의적 · 관계중심적 접근방식을 택한 미술치료사들은 좀 더 개방적이거나 중간적인 입장에서 내담자를 대한다. 치료사들이 얼마나 많이 혹은 얼마나 조금 개인적인 삶을 내담자들에게 공개하는가는 미술치료사의 치료 접근방식을 함축적으로 보여 준다. 저라드(Jourard, 1964)는 치료사들의 자기 공개와 관련하여 다음과 같이 밝혔다.

만약 미술 상담 및 심리치료의 진수로부터 얻은 기술이 있다면, 자기 공개라는 위협을 적절히 다루는 것과 내담자들의 내적 경험에 대한 언어적 · 비언어적 이야기를 해독하는 것이다(p. 24).

모든 미술치료사는 자기 공개의 스펙트럼에서 어디쯤 위치할 것인지 자신의 치료 스타일을 결정할 것이다. 미술치료사들은 자기만의 치료 스타일을 만들어 가면서 적절한 직업적 자기 공개에 관한 규준에 대해 질문을 던지게 될 것이다. "미술치료사는 불필요하게 정보를 감추면 치료에서 여러 기회를 놓쳐 버리는 공허함을 경험할 것이다. 마찬가지로 치료사가 기꺼이 내보인 취약함에 대해 긍정적으로 반응할 수 있는 준비가 되지 않은 내담자에 의해 고통받을 수 있다."(Moon, 1994, p. 174) 미술치료사는 치료에서 불필요한 절제와 과다한 노출로 생기는 문제들을 때때로 경험하며, 자기 공개를 할 것인지 하지 말 것인지에 대한 내적 신호를 발달시키게 된다.

미술치료사의 자기 공개에 대해서 코프(Kopp, 1972)는 이렇게 이야기하고 있다. "나는 감수성 집단과 작업할 때 어떠한 단계에서도 즉흥적인 개방을 하지 않는다. 나는 언제든지 내 사생활을 지킬 권리가 있고, 다른 사람들(내담자 포함) 역시 그럴 수 있는 권리가 있기 때문이다."(p. 26) 내담자는 치료를 위해 미술치료사를 찾은 이들이다. 그러므로 미술치료사들의 삶이 아닌 내담자의 삶의 이미지와 이야기에 초점이 맞추어져야 한다. 그러나 저라드의 상호 교환적 철학에 따라, 투명한 자기 공개를 하는 미술치료사는 진솔하고 선택적인 자기 공개에 기초하여 치료적 동맹 관계를 형성할 수 있다.

미술치료사의 자기 공개 수위와는 상관없이 자신을 타인에게 공개하는 것에 대한 자기 인식은 매우 중요하다. 진정성을 유지하기 위해서 미술치료사는 끊임없이 자신만의 창조적인 거울을 바라보아야 한다. "나 자신과 다른 사람 사이의 모든 문제에서 언제나 나 자신부터 먼저 바르게 해야 한다."(Kopp, 1972, p. 26) 미술치료사들은 그들 자신을 정직하게 들여다보고 이해해야 한다. 이러한 자기 관찰은 큰 만족과 함께 기쁨으로 다가오기도 하지만 한편으로는 매우 힘들고 위협감을 주는 일이 되기도 한다. 미술치료사는 내담자들에게는 때때로 불투명해질 필요가 있지만 자기 스스로에게는 언제나 투명해야 한다.

알렉시스의 딜레마

지역 건강보건센터에서 미술치료사로 일하고 있는 알렉시스는 16세의 바버라에게 몇 달 동안 미술치료를 했다. 한 세션에서 바버라는 남자친구와 최근 헤어진 것을 그림으로 그리고 나서는 눈물을 보이며 힘들어했다. 그녀는 남자친구에 대해 '내가 가진 모든 것을 준 남자'라고 표현했다. 알렉시스는 그녀의 그림과 눈물에 마음이 찡했다. 알렉시스는 자신이 어렸을 때 잠자리를 했던 남자친구에게 이별 통보를 받았던 이야기를 바버라와 나누었다. 이를 통해 둘은 깊은 정서적 교류를 할 수 있었다.

그러나 몇 주 뒤 바버라의 어머니가 전화해서는 알렉시스가 혼전 성관계를 부추긴다고 항의했다.

- 알렉시스가 바버라에게 개인적인 삶의 이야기를 나눈 것은 윤리적인가?
- 알렉시스에게 잘못이 있다면 무엇이라고 생각하는가?
- 당신이라면 바버라의 그림에 대해 다른 반응을 보일 것인가? 어떻게 반응할 것이며 왜 그런가?
- 미술치료사가 개인적인 삶의 경험을 내담자와 나누는 것은 윤리적인가?
- 미술치료사의 개인적인 정보 공개를 통해 내담자에게 도움이 될 수 있는 예로 무엇이 있는가?
- 당신의 삶의 부분 중 절대로 내담자들과 정보를 나누지 말아야 할 것이 있는가?

보조치료사의 개방

다음은 『개방 이야기(A Story of Openness)』(Moon, 2009)를 요약한 것이다. 이 책은 심각한 정서장애를 보이는 여섯 명의 심각한 정신적 고통을 겪고 있는 여자 아이들과 한 명의 미술치료사, 그리고 한 명의 보조 미술치료사로 구성된 미술치료 집단에서 일어난 어려움에 대해 이야기하고 있다. 각각의 내담자들은 자신의 끔찍한 고통과 과거에 대해 이야기했다. 여자 아이들은 모두 버림받음과 부당함의 깊은 상처를 가지고 있으며 분노를 느끼고 있다. 이러한 감정들은 대부분 그들의 엄마와의 관계에서 비롯되었다. 그래서 이 아이들이 여성 보조치료사에게 좋지 않은 감정을 느끼는 것은 놀랄 일이 아니었다. 보조치료사는 수년간의 아픔, 실망, 상실, 분노를 지금-여기에서 표현하도록 했다. 집단 내에서 각 여자 아이들이 표현하는 분노는 다른 아이들의 반항심을 자극했다. 대부분 그들의 분노는 보조치료사에게 직접적으로 표출되었다.

이 사건은 6개월간의 집단 치료에 갑작스러운 변화를 주었다. 그날의 그림 주제는 자기 인생에서 중요한 날을 상징적으로 표현하라는 것이었다. 나의 보조 미술치료사는 하얀색 옷을 입고 어린아이를 안고 있는 초상화를 그렸다. 초상화 속에는 그녀를 쳐다보면서 간호하는 여러 명의 다른 사람도 있었다. 그녀는 그림에 대해, 자신의 첫째 아이가 태어난 행복하고 멋진 날이라고 소개했다. 집단 구성원들이 그녀의 그림에 대해 이야기를 나눌 때 한 여자 아이가 왜 주변에 간호하는 사람들을 검은색으로 그렸는지 물었다. 긴 정적이 흘렀다. 나는 그 아이들이 그녀를 공격할 것이라고 생각을 했다.

나의 보조치료사는 조용히 이 그림은 첫째 아이가 태어난 날에 관한 것이지만 처음에 말했던 것처럼 아름다운 순간은 아니었다고 이야기했다. 사실 그 그림은 태어나자마자 죽은 첫째 아이에 대한 그림이었다. 그녀의 두 뺨에 눈물이 흘러내렸다. 여자 아이들도 조용히 훌쩍거렸고, 나 역시 울었다. 갑자기 세상에 태어나자마자 버림받은 한 여자 아이가 그녀의 엄마가 과연 단 한 번이라도 눈물을 흘렸는지 궁금하다며 큰 소리로 말했다. 어떤 여자 아이는 입양기관에 자신의 아이를 넘기며 아이와 이별해야 했던 고통을 이야기했다.

여자 아이들은 그녀를 공격하지 않았다. 짧은 순간 소외되고 분노하던 이 아이들은 누군가를 격려하고 지지해 주는 사람이 되었다. 그들에게 나의 보조치료사는 더 이상 괴물이나 인간이 아닌 존재가 아니었다. 그녀는 누군가를 위해 울어 줄 수 있는…… 누군가를 이해해 줄 수 있는 사람이 되었다. 그 치료 집단은 그녀의 투명한 자기 공개로 완전히 바뀌었다(Moon, 2009, pp. 102-104).

- 보조치료사가 개인적인 정보를 집단에 공개한 것은 윤리적이었는가?
- 집단 구성원들에게 이러한 개인적인 이야기는 자제하는 것이 윤리적인가?

- 이 이야기 속에 문제점이 있다면 무엇인가? 왜 그렇게 생각하는가?
- 미술치료사가 내담자와 함께 미술작업을 할 때 자기 공개는 피할 수 없는 일인 가? 왜 그런가? 또는 왜 그렇지 않은가?
- 이것은 미술치료사가 왜 내담자와 함께 미술작업을 하지 말아야 하는지에 대한 예로 볼 수 있는가? 왜 그런가? 또는 왜 그렇지 않은가?
- 이것은 미술치료사가 왜 내담자와 함께 미술작업을 해야 하는지에 대한 예로 볼 수 있는가? 왜 그런가? 또는 왜 그렇지 않은가?
- 치료사가 과거에 겪었던 경험에 대해 이야기하는 것은 내담자들에게 유익한 가? 왜 그런가?
- 내담자에게 나쁜 영향을 끼칠 수 있는 미술치료사의 개인적인 자기 공개의 예를 들어 보자.
- 내담자에게 좋은 영향을 끼칠 수 있는 미술치료사의 개인적인 자기 공개의 예를 들어 보자.
- 당신 삶의 경험 중에 내담자와 나눌 수 있는 이야기 혹은 나누지 말아야 할 이야기로 어떤 것이 있는가?

미술치료사는 내담자와 얼마나 많은 또는 적은 개인적인 정보를 나눌 것인지에 대해 다루지 않고는 자신의 치료관을 올바르게 발전시킬 수 없을 것이다. 치료사로서의 페르소나를 발달시키기 위해 미술치료사들은 스스로를 돌아보아야 한다. 다음의 예술활동은 이러한 자기 이해에 도움을 줄 것이다.

추천 예술활동

1. 당신의 개인적 삶을 내담자에게 보여 주는 상황의 이미지를 만들어 보자. 마음속으로 이러한 작업을 하는 과정에서 나타나는 감정에 집중한다. 이 과정에서 얻은 이미지나 당신의 생각, 감정들에 대해 슈퍼바이저나 동료들과 이야기를 나누어 본다.
2. 수업 혹은 집단 슈퍼비전 시간에 미술치료사가 내담자에게 자신의 개인적인

삶을 공개할 것인지의 여부로 고민하는 상황을 몇 가지 간략하게 스케치해 보자. 각 종이에 상황에 대한 설명을 쓰고, 집단 구성원이 각자 그림을 하나씩 골라 자신의 미술작품의 주제로 정한다. 어떻게 이 그림의 상황들의 대해서 대처할지 작품으로 표현해 본 후, 집단 구성원과 의논해 본다.

3. 투명-불투명의 연속선 가운데 자신의 내담자에 대한 자기 공개의 입장을 정리해 보자. 당신의 입장을 시적 형태로 요약해 보자. 시적 형태로 요약한 글을 집단 안에서 동료들과 의논해 보고, 그 속에 윤리적인 문제가 있는지 이야기해 본다.

4. 내담자에게 자기 공개를 하는 것이 적절한 경우에 대해 설명하는 광고 디자인을 해 보자. 동료들 또는 슈퍼바이저와 그에 대해 이야기를 나누어 보고, 그 디자인에 윤리적인 문제가 있을지 의논해 본다.

5. 내담자에게 자기 공개를 하는 것이 부적절한 경우를 미술작업을 통해 표현해 보자. 4번 활동에서 만든 디자인과 지금 만든 이미지를 비교해 보자. 이에 관한 윤리적 문제에 대해 집단 구성원이나 슈퍼바이저와 토론해 본다.

6. 수업 시간이나 집단 슈퍼비전 시간에 미술치료사가 내담자에게 사생활을 공개하기로 결정하는 상황을 연출하여 역할극을 해 보자. 어떠한 방법으로 극중 인물들이 이러한 상황에 대처해야 할지 의견들을 나누어 본다.

7. 미술치료사가 내담자에게 자기 공개를 하지 않기로 결심하는 상황을 연출하여 역할극을 해 보자. 6번 활동에서 했던 역할극과 비교 · 대조하게 해 본다.

8. '자기 공개'를 주제로 상징적인 이미지를 만들어 보자.

내담자의 미술작품에 관여하기

미술치료사는 내담자의 미술작품에 관여할 때 그것이 치료에 미치는 영향을 고려해야 한다. 미술작품은 예술가의 분신과도 같다. 그러므로 직접적으로 미술작품에 손을 대는 것은 그것을 창조하는 사람에 대한 상징적 접촉이라 할 수 있다. 미술치료사가 내담자의 미술작품에 손을 댔을 때, 내담자들은 친절한 행동으로 해석하기도 하지만 반대로 자신의 미술작품을 함부로 대하거나 조정하려 하거나 혹은 지나치게 간섭한다고 해석하기도 한다.

　임상 중 어떤 내담자는 미술치료사가 자신의 미술작업에 관여하는 행위를 내담자를 향한 강력하고 진실한 치료사의 관심과 돌봄으로 해석할 수 있다. 반면에 어떤 내담자는 미술치료사가 직접적으로 미술작업에 관여할 때 자신을 침범하거나 부적절하게 위협하는 것으로 오해할 수도 있다. 따라서 일반적으로 미술치료사는 아무생각 없이 즉흥적으로 내담자의 미술작품에 손을 대서는 안 된다. 확고한 근거를 가지고 꼭 필요하다고 생각될 때에만 관여해야 한다. 미술치료사가 내담자의 작품에 관여하는 것은 종종 치료를 방해하기도 한다. 그러나 미술치료사가 내담자들의 미술작업에 관여함으로써 치료적 관계 형성이 촉진되기도 한다.

　모든 미술치료사는 내담자 작품에 관여하는 행위에 대한 자신만의 명확한 견해와 그 기준을 확립해야 한다. 이를 위해서 미술치료사는 내담자의 작품에 손을 대려고 할 때 그에 대한 자신의 동기를 정직하게 바라볼 수 있어야 하며, 이러한 행동에 대해 확신이 있어야 한다. 다음의 예술활동을 통해 미술치료사가 내담자의 작품에 직접적으로 관여하는 것에 대해 생각해 보자.

추천 예술활동

1. '내담자의 작품에 직접적으로 관여하는 일이 올바르게 여겨질 때'라는 주제로 콜라주 작품을 만들어 보자. 이를 동료들이나 슈퍼바이저와 함께 나누어 본다.
2. '내담자의 작품에 직접적으로 관여하는 일이 부적절하게 여겨질 때'라는 주제로 미술작품을 만들어 보자. 그리고 1번 활동에서의 콜라주와 이미지를 비교해 보자. 동료들 또는 슈퍼바이저와 이 미술작품에 드러나는 윤리적 문제들과 임상적 문제들에 대해 의논해 본다.
3. 수업 시간이나 슈퍼비전 시간에 미술치료사가 내담자의 그림에 손을 대거나 반대로 내담자가 미술치료사의 작품에 손을 대는 상황에 대해 짧은 예화를 생각해 보자. 종이에 각각의 예화에 대한 설명을 쓰고 각자 한 장씩 종이를 골라 그것을 주제로 이런 상황에 어떻게 대처할지 그림으로 표현해 본다. 그림과

이 상황에 대한 대응에 대해 의논해 보자.

4. 당신이 내담자의 미술작품에 손을 대는 상황을 이미지로 표현해 보자. 그리고 이 이미지들을 표현하면서 떠오르는 감정과 생각에 대해 집중해 보자. 이미지와 떠오르는 감정에 대해 동료들이나 슈퍼바이저와 함께 나누어 본다.

5. 내담자들과의 접촉 문제에 대한 자신의 의견을 정리해 보고 그것을 시적 형태로 요약해 보자. 당신이 쓴 글들에 대해서 동료들과 이야기 나누고 의논을 해 본다. 그 글들에 윤리적인 문제들이 있을지 동료들에게 물어본다.

6. 수업 시간이나 집단 슈퍼비전 시간에 미술치료사가 내담자에게 직접적으로 신체 접촉을 하거나 그들의 미술작업에 관여하는 상황을 연출해서 역할극을 해 보자. 이러한 상황에 어떻게 대처해야 할 것인지 여러 가지 전략을 구성해 보고 논의해 본다.

7. 미술치료사가 구체적인 관여를 하지 않기로 결정하는 상황들을 연출해서 역할극을 해 보자. 그리고 6번 활동에서의 역할극과 7번 활동에서의 역할극을 비교해 본다.

역할 혼동

미술치료에서 역할 혼동(role diffusion)이란 미술치료사들이 직장에서 미술치료와 관련이 없는 일들을 할 때 나타나는 현상을 일컫는다. 많은 심리치료 관련 저서는 치료사가 치료와 연관된 다른 업무와 치료사의 역할을 명확하게 구분하는 것이 치료에 도움이 된다고 이야기하고 있다. 정신과 병동 환경의 경우, 전통적으로 치료사가 다른 임상적 역할을 맡지 않고 오직 개인 심리치료만을 담당하는 것을 이상적이라고 본다. 이는 한 내담자의 치료사는 그 내담자가 속한 치료 집단을 운영하지 않아야 한다는 것을 뜻한다. 이러한 역할 분리는 심리치료사가 몇몇 내담자의 '특별한' 정보를 인식하는 경우 다른 치료 집단 구성원들을 동등하게 대하지 않을 수 있기 때문이다.

로저스(Rogers, 1965)는 치료적 관계에 대한 이상적인 관계를 다음과 같이 표현했다. "내담자는 치료사와 따뜻한 감정의 관계를 유지하면서 자신이 어떤 것을 표현하든지 치료사가 그것을 이해하고 그대로 수용해 줄 것이라는 안정감을 경험하기 시작한다."(p. 41) 치료사가 몇몇 내담자와 이상적인 관계를 맺는 것이 집단 전체 분위기에 어떤 영향을 줄지는 쉽게 예측할 수 있다. 개인 치료가 아닌 집단 치료의 내담자인 경우, 몇몇 내담자와 치료사 사이의 특별한 관계에 질투를 느끼거나 분노할 수 있다. 마찬가지로 집단 리더로서 치료사는 집단의 상호작용을 방해하는 내담자의 행동에 대해 제한하고 맞설 필요가 있다. 그러나 한계를 설정하는 것은 개인 치료에서의 내담자와 치료사 사이의 관계를 복잡하게 할 수 있다. 다시 말하면, 치료사는 개인 치료와 집단 치료에서 같은 내담자를 만날 때 역할 혼동을 경험한다. 또 다른 역할 혼동의 예로 개인 치료사와 사례관리자의 역할을 함께하는 경우에서 쉽게 찾아볼 수 있다. 사례관리자는 심리치료와 관련해 여러 가지 부수적인 활동을 한다. 그들은 내담자 뒤에서 많은 일을 한다. 예를 들어, 보험회사 서비스, 다양한 중개업체의 서비스에 대한 지불이나 행동주의적 중재, 그 밖의 개인 심리치료와 구별되는 많은 일이 있을 것이다. 이상적인 관계를 맺기 위해 노력하는 미술치료사들은(Rogers, 1965) 미술치료사로서의 역할을 혼동하게 되면서 수많은 장애물을 마주치게 된다.

지금은 건강관리 전문가들에게 힘든 시기다. 미술치료사들 또한 미국 전역의 신체 및 정신 보건 서비스에서 나타나는 급격한 변화의 영향을 받고 있다. 이러한 변화로 인해 미술치료사의 고용주가 미술치료와 관련이 없는 수많은 일을 미술치료사에게 요구하는 일이 발생하기도 한다. 이처럼 다양한 역할을 하다 보면 치료사들은 역할 혼동을 피할 수가 없다. 고용주들의 현실적인 요구들을 피해 가긴 어렵다. 하지만 내담자들에게 더 나은 치료를 제공하기 위해 미술치료사들에게 역할 혼동은 깊이 생각해 보아야 하는 중요한 주제다.

미술치료계는 치료사로 임상을 시작하려면 석사과정의 학위가 꼭 필요한 전문영역으로 자리 잡았다. 이 기준은 많은 도움을 주겠지만 양날의 검이 되기도 한다. 보통 미술치료사들은 자기보다 낮은 학위를 받은 사람들과 함께 일하게 된다. 예를 들어, 음악, 원예, 레크리에이션, 그 밖의 많은 행동중심 치료에서는 학생들에게 높은 학위를 요구하지 않는다. 몇몇 지역에서는 사회복지사와 상담자에게 단지 학사학위 수준의 교육과정을 요구한다. 미술치료사들의 진보적 교육으로 사람들은 주로 미술치료사들이 슈퍼바이저, 프로그램 지도자, 사례관리자와 같은 행정적인 직위에 서 있기를 바란다.

어떤 면에서 행정적인 직위는 미술치료사들에게 매력적으로 여겨질 수 있다. '사례관리자' 또는 '슈퍼바이저'라는 타이틀은 보다 많은 보수를 보장하고 전문적으로 명성이 높고, 임상지에서 좀 더 권위를 가지고 있기 때문이다. "만약 누군가 더 많은 보수, 더 많은 자유 그리고 더 많은 통제력을 제공한다면 대부분 너무나 쉽게, 생각 없이 이것을 받아들인다."(Moon, 2008, p. 188)

그러나 분명히 행정적인 직위에는 불리한 면들이 있다. 하지만 이러한 직위에 있는 미술치료사들은 직업 정체성이 불분명해지고 내담자들을 보살피는 면에서 미술치료 임상과는 멀어지는 결과를 낳는다. 사례관리자로 일하고 있는 미술치료사는 단지 미술치료 세션에서만 치료 서비스를 제공하는 것뿐 아니라 내담자와 관련된 건강관리 환경 속에서 많은 측면에서 책임을 지고 결정을 해야 한다. 예를 들어, 미술치료사이면서 동시에 사례관리자인 경우 내담자들의 행동에 대한 제한 방침을 세워야 한다. 치료사의 행정적 역할은 내담자들을 치료할 때의 미술치료사들의 역할을 혼란스럽게 할 수 있다. 비슷한 관점에서 외래병동의 미술치료사/사례관리자는 자금 모집 관리, 전체적인 치료계획 세우기, 행동 수정 개입 설계, 다양한 치료 시간 조정 등 임상과 관련이 없는 일에 많은 시간을 소비한다. 또한 사례관리자는 미술치료 내담자들이 어떠한 서비스를 받고 있는지 문서화해야 하며, 동시에 그 밖의 여러 행정적인 잡무를 맡아야 한다. 이러한 행정적인 책임을 담당하면서 미술치료사는 실제 담당 내담자들과의 관계에 쏟는 시간이나 미술치료 임상 시간을 줄일 수밖에 없는 경우가 생긴다. 그리고 전에는 동료였지만 현재는 슈퍼바이지이거나 미술치료 임상가인 친구들에게서 점차 멀어지고 혼자 고립될 수도 있다.

분명히 치료사가 미술치료사와 미술가로서 활동하면서 사례관리자나 슈퍼바이저가 되는 것은 불가능한 일이 아니다. 하지만 여러 가지 활동 무대에서 미술치료사는 혼동 속에 미술치료사로서의 본질을 상실할 위험이 크다. 미술치료 전문가들의 진정한 본질은 미술작업 과정과 치료 관계 속에서 발견된다. 이러한 가치들은 임상 장면에서 사례관리자와 슈퍼바이저의 담당 업무에 속하는 것이 아니다.

사례관리자나 행정가가 되려는 미술치료사들이 의도적으로 직업 경계를 떨쳐 버리거나 전문적 기초를 벗어나는 사람이라고 말하는 것은 아니다. 어떤 사람들은 실제로 관리직에 더 적합하다. 그러나 여전히 미술치료사의 정체성을 지키고 싶다면 사례관리자와 슈퍼바이저로서의 어려움과 업무들이 미술치료사의 창의성과 치료 관계를 훼손할 수 있다는 것을 기억해야 한다. 반면에 미술치료사들이 좀 더 권위 있는 직책을 가진다면 그만큼 임상 기관이나 현장에 긍정적인 영향을 미칠 기회가 많다는 장점도 있을 것이다. 그들은 일반적인 미술치료사들이 할 수 없는 역할을 할 수 있다. 미술치료가 발전하도록 미술치료를 홍보하고 지지하는 역할을 할 수 있을 것이다. 또한 일상의 업무가 내담자와 함께하는 미술치료 세션 중의 관계를 깊어지게 할 수도 있다. 미술치료사가 역할 혼동을 느낄 때 기억해야 할 것은 그것의 이득과 위험성을 모두 인식하는 것이다.

　미술치료사들은 임상 환경에서 다양한 형태의 역할 혼동을 경험한다. 그중 하나는 미술치료사가 명절을 맞아 기관의 '장식가'가 되어 달라는 요청을 받는 것이다. 미술치료사가 자신의 미술적인 감각을 치료 관리 환경에 이용하는 것에는 문제가 없다. 하지만 미술치료사는 이러한 행위로 야기되는 잠재적인 영향들에 대해 고려해 보아야 한다. 예를 들어, 입원병동의 병원 대표가 미술치료사에게 병원의 크리스마스 장식을 도와 달라고 부탁한다면, 미술치료사는 이렇게 자문해 보아야 한다. '나는 전문가로 인식되고 있는가, 아니면 미술 공예가로 인식되고 있는가?' 만약 이러한 질문에 미술 공예가로 여겨지고 있다고 생각된다면 그 병원 대표의 미술치료에 대한 잘못된 관념을 바꾸기 위해 노력해야 할 것이다. 이러한 형태의 역할 혼동은 미술치료사들의 전문적인 정체성과 직업적 자긍심을 저해한다. 또한 내담자들은 자연스럽게 미술치료를 평가 절하하는 역동을 눈치 챌 수 있으며 이는 미술치료사들의 영향력까지 악화시킬 수 있다. 결과적으로 이 역할 혼동은 미술치료사와 치료에 방해되는 위험성을 가지고 있다.

　또 다른 형태의 역할 혼동은 미술치료사가 치료기관에서 자신의 임상 전문성을 넘어선 활동치료사의 역할을 해야 될 때 나타난다. 어떤 환경에서는 미술치료사가 레크리에이션 치료 집단, 음악치료 집단, 드라마 치료 집단, 혹은 다른 관련 활동 등을 진행해 주기를 요구한다. 활동중심 집단을 진행하는 것은 미술치료사가 내담자들과 미술치료 작업을 하는 것을 어렵게 할 수 있다. 한 예로, 정신병동에서 어떤 미술치료사가 매일 한 집단의 레크리에이션 치료를 보조 진행하고 있다. 집단은 15명의 성인 정신질환 내담자들, 레크리에이션 치료사, 그리고 미술치료사로 구성되어 있다. 이 레크리에이션 집단이 치료 시간에 배구 게임을 하고 있을 때, 한 내담자(미술치료사가 개인적으로 담당하고 있는 내담자)가 한 구성원에게 화가 났다. 게임을 하던 중, 그 내담자는 배구공을 아주 세게 바로 그 구성원의 얼굴에 내리쳤다. 그 후 주먹다짐이 시작되었고, 레크리에이션 치료사와 미술치료사는 직접적으로 개입하여 그 두 사람을 분리시키고 자제시켰다. 이 사건 이후 미술치료사는 내담자와의 치료 관계를 유지할 수 없었다. 내담자는 미술치료사에게 '참견'했다고 분노를 표현했다. 미술치료사 역시 이러한 언쟁으로 내담자에 대한 긍정적인 감정을 잃고 내담자를 소홀히 대하게 되었다. 미술치료사의 역할 혼동으로 치료 관계가 변질된 것이다.

미술치료사를 위한 윤리규정(AATA, 2013)의 조항 1.3과 1.4는 역할 혼동에 대해 명시하고 있다.

1.3 치료 관계에서 모호함을 피하고, 내담자와 치료사 사이에 존재하는 다양한 치료적 역할에 대해 명확성을 유지하는 것은 미술치료사의 전문적인 책임이다.

1.4 미술치료사는 내담자와의 다중관계가 미술치료사로서의 기능을 수행하는 데 있어서 미술치료사의 능력이나 효과를 손상시키거나, 전문적 관계가 있는 사람에게 착취나 해를 끼칠 위험 가능성이 있는 경우, 내담자와 다중관계를 맺는 것을 자제한다.

다중관계는 다음과 같은 경우에 발생하게 된다. 미술치료사가 내담자 관계에서 전문적인 역할과 (a) 동시에 그 내담자와의 관계에서 다른 역할을 할 때, (b) 전문적 관계의 내담자와 개인적 관계를 동시에 맺을 때, (c) 내담자 혹은 내담자와 관련이 있거나 밀접한 관계의 사람과 미래에 또 다른 관계를 맺으려 할 때다. 미술치료사들은 다양한 환경에서 일하게 된다. 각각의 임상지에는 고용인에게 기대하는 독특한 역할과 치료 수준에 대한 기대감, 그리고 고유한 치료 문화가 있을 수 있다. 미술치료사는 임상지의 다양한 요구와 문화 속에서 자신의 전문적 역할들을 명확히 하도록 노력해야 한다. 대부분의 미술치료사들이 임상 현장에서 역할 혼동의 어려움을 경험하게 된다. 중요한 것은 미술치료사들이 자신이 받은 전문적인 훈련과 교육의 범위 안에서 일하고 미술치료사로서의 정체성을 명확하게 유지하도록 끊임없이 노력하는 것이다.

에이미의 문제

에이미는 학습장애 아이들을 교육하는 작은 사립학교에서 미술치료사로 일하고 있었다. 그녀는 약 석 달 동안 일했는데, 이는 그녀가 석사학위를 받은 후에 가진 첫 정규직이었다. 그녀는 즐겁게 일했고, 직장 동료들과도 좋은 관계를 맺고 있었다. 최근에 학교 교장인 존슨 씨는 에이미에게 드라마반에서 손턴 와일더(Thornton Wilder)의 〈우리 읍내(Our Town)〉라는 연극을 공연할 것이라고 했다. 그는 그녀에게 "개인 치료 시간에서 매주 약간의 시간을 할애해서 드라마반 교사와 학급을 도와주세요."라고 부탁했다. 이에 대해 에이미는 다음과 같이 답할 수 있을 것이다.

1. 물론이죠, 그렇게 할 수 있어요. 저는 연극을 무척 좋아한답니다. 제가 아이들의 연극 준비에 많은 도움을 줄 수 있을 거예요.
2. 그러고 싶지만 그렇게 되면 전보다 내담자와 만나는 시간을 줄여야 하는 것이 걱정입니다. 또 이 일이 미술치료사의 역할인지도 혼란스럽고요. 이러한 역할을 했을 때 아이들에게 어떠한 영향을 줄지 의문스럽습니다. 결정을 내리기 전에 슈퍼바이저와 이 문제에 대해 먼저 이야기해 보겠습니다.
3. 절대로 그럴 수 없습니다. 존슨 씨, 저는 미술치료사가 되기 위해 정말 힘든 과정을 거쳤습니다. 그런데 지금 아마추어 무대 디자이너가 되어야 하는 것처럼 여겨지네요.

- 어떤 응답이 에이미가 처한 상황에 대처하는 데 가장 적합할까?
- 당신은 드라마 작업을 위해 에이미에게 시간을 단축하고 적은 수의 내담자들을 돌보라는 존슨 씨의 의견을 어떻게 생각하는가? 이 상황에서 어떤 윤리적인 문제들이 일어날 수 있는가?
- 어떤 행동을 취하는 것이 에이미에게 가장 좋은 선택이라고 생각하는가?

미술치료사가 자신의 직업 정체성을 발달시키는 것은 매우 중요하다. 이를 위해 미술치료사는 자신의 전문적 책임의 영역을 명확히 하고 자신의 역할을 넘어서는 요구에 대해서는 거절할 수 있어야 한다. 다음의 예술활동은 전문가의 역할 문제에 대해 생각해 보고 확인하도록 하는 것을 도울 것이다.

추천 예술활동

1. 수업 시간이나 집단 슈퍼비전 시간에 미술치료사가 역할 혼동에 관해 어려움을 겪고 있는 상황에 대한 짧은 예화를 생각해 보자. 예화들을 각 종이에 적어 보고 한 사람씩 종이를 골라 쓰여 있는 예화를 주제로 미술작업을 해 보자. 각자 이러한 상황들의 문제를 어떻게 대처해 나갈지 그림으로 묘사해 보자. 미술작품들 혹은 그 속의 상황들에 대한 의견들을 나누어 본다. 자신이 그린 그림에 대해 다른 이들에게 더 좋은 의견이 있는지 물어본다.

2. 내담자와의 관계에서 여러 가지 역할을 해야 하는 상황을 이미지로 그려 보자. 이 작업을 할 때 떠오르는 생각과 감정을 들여다보고, 자신이 만든 이미지와 생각, 감정들에 대해 동료들과 나누어 본다. 이러한 상황에 어떻게 대처하는지를 브레인스토밍 방식으로 토론해 본다.

3. 미술치료에서 나타나는 역할 혼동의 문제에 대한 자신의 입장을 생각해 보자. 그 생각들과 견해를 텔레비전 광고 형식으로 요약해 보자. 동료들에게 준비한 것을 발표하고 이와 관련된 문제에 대해 의견을 나누어 본다.

4. '당신이 쓰는 모자'를 몇 가지 만들어 보자. 모자는 당신이 하는 역할을 나타내는 것으로 미술치료사로서의 역할들이 분명한지 아닌지에 대한 문제를 반영할 수 있을 것이다. 자신의 직업 정체성에 대해 동료들이나 슈퍼바이저와 토론해 본다.

5. 수업 시간이나 집단 슈퍼비전 시간에 미술치료사가 역할 혼동 문제를 꼭 해결해야 하는 상황을 연출해 역할극을 해 보자. 여러 가지 연출방법을 생각해 보고 그 속에서 나타난 문제들에 대해 토론해 본다.

6. 한 미술치료사와 내담자 사이에서 일어난 역할 혼동 상황에 대한 간략한 이야기를 써 보자. 긍정적인 결말로도 써 보고, 부정적인 결말로도 써 보자. 이야기들을 동료들과 함께 읽어 보고 토의해 본다.

미술치료의 다중관계

미술치료에서 다중관계(이전에는 이중관계라고 명명됨)는 역할 혼동의 한 형태로서 앞서 다루어진 형태의 역할 혼동과는 차이가 있다. 이제까지 이야기된 역할 혼동들은 외부의 영향으로 나타나는 것이다. 고용주들의 기대가 그 예라 하겠다. 이와 달리 다중관계는 대부분 미술치료사 내부의 욕구로 나타난다. 다중관계에서 미술치료사는 내담자에게 두 가지 혹은 그 이상의 역할을 한다. 미술치료사가 내담자에게 미술치료 서비스를 제공하면서 동시에 내담자와 사업적인 관계를 맺는다면 다중관계가 되는 것이다. 이러한 다중 역할은 동시적이거나 연속적일 수 있다. 연속적인 다중관계의 한 예를 살펴보자. 한 미술치료사가 치료를 종결한 후에 치료적 관계가 아닌 사회적 관계를 유지한다면 연속적 다중관계라 할 수 있다. 다중관계는 미술치료사가 한 가지 이상의 전문 능력을 발휘하도록 한다. 미술치료 교육자가 학생들에게 미술치료 서비스를 제공하는 것이 그 예다. 미술치료사가 전문적인 치료 서비스를 내담자에게 제공함과 동시에 내담자와 비전문적인 관계를 맺는다면 이 또한 다중관계의 한 형태라고 볼 수 있다. 이 밖에 다른 형태의 다중관계는 다음과 같다.

- 자신의 가족 구성원들이나 친구를 대상으로 미술치료를 하는 행위
- 내담자에게 선물을 주는 행위
- 내담자에게 선물을 받는 행위
- 내담자의 결혼식이나 다른 사교 모임에 참석하는 행위
- 지역 미술치료 스튜디오의 참여자이면서 동시에 미술치료 촉진자의 역할을 하는 것
- 미술치료 슈퍼바이저와 미술치료사의 역할을 동시에 맡는 일
- 내담자, 슈퍼바이지 또는 학생들과 성적인 관계를 맺는 일

미술치료사들이 다중관계를 맺지 않기 위해서는 미술치료적 관계가 개인적인 관계와 구별되는 것이란 점을 명심해야 한다. 치료사-내담자 관계에서는 힘의 차이가 존재한다. 얼마나 친밀한 관계든 간에 미술치료사와 내담자의 관계는 명확한 치

료적 경계를 가진 전문적인 관계에 머물러야 한다.

미술치료사를 위한 윤리규정의 조항 1.4에는 다음과 같이 명시되어 있다.

1.4 미술치료사는 내담자와의 다중관계가 미술치료사로서의 기능을 수행하는 데 있어서 미술치료사의 능력이나 효과를 손상시키거나, 전문적 관계가 있는 사람에게 착취나 해를 끼칠 위험 가능성이 있는 경우, 내담자와 다중관계를 맺는 것을 자제한다. 다중관계는 미술치료사가 내담자에게 전문적인 역할을 할 때 다음과 같은 경우 발생한다. (a) 같은 내담자에게 동시에 다른 역할을 하는 경우, (b) 같은 내담자와 전문적 관계이면서 동시에 개인적인 관계인 경우, (c) 향후 내담자 또는 내담자와 밀접하게 연관되거나 관련된 사람과 다른 관계를 맺을 것을 약속한 경우

다중관계가 손상이나 착취, 위해를 초래하지 않는다면 모두 비윤리적인 것은 아니다.

코리, 코리, 코리와 캘러넌(2015)은 다중관계에 대한 여러 가지 견해를 밝히고 있다. 어떤 저자는 다중관계 자체의 어려움에 대해 중점적으로 이야기하고 있다. 포프와 바스케즈(Pope & Vasquez, 1991)는 다중관계가 일으키는 많은 문제를 나열했다. 치료사의 판단력을 흐리게 하는 것, 내담자의 성장에 피해를 주는 것, 그리고 전문적 관계를 무너뜨리는 것 등이 그것이다. 다른 이론가들은 이중관계로 인한 현상들은 매우 복잡하기에 법률적으로 지나치게 단순하게 취급하는 것은 지양한다고 밝히며 이러한 이슈들에 대해 좀 더 유연한 태도를 취하기도 한다.

미술치료의 전문적 특성 때문에 미술치료사는 여러 형태의 다중관계를 형성할 가능성이 있다. 미술치료사는 종종 내담자들과 개인적인 협력을 하기도 하는데, 이는 결국 직업적 경계를 미묘하게 흐트러뜨리기도 한다. 예를 들어, 미술치료사가 한 번도 캔버스를 다루어 보지 않은 내담자와 캔버스를 설치한다면 이 과정을 통해 미술치료사는 치료사의 역할뿐 아니라 다른 여러 역할도 담당하게 된다.

1. 교육자: 이 과정들에 대한 기술적인 면을 설명해 준다.

2. 실연자: 이 과정을 예를 들어 설명해 준다.

3. 공급자: 유화 틀, 캔버스, 스테이플러 등을 제공해 준다.

4. 협력자: 내담자와 함께 과정에 참여한다.

이 모든 역할은 내담자들의 미술적 자기표현 과정을 모호하게 할 수 있다. 이러한 미술치료의 본질적인 측면들은 다중관계와 역할 혼동을 형성하기도 하지만 미술치료의 중심적 측면이다. 넓은 의미에서 이중관계는 미술치료사의 작업에서 고유한 부분이다. 대부분의 미술치료사는 정서적·육체적으로 자신의 내담자와 떨어져 있지 않다. 미술치료사는 내담자가 미술 표현을 할 때 책상 뒤에서 쳐다보기만 하거나 거리를 두고 있지 않다. "미술치료사는 다중관계 형성을 삼간다."라는 진술(AATA, 2013)에도 불구하고 다소의 역할 혼동은 피할 수 없는 일이며, 근본적으로는 완전히 비윤리적인 것이 아니다. 미술치료사를 위한 윤리규정의 다중관계에 대한 규정은 준수되어야 한다. 그러나 특정한 부분에서의 다중관계는 피할 수 없으며 반드시 비윤리적이거나 해가 되는 일만은 아닐 수 있다는 것을 기억하기 바란다.

미술치료에서 다중관계 가능성의 인정에서 예외는 미술치료사와 내담자 간의 성적인 관계에 대한 문제다(이 장의 후반부에서 논의될 것이다). 임상가들 사이에는 미술치료 다중관계의 여러 측면에 대한 일반적 합의만이 존재한다. 미술치료사는 자신의 역할이 모호한 관계를 형성하는 데 앞서 그에 따른 책임과 영향을 고려하고 자신의 명확한 동기들을 깊이 살펴보아야 한다. 코리, 코리, 코리와 캘러넌(2015)은 다음과 같은 하나의 상황에 대해 언급하고 있다.

"지방 소도시와 같은 작은 지역사회에서 정신건강 관련 치료사나 학교 상담자로 종사하는 사람들은 대도시에서 일하는 사람들보다 분명한 경계를 유지하기가 힘들 것이다. 작은 지역사회에서 일하는 임상가들은 종종 대여섯 가지의 전문적 역할과 기능을 수행해야 한다. 예를 들어, 그들은 내담자가 참석하는 교회나 사회활동 그룹에 참여할 수 있다."(p. 267)

다중관계에 대해 의견이 불일치하는 또 다른 예로는 치료 서비스와 다른 것을 물물교환하는 것이다. 어떤 미술치료사는 물물교환이 있을 수밖에 없는 부분이라고 간주한다. 그들은 내담자가 치료비를 지불할 만한 형편이 안 된다면 당연히 화폐가 아닌 다른 것으로 치료비를 지불할 수 있다고 주장한다. 내가 아는 어떤 미술치료사는 물물교환을 자연스럽고 정당한 거래활동이라고 주장했다. 그녀는 종종 내담자들의 미술작품들을 보수 대신 받았다. 그러나 물물교환이 이론적으로는 가능하지만 여러 가지 잠재적인 문제를 일으킬 수 있다고 생각하는 미술치료사들도 있다. 아직도 많은 이는 물물교환을 반대하고 이러한 행위가 상당히 비윤리적이고 아마추어 같은 행위라고 주장한다. 미술치료사를 위한 윤리규정의 조항 11.5에서는 물물교환에 대해 다음과 같이 언급하고 있다.

11.5 미술치료사는 다음의 경우에만 물물교환을 할 수 있다.
  (a) 임상적으로 금지되지 않은 경우
  (b) 내담자에게 착취적이지 않을 경우
  (c) 내담자와 미술치료사가 거주하는 곳에 사회적으로 허용되는 기준이나 관행이 있을 경우
물물교환이란 내담자와 미술치료사가 상품이나 서비스 등 내담자의 비화폐성 보상으로 미술치료 서비스를 교환하기로 합의한 것이다.

서비스의 물물교환에 대한 장점과 단점을 고려해 보지 않은 미술치료사들은 홀(Hall, 1996)이 제시한 다음과 같은 문제들을 생각해 보자.

• 물물교환하는 것이 전문적인 판단에 손실을 줄 위험이 있는지 또는 치료사로서의 역할에 부정적인 영향을 주는지 평가해 보라.
• 물물교환을 할 때 내담자와 협력적인 방식으로 물품이나 용역의 가치를 결정하라.
• 물물교환을 할 때 걸리는 적당한 시간을 정하라.
• 물물교환 준비들을 문서화하라. 물품이나 서비스의 가치, 협정 기간이 언제 끝나는지 또는 언제 다시 협상해야 하는지 날짜를 기록하라(pp. 7, 19).

이에 덧붙여 코리, 코리, 코리와 캘러넌(2015)은 물물교환 형태의 지불방식을 경험한 적이 있는 동료들이 있다면 그들과 이러한 주제로 논의해 볼 것을 권유하고 있다. 그리고 물물교환 협상을 하기 전에 슈퍼바이저와 함께 물물교환으로 일어날 수 있는 모든 문제에 대해서 이야기해 볼 것을 권유한다(p. 271).

생각해 볼 다중관계 상황

헬렌의 자비

헬렌은 가난한 동네에 위치하고 있는 공립학교에서 전문 미술치료사로 일하고 있다. 그녀는 학교 아이들에게 미술치료를 하고, 생활지도 선생님으로서 위기 상황의 학생을 진단하는 역할도 한다. 학교 측에서는 헬렌을 미술치료사로 간주하지 않고 단지 미술 전문가로 부르고 있다. 어느 날 오후 그녀의 학생 중 8세의 프레디라는 학생이 미술치료실에 와서는 울었다. 헬렌이 무슨 일이냐고 묻자, 다른 아이를 가리키며 자신의 돈을 빼앗아 갔다고 말했다. 프레디는 "학교 끝나고 영화를 보려고 했지만 이제는 그럴 수가 없어요."라고 말하며 울었다.

미술치료 세션이 끝나고 프레디가 미술치료실을 나갈 때 헬렌은 핸드백에서 지갑을 꺼내 5달러를 주었다.

- 헬렌이 이 상황에서 프레디에게 돈을 준 것에 대해 어떻게 생각하는가?
- 헬렌이 프레디에게 5달러를 주기 전에 고려했어야 할 윤리적인 문제들이 있는가?
- 헬렌은 전문적인 방법으로 이 상황에 대처했는가? 그렇다면 왜 그런가? 그렇지 않다면 왜 그런가?

톰의 아량

아드리엔은 44세로 홀로 세 명의 10대 자녀를 키우고 있다. 그녀는 남편이 급작스러운 심장마비로 죽자 심각한 우울증에 시달리게 되었다. 아드리엔은 미술치료사 톰에게 치료를 일 년 넘게 받았다. 그녀는 미술작업에 열정적으로 임했고 미술에 재능을 보였다. 톰은 그녀와의 작업이 즐거웠다. 어느 날 아드리엔이 상당히 흥분한 상태로 치료실에 들어왔다. 그녀는 자기 딸이 자동차 사고가 났는데, 자동차가 완전히 박살 나 버렸다고 말했다. 또한 새 자동차를 사기 위해 대출을 받아야 하기 때문에 앞으로 미술치료비를 지불할 형편이 못 될 것 같다고 말했다. 아드리엔은 당장 치료를 중단해야 할 것 같다고 말하고는 울음을 터트렸다.

몇 분 뒤 아드리엔은 진정을 찾고 미술작업을 시작했다. 톰은 이런 식으로 급작스럽게 치료를 중단하는 것이 언짢았다. 세션 중에 그는 그녀의 그림들 중 하나를 미술치료비 대신 지불하는 것이 어떠냐고 권유했다.

- 당신은 톰이 이 상황에 대처하는 방법에 대해 어떻게 생각하는가?
- 톰이 이 물물교환 합의에서 먼저 고려해야 할 치료적 문제들이 있는가?
- 이 상황에 대한 톰의 결정에 아드리엔의 미술적 능력이 어떠한 영향을 주었는가?
- 만약 세션 후에 톰이 바로 아드리엔의 치료를 중단했다면 그의 결정은 윤리적이었다고 볼 수 있는가?
- 톰은 전문가적인 방법으로 이 상황에 대처했는가? 그렇다면 왜 그런가? 그렇지 않다면 왜 그런가?

조앤의 음악

조앤은 개업 미술치료사다. 그녀는 몇 달 동안 27세의 전문 음악가인 샘에게 개인 치료를 해 왔다. 치료 세션이 진행되면서 조앤은 샘과 자신이 공통 관심사가 많다는 것을 알게 되었다. 그중 하나는 조앤이 가진 음악에 대한 관심과 꿈이었다. 그녀는 평소 노래를 즐기고 키보드를 연주해 왔는데, 항상 전문적으로 연주하고 싶어 했다.

치료 중 샘은 조앤에게 자신이 속해 있는 밴드의 멤버 한 명이 다른 도시로 이주하는 바람에 새로운 멤버를 구하고 있다고 말했다. 조앤은 샘에게 자신이 밴드에 들어가고 싶다고 말했다. 그녀는 자신이 밴드의 멤버가 되는 것이 샘에게 좋을 것이라고 판단했다. 그렇게 된다면 둘은 더 자주 연락하게 될 것이고, 동시에 그것은 자신에게 흥미진진하고 새로운 경험이 될 것이라고 생각했다.

- 이 상황에서 조앤이 샘의 밴드에 멤버로 들어가는 것은 윤리적으로 옳은 일인가?
- 조앤이 이 결정과 관련하여 샘과 함께 치료 관계에 대해 생각해 보아야 할 문제는 무엇인가?
- 조앤의 대처방식은 전문적인가?
- 조앤이 밴드의 멤버가 된 이후에도 샘에게 계속 미술치료를 하는 것은 윤리적인가?
- 밴드의 멤버들이 조앤이 밴드에 들어오는 것을 반대한다면 샘에게 계속 미술치료를 하는 것은 윤리적인가?
- 이 상황에서 조앤은 샘을 우선적으로 고려하고 있는가, 아니면 자신의 욕구를 충족시키고 있는가?
- 당신이 조앤의 슈퍼바이저라면 이 상황에 대해 그녀에게 어떤 충고를 해 주겠는가?

댄과 론다

댄은 지역 정신건강센터에서 일하고 있는 미술치료사다. 론다는 우울증 치료를 위해 센터를 찾았고, 그가 이끄는 미술치료 집단에 참여하게 되면서 댄과 론다는 처음 만났다. 론다는 집단 미술치료를 통해 어린 시절의 유기 경험에 대한 아픈 상처를 다루게 되었다. 약 2년 동안의 치료 후 론다는 집단 치료를 종결하기로 했다.

몇 달 뒤에 론다의 치료가 끝났고, 댄은 론다에게 편지를 받았다. 편지에는 그녀가 치료사인 댄에게 큰 호감을 느끼고 있다고 적혀 있었다. 그녀는 자신이 댄에 대해 진지하게 생각하고 있고, 그와 더 발전된 관계로 만날 수 있는지 궁금해했다.

처음에 댄은 편지 내용에 상당히 놀랐지만, 곧 그 역시 그녀에 대해 깊은 감정이 있었던 것을 인식하게 되었다. 하지만 미술치료를 위해서 그동안 감정을 억누르고 있었던 것이다. 곰곰이 생각한 뒤에 댄은 론다에게 전화를 걸어 미술관에서 만나 그들의 관계에 대해서 이야기해 보자고 말했다.

- 당신은 댄이 이 상황에 대처하는 방식에 대해 어떻게 생각하는가?
- 댄이 고려하지 않은 윤리적인 문제들이 있는가?
- 댄이 그동안 론다에 대한 감정을 억눌러 온 사실은 윤리적 · 전문적 측면에서 어떤 문제점이 있는가?
- 댄은 이제 어떻게 해야 한다고 생각하는가?

미술치료에서 선물

선물과 관련된 이슈는 역할 혼동의 또 다른 형태다. 내담자들은 종종 미술치료사들에게 선물을 한다. 미술치료사가 주로 받는 선물은 미술작품 형태의 선물이거나 특별한 날을 기념하는 선물인 경우가 많다. 미술치료사는 내담자와 선물을 주고받기 전에 그에 관한 자신의 감정과 기대, 그리고 두려움에 대해 살펴보아야 한다. 일반적으로 의무론적 관점에서 치료사는 내담자나 그들의 가족과 선물을 주고받는 것을 피하는 것이 좋다. 이는 관계를 변화시킬 수 있기 때문이다. 내담자는 종종 선물을 줌으로써 치료사와의 특별한 유대감을 확인하고 싶어 한다. 미술치료사는 미술치료 관계를 시작할 때 선물을 주고받는 것에 대한 방침을 미리 밝힌다면 내담자와 자신에게 불필요한 곤란이 생기는 것을 방지할 수 있을 것이다.

선물을 주거나 받는 행위 또는 이를 거부하는 행위는 미술치료 관계에 지대한 영향을 미친다. 물론 일반적으로는 이러한 행위를 금하는 것이 가장 이상적이지만, 모든 상황에 적용할 수는 없다. 미술치료사는 내담자와의 치료적 관계를 먼저 깊이 고려하여 내담자가 선물을 줄 때 이를 수용하거나 거절해야 한다. 치료적 관계에서 아무런 조건 없는 공짜 선물은 없기 때문이다.

종종 미술치료사는 내담자들과 이중관계를 맺고 싶어 하는 자신을 발견한다. 미술치료사는 다중관계 형성에서 자신들만의 생각이나 규칙을 확립하고 개발해야 한다. 자신이 속한 기관이나 임상 환경의 특성을 고려하여 무엇이 올바른지 결정 내려

야 할 것이다. 이를 위해서 미술치료사는 자신의 동기에 솔직해야 하며 자기 의식적인 태도를 유지해야 한다. 다음의 예술활동들은 미술치료에서의 이중관계/다중관계와 관련된 문제들을 이해하는 데 도움이 될 것이다.

추천 예술활동

1. 다중관계를 주제로 콜라주 작품을 만들어 보자. 완성된 미술작품을 바라보며 현재 임상에서 다중관계를 맺고 있지는 않은지 생각해 본다. 이러한 관계의 문제에 어떻게 대처해 나가야 할지 동료나 슈퍼바이저와 의논해 본다.

2. 수업 시간이나 슈퍼비전 시간에 자신의 내담자와 다중관계를 맺지 않으려고 고민하고 있는 미술치료사의 상황에 대한 예화를 만들어 보자. 각자의 예화를 종이에 적고 그룹 구성원들이나 학생들이 하나씩 뽑아 예화와 관련된 미술작품을 완성해 보자. 이 주제에 어떻게 대처해 나갈지에 대해 작품을 완성한 구성원들에게 질문을 해본다. 완성된 그림과 상황들에 대해 그룹 구성원들과 의논한 후, 당신이 그린 해결방안에 대해서 보완할 문제들이 있는지 그룹 구성원의 의견을 들어 본다.

3. 당신이 내담자 중 한 명과 다중관계를 맺고 있는 상황을 이미지로 만들어 보자. 미술작품을 만들어 내는 과정에서 느끼는 감정에 집중해 보자. 당신의 이미지와 감정들에 대해서 동료나 슈퍼바이저와 이야기를 나누어 본다.

4. 당신이 미술치료에서 다중관계를 맺는 위치에 서 있다고 생각해 보자. 당신의 견해들을 시적 형태로 표현해 보자. 그 시에 나타난 문제들을 동료들과 이야기하며 나누어 본다. 어떤 문제들을 시에서 발견할 수 있는지 동료들에게 물어본다.

5. 미술치료사가 내담자와 다중관계를 형성하는 상황에 처한 모습을 연출하여 역할극을 해 보자. 여러 가지 연출 상황을 생각해 보고 어떻게 상황들에 대처해 나갈지 이야기를 나누어 본다.

6. 미술치료사 동료 중 한 명이 내담자와 부적절한 다중관계를 맺고 있는 것을 발견했다고 가정하고, 그 상황을 만화 스토리로 만들어 보자. 어떻게 이 상황에

대처해 나갈지 기술해 본다.

미술치료 안에서의 성적 관계에 대한 문제

이 책의 첫 장에서 나는 세 가지 윤리적 사고방식에 대해 다루었다. 그것은 의무론적 방식, 목적론적 방식 그리고 도덕률 초월론적 방식이다. 앞서 밝힌 바와 같이, 의무론적·법적 방식을 통해 윤리적 의사결정을 내리는 것은 한계가 있다. 또한 어떠한 원칙이나 규정도 고려하지 않는 도덕률 초월론적 방식은 미술치료 중 부딪히는 다양한 윤리적 딜레마를 해결해 나가는 데 큰 도움이 되지 않는다. 그러므로 나는 미술치료에서 목적론적 방식으로 윤리적 문제를 해결하는 것을 지지한다. 목적론적 사고방식이란 전문적인 행위에 대해 결과가 가지고 오는 영향들과 관련해 검토할 것을 강조하는 것이다.

그러나 미술치료사와 내담자 사이의 성적 관계에 대한 문제만큼은 목적론적 사고방식이 아닌 의무론적 사고방식으로 다루려고 한다. 미술치료사를 위한 윤리규정(2013)에서는 미술치료사와 내담자 사이의 성관계를 명백히 금한다고 명시하고 있다. 모든 조력 전문 분야의 윤리 강령이 공통적으로 명시하고 있는 한 가지 규정은 치료 관계에서의 성적인 친밀감을 금한다는 것이다(Ameican Psychological Association, 2010; American Association of Marriage and Family Therapists, 2012; American Counseling Association, 2014; American Music Therapy Association, 2013; National Association of Social Workers, 2008; National Organization of Human Service Education, 1995). 다시 말하자면, 현존하는 강령들은 내담자, 학생, 슈퍼바이지 관계에서의 성희롱과 성관계를 명백히 금하고 있다(Corey, Corey, Corey, & Callanan, 2015).

미술치료사는 그들의 내담자 또는 학생이나 슈퍼바이지와 성적인 관계를 맺는 것을 반드시 삼가해야 한다. 하지만 미술치료사를 위한 윤리규정에는 미술치료 현장에서 마주칠 수 있는 간접적인 방식의 성적인 관계에 대해서는 자세히 다루고 있지 않다. 미술치료사들은 그들의 내담자 또는 학생이나 슈퍼바이지 사이의 관계에서 잠재적으로 성적인 욕구나 성적인 행위의 요소들을 담고 있는 상황에 대해 고려해 보아야 할 것이다. 미술치료에서 성적인 요소들은 직접적인 성행위만을 지칭하는 것이 아니다. 미술치료사들은 자신들에 대해서 느끼는 성적 자극에 대해 인식하고 인정할 수 있어야 한다. 그리고 그것을 치료와 슈퍼비전 안에서, 그리고 교육적 관계에서 어떻게 다룰지 의식적인 판단을 내릴 수 있어야 한다.

미술치료사들도 사람이기에 다양한 상황에서 성적인 욕구를 느낄 수 있다. 다음과 같은 몇 가지 사례를 보라. 한 미술치료사가 내담자에게 성적인 매력을 느끼게 되었다. 슈퍼바이저와 슈퍼바이지가 서로 끌리는 감정을 경험하게 되었다. 미술치료 강사가 학생에게 관심을 두게 되었다. 이러한 감정들은 정상적으로 일어날 수 있는 일이고 어쩌면 미술치료 관계에서 자연스러운 요소일 수도 있다. 하지만 이러한 감정은 그대로 행동화되어서는 안 된다. 미술치료사는 잠재하는 비도덕적인 관계 형성을 막기 위해 자신의 행동을 주시할 필요가 있다. 만약 자신을 잘 관찰하지 못한다면 순간적으로 내담자들을 유혹하는 위험한 행동을 할 수도 있다. 이런 미술치료사들은 내담자가 자신에게 로맨틱하거나 성적인 감정을 느끼도록 영향을 줄 수도 있다. 또한 성적인 호기심이나 성적 욕구를 채우기 위한 육체적 접촉을 할 수도 있다. 이러한 행동들은 분명히 도덕적이지 못하다.

미술치료사가 때때로 내담자, 슈퍼바이지 또는 학생들에게 성적인 매력을 느끼는 것이 자연스러운 일이라면 어떻게 이러한 비윤리적인 행동을 피할 수 있을까? 비윤리적인 행동을 방지하기 위해서는 실습과 슈퍼비전 시간에 미술치료 관계에서의 성적인 요소와 관련된 임상적 · 윤리적 · 교육적 · 직업적 문제들을 탐색해 보아야 한다. 이러한 주제는 모든 미술치료 교육 수준인 학사, 석사 그리고 박사 과정에서 다루어져야 한다. 이미 임상 중인 미술치료사들은 슈퍼비전, 보수교육, 각종 세미나를 통해 이러한 문제에 대해 탐색하고 성찰해 볼 수 있을 것이다. 앞서 말한 바와 같이, 개인 분석을 통해 미술치료사는 자신의 성적인 욕구, 감정 그리고 동기를 살펴보고 이해할 수도 있다.

중요한 것은 내담자, 학생, 슈퍼바이지에게 성적인 욕구를 느끼는 것과 이러한 욕구를 그대로 행동으로 옮기는 것의 차이를 분명히 하는 것이다. 성적인 감정은 그저 감정일 뿐이다. 좋은 것도 나쁜 것도 아니다. 미술치료의 윤리적 · 전문적 측면에서 중요한 것은 어떻게 미술치료사들의 성적인 감정이 행동으로 이행되는가의 문제다. 미술치료사와 내담자 사이의 성적 관계는 둘 모두에게 결과적으로 해가 된다.

미술치료사가 성적인 욕구를 내담자에게 행동으로 표출하는 것은 비전문적이고 비윤리적인 행위다.

미술치료사가 되는 것은 완벽한 사람이 된다거나 모든 인간적 감정에 면역되는 일이 아니다. 모든 인간은 실수를 저지르기 마련이고, 미술치료사들 또한 예외가 아니다. 미술치료사에게 중요한 것은 자신의 내담자, 학생, 슈퍼바이지에게 어떻게 행동해야 가장 도움이 될지 깊게 고민하는 것이다. 이 주제에 대해 더 깊게 이해하고 싶은 독자는 세이브리언(Schaverien)의 『여성 미술치료사의 욕구에 대한 연구』(1995)를 읽어 보자. 미술치료사는 그들의 내담자에게 성적인 감정을 느끼는 상황에 처할 수 있다. 비도덕적인 행위를 피하기 위해서는 성적인 감정을 갖고 있는 자기 자신을 인지해야 하며 자신의 욕구에 대해 정직해야 한다. 다음의 예술활동은 이러한 문제에 도움이 될 것이다.

추천 예술활동

1. 당신이 미술치료를 한다고 상상해 보자. 세션 중 당신의 내담자가 미묘하게 당신과의 성적인 행위를 원한다면 이 상황에 어떻게 대처할 것인지 그림으로 표현해 보자. 동료들이나 슈퍼바이저와 그림에 대해 의견을 나누어 보고, 대처법에 대해 동료들의 의견을 들어 본다.

2. 내담자 중 한 명과 성적인 관계를 맺는 성적 판타지를 그림으로 표현해 보자. 그림을 그리면서 생각나는 감정들에 주의를 기울이고 이를 믿을 만한 슈퍼바이저나 동료와 나누어 본다.

3. 미술치료 시간에 내담자에게 선물을 주거나 받는 상황을 상상해 보자. 이 상황에 대한 견해들을 시적인 형태로 표현해 보자.

4. 당신에게 성적인 자극을 주는 것들을 주제로 콜라주 작품을 만들어 보자. 완성된 콜라주를 바라볼 때 어떻게 이러한 요소들이 현재 임상 환경에서 나타나는지 생각해 본다. 성적인 욕구를 자극시키는 내담자들을 만났을 때 어떻게 대처해야 할지 이야기를 나누어 본다.

5. 수업 시간이나 집단 슈퍼비전 시간에 미술치료사에게 선물을 주려고 하는 내

담자를 어떻게 다룰지 역할극을 해 보자.

6. 수업 시간이나 집단 슈퍼비전 시간에 미술치료사가 내담자에 대한 자신의 성
   적인 감정을 다루어야 하는 상황을 연출해서 역할극을 해 보자.

chapter **8**

미술치료 연구자의 책임

미술치료사에게 가장 중요한 자질은 창의성이다. 이러한 창의성은 내담자와 치료 관계를 형성할 때, 미술작업을 할 때, 미술치료에 대한 저널이나 저서를 출판할 때, 심지어 미술치료 학회를 만들고 운영할 때, 미술치료사의 능력으로 발휘된다. 미술치료 연구에서도 창의성이 필요하다. 카피탄(Kapitan, 2010)이 언급했듯이, "연구는 창조적인 과정이다. 이 과정은 새로운 것을 발견하기 위해 어떻게 진행해야 할지, 혹은 사실로 받아들여진 것을 어떻게 검증할지 창조적으로 상상하는 행동으로부터 시작한다."(p. xviii)

처음 미국에서 미술치료가 시작되었을 무렵부터 많은 미술치료사가 미술치료 연구에 대해 관심을 보였다. 예를 들어, 메리 헌툰(Mary Huntoon)은 1947년 캔자스주 토피카의 윈터병원(Winter Hospital)에서 시작된 연구에 참여했다(Casado, 1980). "미술치료계의 첫 번째 출판물인『미술치료 회지(Bulletin of Art Therapy)』제1권 제1호는 연구에 대한 높은 관심의 증거다."(Knapp, 1992a) 수년이 지나면서 미술치료 연구에 대한 관심도는 나날이 급증했다(Anderson, 1983; Gantt, 1986; Junge, 1989; Kapitan, 2010; Malchiodi, 1995; McNiff, 1987, 1998, 2013; Rosal, 1989; Rubin, 1984; Tibbetts, 1995; Wadeson, 1978, 1992, 1995). 1998년의『미술치료(Art Therapy: Journal of the American Art Therapy Association)』는 미술치료 연구와 관련된 이슈 두 개를 연속적으로 다루었으며, 2014년도 마지막 학술지에서는 최근 생겨난 미술 기반 연구

에 대한 관심을 다루었다. 이 두 간행물 중 첫 번째에서 로잘(Rosal, 1998)은 "미술치료계에서 미술치료에 대한 연구는 이제 중요한 요소가 되었고, 그 중요도가 점점 높아지고 있다."(p. 47)라고 언급했다.

미술치료 연구에 대한 관심이 증가하면서 미술치료사들 사이에 많은 논쟁도 일어났다. 티베츠(Tibbetts, 1995)는 많은 미술치료사가 미술치료 연구의 중요성을 간과하고 있다는 것은 두려워할 만한 일이라고 말하고 있다. 어떤 미술치료사들은 미술치료계에 연구가 전혀 필요하지 않다고 주장하기도 한다. "이 논쟁의 중심에는 미술치료에 대해 우리가 아는 것이 무엇인지, 그것을 우리가 어떻게 알고 있는지의 문제가 자리 잡고 있다."(Rosal, 1998, p. 47) 몇몇 미술치료사는 연구를 통해 미술치료의 힘과 이점들을 입증함으로써 미술치료 분야에 도움이 될 것이라고 생각한다. 미술치료학의 역사에서 연구는 과학, 의학, 심리학 분야의 준거 틀과 마찬가지로 자신의 분야를 정당화하려는 노력에 의해 발전되어 왔다. 미술치료사들은 요즘 시대가 지지하는 과학적인 측면의 양적-질적인 이분법적 형태의 연구가 미술치료에 맞지 않는다고 좌절하기도 했다. 어떤 미술치료사들은 미술치료의 과정은 객관적으로 측정하거나 수치로 나타내기에는 너무 복잡하다고 논했다. 울프(Wolf, 1995)는 미술치료 연구가 "우리의 신뢰를 떨어뜨리는 것에 기여(p. 259)"할 수도 있다고도 말했다. 더욱 최근에는 미술치료사에게 큰 매력으로 다가오는 미술 기반 연구방법에 대한 관심이 커지고 있다(McNiff, 2013).

미술치료사들이 연구에 대해 어떠한 입장을 가지든 간에, 미술치료 연구와 관련된 철학적 논쟁은 연구의 필요성과 타당성 그리고 연구방식에 대한 생각을 더욱 선명하게 한다. 미술치료계에서 연구의 필요성과 방식에 대한 논쟁은 끊이지 않겠지만, 미술치료 연구는 교육 환경과 임상 현장 안에서 계속될 것이다. 이런 의미에서 미술치료 연구과정에 영향을 주는 윤리적 원칙을 검토하는 것이 중요하다. 이 장에서는 미술치료사를 위한 윤리적 연구의 기본 원칙들을 설명하는 데 초점을 둘 것이다.

미술치료사를 위한 윤리규정의 조항 9, '연구 참여자에 대한 책임'에서 다음과 같이 연구와 관련해 초래될 수 있는 문제를 제시했다.

9.0 연구 참여자에 대한 책임

미술치료 연구원은 연구 참여자의 존엄성을 존중하고 복지를 보장한다.

9.1 연구원은 연구 수행에 적용되는 법률, 규정 및 전문적 기준을 따른다. 인간 피험자를 대상으로 연구를 수행하기 위해 제도적 검토와 승인이 필요할 때, 미술치료사는 제안된 연구에 대한 정확한 정보를 제공하고, 연구 활동을 시작하기 전에 관련 기관 검토 위원회(또는 그에 준하는 기관)의 승인을 받고, 연구 단계마다 제도적으로 승인된 규약을 준수한다.

9.2 연구 참여로 인해 참여자가 피해를 입을 수도 있는 범위에서, 미술치료사 연구원은 연구에 직접 관여하지 않는 자격을 갖춘 전문가의 윤리적 조언을 구하고 연구 참여자의 권리를 보호하기 위한 보호 조치를 준수한다.

9.3 참여자의 연구 참여를 요청하는 연구자는 참여 의사에 영향을 미칠 것으로 충분히 예상되는 연구의 모든 측면을 그들에게 알려 준다. 연구원들은 모든 참여자들로부터 완전한 동의와 정보에 입각한 동의를 얻기 위해 필요한 모든 합리적인 조치를 취한다. 특히 치료 서비스도 받고 있거나, 이해 또는 의사소통이 제한되거나, 미성년자인 연구 참여자와의 사전 동의 과정에 주의를 기울인다.

9.4 연구자는 참여자가 자신의 치료에 어떤 불리한 영향 없이 언제든지 연구 참여를 거절하거나 철회할 수 있는 자유가 있음을 존중한다.

9.5 연구 중에 얻은 연구 참여자에 대한 정보는 명시된 사전 동의서가 없는 한 비밀이다. 가족을 포함한 타인이 그 정보를 얻을 위험이 있는 경우, 참여자에게 사전 동의를 얻는 절차의 하나로서 그런 가능성과 비밀을 보장해 주기 위한 계획을 설명한다.

9.6 연구 참여자가 연구 내용의 일환으로 창작한 미술작품은 연구 사전 동의서에 달리 명시되지 않는 한 연구 참여자의 것이다.

9.7 미술치료 연구자는 원본 데이터를 보관하는 기간과 위치에 관련된 연방, 주 및 기관의 법률 및 규정을 준수한다. 참여자의 미술작품 원본 및 디지털 사진은 비식별처리(de-identified)를 거친 후 안전하게 보관된다. 오디오 녹음 또는 비디오 녹화물은 규정에 따라 암호화된 디지털 폴더에 저장된다. 모든 미술작품 및 그 사진은 사전 동의서에 명시된 향후 연구, 프레젠테이션, 출판물 및 관련 교육 포럼에서 사용될 수 있도록 무기한 저장할 수 있다.

미술치료 연구자는 연구 참여자의 존엄성을 존중하고 그들의 복지를 지켜 주어야 한다. 미술치료 석사과정에서 연구가 지속적으로 이루어져야 하며, 경력이 많은 미술치료사도 그들의 임상 환경에서 요구하는 성과 기반 연구가 필요하다. 이런 이유로 우리는 미술치료 연구에 대한 윤리적 문제에 좀 더 많은 관심을 기울여야 한다.

맥니프(McNiff, 1998)는 다음과 같이 주장했다.

> 지식을 증진시키고 더욱 풍요롭게 하며 창조적 회복을 촉진하기 위해, 연구는 모든 단계에서 임상과 통합될 수 있다. 나는 다른 분야의 연구자들이 예술을 통해 자신의 연구를 확장하는 것과 같이, 창의적인 미술치료 연구가 인간을 이해하기 위한 폭넓은 연구에 참신한 영향을 줄 수 있을 것이라 믿는다(p. 11).

연구에 참여한다는 것은 철저히 공부한다는 것을 뜻한다. '리-서치(re-search)'란 조직적이고 체계적인 연구과정을 통해 '다시 조사'한다는 의미다. 하지만 냅(Knapp, 1992b)은 이렇게 기록했다. "인간을 주제로 연구한다는 것은 스포츠를 관람하는 것과는 다르다. 연구는 매우 복잡하고, 그 자체의 규정, 기대, 그리고 잠재적인 위험들을 고려해야 한다."(p. 39)

앨런(Allen, 1992)은 미술치료사들이 연구를 준비하고 계획하기에 앞서 다음과 같은 사항을 염두에 둘 것을 제안하고 있다.

1. 당신이 생각하는 연구가 어떤 것인지 반드시 점검해 보아야 한다. 당신이 생각하는 연구자의 이미지를 그림과 글로 만들어 보자. 이 과정을 통해 당신이 두려워하는 것과 기대하는 것을 생각해 보자.
2. 심리학부에서 운영하는 기본적인 연구방법론 강의를 수강하라. 당신의 걱정을 완화하고 자금을 낭비하지 않으려면 강의를 들으라.
3. 미술치료 방법으로 개인적인 연구를 해 보자. 스스로 미술작품을 만들고 어떤 결과들이 나타나는지 보자. 다른 대상에 관한 연구 계획을 위해 연구 결과에 대한 개인 저널을 쓰자.
4. 당신의 연구 동기가 무엇인지 생각해 보자. 만약 당신의 연구 동기가 직업을 유지하기 위해서라면 당신이 속한 시설에서 진행하고 있는 연구에 합류하라.

새로운 연구를 처음부터 시작하는 것보다 훨씬 쉽고 많은 것을 배울 수 있을 것이다.

5. 연구에 착수할 때 스터디 그룹이나 연구 지지집단에 참여하라. 이는 당신이 연구 결과물뿐 아니라 실패를 나누는 데에도 도움이 될 수 있다.

6. 당신에게 도움 혹은 조언을 줄 수 있는 전문가를 고용하라. 당신이 모든 부문의 전문가가 될 필요는 없다.

이러한 구체적인 권고들은 미술치료사들이 연구자로 성공하는 데 큰 도움을 줄 것이다. 앨런(1992)에 따르면, "이는 우리 자신에 대해, 그리고 연구 시작 전에 우리에게 연구가 무엇을 의미하는지를 알도록 도울 것이다."(p. 26) 리디(Leedy, 1997, p. 5)는 연구가 8개의 뚜렷한 특징을 가지고 있다고 제안했다.

1. 연구는 문제와 질문에서 출발한다.
2. 연구에 목표나 목적에 대한 정확한 설명이 필요하다.
3. 연구는 구체적인 계획이나 절차를 따른다.
4. 연구는 해결 가능한 하위 문제들로 구성된 주요 문제를 중심으로 조직된다.
5. 연구는 특정 연구의 문제, 질문, 혹은 가설 등에 의해 진행된다.
6. 연구는 특정 가정을 수용한다.
7. 연구에는 문제를 해결하기 위해 자료를 수집하고 해석하는 것이 필요하다.
8. 연구는 주기적이고 순환적이다. 더 정확히 말하자면, 연구는 나선형 구조의 조사로 진행된다.

앨런의 권고사항 다음으로 미술치료 연구자가 초점을 두어야 하는 것은 연구 참여자의 복지에 대한 고려다. 미술치료사는 연구 계획 시, 연구 참여자들의 복지를 보호하고 비윤리적인 연구방법으로부터 지키기 위해 다음의 영역을 고려해야 한다.

1. 연구의 근거와 의도: 연구에 관한 근거는 간략하고 명확한 설명들로 제시되어야 한다. 구체적인 연구 목적, 연구로부터 기대되는 연구 결과, 그리고 이것이 미술치료학에 어떠한 중요성이 있는지가 포함되어야 한다.

2. 연구의 방법 및 절차: 연구 실행의 절차와 방식을 명확하고 종합적으로 밝힌다.

3. 연구 참여자에 대한 설명: 연구에 참여하는 사람들에 대해 정확하고 충분하게 설명한다. 특정 부류를 연구 대상으로 선별한 연구자의 근거가 설명되어야 한다.

4. 잠재적 이득과 위험성: 연구가 연구 참여자 및 사회에 미칠 수 있는 잠재적 이득에 대해 세심하게 고려해야 한다. 이와 동시에 연구에서 잠재적으로 발생할 수 있는 육체적, 정신적 또는 사회적 위험에 대해 주의해야 한다. 연구 작업의 영향으로 생기는 위험이나 이득의 비율을 충분히 계산해야 한다.

5. 사전 동의서: 서면 동의서를 얻기 위한 과정을 포함하고 활용해야 한다 (다음의 동의서 관련 내용 참조).

6. 위험에 대한 보호: 참여자들의 복지를 보호할 수 있는 실제적인 계획이 세워져야 한다. 참여자들을 적절하게 선별하는 절차, 필요할 때 의료 서비스의 활용 가능성, 그리고 적절한 심리적 도움을 받을 수 있는지에 관한 내용 등이 포함된다.

치료 관계에서와 마찬가지로, 동의서는 연구에서 가장 중요한 고려사항 중 하나다. 모든 미술치료 연구에서는 학생이든 임상가든 각 연구 참여자로부터 동의서를 받아야 한다. 직접 동의서를 받기 어려운 경우(예: 아동, 정신적인 어려움이 있는 사람)에는 보호자나 법정 대리인을 통해 동의서를 받아야 한다. 미술치료 연구자들은 반드시 구두가 아닌 서면 동의서를 사용해야 하고, 동의서를 복사하여 참여자에게 주고 원본은 미술치료사 자신이 보관한다.

명확하고 비전문적인 언어를 사용하여, 연구자는 참여자들이 다음의 내용을 숙지하도록 공지해야 한다.

- 그들이 연구에 참여하고 있다는 사실
- 연구의 목적과 의도
- 연구 참여에 걸리는 예상 시간
- 연구 도중이나 연구 종료 후 참여자들의 이미지 혹은 미술작품이 사용되거나 전시되는 방법과 목적

- 연구과정
- 참여자에게 예상되는 이득
- 참여자에게 예상되는 위험
- 연구 참여자 정보의 비밀보장과 사생활 보호의 범위
- 연구, 연구 참여자의 권리 그리고 연구와 관련된 연구 참여자의 피해와 관련하여 질문하기 위해 연락해야 할 담당자
- 참여자는 지원자이기 때문에 자신이 원할 때에는 언제든지 동의를 철회할 수 있다는 점

미술치료 연구자들이 참여자로부터 동의서를 얻기 위한 두 가지의 관례적인 과정이 있다.

1. 참여자 또는 법정 대리인은 앞에 나열된 요소들이 포함된 서면 동의서에 서명한다.
2. 연구자는 앞에 나열된 요소들을 구두로 설명하였으며, 참여자 또는 법정 대리인이 그 설명을 충분히 이해하고 연구활동에 참여한다는 내용의 동의서에 서명한다.

동의서 양식 견본은 카피탄의 『미술치료 연구 입문, 제2판(Introduction to Art Therapy Research, 2nd edition)』(2017, p. 264)에서 찾을 수 있다.

미술치료 연구에서 그림의 권리

미술치료 연구자들은 모든 연구 참여자들의 복지를 보호할 의무가 있다. 미술치료 연구의 참여자들뿐 아니라 이미지나 미술작품도 역시 연구의 대상이라는 것을 숙지해야 한다. 미술치료 연구를 윤리적으로 수행하기 위한 중요한 원칙은 연구과정의 예술적 측면에 집중하는 것이다. 미술적인 이미지들과 그 창작과정들은 연구 참여자만큼이나 중요한 연구의 대상이다. 예술작품의 권리를 주체적인 한 연구 대

상으로 인정한다면 연구를 하는 데 그림들과 미술작품들을 더 주의 깊게 취급해야한다. 연구에 사용된 미술작품들과 이미지들을 이러한 시각으로 바라본다면 연구대상자를 예술가로서의 한 인간으로 인식하게 될 것이고 좀 더 진심으로 존중하게될 것이다. 미술치료 학생과 임상가들이 연구와 관련된 윤리적 문제를 고민함으로써, 연구에 참여하는 모든 사람의 권리, 즉 인간 대상의 권리뿐 아니라 미술작품의권리까지 동등하게 고려할 수 있다.

미술치료 연구의 확장

때때로 미술치료 연구는 과학적인 준거에 따라 미술치료라는 학문을 증명하고자하는 미술치료사의 동기로 수행되기도 한다. 미술치료 연구의 수행방법에는 실증적인 원칙주의를 적용하는 탐구방법인 양적 연구방식 이외에 다양한 방식이 존재할 수 있다. 리네쉬(Linesch, 1992)는 이렇게 기술했다. "다양한 방식의 연구방법론은 미술치료 연구를 더욱 홍미진진하게 만든다. 이는 미술치료사들로 하여금 엄격한 학문 연구에 참여하게 하는 동시에, 창조적 과정에 근본적으로 헌신할 수 있도록유지해 준다."(p. 134) 미술치료 임상을 하면서 만나게 되는 의미 있는 많은 이슈를해결하기 위해서는 예술적이고 경험적인 지식의 원리에 기초한 조사방법이 필요하다(McNiff, 2013).

미술치료사와 미술치료를 공부하는 학생은 다른 전문 영역의 연구를 확장하는데 도움을 줄 만한 의미 있는 풍부한 경험을 갖고 있다. 미술치료사들이 예술적인연구조사 방법론을 폭넓게 활용하도록 연구해 간다면, 인간 존재를 이해하기 위한노력에 의미 있고 독특한 기여를 할 수 있을 것이다.

실증적인 연구방법은 미술치료계의 연구에서 필수적인 측정 가능한 결과 도출을목표로 한다. 이러한 양적 연구는 실습에서 매우 중요하기에 소홀히 해서는 안 될것이다. 양적 연구는 본질적으로 미술치료의 복잡한 예술적 그리고 치료적 문제들을 조명해 줄 수 있다. 이러한 연구는 미술이 어떻게 내담자들에게 도움이 되는지를중점적으로 다루는 데 유용하다. 통계조사를 통해 미술치료가 타당하게 연구될 수있는지에 대해서는 문제점과 의문의 여지가 많다. 이러한 연구는 치료에서의 예술적 표현의 가치를 나타낼 수 있는 방식으로 진행되어야 한다.

연구 접근방법이 윤리적인지 확실히 하기 위해서, 우리는 연구를 위한 특정 조사 방식을 신중하게 고려하고 선택하여야 한다. 리네쉬는 "우리 중에 미술치료 연구에 관심이 있는 사람은 이 두 조사 방식을 엄격하게 나누기보다는, 성장을 위해 문제의 복잡성을 인식하고 다양성을 활용하는 것이 꼭 필요해 보인다."(p. 134)라고 주장했다. 이와 관련하여 맥니프(1998)는 "미술치료 사회에서 연구 문화를 정착시키기 위한 첫 번째 단계는 연구에 여러 가지 이슈와 문제가 존재하며, 이를 위해 다양한 조사 방식이 동일하게 필요하다는 사실을 인정하는 것이다."(p. 12)라고 서술했다. 하나의 연구방식이 미술치료 연구의 모든 주제에 효과적일 수는 없다.

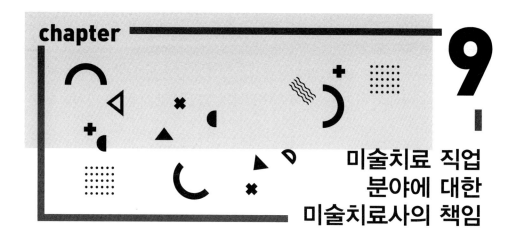

chapter 9

미술치료 직업 분야에 대한 미술치료사의 책임

미술치료사들은 종종 다른 미술치료사들과의 교류가 끊긴 채 일하게 된다. 많은 임상 현장에서 미술치료사는 미술치료에 대해서 약간 알고 있거나 혹은 아예 아는 게 없는 타 분야의 전문가들과 함께 일한다. 개인 치료실을 개업한 미술치료사의 경우도 다른 미술치료사들과 함께 일하는 기회가 거의 없다. 지역 복지시설에서는 대부분 미술치료사를 한 명만 고용하는 경우가 많다. 미술치료사가 이렇게 직장에서 혼자 격리되어 일하게 되는 경우 열정을 잃어버리거나 자신의 역할에 대한 혼동을 경험할 가능성이 있으며 나아가 소진을 경험할 수 있다. 또한 미술치료계의 최신 연구에 대한 관심이 식어 가기 쉬우며 결국 점점 미술치료계에서 멀어지게 된다. 슈퍼비전이나 자문을 받고, 지역 및 국가 단위 전문가 협회에서 협회원들과 동질성을 확인하고 적극적으로 활동하는 것이 중요한 이유는 바로 이러한 일하는 환경에서의 고립 때문이다.

미국미술치료협회(AATA)는 미술 창작 자체가 치유의 힘을 가지고 있으며 삶을 성장시키는 원동력이 된다는 믿음을 가진 전문가 단체다. 매해 열리는 AATA 집회에 참석하는 것은 미술치료사들에게 중요한 일이다. 그 이유는 이 집회가 일 년에 한 번 있는, 미술 창작이 치료적이라고 믿는 많은 미술치료사를 만날 수 있는 기회이기 때문이다. 나는 매년 열리는 이 집회를 가족 모임과 같다고 표현하고 싶다. 미술치료사들은 일 년 동안 자주 연락하지 못했던 친구들이나 동료들을 볼 기회를 얻을 수 있다. 이는 미술치료사로서의 자신에 대해 자부심을 느낄 수 있는 흥분되는 재충전의 경험이 될 것이다.

이 장에서는 전문가 집단의 구성원이 되는 것과 관련된 윤리적 문제가 중점적으로 다루어질 것이다. 전문가로서 미술치료사들은 다음과 같은 의무를 가지고 있다.

- 지역 전문가 협회나 미국 AATA 활동에 참여한다.
- 미술치료 전문 분야를 발전시킨다.
- 전문가 임상 규준을 준수한다.
- 사회복지 개선에 기여하는 활동에 참여한다.
- 공익사업과 관련된 미술치료 임상 법률과 규준을 마련하도록 돕는다.
- 타인의 출판에 기여한 사람에 대해 그 노고를 인정하거나 자신이 인용한 지식을 최초로 주장한 인물에 대해 밝혀야 한다.
- 어떤 이의 논문이 공개되고 올바른 방법으로 읽힐 수 있도록 주의를 기울여야 한다.
- 어떤 이의 미술치료 논문을 다른 임상가나 고용주와 기관이 왜곡하거나 악용하지 않도록 한다.
- 서로에게 예의와 존중을 갖추어 대한다.

전문 미술치료협회에 참여하기

미술치료 분야에는, 두 개의 공식적인 전문 협회가 있다. AATA와 AATA의 지역 협력지부가 그것이다. 미술치료 대학원생들은 임상 실습 시작 초기부터 전문적 관계를 형성하고 보다 큰 직업사회에 연결되어 있는 느낌을 가질 수 있도록 지역 및 국가 단위 협회에서 활동하는 것이 좋다. 미술치료 협회원들은 AATA를 통해서 많은 도움을 받을 수 있다. 예를 들어, 『미술치료』라는 미국미술치료협회 저널을 구독할 수 있으며, 전문인 배상책임보험을 가입할 수 있고 지역 컨퍼런스나 전국 학회를 통해 계속해서 전문성을 개발할 수 있는 기회를 가질 수 있다. 또한 AATA는 공식적·비공식적 미술치료사 모임과 교육 프로그램을 소개하고 슈퍼비전 정보를 제

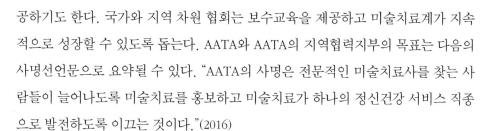

공하기도 한다. 국가와 지역 차원 협회는 보수교육을 제공하고 미술치료계가 지속적으로 성장할 수 있도록 돕는다. AATA와 AATA의 지역협력지부의 목표는 다음의 사명선언문으로 요약될 수 있다. "AATA의 사명은 전문적인 미술치료사를 찾는 사람들이 늘어나도록 미술치료를 홍보하고 미술치료가 하나의 정신건강 서비스 직종으로 발전하도록 이끄는 것이다."(2016)

AATA가 조직된 이후로 조례들이 만들어지고 계속해서 수정되어 왔으며 미술치료 석사학위 교육과정은 표준화되었다. 엄격한 교육과정 승인 절차가 과정이 마련되었으며 미술치료사를 위한 윤리규정이 확립되었다. 미술치료자격심사위원회(Art Therapy Credentials Board)가 AATA로부터 분리되어 구성되었고 윤리적 이슈 처리 절차가 정리되었다. AATA는 전국적으로 미술치료계를 관리하고 발전·육성할 수 있는 권한을 가지게 되었다. 많은 면에서 미술치료는 제도화되었고, 이러한 노력들을 통해 미술치료는 다른 치료분야와 구별되는 전문 분야로 확립되었다.

AATA의 이사회(AATA Board of Derectors)와 AATA 위원회는 미술치료사들로 구성되어 있다. 미술치료사들이 미술치료가 계속적으로 성장하고 발전하는 분야로 만들기 위해서는 지역과 전국 협회에 적극 참여해야 할 것이다. 1998~1999년까지 AATA 협회장을 지낸 데보라 굿(Deborah Good)은 "AATA의 구성원으로서 당신은 우리 협회를 형성하는 강력한 힘을 가지고 있다."(Good, 1999, p. 3)라고 외쳤다. 나는 이에 덧붙여 적극적인 협회활동은 미술치료라는 전문적 직업군을 자리 잡게 하는 힘이라고 덧붙이고 싶다.

미술치료의 목표 증진

다음은 AATA가 협회 내규 조항 2에서 밝히고 있는 협회의 목표를 요약한 것이다 (2013). 미술치료의 목표는 다음과 같은 것을 제공하고 촉진하는 데 있다.

- 미술치료 교육의 기회
- 일반인의 미술치료에 대한 이해
- 미술의 치료적 기법의 개발

- 연구의 진보와 표준적인 임상
- 미래의 미술치료사들을 위한 훈련에 대한 관리
- 정보 교환의 기회
- 기관 및 사설 임상 환경에서 미술의 치료적 사용 방식 조율
- 장학금과 연구 보조금 제도 운용

　미술치료계는 의료 및 정신건강 관련 분야에서 미술치료의 전문적인 위치를 확립하기 위해 노력해 왔다. 이러한 수년 동안의 노력들은 미술치료를 정의하는 것의 어려움으로 인해 난항에 부딪혀 왔다. 최근 AATA는 미술치료를 "심리치료적 관계 안에서 적극적인 예술 창작과 창조적 과정, 응용심리학 이론과 경험을 통해 개인과 가족 그리고 나아가 공동체의 삶을 풍요롭게 하는 통합정신건강 및 인적 서비스 전문 분야"라고 정의하고 있다.

　페더와 페더(Feder & Feder, 1984)는 "일반적으로 전문직이라고 받아들여지기 위한 속성은 상당한 양의 관련 지식체계, 충분한 훈련 기간, 배타성 그리고 임상 시작부터 그 이후까지 이루어지는 지속적인 관리와 규제를 기반으로 한다."(p. 233)라고 설명한 바 있다. 미술치료의 전문성이 향상되고 있다는 것은 미술치료의 교육, 훈련 프로그램의 규준, 미술치료 교육과정에 입학하기 위한 학문적 요구사항 그리고 전문 자격을 획득하기 위해 이행해야 할 조건들이 더욱 엄격해졌다는 것에서 알 수 있다. 미술치료 자격심사위원회(ATCB)는 미술치료사가 되기 위해 필요한 최소한의 기초 지식을 평가하기 위해 국가 자격고시(a national certification examination)를 시행하고 있다.

　미술치료사 개개인들은 성장을 위한 교육과정에 참여함으로써 전문적인 면에서 뿐 아니라 개인적으로 보다 풍성해질 수 있다. 일반인들의 미술치료에 대한 인지도가 높아지고 있는 것 또한 미술치료사에게는 이득이 된다. 미술의 치료적 활용에 대한 이론적·임상적 연구가 축적될수록 임상가의 전문가로서의 자존감 또한 고양될 것이다. 새로운 연구로 인한 혜택은 모든 미술치료사에게 돌아가게 된다. 전문가 임상 규준이 계속하여 정의되고 소통되며 보급됨에 따라 미술치료사는 더욱 자신 있게 일할 수 있을 것이다. 그러므로 미술치료의 목표 증진에 힘쓰는 것은, 개별 및 모든 미술치료사의 발전을 위하는 일이다.

[그림 9-1] 함께함-목탄

놀리타 노간(Lolita Nogan)

교육 기준

AATA의 교육위원회는 대학원 수준의 미술치료 프로그램에 대한 교육 기준을 가지고 있다. 모든 교육 프로그램은 미술치료 교육을 위해 인증 위원회(Accreditation Council for Art Therapy Education: ACATE)가 인정한 지역 또는 국가 기관 인증 기관들에 의해 인가된 학술 기관에서만 운영되어야 한다. AATA에 의해 승인되기를 원하는 석사과정 프로그램은 연합 건강교육 프로그램 인가(Accreditation of Allied Health Education Programs) 또는 연합 건강교육 프로그램 인증 위원회(Commission on Accreditation of Allied health Educaton Pragram: CAAHEP)에 포괄적인 신청서를 작성해야 한다.

승인 신청을 위해서는 입학 요건, 교직원 관리자 자격 증명, 커리큘럼의 필수 내용 영역, 실무자 인턴십 기회, 학생 및 프로그램 평가 절차, 시설 및 장비 리소스, 기관 지원에 관한 정책을 검증하는 광범위한 문서를 제출해야 한다. CAAHEP는 최초 승인 및 갱신을 허가하고 각 승인 프로그램이 교육 기준에 맞춰 진행되는지를 감사한다.

미술치료 교육과정에 관심이 있는 학생들이라면 대학원 과정이 교육 기준에 근거하여 어떠한 인증 평가를 받았는지 확인해 보는 것이 좋다. 엄격한 인증 과정을 거친 프로그램들은 그것들이 교육 기준을 준수함을 나타내기 때문에 학생들에게 교육 프로그램의 질을 보장할 수 있다. 인증을 받은 대학원 과정은 그렇지 않은 대학원에 비해 ATR 등록 절차에 유리하다.

물론 이러한 공식화하는 진화 과정으로 인해 긍정적인 결과뿐 아니라 부정적인 결과 또한 존재한다. 치료 방식을 표준화할 때 나타나는 골치 아픈 부작용은 이론, 철학, 접근법을 획일화하려는 노력이다. 미술치료에 대한 정의를 명확하게 내리기 위해 상식적인 이해에 대한 제한적인 세트라고 인식되는 것을 처방하려는 유혹이 있었다.

미술치료의 형식화는 부분적으로는 다른 치료 분야(disciplines), 자격위원회, 제3 보상기관에게 전문적으로 인정받기 위한 노력이었다. 이는 마땅히 필요한 노력이겠지만 어떤 미술치료사들은 미술치료가 지나치게 타 분야 전문가들에게 자신을 정당화하는 데 관심을 쏟아온 것이 아니냐는 의견을 밝히기도 했다. 맥니프(McNiff, 2011)는 다음과 같이 이야기한 바 있다.

> 예술 및 치료 분야에서 과학과 심리학을 통한 작업을 정당화하기 위해 지나치게 많은 노력을 기울임으로써, 예술 창작활동은 외부에 보여지는 얼굴과 통합되지 않고 이해되지 않는, 즉 융(Jung)이 말한 개발되지 않고 열등한 인간의 측면인 그림자가 되어 버린다(p. 393).

다른 치료 분야나 규제기관의 인정을 받고자 미술치료 이론가들이 다른 전문 분야들이 지지하지 않는 관점을 탐색하는 것에 대해 비난하던 시기가 있었다. 차이를 수용할 수 있음은 역사적으로 미술치료 분야의 미덕 중 하나로 받아들여졌다. 우리의 첫 전문적 명칭이었던 ART는 대조, 조화 그리고 불협화음과 기꺼이 함께하고자 하며 동시에 이러한 이질적인 부분들을 새로운 응집력 있는 전체로 통합하는 것을 의미한다. 이것은 예술가들이 시초부터 해 온 일이다. 다양한 진실과 실천에 대한 많은 접근 가능성에 대해 긴장을 늦추지 않는 것은 윤리적인 미술치료사와 미술치료 기관의 과제다.

등록, 위원회 인증, 면허

미술치료 분야에는 거주하는 주에 따라 치료사들이 신청할 수 있는 다양한 자격인증 과정이 있다. 어떤 주에서는 석사나 박사 학위 취득을 넘어 임상감독 수련이 미술치료사 자격을 인정받기 위한 필수요건으로 요구된다. 등록 및 위원회 인증(Registration and Board Certification)은 미술치료 자격심사위원회(ATBC)가 감독하는 국가과정이다. 면허, 등록 그리고 위원회 인증의 차이를 이해하는 것이 중요하다.

세 가지 형태의 자격 증명은 등록, 인증 및 사용허가서를 통해 개인을 특정 전문가 집단의 구성원으로 식별하는 역할을 한다. 미술치료사 등록은 자발적으로 명단에 이름을 올리는 것이다. 미술치료 자격심사위원회(ATCB)는 필수 대학원 교육 훈련을 성공적으로 마친 미술치료사 및 대학원 졸업 후 ATR 인증 미술치료사의 임상감독을 포함한 전문 임상 경험을 보유한 미술치료사들에게 'ATR(Art therapy Registered)'이라는 명칭을 부여하고 있다. 그러므로 등록은 최소한의 임상 관련 규정이라고 할 수 있다.

위원회 인증(Board Certified: BC)은 독립적으로 관리되는 국가 인증 시험을 성공적으로 통과한 ATR 미술치료사들에게 ATCB가 부여하는 명칭이다. 'BC'는 지속적인 전문 역량을 보여 주는 교육, 출판, 발표, 전시 등의 활동에 대한 문서를 통해 5년마다 재인증한다. 인증은 미술치료사가 ATCB가 마련한 전문 규준을 충족시켰음을 나타내는 것으로 치료사가 ATR-BC라는 특정한 명칭을 사용할 수 있도록 한다.

면허는 자격증 소지자의 임상 범위를 명시하기 위한 국가 규제다. 면허는 자격증 취득 유무에 따라 할 수 있는 것과 할 수 없는 것이 무엇인지 규정한다. 면허는 일반인들에게 미술치료사가 최소한의 필수 교육과정을 이수하였고 규정된 임상 경험을 쌓았으며 엄밀한 평가과정을 거쳤다는 것을 보증한다. "면허와 자격증명의 가장 큰 이점은 일반인들을 자격이 없거나 훈련이 되지 않은 치료사들로부터 보호하고 치료사는 인정받는 전문가라는 것을 공식적으로 나타내는 데 있다."(Corey, Corey, Corey, & Callanan, 2015, p. 328) 미술치료나 관련 치료 분야 전문가 자격증을 소지하는 것은 미술치료사가 취직을 하거나 보험회사나 제3자 배상기관으로부터의 치료비 지급을 확보하는 것에 도움이 된다. 그러나 면허는 미술치료사가 허가받은 임상을 얼마만큼 능숙하게 할 수 있는지를 보장하지는 않는다. 그러므로 과연 자격증이 실제로 소비자를 보호하고 높은 임상 수준을 촉진할 수 있는지는 의문의 여지가 있다.

전문가 임상 규준 준수

AATA는 미술치료사를 위한 임상 규준을 명확히 밝히고 있다. 앞서 밝힌 바와 같이 미술치료 자격심사위원회(ATCB)는 자격 증명서를 수여하는 미술치료 협회와는 분리된 독자적인 단체다. 미술치료사들은 이 두 단체가 다르지만 서로 관계된 단체라는 것을 알고 있어야 한다. AATA는 앞에서 다룬 목표들과 임무를 위한 회원 단체다. 이에 반해 ATCB는 위원회 이사들로 구성된 자격시험을 관장하고 운영하는 고시와 관련된 단체다. 다시 말하지만, AATA는 미술치료사를 위한 교육적, 직업적, 윤리적 규정을 홍보하고 규제하는 회원 단체로, 미술치료 실무자들과 학생들을 위한 공적인 전문 단체다. 별도의 조직인 ATCB는 대학원 수료증명서와 졸업 후 슈퍼비전 이수확인 서류를 검토하여 등록(ATR)을 허가한다. 필기시험을 통과한 ATR은 위원회 인증 자격(ATR-BC)을 얻을 수 있는데, 이는 보수교육을 통한 유지관리를 필요로 하는 자격 증명이다.

두 단체는 조직 구성이 다르고, 그들의 임무는 확실히 다르다. 두 단체 모두 높은 전문가 임상 규준을 확립하고 유지하기 위해 존재한다. 그러나 이러한 규준을 유지하는 것은 협회만의 몫이 아니라 개별 미술치료사의 의무기도 하다.

미술치료 학생들과 실습생들이 관련 규준을 숙지하는 것은 윤리적으로 필수적인 의무다. 그들은 전문가 임상 규준에 대해 무지해서는 안 된다. 미술치료 교육 프로그램에서는 학생들에게 전문가 임상 규준에 대해 적극적으로 교육해야 할 것이다. 하지만 최종적으로 임상 규준의 내용을 이해하는 것은 개개인의 의무다.

미술치료사가 자격증을 취득하기 위해 거쳐야 하는 순서는 다음과 같다.

1. 미술치료 또는 관련 분야의 학사학위를 취득하라.
2. AATA의 회원으로 가입하라.
3. 미술 전공 석사학위 또는 미술치료 이학석사를 취득하라.

4. 1,000시간의 임상과 관련 슈퍼비전 시간(AATA 혹은 CAAHEP가 인가한 석사과정 졸업 이후부터) 또는 1,500시간의 임상과 관련 슈퍼비전 시간(AATA 인가 석사과정이 아닌 미술치료 석사과정 졸업생인 경우)을 채우라. 적어도 슈퍼비전 시간의 절반은 ATR-BC나 미술치료사인증 슈퍼바이저(ATCS)에게 슈퍼비전 받아야 한다. AATA나 CAAHEP가 인가한 석사과정인 경우 100시간, 비인가 석사과정인 경우 150시간이다.

5. ATCB를 통해 ATR 등록을 하라.

6. ATR에 등록하면 국가 검정고시를 치를 수 있는 자격이 주어진다. 공인 자격증(ATR-BC)을 얻기 위해 시험을 통과하라.

ATR 등록방법과 국가 검정고시에 대한 정보들을 더 알기 원한다면 ATCB로 연락해 본다.

Art Therapy Credentials Board

The Center for Credentialing and Education

3 Terrace Way, Suite B

Greensboro, North Carolina 27403−3660

(877) 213−2822

Email: info@atcb.org

Website: www.atcb.org

미술치료 관련 법률과 규정 발전에 이바지하기

미술치료사는 미술치료 임상과 관련된 주의 법률과 규준을 지켜야 할 윤리적 의무가 있다. 이 글을 집필하는 동안 몇몇 주에서는 미술치료를 규제 대상 정신건강 분야의 하나로 포함시키는 면허법을 제정했다. 또한 몇몇 주는 미술치료사들에게 영향을 줄 수 있는 법안을 보류하고 있으며, 미술치료사들을 규제에서 배제하는 법안을 시행하고 있는 주들도 있다.

미술치료계에서는 자격 관련 법률 제정의 긍정적 영향에 대한 논쟁이 계속되어 왔다. 어떤 미술치료사들은 공식적인 주 자격증 관리 위원회에 의한 자격 허가가 미술치료사의 전문성을 보장한다고 주장한다. 또 어떤 미술치료사들은 전문적 자격 허가가 보험에 의한 치료비 지불과 관련하여 미술치료사의 경쟁력을 잃지 않도록 도와준다고도 한다. 물론 대부분의 미술치료사들은 전문적인 자격 허가 절차가 내담자를 보호하고 치료의 전문성을 유지할 수 있는 아주 중요한 제도라고 생각한다. 그들은 전문적인 자격 허가제도가 없다면 미술치료의 직업적인 전문성이 사라질 것이고, 결국 미술치료라는 것 자체가 사라질 가능성도 있다고 주장한다. 그러나 한편에서는 미술치료 자격 허가제도가 과연 타당한가 하는 문제를 제기하고 있다. 그들은 미술치료 직업의 전문적 정체성은 외부의 자격증 관리 위원회가 아닌 미술치료계 자체에서 부여되어야 한다고 주장한다. 미술치료사 전문 자격제도에 대해 어떠한 입장에 서 있든지 간에 미술치료사는 미술치료 관련 법률과 규준에 대한 지식을 가져야 한다.

미술치료사들은 지역사회의 변화에 기여하는 건설적인 역할을 담당할 수 있다. 미술치료사들은 아동학대, 가정폭력, 청소년 범죄, 정신장애에 대한 편견 그리고 노인학대에 대한 해법을 찾고자 하는 사회단체나 입법기관에 크게 이바지할 수 있을 것이다. 물론 이것들은 적절한 법안 제정이나 규제를 통해서 다루어져야 하는 어려운 문제들이지만, 미술치료사들은 이러한 문제들에 관한 지지자의 역할을 할 수 있을 것이다. 이와 같은 인도주의적 과제를 위해 연방과 주 자금 담당자들이 큰 예산의 상당부분을 할당하도록 설득하는 중대한 역할을 하는 것 또한 미술치료사가 가진 윤리적 책임 중 하나다.

AATA의 지도자들은 미술치료 단체와 개별 미술치료사가 공공정책을 마련하는 것을 돕고 정책의 문제들과 목표를 성취하도록 노력할 윤리적 책임이 있다고 믿는다. AATA의 입법부장인 린드버그(Lindberg, 1999)는 이렇게 서술했다.

> "최선의 지지를 위한 노력은 교육 기반과 구성원들과의 접촉을 토대로 이루어진다. 이에 관심이 있는 AATA의 회원들은 미술교육 의원과 연방정부 정책 책임자들에게 훈련을 받을 수 있다. 이상적인 방법은, AATA 회원들이 선거구를 형성하고, 정부가 각각 선출된 책임자들에게 연락을 취하는 것이다."(p. 15)

사회 정의 관점

미술치료사는 자신이 속한 공동체에 변화를 가능케 하는 긍정적인 주체가 되어야 할 윤리적 의무를 가지고 있다. 리(Lee, 2013)는 광의적 개념에서 "사회 정의는 (social justice)는 인종/민족성, 성별, 나이, 신체적 또는 정신적 장애, 교육, 성적 지향, 사회경제적 지위 또는 그들의 배경이나 그룹 구성원 자격의 특성으로 인한 구조적 차별을 경험하는 사람들에게 완전한 사회적 삶의 참여가 공정하게 보장되는 것을 포함한다."(p. 16)고 밝혔다. 사회 정의 관점에서 미술치료를 한다는 것은 이와 같이 사회적 불평등, 억압과 특권의 현실에 참여하는 것을 수반한다.

사회복지와 사회 정의는 미술치료사뿐 아니라 모든 조력 전문가들에게 중요 관심사로 대두되고 있다. 이러한 관점에서 미술치료사는 내담자들의 삶과 복지에 영향을 미치는 변화하는 제도와 정책에 관심을 가져야 한다. 이러한 지향점을 가진 미술치료사들은 구조적 억압과 불평등에 도전하여 사회의 개선에 헌신하고자 한다.

출판에 관련된 문제

미술치료계는 미술치료 이론, 철학, 방법론, 기법 그리고 연구 결과들이 미술치료계에서 공유되고 소통될 때 발전될 수 있다. 미술치료사들은 자신의 생각들을 공식적이거나 비공식적인 여러 가지 방법으로 공유할 수 있다. 즉, 전문 학회에서 발표하기, 기관에서 자체적인 워크숍을 열기, 연구 논문을 발표하기, 책을 저술하기 등으로 공유하게 된다. 이것은 쉽지 않은 작업이다. 그러나 말키오디(Malchiodi, 1992)는 "확실하고 정확하게 미술치료 이론, 실습, 연구들에 대해 쓰는 것은 무엇보다 중요한 일이다. 특히 미술치료사들이 다른 학문과 완전히 차별된 특별한 부분의 지식을 논증하고자 할 때는 더욱 그렇다."(p. 64)라고 언급하고 있다. 미술치료사들은 자신의 아이디어를 통합하여 정리하고자 할 때 다른 누군가에게 설명하거나 가르치는 것이 가장 확실하게 그 아이디어를 정리하는 방법이라는 것을 곧 깨닫게 된다.

미술치료학과 관련된 저자들이나 이론가들은 그들이 다루고 있는 주제와 관련된 기존의 논문이나 저서를 철저하고 정확하게 고찰해야 한다(Malchiodi, 1992, p. 62). 관련 분야의 선행연구에 대해 완벽히 이해하지 못한다면 그 분야에서 새로운 기여를 하는 것은 사실상 불가능하다. 미술치료사는 자신의 출판에 도움을 준 사람들이나 자신이 인용한 아이디어를 처음 발표한 사람에 대해 밝히고 그 공로를 인정해야 한다. 이를 위해 미술치료 전문가들은 글을 쓸 때 미국심리학회(American Psychological Association)의 전문적인 글쓰기 양식을 일관성 있고 윤리적으로 채택해야 한다. 미술치료에 관해 책을 집필할 때 또한 미국심리학회의 제6판 출판 매뉴얼(2010)을 엄격히 지켜야 한다.

미술치료사들이 미술치료에 대해 명확하고 유창하게 설명하고자 하는 것은 매우 중요하다. 미술치료가 주요한 치료방식으로 발전해 감에 따라 그 가치를 공개적으로 밝힐 기회가 많이 있을 것이다. 저자들은 미술치료의 이론을 전문적인 언어와 방식으로 전달할 수 있는 능력을 갖추어야 한다.

미술치료사들의 글이나 책이 출판될 경우에는 출판물들의 광고와 판촉이 정확하고 올바르고 윤리적인 방식으로 이루어지도록 세심하게 주의를 기울여야 한다. 미술치료 관련 저자들은 또한 자신의 미술치료 기법, 기술, 방법론, 이론, 연구 결과들이 다른 임상가나 고용주 혹은 기관에 의해 악용되거나 왜곡되지 않도록 해야 할 것이다.

전문가 간의 예의

미술치료 직업 분야에 대한 책임들의 밑바탕에는 미술치료사들 간의 예의와 존중이 깔려 있다. 좁은 의미에서 전문가 간의 예의란 "동료, 친구, 교육자 그리고 지도자들의 특정한 출판물이나 발표를 인용할 때 존경을 표하는 것이다."(Malchiodi, 1994, p. 242) 넓은 의미에서는 논문 및 그 발표 차원의 범위를 넘어선 것으로 동료, 친구, 교육자 그리고 슈퍼바이저에게 가져야 하는 존중과 이해심의 자세다.

미국 미술치료의 역사를 살펴보면, 이 분야를 풍성하게 성장하도록 한 것은 초기 개척자들의 모임에서 있었던 믿기 어려울 정도의 격렬한 논쟁과 반박, 그리고 이러한 과정 끝에 얻은 타협 덕분이다. 미술치료 관련 학회지나 논문에 대한 평론과 추천의 글들은 미술치료사들의 열정을 보여 준다. 그러나 간혹 한 가지 관점에서의 자

신의 의견을 지나칠 정도로 강하게 피력하는 것이 미술치료에 대한 다른 관점을 가진 동료들을 폄하하고자 하는 시도로 이어지기도 했다. 넓은 의미에서 전문가 간의 예의란 자신의 의견을 완곡하게 부인하는 사람들에게도 존중과 이해의 자세를 가지는 것이다.

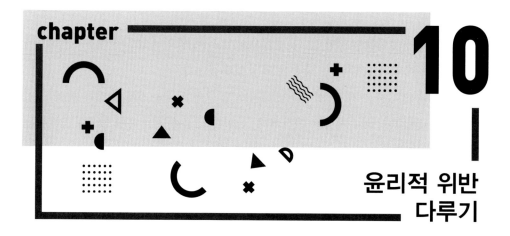

chapter 10

윤리적 위반 다루기

모든 미술치료사는 미술치료 직업 분야를 수호해야 한다. 미술치료사는 내담자, 슈퍼바이지, 학생, 대중의 안녕과 나아가서는 미술치료계를 보호해야 하는 윤리적인 의무가 있다. 또한 미술치료사는 동료의 비윤리적인 행동에 대해 적절한 조치를 취해야 할 책임이 있다. 동료의 행동이 비윤리적이라고 판단되는 경우 미술치료사는 윤리적 임상 규준을 준수하고 동료의 비윤리적 행동이 적절히 처리되도록 할 의무가 있다.

대부분의 미술치료사들은 타인을 돕고자 하는 마음이 크다. 이러한 이타성으로 인해 미술치료사들은 다른 미술치료사의 윤리적인 부분과 관련된 문제를 발견할 때 내적 갈등을 겪기도 한다. 미술치료 학생과 실습생이 자주 묻는 것 중 하나는 '다른 미술치료사의 비윤리적인 행동을 보았을 때 나는 어떻게 해야 하는가?'다.

이 문제에 대해 논의하기 위해 다음과 같은 상황들을 고려해 보자.

- 당신은 사설 치료실을 운영하는 미술치료사가 임상 기록이나 내담자 간의 상호작용에 대한 공식적인 세션 기록을 하지 않는다는 사실을 알았다. 이 문제에 대해 그 미술치료사에게 말해 보았지만 문서화 작업은 시간과 에너지 낭비라는 대답만 돌아올 뿐이다. 당신은 무엇을 해야 하는가?
- 당신은 미술치료를 전공하고 있는 학생이다. 학교의 미술치료 교수가 당신의

동료 중 한 명과 성적 관계를 가지고 있다는 사실을 들었다. 이 문제에 대해 그 동료에게 물어보았지만 둘 다 성인으로서 서로 합의하였으며 다른 사람 일에 상관하지 말라고 말한다. 당신은 어떻게 하겠는가?

- 개인 슈퍼비전 시간 중에 슈퍼바이저가 당신이 생각하기에 완전히 왜곡된 의미로 내담자의 미술작품을 해석했다. 이러한 내용을 슈퍼바이저에게 표현했을 때, 그녀는 등록 미술치료사로 자격을 인정받기 위해서는 자신의 의견을 따라야 한다고 말했다. 이러한 상황에 당신은 어떻게 대처하겠는가?

- 미술치료를 공부하는 학생이 교수에게 잘 보이기 위해 내담자의 치료 세션 기록을 거짓으로 기록한 것을 알게 되었다면 어떻게 하겠는가?

미술치료사들은 대체적으로 인내심이 많고 타인에게 수용적이다. 그러나 다른 미술치료사들의 비윤리적이라고 여겨지는 행동들을 보았을 때, 이러한 수용적 태도는 내적인 혼란을 불러일으킬 수 있다. 미술치료사들은 동료들의 행동이 의심의 여지가 없이 비윤리적이라고 확신할 때조차 이에 대해 어떻게 대처하는 것이 최선의 방법인지 고민하기도 한다.

개인이 미국미술치료협회(American Art Therapy Association: AATA)의 회원이 되었다면 미술치료사를 위한 윤리규정을 준수할 것에 동의해야 한다. 미술치료사를 위한 윤리규정(Ethical Principles for Art Therapists)에 명시된 바에 의하면 "미술치료사들은 미술치료사를 위한 윤리규정 외에도 모든 연방, 주 및 제도의 법과 규정을 따라야 한다."(AATA, 2013, p. 2)

어느 분야에서든 의견 충돌과 갈등은 피할 수 없다. 어떤 미술치료사가 AATA의 미술치료사를 위한 윤리규정이나 ATCB의 윤리, 행동 및 징계 절차에 대한 강령을 위반했다고 여겨지는 상황은 언제든 발생할 수 있다. 미술치료사의 행동에서 윤리성과 관련된 문제가 제기되어 징계 조치를 필요로 한다면 이는 바로 ATCB로 향하게 된다. 윤리, 행동, 및 징계 절차에 대한 강령의 조항 5.2.1.(ATCB, 2013)은 다음과 같다.

> 어떤 사람이 ATCB의 윤리 기준 및 정책 위반의 가능성이 의심된다면, 위반 행동과 관련된 사항을 최대한 자세하게 고충처리서로 서면 작성한다. 고충처리서는 모든 관련 서류와 함께 제출한다. 고충처리서는 위원장에게 제출하며 이의를 제기한 사람은 고소인이 된다.

전문 임상에 관한 강령(ATCB, 2013)에는 징계 절차와 처벌에 대해서 설명되어 있다(부록 B 참조). 공식적인 서면 진정서를 작성하는 절차는 어렵게 여겨질 수 있지만, 일부 미술치료사는 잘 해내 왔다. 다른 미술치료사들의 행동에 관한 윤리적 문제로 고민하고 있는 미술치료사들은 다음과 같은 전략이 도움이 될 수 있다.

1. 당신의 고민을 해당 미술치료사와 나누어 보자. 개인적인 판단과 비난은 배제한 채 진행해 보자. 결코 쉬운 일은 아닐 것이다. 하지만 이 토론의 최종적인 목표가 명확하다면 미술치료사와 그의 내담자에게 도움을 줄 것이다. 만약에 이 토론 뒤에도 당신이 여전히 그 미술치료사의 행동과 관련하여 고민이 남아 있다면 다음 단계로 가 보자.

2. 미술치료사, 슈퍼바이저, 교수 또는 동료로서 당신에게 가치 있는 의견과 지혜를 제공하는 사람에게 미술치료사의 이름을 말하지 않고 당신의 일반적인 고민을 의논해 보라. 그들에게 당신의 고민에 대해 조언을 구하라. 만약에 그들이 당신의 고민거리가 유효하다고 동의한다면 다음 단계로 넘어가자. 그렇지 않고 그들의 견해가 당신의 견해와 일치하지 않는다면 문제에 대해 좀 더 깊이 생각할 시간을 가지라. 깊이 생각한 후에도 그 미술치료사의 행동이 걱정된다면 다음 단계로 넘어가라.

3. 다시 한번 당신의 고민을 해당 미술치료사와 나누어 보자. 여전히 개인적인 판단이나 비난은 피해야겠지만, 당신은 그 미술치료사의 행동에 정말 심각한 윤리적 문제가 있다는 것을 분명하게 해야 한다. 미술치료사를 도와주는 태도를 유지하려고 노력해 보자. 당신이 생각하기에 문제가 있다고 여겨지는 행동을 명확하게 하는 것은 큰 도움이 된다. 그 미술치료사가 내담자에게 더욱 질

적으로 향상되고 영향력 있는 미술치료 서비스를 제공하고자 하는 욕구가 있음을 호소하라. 당신은 미술치료사에게 슈퍼비전이나 개인 치료를 제안할 수도 있다. 또한 당신이 미술치료사가 고심하고 있는 그 문제에 도움을 줄 수 있다고 알린다.

4. 만약 해당 미술치료사가 당신의 걱정과 동일한 의견을 보이고 문제 상황에 대처하는 행동 계획을 발전시켜 나갈 수 있다면, 당신은 직업상 윤리적인 의무에 최선을 다한 것일 수 있다. 그러나 미술치료사가 방어적인 자세를 취하고 문제 해결을 위한 어떠한 노력도 하지 않는다면 반드시 추가적인 과정을 밟아야 한다.

5. 만약 당신이 해당 미술치료사, 그리고 당신의 슈퍼바이저나 멘토와 함께한 토론 뒤에도 미술치료사의 행동에 대한 윤리성과 관련하여 여전히 고민이라면 그 문제에 관해 의무적으로 ATCB에 진정서를 보내야 한다.

일반적으로 윤리적인 문제는 그것이 발생한 상황에서 직접적으로 다루어지는 것이 좋다. 전문가 협회의 공식적인 개입 없이 동료들 선에서 윤리적 위반을 직접 다루는 것이 이상적일 수 있다는 것이다. 그러나 다른 치료사들의 비윤리적 관행에 맞서는 것은 모든 미술치료사의 책임이기 때문에 필요한 경우에는 ATCB에 정식으로 문제 제기해야 한다. 만약 윤리적 위반을 확인하고도 이에 대해 아무런 조치를 취하지 않는다면 이 역시 윤리적 위반이 될 수 있다.

AATA의 각 회원들은 임상 규준을 준수할 뿐 아니라 협회의 다른 회원들의 윤리 규정 위반에 대한 문제 제기를 할 윤리적 의무가 있다. ATCB의 인증 미술치료사는 윤리 강령, 행동 및 징계 절차를 준수하고 윤리담당자에게 협력해야 하며 징계조사 위원회의 질의에 철저하고 즉각적으로 응답해야 한다. 이는 미술치료사가 그의 동료 미술치료사의 비윤리적인 행동을 알았을 때 반드시 이에 대한 문제 제기를 해야 한다는 것을 의미한다.

앞에서 언급한 바와 같이, 수용성, 비판단성과 같은 미술치료사의 핵심적인 가치로 인해 미술치료사 및 조력 전문가들이 동료의 비윤리적인 행동을 판단하는 것은 종종 어렵고 불편한 문제로 여겨졌다. 하지만 다른 사람의 결점을 찾는 것은 자기 자신의 행동을 살펴보고 들여다보는 것보다는 쉬울 것이다. 미술치료사들에게 동

료들의 비윤리적 행위를 감찰해야 하는 의무만큼 중요한 것은 자신의 행동 또한 지속적으로 살펴보는 것이다.

미술치료사로 일하면서 언젠가는 동료의 비윤리적인 행동을 다루어야 하는 상황과 마주해야 할지도 모른다. 다음과 같은 예술활동은 미술치료사가 이러한 문제에 대해 생각해 보고 탐색해 보는 것에 도움을 줄 것이다.

추천 예술활동

1. 수업 시간이나 집단 슈퍼비전 시간을 통해 당신이 비윤리적인 행동을 한 다른 미술치료사를 대면하였을 때 느꼈거나 느낄 수 있는 감정을 미술작품으로 묘사해 보자. 그린 그림들과 상황들에 대해 다른 집단의 사람들과 이야기해 본다.

2. 당신이 윤리 위반으로 고소당했다면 어떤 느낌이 들지 이미지로 표현해 보자. 미술작업을 하는 동안 당신에게 일어나는 감정에 주의를 기울이라. 신뢰할 수 있는 슈퍼바이저나 동료와 자신의 이미지와 느낌에 대해 이야기를 나누어 본다.

3. 공식적인 윤리 진정서를 작성할 만하다고 여겨지는 행동에 대해서 생각해 보자. 이러한 행동에 대한 당신의 느낌을 반영한 시를 써 보자. 그 시에 대한 의견을 동료와 나누어 보고, 나타날 수 있는 윤리적인 문제에 관해서 조언을 구해 본다.

4. '미술치료사가 쉽게 저지를 수 있는 두 가지 비윤리적인 행동'을 주제로 콜라주 기법을 이용해 표현해 보자. 그 작품이 나타낼 수 있는 문제에 대해서 동료나 슈퍼바이저와 의견을 나누어 본다.

5. 수업 시간이나 집단 슈퍼비전 시간에 한 미술치료사가 다른 미술치료사와 윤리적인 문제에 직면하고 있는 상황을 연출해 역할극을 해 보자. 여러 가지 상황을 연출해 보고 어떻게 상황에 대처해 나갈지 이야기해 본다.

6. 수업 시간이나 집단 슈퍼비전 시간에 한 미술치료사가 동료의 비윤리적인 행동을 보고도 무시하는 상황을 연출해 역할극을 해 보자. 5번과 6번 활동에서 표현된 상황과 비교, 대조하며 토론해 본다.

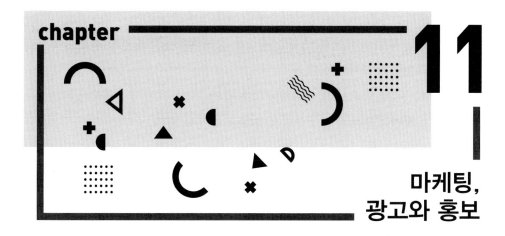

11

마케팅,
광고와 홍보

미술치료사는 사람들이 미술치료를 치료의 한 가지 선택지로 인식할 수 있도록, 신문 기사, 명함, 라디오, 텔레비전, 인터넷, 그리고 소셜 미디어를 통해 미술치료 서비스에 대한 관심을 불러일으키고 공개적으로 홍보할 수 있다.

그러나 광고와 마케팅은 윤리적이고 전문적이며 올바른 방법으로 이루어져야 한다. 미술치료는 다른 사람들을 돕는 정신의학, 심리학, 간호학 및 사회복지와 같은 전문직에 비해 상대적으로 새롭게 나타난 전문직이다. 이 글을 쓰는 시점을 기준으로 전국에 약 6천 명의 미술치료사가 있는데, 이는 다른 건강관리(healthcare) 분야 전문직에 비해 상대적으로 적은 숫자다. 따라서 미술치료는 다른 많은 건강관리 분야에 비해 잘 알려져 있지 않다. 미술치료사의 일 중 중요한 한 가지는 사람들에게 미술치료 서비스를 알리는 것이다. 어찌 보면, 미술치료사는 자기 전문직을 위한 지지자와 후원자가 되어야 한다. 사람을 돕는 분야의 다른 전문직과 마찬가지로, 광고는 경제적 생존을 위한 필수요소다.

미술치료사들은 광고를 통해 대중이 미술치료에 대한 정보를 접하고 이를 통해 전문 서비스를 선택하도록 도와야 한다. 윤리적인 방식으로 광고하기 위해, 미술치료사는 다음의 영역들을 고려하는 것이 중요하다.

• 전문적 역량, 교육, 훈련과 경험에 관한 정보를 정확하게 제공해야 한다.

265

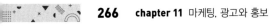

- 전문직의 품위가 유지되는 방식으로 정보를 제공해야 한다.
- 미술치료 서비스에 대한 정보는 대중을 오도하거나 미술치료 전문직에 대해 잘못 표현하지 않아야 한다.
- 개인 미술치료사에 대한 정보에는 역량 범위가 정확하게 명시되어야 한다.
- 서비스와 관련하여 증명되지 않은 주장을 하면 안 된다.

'미술치료사를 위한 윤리규정'(AATA, 2013)의 조항 12.0에서는 광고에 대한 이슈를 다음과 같이 명시하고 있다.

12.0 광고

미술치료사는 내담자가 정보에 기초하여 전문적인 서비스를 선택할 수 있도록 전문적인 활동에 대해 적절히 홍보한다.

12.1 미술치료사는 자신의 전문적 역량, 교육, 훈련, 경험에 대해 정확한 정보를 제공한다.

12.2 미술치료사는 함께 일하고 있는 동료들의 신원, 책임, 자원, 직책에 관하여 대중이 오해할 만한 명칭을 사용하지 않으며, 미술치료사가 기관의 파트너나 제휴자일 때에만 자신을 그렇게 표현한다.

12.3 미술치료사는 거짓, 사기, 오해, 속임수가 있는 진술 혹은 주장이 포함된 전문가 증명서를 사용하지 않는다. 미술치료사는 교육 및 자격 증명을 정확하게 표현한다. 미술치료사는 오해의 소지가 있거나 취득하지 못한 자격을 암시할 수 있는 직함이나 약어를 사용하지 않는다.

12.4 타인이 미술치료사의 자격, 서비스, 성과와 관련된 정보를 사실이 아니거나, 오해의 소지가 있거나, 부정확하게 표현할 때, 미술치료사는 이를 적절하게 정정한다.

12.5 미술치료사는 자신이 고용한 사람의 자격사항이 잘못되거나 오해의 여지가 있거나 속이는 방식으로 표현되지 않는지 확인한다.

12.6 미술치료사는 특정 분야의 알맞은 교육, 훈련, 임상 경험이 있을 때에 한하여 자신을 특정 분야의 미술치료 전문가라고 밝힐 수 있다.

12.7 미국미술치료협회의 자격을 유지하고 있는 회원은 자신이 속한 멤버십 범위를 명확하고 정확하게 나타내는 한 공공 정보 또는 광고 자료에 회원 자격을 밝힐 수 있다.

12.8 미술치료사는 미술치료 자격심사위원회(ATCB)에 의해 서면으로 자신이 위원회에서 요구하는 절차와 등록을 마쳤다고 공식적으로 명시되지 않은 이상 자신의 이름 뒤에 ATR(r) 그리고/또는 ATR-BC(r)를 사용하지 않는다.

12.9 미술치료사는 협회로부터 서면 허가를 받지 않고 자신의 이름 뒤에 'AATA' 이니셜을 학위인 것처럼 사용하거나, 어떤 목적으로든 'AATA' 이니셜 또는 로고를 사용하지 않는다.

12.10 광고 목적으로 내담자의 사진이나 비디오, 미술작품 또는 치료과정에 대한 내담자의 후기를 사용하는 미술치료사는, 이를 위해 내담자에게 명시적인 동의를 얻는다. 이 동의에는 내담자의 신원 공개 여부와 방법이 포함된다.

뉴스 매체 다루기

많은 미술치료사가 신문, 라디오, 텔레비전 뉴스, 인터뷰 등을 통해서 대중에게 미술치료를 알려 왔다. 어떤 홍보라도 그 자체로 좋은 홍보라는 말이 있지만, 경험상 미술치료사에게 항상 그런 것은 아니다. 다음의 실제 텔레비전 인터뷰의 상황을 생각해 보자.

한 지역 텔레비전 방송국에서 정신과 병원에 있는 미술치료사에게 연락을 취했다. 그 방송국은 미술치료사와의 인터뷰를 비디오테이프로 녹화하여 매 주마다 방송하는 건강관리 프로그램을 방송하기를 원했다. 병원 내의 미술치료실 중 한 곳에서 세션 과정을 비디오테이프로 녹화하기로 약속했다. 미술치료사는 며칠 동안 어떻게 미술치료에 대해 보여 줄지, 또 인터뷰는 어떤 식으로 해야 할지 고민하였다. 미술치료사는 너무 설명적인 말을 많이 하기보다는, 프레젠테이션 대신 인터뷰어(interviewer)를 미술치료 경험에 참여시키기로 결심하였다.

실제 세션의 녹화 시간은 거의 한 시간이 걸렸다. 인터뷰어였던 의사/기자는 미술치료를 경험하는 전반적인 과정 내내 수용적이었으며 적극적으로 참여했다. 미술치료사는 전반적인 경험에 대해 긍정적으로 느끼고 인터뷰가 유익할 것이라고 확신하며 작업을 끝냈다. 미술치료사는 해당 코너가 며칠 내로 방송될 것이라고 들었다.

하지만 미술치료사는 한 시간 동안의 치료적 상호작용이 3분짜리의 내용물로 편집되어 방송된다는 점을 간과했다. 또한 미술치료사는 녹화된 영상 전후로 뉴스 앵커가 가벼우면서 어떤 면에서는 경솔한 생방송상의 대화를 의사/인터뷰어와 한다는 것도 예상하지 못했다.

방송이 시작되자, 뉴스 앵커와 의학 전문기자는 다음과 같은 이야기를 나눴다.

> **여성 앵커:** 의학적 치료를 언급할 때 대부분의 사람들은 약과 수술을 떠올리지만 다른 대안도 있습니다.
>
> **남성 앵커:** 의학 전문 기자 ○○○가 미술치료를 살펴보기 위해 우리와 함께했습니다.
>
> **의학 전문 기자:** 미술로 치료한다니 이상하게 들리겠지만, 제 성격에는 맞는 것 같아요.
>
> 그는 여성 진행자를 바라보고 웃으면서 말했다. "그렇게 생각하나요?" 잠시 정적이 흐르고, 그는, "거짓말, 지금 웃고 있네요."라고 말했다. (웃음)
>
> **여성 앵커:** 그렇지 않아요. 난 지금 괜찮게 보이려고 노력 중이에요. (웃음)
>
> **의학 전문 기자:** 아니요, 미술…… 미술치료의 방법은 다양한 심리적인 문제를 치료하는 데 정말 효과적일 수 있습니다. 그리고 어젯밤 저는 지역 병원에 있는 한 미술치료사를 만나고 왔습니다.

* * *

이런 가벼운 농담은 생방송에서 이루어지는 전형적인 대화 방식이었다. TV에서 이 세 명의 태도가 미술치료에 대해 경시하는 의미를 가진 것은 아니었을 것이다. 하지만 이러한 분위기는 이어지는 영상을 경박하고 가벼운 느낌으로 만들어 버려서 하찮은 것처럼 보이게 했다. 방송은 이어서 약 3분짜리로 편집된 비디오테이프로 넘어갔다. 편집자는 미술치료 과정, 미술 매체, 그리고 미술치료 과정 중에 참여

한 사람들 사이에 일어난 일들을 핵심 위주로 잘 편집했다.

인터뷰가 진행되는 동안, 의사/인터뷰어는 몇 가지 미술작업에 참여했고 작업한 그림에서 얻을 수 있는 의미를 미술치료사의 안내에 따라 살펴보았다. 편집자는 인터뷰어가 자기 자신을 나무로 묘사한 부분에 초점을 두고 대화하는 장면을 선택했다. 일반적으로, 앞뒤의 맥락을 고려하지 않고 이 부분만 따로 보면 영상의 내용은 정신의학 맥락 안에서 미술치료에 대해 적절히 소개하는 것으로 보였다. 하지만 비디오테이프의 마지막 부분에서, 다음과 같은 일이 일어났다.

의학 전문 기자: 정말 색다른 경험이었습니다. 그리고…… 그리고 TV 리포트의 한 부분으로 시작한 경험이었지만, 실제로 많이 놀랐습니다. 나 자신에 관한 무엇인가를 느끼기 시작하였고, 제가 보기에도 훌륭한 나무라고 생각합니다.(그리고 그는 여성 앵커에게 몸을 돌려 웃으면서 말하기를) 그래서, 이 나무를 가지고 왔고…… 그리고…… 음…… 이 나무를 당신께 드리겠습니다. 원래는 제 작품을 상업적으로 팔까 하고 생각을 했지만, 당신이 가져가서 액자를 해서 집에 걸어 놓으세요. (웃음)

여성 진행자: …… 마침 집에 둘 그림이 필요하네요.

남성 진행자: (웃음)

의학 전문 기자: 자, 여기 있습니다.

여성 진행자: 저희 집에 그림이 정말 필요해요. 그리고 제가 생각할 때 이건…… 아마도 이것은…… 그림을 바라볼 때, 당신이 보이는군요.

의학 전문 기자: 그래요? (웃음)

여성 진행자: 이 그림을 바라보면 당신이 보여요. (크게 웃음) 이 나뭇가지들은 당신 같군요. (웃음)

의학 전문 기자: 정말 효과적인 치료입니다. 특히나 몇몇 아이에게. (세 사람이 잠시 동안 조용해진다)

남성 진행자: 왜 아이들에게 특별히 좋을까요?

의학 전문 기자: 그게, 대부분을 말로써 표현하기 힘든 다섯 살이나 여섯 살인 꼬마들에게 특히나 더 좋습니다. 만약 아이에게 빈 종이와 분필이나 색연필, 물감을 주면 아주 바쁘게 움직일 것입니다. 그리고 내가 미술치료사와 한 것처럼, 그렇게 이들의 마음을 여는 것입니다. 당신은 왜 이것을 했을까, 이 안에서 볼 수 있는 것은 무엇인가, 이 표현은 무엇을 의미하나, 이것이 의미하고자 하는 것은 어떤 내용인가에 대한 대화를 나눔으로써, 정말로

호기심 있고 재미있게 접근할 수 있습니다.

여성 진행자: 그다음 시간이 지나면서 그림이 변화됨에 따라 향상된 것을 기록하는 거군요?

의학 전문 기자: 맞습니다. 몇 달 안에, 새로운 나무 그림을 드리지요. (웃음)

여성 진행자: 그렇군요. 감사합니다. 새로운 벽을 더 준비해야겠네요. 감사합니다. (웃음으로 끝 마침)

* * *

TV에 등장한 사람들이 한 농담으로 이야기가 가볍게 흘러갔다. 안타깝게도, 대중들에게 좋은 교육의 기회가 지역 뉴스의 가벼운 이야깃거리로 지나쳐 버렸다. 이러한 모습들로 인해 인터뷰의 본연의 모습은 명백히 사라져 버렸다.

TV 방송용으로 인터뷰를 할 때, 미술치료사는 다음의 사항을 우선적으로 고려해야 한다.

1. 인터뷰어는 누구인가? 가능하다면, 미술치료사는 인터뷰어의 카메라 촬영 스타일에 친숙해져야 한다.

2. 인터뷰의 목적은 무엇인가? 미술치료를 대중에게 알리고 흥미를 갖게 하는 데 궁극적인 목표를 갖고 있나? '가벼운 뉴스 거리'로 자신들의 뉴스를 채우기 위한 의도를 가지고 있는 것은 아닌가? 보도 내용을 선정적으로 다루기를 의도하고 있는가?

3. 어떤 식으로 방송 내용이 소개될 것인가? 일에 대한 진지함을 표현하기에 앞서서 인터뷰어와 이것에 대해 먼저 이야기하는 것을 권장한다.

4. 방송은 어떻게 마무리될 것인가? 그들은 어떻게 다음 이야기로 넘어갈 것인가? 미술치료사가 뉴스의 흐름을 조절하게 될 리는 없지만, 이런 질문을 하는 것은 인터뷰어가 이러한 이슈를 민감하게 다루도록 하는 데 도움을 줄 수 있다.

5. TV 방송국에서 기존에 진행되었던 다른 인터뷰는 어땠는가? 인터뷰 내용들이 정중하게, 재미있게, 획기적인 등등의 방식으로 다뤄졌는가?

6. 미술치료사는 방송 매체의 효과와 범위에 대해 잘 생각해야 한다. 텔레비전 방송의 분량, 내용, 특정 TV 시청 지역에 따라, 수천, 수만 명의 사람들이 미술

치료사의 인터뷰를 보게 될 것이다. 거의 대부분의 사람들이 TV를 통해 본 것이 미술치료에 대해 알게 될 전부일 것이다. 미술치료사는 방송 매체의 인터뷰를 상당히 주의 깊게 다루어야 하며, 신중하게 고민해야 한다.

미술치료사는 종종 신문사로부터 독자의 흥미를 끄는 일이나 건강과 관련된 이야기의 주제에 대해 요청을 받는다. 신문 기사는 일반 대중에게 정보를 제공하는 훌륭한 방법이 될 수 있다. 인터뷰를 하기 전에 인터뷰를 통해 어떤 내용을 알리기 원하는지 생각해 보는 것이 중요하다. 어떠한 경우는, 기사 내용이 명확하고, 잘 쓰여 있고, 정보로서 적절하다. 또 어떤 경우에는, 미술치료사의 이야기가 잘못 인용되거나 진실되지 않은 경우도 있다. 이러한 경험을 통해 미술치료사는 신문 기자와 인터뷰를 할 때 다음과 같은 점들을 고려할 수 있다.

1. 누가 리포터가 되는가? 미술치료사는 인터뷰어가 기사를 어떤 방식으로 쓸지 감을 잡기 위해 그가 쓴 다른 기사들을 읽어 보아야 한다.
2. 이 기사를 쓰는 의도는 무엇인가? 이 신문은 궁극적으로 대중에게 미술치료를 알리는 것에 관심이 있는가? 치료를 비신화화(de-mythologizing)하는 것에 관심이 있거나 흥미 위주의 기사를 쓰는 것에 관심이 있는가?
3. 이 기사는 신문 어느 면에 실리는가? 치료작업의 진지함을 강조하기 위해 이에 대해 기자와 미리 이야기를 나누는 것이 바람직하다. 기사의 헤드라인은 어떻게 되는가? 미술치료사가 이런 것들에 관여할 수 있는 권한은 거의 없지만, 이에 대한 우려를 표현하는 것은 해당 이슈를 기자가 민감하게 다루도록 하는 데 도움을 줄 수 있다.
4. 해당 신문사가 다른 건강관리 분야 인터뷰를 진행한 이력은 어떤가? 해당 분야 기사들이 다루어진 방식은 진지했는가, 장난스러웠는가 혹은 선정적이었는가?
5. 누가 이 기사를 읽게 되는가? 미술치료사는 활자화된 단어의 힘을 중시해야 한다. 특정 신문의 규모와 발행지역에 따라 수천 명의 사람이 미술치료사에 대한 기사를 읽을 수도 있다. 거의 대부분의 독자에게, 신문에서 읽은 내용이 그들이 미술치료에 대해 아는 내용의 전부일 것이다. 미술치료사는 신문과의 인터

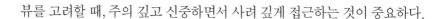

뷰를 고려할 때, 주의 깊고 신중하면서 사려 깊게 접근하는 것이 중요하다.

인터넷과 소셜 미디어에서의 미술치료 광고

많은 소셜 미디어 사이트가 있는 인터넷은 미술치료를 홍보하기 좋은 환경으로 부상했다. 벨코퍼와 맥너트(Belkofer & McNutt, 2011)에 따르면 "블로그, 온라인 게시물, 파일 공유, 소셜 네트워킹 웹사이트 등 인터넷 기반 소셜 미디어 환경에 대한 급격한 문화적 변화로 인해 오늘날 미술치료사는 5년 전에는 존재하지 않았던 복잡한 윤리적 이슈에 직면해 있다."(p. 159) 미술치료사는 인터넷과 소셜 미디어를 활용해서 자신의 서비스를 광고하고 홍보할 때 제기되는 많은 윤리적 문제와 씨름해야 한다.

말키오디(Malchiodi, 2009)에 따르면, 치료사들은 페이스북의 '페이지'와 같은 소셜 네트워킹 플랫폼을 사설 치료(private practices)에 사용하고 있다. 페이스북의 '페이지'는 어떠한 원인, 이슈 또는 서비스를 홍보하는 방법이다. 그녀는 실제 치료 세션의 영상, 내담자가 작업한 작품의 사진을 넣어서 사설 미술치료를 광고하는 하나의 페이지를 언급했다. 이런 자료를 포함시키면 치료 분야에서 미술치료가 가진 이점을 극적으로 보여 줄 수 있겠지만, 말키오디는 앞서 언급한 자료를 게시하는 것에 대한 사전 동의 절차에 관해 심각한 우려를 제기했다. 또한 실제 내담자의 치료 세션 기록과 미술작품의 실제 사진을 내용에 포함시킨 것이 향후 내담자의 행복에 어떤 영향을 미치게 될지에 대해서도 의문을 제기했다. 자신의 치료 세션을 녹화하도록 한 내담자가, 시간이 흐른 후 어떤 시점에 수백만 명이 쉽게 볼 수 있는 자신의 영상에 대해 심경의 변화를 보이는 일을 생각해 볼 수 있다. 이런 점에서, 라이스(Rice, 2009)는 이와 관련하여 사이버 공간이 가진 잠재적인 불안은 그것이 잊히지 않는 것이라고 보았다. "특정 기록을 다운로드, 게시, 검색 또는 살펴본 적이 있다면 아마도 해당 자료가 '밖으로' 흘러나간 기록이 있을 것이다."(P. 131)

인터넷과 소셜 미디어 형식의 미술치료 홍보와 광고에 관련된 윤리적인 문제는 역동적이고 복잡하다. 인터넷과 소셜 미디어 형식의 미술치료 서비스 홍보와 광고에 대한 윤리적 이슈는 역동적이고 복잡하다. 이러한 기술은 앞으로 나타날 윤리적 문제를 제기하거나 예상하는 것이 거의 불가능할 정도의 속도로 빠르게 발전하고 있다. 미술치료사는 내담자에 대한 전문적·도덕적·윤리적 책임과 동시에 수백만 명의 사람들에게 그들의 서비스를 홍보할 수 있는 놀라운 기회 사이에서 균형을 이루어야 한다.

인터넷 광고와 관련하여 발생하는 여러 윤리적 질문은 다음과 같다.

1. 미술치료 광고와 홍보에 가장 적합한 인터넷과 소셜 미디어 플랫폼은 무엇인가?

2. 게시물의 취지는 무엇인가? 대중에게 미술치료를 알리는 것인가? 미래의 내담자들을 유치하기 위한 목적인가?

3. 게시물은 어떻게 보일까? 거기에 미술치료사의 작품도 포함해야 할까? 내담자의 작업도 포함해야 할까? 영상은?

4. 그 게시물은 미술치료를 어떻게 보여 줄 것인가? 진지하게, 장난스럽게, 감각적으로?

5. 광고의 타깃층은 누구인가? 일반 대중, 잠재적 내담자, 현재 혹은 과거의 내담자, 미술치료사가 되고 싶어 하는 학생인가?

6. 미술치료사는 게시된 자료의 지속력을 염두에 두어야 한다. 광고는 일단 게시되면, 결코 완전히 삭제될 수 없기 때문에 미술치료사는 5년 또는 10년 후에도 그 광고에 만족할 수 있을지 고려하는 것이 중요하다.

7. 웹사이트를 보는 많은 사람은, 미술치료에 대한 모든 것을 웹사이트를 통해서 알게 될 것이다. 미술치료사가 인터넷 광고를 고려할 경우, 신중하게 심사숙고하는 것이 중요하다.

8. 홍보나 광고는 미술치료사의 전문적 경계, 즉 공적 정보와 개인 정보를 구별하는 것에 어떤 영향을 미칠 것인가?

많은 미술치료사가 경력의 어떤 시점에 자신의 치료서비스에 대한 광고를 고려하거나 뉴스 인터뷰 요청을 받을 것이다. 미술치료사는 자신들의 상황에 적합한 광고와 홍보에 대한 기준, 정책을 개발해야 한다. 다음과 같은 예술활동은 미술치료사들이 이런 이슈들을 생각하고 탐구하는 데 도움이 될 것이다.

추천 예술활동

1. 당신이 한 대중매체의 기자에게 인터뷰 요청을 받은 미술치료사라고 상상해 보자. 인터뷰 과정 중에 어떠한 감정을 느낄 것 같은지를 그림으로 표현해 보자.

2. 미술치료 서비스를 광고하는 홍보지 그림을 만든다. 이 작업을 하면서 마음속에 떠오르는 감정들에 집중해 보자. 동료나 슈퍼바이저와 함께 그림과 그 그림이 일으키는 감정들에 대해 나누어 보자. 광고가 전달하는 정보에 대해 피드백을 구해 보자.

3. 어떤 광고가 좋은 광고인지, 그리고 어떠한 광고가 잘못되고, 오도된 광고인지 생각해 보라. 이러한 문제에 대한 당신의 감정을 시로써 표현해 보자. 자신이 쓴 시를 공유하고 의견을 나누어 보라. 당신이 쓴 시가 어떠한 도덕적인 문제를 일으킬 수 있는지에 대한 의견을 구하라.

4. 콜라주 기법을 사용하여, "미술치료사는 자신의 서비스에 대해 어떻게 광고를 해야 하나"를 주제로 미술작업을 해 보자. 동료나 슈퍼바이저와 함께 콜라주 안에서 일어날 수 있는 윤리적 이슈에 대해 이야기를 나누라.

5. 수업 또는 집단 슈퍼비전 시간에 미술치료사가 잘못 인용된 뉴스 인터뷰로 인해 어려움을 겪는 상황의 역할극을 한다. 그런 상황에 대처하는 방법에 관한 다양한 전략을 논의하라.

6. 미술치료에 대한 광고 영상을 만든다. 수업 시간이나 슈퍼비전 그룹에서 영상을 보여 주고 이런 광고가 불러일으키는 느낌과 생각에 대해 토론해 보자.

7. 유튜브에 올라온 미술치료 영상을 무작위로 선정하여 시청해 보자. 수업이나 집단 슈퍼비전 세션에서 영상에 대해 평가해 보고 토론해 볼 만한 윤리적 질문들을 최대한 많이 만들어 보자.

chapter 12

미술치료 스튜디오:
기관 및 개인 미술치료

스튜디오 공간의 일반적 고려사항

치료사들은 대부분 치료 시스템 안에 속하여 있으며, 스튜디오에서 일하게 된다. 이 책에서 '스튜디오'라는 단어는 치료적 예술활동이 이루어지는 환경을 의미하는 가장 광범위한 느낌으로 사용될 것이다. 미술치료 스튜디오는 기관 미술치료와 개인 미술치료의 맥락 안에서 이루어진다. 이 장에서는 미술치료 스튜디오와 관련된 일반적인 윤리 문제를 다루고 기관 미술치료와 독립적 · 개인적 미술치료에 대해 논의할 것이다.

미술치료사를 위한 윤리규정의 조항 1에는 다음과 같이 서술되어 있다.

미술치료사는 다음과 같은 안전하고 기능적인 미술치료 서비스 환경을 제공하기 위해 노력한다.

a. 적절한 환기
b. 적절한 조명
c. 물을 공급할 수 있는 환경

d. 미술 재료의 위험 또는 독성에 대한 지식 및 내담자의 건강을 보호하기 위한 노력

e. 미술작품을 보관할 공간 및 모든 유해 물질을 보관할 고정 공간

f. 사생활 보호 및 비밀보장을 감안한 공간

g. 유사한 사업을 규제하는 주 및 연방 기관에 따른 다른 보건 및 안전 요구 사항 준수(AATA, 2013, p. 3)

스튜디오의 형태와 크기는 매우 다양하다. 어떤 스튜디오는 창조적 작업을 하기에 매우 적합하고 어떤 곳에는 큰 걸림돌이 있다. 또한 어떤 곳은 전통적인 예술 공간인 반면, 별로 이상적이지 못한 공간도 있다. 변형시킨 교실, 개인 사무실, 병원 침대 머리맡, 대기실, 심지어 정신병동의 입원실을 변경하여 스튜디오로 사용한다. 미술치료사 중에 창고 공간을 목적에 맞게 고쳐서 일하는 경우도 있다. 스튜디오 외관상 보이는 장점 및 단점과는 상관없이, 미술치료에 참여하는 내담자에게 유익이

[그림 12-1] 미술치료 스튜디오, 알부커키, 뉴멕시코
아만다 허먼(Amanda Herman)

될 수 있는 구조의 핵심 원칙 세 가지를 소개한다.

1. 안전
2. 예측 가능성
3. 관계 형성 안에서 미술작업에 초점

안전

치료에 중요한 두 가지 역동으로 심리적 안정과 불안이 있다. 내담자는 미술치료 환경이 자신의 감정을 탐색하고 표현할 수 있는 안전한 곳이라는 믿음이 있어야 한다. 동시에 자신의 삶을 변화하고자 하는 얼마의 욕구를 가지고 있어야 한다.

내담자에게 자신의 생각과 감정을 탐색하고 표현하는 과정은 어려운 작업이다. 대부분의 내담자는 개인적으로 위기를 겪거나 강렬한 감정에 압도될 때 치료실을 찾는다. 이런 점 때문에 내담자는 미술치료의 경험을 위협으로 느낄 수 있다. 그러므로 성공적인 치료를 위해 필요한 최우선의 요소가 왜 미술 스튜디오의 안전인지 쉽게 이해할 수 있다. 만약 내담자가 스튜디오를 안전한 장소라고 느끼지 못한다면, 치료는 이루어지지 않을 것이다. 아무리 미술치료사가 노련하더라도, 아무리 시설이 훌륭하더라도, 아무리 재료가 좋더라도, 내담자가 안전하다고 느끼지 못한다면, 치료는 일어나지 않을 것이다. 이 문제의 중요성을 개념화하는 또 다른 방법은 물리적 공간을 치료사와 내담자의 관계를 나타내는 외형적인 표현이라고 여기는 것이다. 이것이 사실이라면, 치료적 환경의 안전에 주의를 기울이는 것이 우리의 윤리적 책임이다.

미술치료 스튜디오, 사무실, 집단치료실, 혹은 지역사회 안에서 안전감을 구축하는 방법에 대해 깊게 생각해 보는 것은 미술치료사에게 윤리적으로 반드시 필요한 일이다. 구소(Gussow, 1971)에 의하면, 물리적 구역을 하나의 **장소**로 변형시키는 것은 깊은 경험의 과정이다. "하나의 장소는 감정에 의해 만들어진 환경 전체의 한 조각이다."(p. 27) 우리는 스튜디오가 깊은 경험을 담을 수 있는 안전한 장소라는 느낌을 창출하기 위해 많은 일을 할 수 있다. 치료에서 안전은 내담자가 변화하도록 돕는 하나의 기제이며 발전을 위한 근본적 요인이다(Nolan, 2019). 깊은 의미에서 안전을 창출하고 보장하는 것은 미술치료사의 가장 중요한 임무 중 하나일 것이다.

치유란 자기를 파멸시키고 파괴하는 에너지를 치료적이고 창조적인 에너지로 전환하는 과정이다. 미술치료의 한 가지 목표는 이런 치유의 에너지를 자극하는 것이다. 치유의 에너지는 내담자의 삶 속에서 발견할 수 있으며, 각 내담자에게 이런 에너지가 어떻게 나타나는지를 예상하기는 어렵다.

스튜디오 공간은 종종 신비로운 마법의 장소가 되는 능력을 가진다. 마법의 장소가 되는 데 중요한 요소 중 하나는 스튜디오 벽 위의 이미지를 활용하는 것이다. 항상 변화하고 새로워질 수 있는 스튜디오의 벽은 살아 있는 갤러리로서 무언의 강력한 은유를 보여 준다. 내담자는 이런 이미지들이 반겨 주는 스튜디오로 들어오는 순간, 이미지로부터 미술작업의 치유 활동에 참여하도록 초대받는다. 벽 위의 이미지가 항상 편안한 느낌일 필요는 없다. 때로는 불안하게 하는 이미지로 스튜디오가 한 사람의 문제를 내려놓을 수 있는 안전한 장소라는 메시지를 전달할 수 있다. 그러나 그 반대의 일도 일어날 수 있다. 어떤 때에는 불안한 이미지가 내담자를 두렵게 하여 스튜디오를 안전하지 않은 장소로 느끼게 할 수 있다. 안전을 위한 미술치료사의 역할은 스튜디오의 환경을 확인하고, 필요하다면 수정하는 것이다.

어떤 미술치료사들은 자신의 역할을 스튜디오를 관리하는 사람이 되는 것이라고 말한다. 맥니프(1995)는 미술치료사의 주요 역할은 장소의 영혼을 깨우고, 내담자가 스스로 길을 찾을 수 있도록 장소의 생명력과 능력을 유지시키는 것이라고 믿었다(p. 180). 즉, 미술치료사의 중요한 역할은 어떠한 말을 하느냐가 아니라 어떻게 존재하느냐와 관련이 있다는 것이다.

미술치료사가 내담자를 대하는 태도는 매우 중요하다. 내담자는 대화에 신경 쓰는 것만큼, 공간 안에서 느껴지는 무언의 메시지와 에너지에 민감하게 반응한다. 내담자는 미술치료사가 자신과 일하는 것을 좋아하는지 그렇지 않은지를 즉각적으로 감지할 수 있다. 내담자는 또한 미술치료사가 자신을 인격체로서 깊이 배려하고 존중하는지 그렇지 않은지, 굳이 말하지 않아도 알 수 있다. 이런 민감성은 치료사가 노골적으로 말해서 얻은 결과라기보다, 환경 안에서 흘러나오는 미술치료사의 세밀하고 비언어적인 태도의 반응이나, 내담자가 과거에 어떤 경험을 했는지와 관련이 있다. 미술치료의 성공은 미술치료사의 태도와 직접적으로 연결되어 있으며, 치료사가 내담자에게 행동하고 반응하는 방법에 달려 있다.

미술치료사의 자기를 나타내는 표현, 즉 미술치료사의 어조, 표정, 몸짓, 에너지 수준, 성격 등도 스튜디오의 중요한 요소다. 미술치료사는 일을 하는 과정에서 어느 정도의 열정과 기쁨을 내비추어야 하는 동시에, 치료과정에서 내담자에게 동반되는 고통, 슬픔 그리고 불안을 존중해야 한다. 미술치료사로서의 특정한 윤리적 성격이 있는 것은 아니다. 하지만 효과적인 치료를 원한다면 미술치료사는 개인적인 힘과 자신감을 기르기 위해 노력하는 것이 필요하다. 이것은 미술치료사가 자신이 가지고 있는 성격의 특정을 가지고 일하면서, 치료적 태도를 전달할 수 있는 치료 스타일을 개발해야 한다는 의미다. 이런 치료적 태도는 여러 가지 형태로 나타난다. 어떤 미술치료사들은 스튜디오를 부드러움, 조용함 그리고 진지함으로 채운다. 또는 외향적인 따뜻함과 에너지를 통해 그 기운을 전달하고 온정이 넘치는 분위기를 창조하는 미술치료사들도 있다.

스튜디오를 관리하는 사람으로서 집단 치료나 지역사회 치료를 하는 미술치료사는 보호하는 사람으로서의 역할과 동기를 부여하는 사람으로서의 역할을 동시에 담당해야 한다. 미술치료사는 '병행적 참여'를 원칙으로 창조적 집단을 만들고 가꾸어야 한다. 병행적 참여를 통해 개개인의 미술작업은 타인의 창조작업과 연결되는 공동체적 경험을 가능케 한다. 예술가이자 내담자인 그는 자신의 이미지와 동료의 미술작품에 영향을 주고 영향을 받으면서 에너지를 서로 나눌 수 있게 되는 것이다. 미술치료사는 자신의 열정, 행동, 창조적 활동을 통해 스튜디오의 구조를 유지하고 병행적 참여를 위한 단계를 구성해 나간다.

미술치료 스튜디오의 풍성함과 안전을 갖추기 위해서는 미술 재료와 장비를 충분히 구비해야 한다. 미술 재료는 디자인 과정을 거쳐 미술 형태로 결과물을 창조하는 데 중요한 역할을 한다. 매체는 목적을 위한 하나의 수단, 예를 들어 내담자가 언어로 진행되는 상담을 돕는 방법으로서의 미술 그 이상의 의미를 지닌다. 매체는 그 자체로 감정을 전환시킬 수 있으며, 특정한 도구나 재료를 사용함으로써 치료사와 내담자 관계의 계획과 의도에 변화를 가져올 수 있다. 이런 점에서 치료적 접근을 할 때 우리는 융통성을 발휘하여 매체를 사용하는 탁월한 능력이 필요하다.

[그림 12-2] 스튜디오 안에서-종이에 초크
브루스 문(Bruce L. Moon)

윤리적으로, 미술치료사는 자기가 사용하는 재료와 도구의 효과를 고려해야 한다. 어떤 미술치료사들은 미술치료에 양질의 재료와 매체를 써야 한다고 주장한다. 그렇지 않으면 표현활동의 과정이나 결과물은 가치 있는 것이 아니라는 은밀한 메시지가 내담자에게 전달된다고 생각하는 것이다. 이것은 또한 내담자가 소중하지 않다는 미묘한 메시지가 될 수 있다. 이런 주장은 싸고 질이 다소 떨어지지만 보다

폭넓은 선택을 할 수 있는 재료들보다는 제한된 범위의 질 좋은 재료를 사용하는 것이 더 좋다는 의미로 해석될 수 있다. 그러나 전통적이지 않은 미술 재료들을 사용하는 미술치료사들도 많다. 그들은 예술을 창조하기 위한 매체는 어느 것이나 가능하다고 있다고 믿기 때문에 주워 온 물체들, 오래된 천, 실, 돌, 구슬, 나무 조각들과 같은 재료들로 재료장을 가득 채우기도 한다. 미술 재료에 대한 개인의 철학과 상관없이, 미술치료사들에게 윤리적으로 가장 중요한 것은 치료에 있어서의 재료의 효과를 충분히 고려하는 것이다. 언어를 통해 치료를 하는 치료사가 생각 없이 말을 사용하지 않듯이, 미술치료사는 자신이 치료 세션 중에 사용하는 미술 재료에 깊이 고민해야 할 윤리적 책임이 있다.

미술 재료는 스튜디오의 생산적인 에너지를 생성하는 데 도움을 준다. 미술치료는 내담자들의 자유로운 표현을 촉진하고 안전감과 창조적 분위기를 느끼도록 하기 위해 다양한 매체에 의존한다. 윤리적인 스튜디오 관리자로서 미술치료사는 치료 관계의 기반을 다지기 위해 미술 재료와 의미 있는 관계를 맺도록 격려하고 스스로 이에 대한 본을 보여야 한다.

치료 환경의 모든 요소는 치료실의 창조적 분위기와 안정감을 형성하는 데 도움을 주기도 하고 방해하기도 한다. 벽의 색깔, 바닥의 재질, 창문의 크기, 가구의 종류, 동선, 공간의 구성 등은 치료 효과를 증진시키거나 또는 방해할 수 있다.

스튜디오 관리자로서 미술치료사는 치료실 내의 행동 규칙을 정립하여 치료실을 보호해야 한다. 미술치료 스튜디오를 안전한 공간으로 유지하기 위한 내담자와 치료사의 행동에 관한 규칙과 규정이 필요하다. 미술치료사는 첫 번째 룰을 분명히 해야 한다. 빅(Vick, 1999)은 누구도 물리적으로 혹은 언어적으로 자신과 다른 사람을 해쳐서는 안 된다는 것을 "기본 규칙"이라고 표현했다. 스튜디오의 최선의 규칙은 간단하고 명확한 것이 좋다.

다음은 많은 미술 스튜디오에서 적용되고 있는 규칙의 예다.

1. 다른 사람을 신체적 · 언어적으로 상처를 주어서는 안 된다.
2. 필요한 것은 무엇이든지 사용하되 재료를 낭비하지 말자.
3. 도구, 붓, 기구 등을 잘 관리하자.
4. 서로를 존중하고 다른 사람들의 권리를 존중하자.

스튜디오에서의 예측 가능성

내담자들이 치료 중의 어려운 작업에 집중하기 위해서는 미술 스튜디오를 안전하고 예측 가능한 공간으로 경험할 수 있어야 한다. 사실 장소의 예측 가능성이란 안전에 있어서 가장 중요한 요소다. 예측 가능성의 원칙은 역설적이다. 미술치료사는 내담자에게 어떤 예술적인 일들이 일어날지 알 수 없다. 하지만 미술치료사는 스튜디오 환경이 내담자들의 놀라운 예술적 시도를 수용할 수 있는 일관적이고 예측 가능한 컨테이너가 되도록 그리고 그것을 유지하기 위해 최선을 다해야 한다. 모순은 미술치료사들이 스튜디오 안에서 어떤 예술적인 일들이 일어날지 정확히 알 수 없지만 스튜디오의 보호자로서 어떠해야 하는지 명확히 인식해야 한다는 것이다. 미술치료사들은 스튜디오 공간이 어떠해야 하는지에 대해서도 확신을 가져야 한다.

미술치료사는 다양한 방법을 통해 예측 가능하다는 분위기를 만들어 낼 수 있다.

- 시간을 지킨다.
- 내담자가 스튜디오를 방문할 때마다 항상 같은 방식으로 맞이한다.
- 필요한 매체와 도구를 구비하고 잘 정리해 놓는다.
- 태도와 정서표현에 있어서 일관성을 유지한다.
- 내담자의 행동에 일관적으로 반응한다.
- 일정한 방식으로 세션을 시작하고 끝마친다.

미술치료사가 미술 스튜디오 세션을 시작하는 방식에서 우리는 예측 가능성의 한 예는 찾을 수 있다. 미술치료사는 스튜디오를 방문하는 내담자들을 항상 같은 방식으로 맞이한다. 미술치료사가 문에 들어서는 내담자에게 "스튜디오에 오신 걸 환영합니다!"라고 할 때 만남의 첫 순간에 들리는 이 단순한 환영 인사는 내담자가 스튜디오 공간에 들어왔다는 것을 환기시킨다. 미술치료사는 이후에 이루어질 작업에 대한 흥분을 전달하고, 내담자가 온 것에 대한 기쁨과 열정을 표현하고자 하는 것이다. 이는 스튜디오 안에서 내담자의 참여를 위한 창조적 열기를 이끌어 내기 위한 미묘하지만 매우 중요한 방법이다.

　내담자가 스튜디오를 방문하기 전에 필요한 재료와 도구를 구비하는 것 또한 중요하다. 재료가 떨어지지 않았는지 확인하고 필요한 재료를 주문하여 잘 정리하는 것은 내담자가 작업에 필요한 매체를 언제라도 사용할 수 있도록 한다.

　어떤 미술치료사들은 자신이 작업하고 있는 작품을 스튜디오의 요소로 비치하는 것이 도움이 된다고 여기기도 한다. 이러한 예술작품은 예술적 표현에 대한 몰입과 열정을 전달할 수 있다고 주장한다. 나의 한 동료는 자신의 작품이 저항할 수 없는 창조적 공기로 스튜디오를 가득 채운다고 이야기하기도 하였다. 헨리(Henley, 1997)는 "내담자와 함께 작업함으로써 미술치료사는 내담자가 동일시하거나 협조할 수 있는 예술 창작 행동을 모델링할 수 있다."(p.190)라고 했다. 나(Bruce)는 치료 스튜디오에서 나의 개인적 작업을 하는 것을 "내담자를 환영하는 의식적 도구라고 표현하고 싶다. 내담자가 스튜디오에 들어와서 '지금 무엇을 만들고 있나요?'라고 물을 때 나는 내담자와 함께 자신을 탐색하고 표현하는 작업에 참여하도록 모델링할 수 있는 기회를 가지게 된다."(Moon, 2012, p. 164)라고 설명해 왔다.

　스튜디오 세션의 시작과 끝에 대한 일정한 의식을 만드는 것도 중요하다. "스튜디오에 오신 걸 환영합니다."라는 인사는 내담자의 방문에 대한 일정한 의식이 될 수 있다. 이 인사말 다음으로는 도구와 매체 그리고 진행 중인 작품을 챙기는 것 또한 하나의 의식이 될 수 있다. 세션 마지막이 가까워지면 미술치료사는 세션를 끝마칠 시간이 다 되었음을 알린다. 이러한 일정한 의식에 있어서 미술치료사가 어떤 특정한 단어를 사용하는지는 그리 중요하지 않다. 중요한 것은 매번 같은 목소리 톤과 일정한 방식으로 이야기하는 것이다.

　이를 통해 내담자가 스튜디오 환경을 안전하고 예측 가능한 공간이라고 느끼도록 도울 수 있다. 내담자들은 또한 자신들에게 무엇이 요구되는지 그리고 미술치료사들이 자신을 어떻게 대할지를 예상할 수 있게 된다. 이러한 예측 가능성의 요소들은 예측할 수 없고 강력한 창조적 과정을 품어 주는 스튜디오의 경계를 정립하도록 한다.

스튜디오에서의 미술 창작과 관계 형성

미술 창작과정은 미술치료사가 개인 내담자, 집단 내담자들 그리고 더 큰 지역 치료집단에게 제공해야 하는 가장 중요한 부분이다. 정신의학, 심리학, 사회복지, 상담학, 기독교 상담, 약물 남용 상담 등 많은 치료방식이 있다. 이러한 치료방식들은 언어 매개적 접근에서 비롯된 한계를 지니고 있다. 미술치료의 독특한 이점은 시각적·촉각적·청각적·동적 방법을 통해 내담자와 관계 맺을 수 있다는 것이다. 더불어 미술 창작 작업은 아이디어들, 감정들 그리고 신체적 감각들을 포함하는 작업을 통해 내담자와 치료사가 함께 참여하도록 한다. 언어를 기반으로 하는 치료방식들은 감각적·정서적·인지적 영역에 대한 접근에 있어서 한계가 있을 수 있다.

미술치료 스튜디오의 구조를 고려할 때 미술치료사는 스튜디오가 예술 창작과 치료적 관계를 발전시키기 유용한지 확인해 보아야 한다. 치료 스튜디오는 미술 창작과정과 긍정적 관계를 발전시키는 것 모두에 같은 비중을 두어야 한다. 이는 내담자와 미술치료사가 서로에 대한 동반자적 관계 안에서 함께하며 경험을 나눌 때 싹트게 된다.

미술치료는 때때로 이야기를 나누는 치료로 이끌어 내기 위한 도구로 잘못 인식된다. 이러한 관점은 공유되는 예술활동의 치료적 가치를 폄훼한다. 치료 스튜디오에서 미술을 창작하는 것은 단순히 언어로 이루어지는 치료를 촉진하기 위한 도구가 아니다. 미술창작을 공유하는 활동은 치료적 관계에 기반하고 있다. 미술치료사는 언어적 상호작용에 능숙하기 때문에 내담자와 관계를 형성하는 것이 아니다. 미술치료사는 내담자와 함께 예술적 활동을 하기 위해 관계를 형성한다. 여기에는 매우 가치 있는 목적의 상호성이 존재한다. 미술 창작 작업은 관계 형성을 위한 장을 만들어 낸다. 다른 한편으로, 관계는 표현적인 미술작업이 출현할 수 있는 장을 형성한다. 이러한 과정에서 예술이나 관계라는 스튜디오의 요소는 어느 것 하나가 더 중요하지 않다. 예를 들어, 때때로 미술치료사들은 내담자의 미술작품에 대해 이야기를 나누는 것에 지나치게 몰입되어 이야기를 너무 많이하느라 미술작업을 방해하기도 한다. 미술 창작 활동에 지나치게 몰입하여 내담자와 미술치료사가 그들이 함께하는 작업의 초점을 잃을 수도 있다.

윤리적으로, 미술치료사는 내담자들에게 미술 창작이 가능하고 동시에 깊이 있는 관계를 발전시킬 수 있는 안전하고 예측 가능한 미술치료의 장을 제공할 중요한 의무가 있다.

덧붙여 이번 장에서 제기된 이슈들과 함께, 메타인지적, 시각적, 동적, 그리고 감각적 방식과 관련된 이슈에 대해 생각해 보는 것을 추천한다.

지역사회 미술치료사

개인 미술치료 세션, 병원 혹은 임상 환경 외에 커뮤니티 환경 안에서도 몇 가지 스튜디오 환경이 있을 수 있다. 세션이 오픈 스튜디오이든 혹은 지역 사회 미술치료 세션이든 윤리적 기준은 준수되어야 한다. 미국미술치료협회 윤리위원회(arttherapy.org)는 미술치료사들이 지역사회 미술치료 세팅 내에서 일할 때 다음의 사항에 주의를 기울어야 한다고 밝혔다.

사전 동의(informed consent): 미술치료사는 내담자에게 제공되는 서비스들과 미술치료사의 역할, 내담자의 참여 필요성(expectations of participation), 치료비에 대한 안내를 해야 한다(조항 14.1). 이러한 가이드라인과 규칙이나 계약조항은 서면과 구두로 제공되어야 한다. 이러한 조항들이 포함된 계약서에 서명을 받아야 한다.

목표와 목적: 미술치료 스튜디오는 정신건강과 웰빙을 증진시키기 위한 곳이기 때문에 내담자가 스튜디오에 참여하는 이유를 명확히 이야기하도록 해야 한다(조항 14.2).

비밀보장: 참여자들은 스튜디오 참여 시작 시 비밀보장의 한계에 대한 정보를 제공받아야 한다. 미술 교육 수업과 같은 일부 치료환경에서는 비밀보장의 예외가 존재하지 않을 수 있다.

미술작품 사용과 보관: 내담자들은 미술작품이 교육적인 목적이나(조항 4.2), 전시를 위해(조항 5.0~5.9), 그리고 홍보자료로(조항 12.10) 어떻게 활용될 수 있는지에 대한 정보를 고지 받아야 한다. 또한 그들은 자신의 작품들이 얼마나 어떻게 안전하게 보관되는지 그리고 어떠한 절차를 거쳐 파기되게 되는지(조항 4.1.a & 4.7)에 대해 알 수 있어야 한다.

다른 치료적 관계와 마찬가지로 스튜디오 안에서의 관계 또한 정해져 있지 않다. 미술치료사들은 스튜디오 안에서의 상호작용과 행동들에 대해 윤리적 주의를 기울이는 데 최선을 다해야 한다. 임상 세션에서 적절하게 적용되는 윤리규정을 완벽히 준수하는 것이 지역 미술치료 스튜디오에서는 유지되기 힘든 경우가 많다. 스튜디오 내에서 미술치료사의 역할은 때때로 치료사도 스튜디오 작업에 참여하는 상황이거나 개인 세션을 받는 내담자가 동시에 커뮤니티 세션에 참석하게 하는 것과 같은 상황으로 인해 모호해지기도 한다. 이러한 이슈에 대해서는 경계에 관한 6장에서 논의된 바다. 그렇지만 지역사회 환경 안에서 치료를 어떻게 진행해야 하는가에 대해서는 흑백논리로 접근해서는 안 된다. 지역사회 세팅에서 일하는 슈퍼바이저나 자문가를 찾는 것이 보다 융통성 있는 임상을 하는 데 도움이 될 것이다.

독립 미술치료사

1980년대 중반부터 최근에 이르기까지 미국의 건강관리기관들과 제3자 배상기관들은 큰 변화를 겪었다. 이러한 건강관리계의 변화로 인한 부산물 중 하나는 사설 치료를 하는 미술치료사가 늘었다는 것과 더 큰 상위기관과 무관하게 독립적으로 일하는 경우가 늘어났다는 것이다. 보통 독립 치료사로 일하는 미술치료사는 사설 치료를 시작하기 전에 충분한 임상 실습과 숙련된 경험을 쌓는다. 사설 치료실을 운영하는 미술치료사들은 전문성을 유지해야 함과 더불어 성공하기 위한 사업 감각도 있어야 한다.

미술치료사가 독립 치료사로 일하기로 결심할 경우, 내담자에게 제공하는 서비스의 전적인 책임은 치료사에게 있다. 또한 미술치료사가 제공하는 임상에 대한 책임도 져야 한다. 1993년 미국미술치료협회(AATA)는 독립 치료사를 위한 지침서를 발간하였고, 이후에 이 지침서는 미국미술치료협회의 윤리 문서에 포함되었다 (AATA, 2013).

　미술치료사를 위한 윤리규정의 이전 판(AATA, 2003)에서는 독립적으로 활동하는 미술치료사를 AATA의 공인 전문회원으로서 미국 공인 미술치료사(ATR)의 자격을 유지하며 적어도 2년 또는 3,000시간의 정규직 치료 경험이나 3,000시간의 유급 임상 미술치료 경험을 필요로 한다고 명시하고 있다. 그러나 이는 최소 요건임을 기억해야 한다. 2013년 윤리 문서에는 포함되지 않았지만 사설 치료를 시작하기 전에 충분히 많은 경험을 가지는 것이 바람직하다. 상당한 임상 경험을 쌓기 전에 독립 치료에 뛰어드는 것은 추천하지 않는다. 사설 치료의 어려움과 스트레스는 초보 미술치료사들의 임상 경험으로는 극복하기 쉽지 않다. 독립 미술치료사는 사설 치료실을 시작하기 이전에 슈퍼바이저의 감독 아래 충분한 임상 경험과 더불어 인생의 풍부한 경험을 쌓아야 한다.

　최소 2년간의 정규직 치료 기간과 더불어 전문성의 성숙함을 나타내는 조건 중 하나는 자신의 전문성 범위 밖의 임상 사례와 상황을 인지하는 능력이다. 자신의 전문성을 넘어서는 역량이 요구되는 경우 사설 미술치료사는 심리적 · 의학적 조언을 구해야 하며, 필요하다면 내담자에게 좀 더 적절한 전문가를 소개시켜 주어야 한다. 내담자에게 약물치료가 필요한 경우, 미술치료사는 전문가에게 적절한 의학상담을

받아야 한다. 성숙한 미술치료사는 자신의 능력을 파악하고, 자신이 훈련받은 분야 밖의 서비스를 제공하지 않는 것이 필요하다.

많은 연방정부 및 지역 법규가 미술치료를 독립적으로 제공하는 치료사에게 적용된다. 관련 법규는 주마다 상이하며, 이러한 법규를 잘 숙지하여 준수하는 것은 치료사 각자의 몫이다. 많은 주에서는 독립 미술치료사의 개업에 대한 허가법이 생겨나고 있다.

사설 치료실을 운영하는 미술치료사의 책임의 대부분은 안전하고 예측 가능하며 치료를 제공할 수 있는 환경을 유지하는 것과 관련이 있다. 다음의 환경적 요소들은 필수적이다.

- 적절한 통풍
- 적절한 조명
- 물 공급
- 미술 재료의 위험 혹은 독성에 관한 지식과 내담자의 건강을 지키기 위한 노력
- 미술작품을 저장할 장소와 위험한 재료들을 보관할 안전한 공간
- 날카로운 물건들에 대한 주시
- 사생활 보호와 비밀보장
- 연방기관과 주에서 요구하는 안전과 건강에 관한 요강의 준수

사설 치료실의 미술치료사는 2장에서 언급한 동의서에 대해 특별히 주의를 기울여야 한다. 특히 사설 치료실의 미술치료사와 관련이 있는 부분은 비밀보장의 한계, 슈퍼비전 중 정보 교환, 의심되는 학대에 대한 미술치료사의 보고 등이다.

비록 사설 치료실의 미술치료사가 치료 계획이나 서비스 기록에 대한 자유가 전통적인 보건제도에서 일하는 동료보다 많을 수 있지만, 미술치료 세션 기록과 치료 계획을 세워야 하는 점은 동일하다. 계획의 특정한 형식은 각각 다르겠지만 다음의 부분을 치료 계획에 언급하는 것이 좋다.

1. 내담자의 삶의 질과 기능 향상을 위한 미술치료사의 계획
2. 미술치료 세션의 구체적인 일정, 기간, 특징

3. 내담자의 욕구, 취약점, 강점 등을 시사하는 내담자의 문제, 목표, 행동

4. 특정한 목표가 성취된 경위와 시기

5. 검토, 진단, 수정, 변화를 평가하는 체계적 메커니즘

사설 치료실의 미술치료사는 내담자와의 치료 작업에 대한 기록을 남겨야 한다. 미술치료 자료를 위한 형식은 치료사의 환경에 따라 변경될 수 있다. 하지만 다음의 사항은 환경에 상관없이 반드시 언급되어야 한다.

1. 세션 동안 언급된 문제, 목표, 행동에 대한 간단한 진술

2. 세션 동안 사용된 매체에 대한 묘사

3. 세션 안에서의 과정에 대한 묘사

4. 세션 동안 내담자가 만든 이미지와 미술작품에 대한 묘사와 설명

5. 내담자의 정서, 행동, 사고의 방향에 대한 관찰

6. 세션 안에서의 언어적 표현의 내용에 대한 적절한 인용

7. 언급한 문제, 목표, 행동과 관련된 세션의 요약

미술치료 관계의 마무리 과정에서 사설 치료실의 미술치료사는 내담자의 전반적인 치료에 대한 반응과 차후의 치료 계획이 포함된 종결 및 의뢰 요약 보고서를 작성해야 한다.

독립 미술치료사의 중요한 특징은 치료 관계의 적절한 종결 시점을 인지하는 능력이다. 이것은 과학이라기보다 예술이다. 일반적으로 미술치료사는 계획되었던 치료목표들이 거의 달성했을 때 치료 종결에 대해 이야기하기 시작한다. 미술치료의 치료 종결 단계는 과정이지 사건이 아니라는 것을 기억하라. 이상적인 미술치료 종결 단계에는 치료 중에 얻은 것들을 내면화하고 통합하는 작업들이 이루어진다. 종결 단계는 미술치료 관계를 끝내는 것을 준비하는 과정이다. 종결과정에서 내담자는 인생의 의미 있는 관계가 꼭 영원하지만은 않다는 사실을 받아들이기 힘들어하기도 한다. 중요한 것은 내담자가 자신의 관계를 미술치료사와 함께 나눈 기억과 경험의 형태로 간직할 수 있다는 것을 배우는 것이다. 내담자가 치료 환경이 아닌 곳에서 새롭게 건강한 관계를 맺음으로써 미술치료사와의 관계 경험을 재창조할

수 있다는 것을 깨닫게 된다면 이상적일 것이다.

　종결 기간에 내담자는 미술치료사와의 관계가 끝나면서 느끼는 상실감을 미술작품으로 표현할 수 있다. 말로 표현하기는 어려운 감정이지만 이미지들을 통해 깊이 표현될 수 있다. 또한 조각, 페인팅, 그림 등의 결과물은 내담자가 치료적 경험을 실체가 있는 물체로 가져갈 수 있도록 한다. 이것은 보이지 않는 내적 경험의 가시적인 외적 재현이다.

　무스타커스(Moustakas)는 다음과 같이 치료 종결 단계를 묘사했다. "목표는 개인이 경험하는 **내용**과 그 경험의 특징과 의미들을 수용하는 **방법**을 함께 모색하는 것이다."(1995, p. 211) 내담자와 미술치료사는 그들이 함께했던 시간의 본질적 의미를 이해하는 데 많은 노력을 기울여야 한다. 이것은 그저 간략히 치료과정을 요약하는 것이 아니라, 함께했던 시간의 핵심을 창의적으로 '재구성'하는 것을 말한다.

　미술치료사는 치료 종결과 관련하여 지지적이고 수용적인 태도를 유지해야 한다. 많은 미술치료 내담자가 과거에 성공적인 헤어짐을 경험하지 못했을 것이라고 예상하는 것이 좋다. 내담자들은 오히려 건강하지 못한 헤어짐의 과정을 경험했을 확률이 높다. 미술치료사와 내담자가 다루어야 하는 마지막 중요한 목표는 건강한 방법으로 종결을 하는 것이다.

　앞으로 건강관리 분야는 계속해서 바뀌어 갈 것이고, 미술치료사들은 사설 치료실의 개업을 결정할 수도 있다. 독립 치료실을 개업한 치료사들은 직업과 관련하여 여러 가지 중요한 결정을 내려야 한다. 다음의 예술활동은 미술치료사가 이러한 문제를 탐구하고 해결하는 데 도움을 줄 것이다.

추천 예술활동

1. 이상적인 미술치료실에 관한 이미지를 만들어 보자. 당신의 이미지를 수업 혹은 슈퍼비전 그룹의 동료들과 나누어 보자. 당신이 이상적이라고 생각하는 공간과 실제 당신이 일하는 환경의 공통점과 차이점에 대해 생각해 보자.
2. 당신이 미술치료를 하는 곳의 평면도를 그려보자. 당신의 동료들과 평면도를 함께 살펴보자. 공간에 문제점은 없는가? 보다 미술 표현에 적합한 공간으로 만들

기 위해 평면도를 어떻게 변경할 수 있을지에 대한 피드백과 조언을 구하라.

3. 당신의 미술치료실이 목소리가 있다고 상상해 보라. 미술치료실이 당신과 당신의 내담자들, 그리고 고용주에게 자신의 소명과 그것을 이룰 수 있는 능력에 대한 어떠한 이야기를 할지, 그에 대한 시를 써 보자.

4. 지역사회 미술치료 스튜디오에서 일하는 자신의 모습에 대한 이미지를 만들어 보자. 스튜디오에서 당신의 경계는 어떠할지 상상해 보자. 당신이 지역사회 미술치료 스튜디오에서 가장 신경 써야 하는 것은 무엇일까?

5. 지역사회 미술치료 스튜디오를 위한 규칙을 만들어 보자. 어떤 것들이 포함되어야 할까? 어떤 규칙이 가장 우선 될 것인가?

6. 독립 미술치료사로서 자신의 이미지를 만들어 보자.

7. 자신의 '꿈의 스튜디오/사무실'의 이미지를 만들자. 사설 치료실의 장점과 단점에 대해 생각해 본다. 이 미술활동의 과정이 당신에게 어떤 느낌을 불러일으키는지 주의를 기울이자. 당신의 이미지, 아이디어, 느낌을 믿을 만한 슈퍼바이저나 집단 동료와 나누어 본다.

8. 무엇이 좋은 치료 계획을 만드는지에 관해 생각해 보자. 당신이 생각하는 좋은 치료 계획을 나타내는 이미지를 만든다. 그 이미지를 감상하자. 이 장에 나온 내용들이 그 이미지에 포함되어 있는가? 포함된 방법과 그 이유에 대해 말해 본다.

9. 독립 치료사가 된 당신의 느낌을 표현한 시를 짓는다. 그 시를 집단의 동료와 나누고 토론해 본다. 그 시가 나타내는 문제에 대해서 동료에게 피드백을 구해 본다.

10. '미술치료 기록'이라는 주제로 콜라주를 해 보자. 동료나 슈퍼바이저와 콜라주에서 드러난 이슈들에 대해서 논의해 보자.

11. 수업 시간이나 집단 슈퍼비전 시간에 내담자에게 치료 종결을 알리는 것을 힘들어하는 미술치료사의 상황을 그린 역할극을 해 보자. 역할극 안에서 종결을 이야기하는 미술치료사에게 반응하는 내담자의 역할을 연기해 보자. 이런 상황에 대처하는 방법에 대한 여러 가지 전략을 연구해 본다.

12. 자신의 인생에서 겪었던 종결 경험 중에 두 가지(긍정적 경험과 부정적 경험)를 선택하여 이미지화해 보자. 이 두 상황의 감정적 차이에 대해 토론해 본다.

13

미술치료에서의
다문화 역량과
다양성 이슈

당신이 그저 나를 도와주러 여기에 온 것이라면 시간 낭비지만, 내 이슈가 해결되는 것이 당신의 이슈 해결에도 영향을 주기 때문에 온 것이라면 함께 일해요.

릴라 왓슨(Lilla Watson)

이 장은 미술치료에서의 다문화 역량과 다양성에 관련된 윤리적 이슈에 중점을 두고 있다. 세계화로 인해 세상은 훨씬 더 작아졌다. 미술치료는 많은 지역과 많은 문화권에서 행해지고 있다. 호코이(Hocoy, 2005)와 톨워(Talwar, 2010)에 따르면 문화는 역동적인 것이며, 정체성에 바탕을 두고 있다. 문화란 구조가 눈에 보이지 않는 끊임없이 변화하는 그물이며, 사람들은 이 그물을 통해 자신이 처한 상황을 이해한다(Hong, Morris, Chiu, & Benet-Martínez, 2000). 그리고 카피탄(Kapitan, 2015)은 "문화는 미술치료에 내재되어 있다."(p. 110)라고 주장한다. 통신 기술, 인터넷 및 소셜 네트워킹 플랫폼의 발전으로 인한 세계화는 수세기 동안 존재해 온 지정학적·민족적·인종적·사회적 경계와 무관하게 세계를 축소하고 변화시키는 사회문화적 교류의 기회를 만들어 냈다. 카피탄(2014)은 다음과 같이 말했다. "우리의 위치는 지리적인 위치일 뿐만 아니라 우리의 정체성, 역사, 협력, 그리고 우리가 일하는 여러 맥락의 상호작용에 의해 둘러싸인 사회적인 위치다."(p. 101) 카피탄은 미술치료사가 윤리적으로 치료하기 위해 글로벌 문해력을 갖춰야 한다고 주장했다. 다문화

상담 미술치료사는 내담자가 억압을 지속하거나 변화하지 않으려는 치료적인 현상을 다양한 문화적 관점 안에서 고려해야 한다.

'미술치료사를 위한 윤리규정'(AATA, 2013)의 조항 7에서 다루는 이슈는 다음과 같다.

7.0 다문화 및 다양성 역량

미술치료의 다문화 및 다양성 역량이란 미술치료사가 자신과 타인의 문화적 다양성에 대한 인식과 지식을 지속적으로 습득하고 이러한 기술을 내담자에게 성공적으로 적용하는 능력을 말한다. 미술치료사는 문화 이슈를 인식과 반응을 포함한 치료 개입 및 전략을 제공하기 위해 다문화 및 다양성 역량을 유지한다.

7.1 미술치료사는 연령, 성정체성, 인종, 민족성, 문화, 국가 기원, 종교, 성적 지향, 장애, 사회경제적 지위 또는 법으로 금지된 어떤 기초에 근거하여 누구에게도 전문적인 서비스를 차별하거나 거부하지 않는다.

7.2 미술치료사는 문화적 차이에 민감하게 반응할 수 있도록 합리적인 조치를 취한다. 미술치료사는 문화적으로 적절한 개입과 치료를 제공하기 위해 내담자가 속한 문화의 신념체계에 관해 배우도록 최선을 다한다.

7.3 미술치료사는 자신의 가치와 신념을 인식하여 이것이 어떻게 문화 간 치료 개입(cross-cultural therapy interventions)에 영향을 주는지 알고 있다.

7.4 미술치료사는 인종, 민족성, 국적, 민족적 기원, 피부색, 성별, 성적 정체성, 성적 지향, 계급, 나이, 결혼 상태, 정치적 신념, 종교, 정신적 또는 신체적 장애에 관한 사회적 다양성과 억압의 본질에 대해 학습하고 이를 이해하려고 노력한다.

7.5 미술치료사는 함께 일하는 특정 문화집단에 대한 지식과 정보 및 그 집단 안에 내재된 강점을 파악한다. 또한 미술치료사는 문화집단 내에 존재하는 개인의 차이를 민감하게 인식하고, 개인이 집단의 기준에 대해 다양하게 반응할 수 있음을 이해한다.

7.6 미술치료사는 자신과 다른 문화권의 내담자를 치료할 경우 문화적 특성을 고려한 슈퍼비전이나 교육을 받고 그 문화에 속한 사람에게 조언을 구하며, 내담자에게 최선의 이익이 된다면 그 문화에 대해 잘 알고 있는 전문가에게 의

> 뢰한다.
>
> 7.7 미술치료사는 미국미술치료협회(AATA)의 미술치료 다문화 및 다양성 역량 가이드를 따른다.

미국미술치료협회는 다양한 인종·민족·문화 집단의 사람들과 효과적으로 협력하기 위해 미술치료사가 습득해야 할 다문화 인식, 지식, 기술의 유형을 명확히 하기 위한 노력의 일환으로 『미술치료 다문화 및 다양성 역량(Art Therapy Multicultural and Diversity Competencies)』(2015)을 발간했다. 이 문서는 다음과 같이 규정했다.

> 다문화 역량은 인지, 지식, 기법의 세 가지 발달단계로 이뤄진다. 다문화 및 다양성 역량은 다양한 계층의 사람들에게 봉사할 수 있는 역량을 높이는 구체적이고 측정 가능한 일련의 의도적 행동과 결과를 의미한다. 다문화 역량은 윤리적인 치료에 필수적이며, 이 역량은 효과적인 미술치료 진행의 토대가 되어야 한다(p. 1).

이런 원칙들의 야심찬 본질은 높이 평가할 수 있지만, 이것만으로 미술치료사의 다문화 인식과 감수성의 개발이 보장되지는 않는다. 최근 몇 년 사이에 미국 사회에서 가장 소외된 사람들을 향한 폭력에 대한 인식도 증가하고 있다. 몇 가지 예를 들면, 흑인 남성들이 경찰관의 손에 죽임을 당하는 일이 빈번하고 아이들은 국경에서 가족과 떨어져 있으며 성소수자들의 권리는 성전환 치료를 권유받고 의료적 권리를 빼앗으려는 시도로 인해 침해받고 있다. 그 어느 때보다도, 미술치료사들은 사회 정의를 통합하는 방식으로 내담자들을 지지해야 한다는 도전을 받고 있다. 이 이슈의 복잡성으로 인해 본문에서 미술치료 분야의 다문화주의와 다양성에 대한 종합적인 검토를 하기는 불가능하지만, 미술치료사는 다른 자료들을 스스로 탐구함으로써 이들 주제에 대한 지식을 심화하는 것이 권장된다. 나(Emily)는 윤리 영역에서의 해당 역량을 미술치료사로 일하기 위한 최소 기준으로 본다. 미국미술치료협회(American Art Therapy Association) 다문화 & 다양성 위원회는 다문화 미술치료 역량을 충족시킬 수 있는 방안을 제시했으며, 나는 백인 시스젠더 이성애 여성으로서 기준 역량을 넘어서 미술치료사와 미술치료 교육자들이 반인종주의 임상가가 되어 헌신하도록 도전할 수 있다고 주장한다.

다문화 역량을 넘어서

세계화가 진전되면서, 미술치료사는 다문화 유창성을 발전시킬 수 있게 되었다. 2015년 발행된 미국미술치료협회지 『미술치료』 제32-3호는 다문화 미술치료 분야를 개척하고 발전시키는 것에 중점을 두었다. 포타쉬, 도비-코플랜드, 스테프니, 워싱턴, 반스, 쇼트, 보스턴, 그리고 테르 마트(Potash, Doby-Copeland, Stepney, Washington, Vance, Short, Boston, & Ter Maat, 2015)는 모든 미술치료사의 다문화 역량을 높이기 위해 필요한 정보와 훈련을 제공한다는 미국미술치료협회 다문화 위원회의 사명을 재확인하였다. 저자들은 위원회의 연혁을 소개하고 미술치료사 사이에서 향후 성장을 위한 현재의 영역에는 인식 향상, 발전된 다문화 슈퍼비전, 유색인종 미술치료사를 위한 지원, 유색인종 미술치료사 채용 및 유지 문제가 포함되어 있다고 평가했다.

동일한 저널에서 깁슨(Gipson, 2015)은 미술치료사가 다문화주의의 고립된 요소를 보는 것을 넘어서 정체성, 권력, 특권이 어떻게 교차하고 있으며 일상의 삶을 형성해 가는 중심이 되고 있는지를 이해하는 쪽으로 나아가야 한다고 호소했다. 상호교차성이란 성별, 인종, 계급, 성적 지향, 권력, 특권, 정체성, 신체적 능력이 서로 얽혀서 사람들이 그들 자신, 다른 사람들, 그리고 그들 주변의 세상을 보는 방식을 형성하는 방법을 의미한다(Talwar, 2010). 미술치료사는 반인종차별주의자와 다문화주의자가 되기 위해 자신들의 정체성에 대해 살펴보고 고심해 볼 수 있다. 하지만 이는 어렵고 미묘한 작업이기 때문에 역시 개방성과 많은 헌신이 필요하다.

"돕는 행위 자체가 힘을 내포하고 있다."(Ivey, Ivey, & Zallequett, 2010, p. 39) 치료 과정에서 그 힘의 역할을 이해하는 것은 윤리적인 치료를 지도하는 데 필수적이다. 많은 미술치료사는 평등주의적인 이론적 관점에서 상담을 진행하거나 관계에 있어서 동등한 협력자로 내담자를 대한다고 여긴다. 하지만 미술치료사는 항상 내담자에게 영향을 줄 수 있는 힘을 가지고 있고, 그 사실을 계속해서 인지할 수 있다. 내

담자와 이 힘을 공유하려면 치료사의 입장에서 이 힘 자체를 공유할 수 있는 기회가 어떻게 그리고 언제 나타날지 깨닫는 데 많은 노력이 필요하다. 그런 다음 치료사는 그 기회를 인정하고 내담자와 투명하게 상호작용을 해야 하며, 가족이나 정신과 의사와 같이 치료에 관련된 다른 사람들과 결탁하지 않도록 주의하거나, 내담자를 위한 결정을 내릴 때 내담자 자신을 의사결정 과정에 참여시키지 않는 일이 없도록 주의해야 한다(Tew, 2006).

인종주의는 체계적이면서도 구조적으로 이뤄진다. 사람들이 가진 정체성이 자신이 누구인지, 그리고 세상을 바라보고 상호작용하는 방식에 포괄적인 영향을 주는 것과 유사하게, 인종주의에는 개인의 견해가 담겨 있지만, 더 나아가 사회 및 정치 시스템, 조직, 집단에 의해 지지되고 있으며, 백인이 알거나 알지 못하는 가운데 현상 유지가 계속됨에 따라 겉으로 드러나지 않을 수 있다(McIntosh, 2002; Sue & Sue, 2016). 이에 대한 아주 단순한 사례가 공립학교 시스템 내에 있다. 공립학교는 재산세에 의해 자금이 조달된다. 재산세 수입이 높은 지역의 학교는 재산세 수입이 낮은 지역의 학교보다 더 많은 재정을 갖게 된다. 세금이 낮은 지역은 유색인종 학생 인구가 더 많기 때문에, 그들은 백인이 주로 거주하는 높은 세금 지역에 사는 학생들보다 적은 교육 자원을 갖게 된다. 이런 상황은 더 많은 교육과 자원을 가진 백인이 더 많은 것을 성취하게 되는 순환을 가져온다.

나의 경험, 그리고 다문화적인 관점에서 연구하는 많은 학자가 인정하듯이(Sue, D. 2005, 2013; Smith, Kashu-beck-West, Payton, & Adams, 2017), 많은 사람이 두려움으로 인해 중요한 다양성 작업과 행동을 하지 못한다. 인종에 대해 말하는 것을 두려워하는 이유는 몇 가지 다른 곳으로부터 온다.

백인은 자신이 인종차별주의자인 것이 드러나고, 자신의 인종차별을 인정하고, 백인의 특권을 인정해야 하고, 인종차별을 철폐할 책임을 지게 될 것을 두려워한다(Sue, 2013). 노력 없이 얻은 특권과 피부색 때문에 쌓은 이득이라는 백인들의 죄책감(McIntosh, 2002), 그리고 이와 관련된 두려움을 극복하기 위해, 미술치료사는 윤리적이고 문화적으로 민감한 미술치료사의 작업 중에 수반되는 두려움을 살펴볼 수 있다.

[그림 13-1] 차이 탐색-색칠된 나무
홀리 하이필(Holly Highfill)

임상에 대한 인식, 지식 및 기술

히스콕스와 칼리시(Hiscox & Calish, 1998)는 다음과 같이 말했다. "종족적 · 문화적 다양성이 치료과정에서 수행하는 복잡한 역할을 파악하는 것은 많은 미술치료사가 직면하게 되는 중요하고도 만만치 않은 작업이다. 인간 발달에 대한 우리의 정의는 민족 문화에 기반을 두고 있다."(p. 9) 미술치료사가 다문화 미술치료적 관점에서 치료를 하는 첫 단계는 자신의 정체성에 대해 비판적으로 탐색하는 것이다. 미술치료사는 자신들이 다른 취약한 사람들과 중요한 관계를 맺는 전문가가 되도록 하는 데에 자신들의 문화, 가치 그리고 정체성이 어떤 역할을 했는지 반드시 이해해야 한다.

미술치료사는 자기 자신을 맥락 안에서 이해하게 되면, 내담자와 그들의 관심사를 그들의 맥락 안에서 이해할 수 있다. 미술치료사가 자기 자신과 자신의 역동적이고 유동적인 정체성과 문화를 인식하게 되면서, 마이크로어그래션(microaggression)[1]을 알아차리고 조정하며 주의를 기울일 수 있다. 포타쉬와 동료들(Potash et al., 2015)은 문화적 감수성은 마이크로어그래션, "무분별하거나 편협한 말과 행동"(p. 148)에 의

해 쉽게 무효화될 수 있다고 주장한다. 백인에게 해당되는 마이크로어그래션의 몇 가지 예는 다음과 같다. 대화에 유색인종을 포함시키지 않고, 유색인종 동료나 내담자가 그들의 문화를 대변해 줄 것이라고 믿고, 유색인종과 엘리베이터를 함께 타는 동안 자기 가방을 움켜쥐거나, 영어를 제2 언어로 사용하는 내담자에게 영어를 잘한다고 말하는 것이다(Sue, Capodilupo, Torino, Bucceri, Holder, Nadal, & Esquilin, 2007). 은밀한 인종차별의 예로서 마이크로어그래션에 주의를 기울이는 것은 다원주의 사회에서 윤리적인 미술치료사로 일하는 것의 가치를 지켜 준다.

카피탄(2015)은 문화적으로 적절한 방식으로 자신의 문화 경험을 탈피하고 내담자의 필요에 부응할 수 있도록 미술치료사에게 문화적 프레임 전환 개념을 소개하였다.

카피탄은 미술치료사가 각기 다른 문화권의 사람들과 함께 일할 때 나타날 수 있는 자기중심적 편견(Sue & Sue, 1999)에 대해 언급했는데, 이는 더 심한 억압의 도구로 사용될 수도 있다(Talwar, Iyer, & Doby-Copeland, 2004). 카피탄은 미술치료사가 자신만의 경험에 근거하여 미술치료를 이해하는 것에 집중하면, 자기 고유의 개념을 사용해서 미술치료가 무엇이고, 미술치료로 사람들을 가장 잘 도울 수 있는 방법이 무엇인지를 생각한다는 사실이 윤리적으로 함축하고 있는 의미에 대해 주목했다. 이것은 미술치료사가 적절하지 않게 권력을 휘두르는 사례다. 미술치료사는 문화적 신념과 사회적 규범을 이해하고 단지 그것들이 소위 '정상'이라는 지배적인 견해와 일치하지 않는다는 이유만으로 병적이거나 잘못된 것으로 분류되는 것을 막는 데 어려움을 겪고 있다.

민족 중심주의의 속성 중 하나는 자신의 실재를 유일한 실재로 바라보고, 사람들 사이의 차이에 둔감하며, 자신의 사고방식이 옳기 때문에 적응이나 대안적 사고방식의 대상이 될 필요가 없다는 근본적인 믿음을 갖는 것이다. 카피탄(2015)은 자기 성찰성(self-reflexivity)의 사용, 즉 치료사들이 자기 자신, 내담자, 내담자의 주변 세계, 내담자가 처한 상황, 그리고 자신이 운영하는 시스템에 관해 당연하다고 여겨지는 지식에 대해 비판적으로 의문을 제기할 것을 권유했다. 특별히 주목해야 할 것은

---

1) 역자 주: 마이크로어그레이션(Microaggression)은 일상생활에서 이루어지는 미묘한 차별 또는 미세하지만 공격적인 차별을 뜻한다.

어떻게 한 사람이 의미를 적극적으로 구성하는가다. 미술치료사는 자기성찰성을 통해 다문화적으로 존재하며 지배적인 문화적 경험을 탈피하는 습관화된 연습에 참여할 수 있다. 자기성찰성을 사용하는 것은 궁극적으로 힘이 항상 치료사에게 남아 있음에도 불구하고 치료 관계 내에서 힘의 차이를 평준화하는 데 도움이 될 수 있다. 자기성찰성은 저널, 동료, 자문 집단 또는 슈퍼비전을 통해 매일 발생할 수 있다.

인종을 고려하는 것은 중요하다. 우리 사회는 사람에 대한 예의를 중시하기 때문에 두려움으로 인해 중요한 대화를 하지 못하는 장소가 되어 왔다(Sue, 2013). 나(Emily)는 내담자와 함께할 때, 세상 속에서의 나의 위치를 정하고, 나의 특권을 소유하고, 나의 백인성(Whiteness)과 차이점을 인정하며, 내가 완벽하지 않다는 것도 인정한다. 이것은 어려운 일이었지만, 내가 완벽하진 않아도 인종차별을 하지 않으며(Color-blindness), 반인종주의적인 관점에서 일하기 위해 최선을 다한다는 것을 내담자가 알기를 원한다. 인종차별을 하지 않는 것은 인종이 중요한 것이 아니며 피부색을 근거로 사람을 판단해서는 안 된다는 믿음이 있는 강력한 사회 규범이다. 그 개념은 인종을 보지 말고 오로지 사람만을 본다는 것이다(Sue, 2013). 인종차별을 하지 않는 것은 내담자의 전체적인 경험을 부정하기 때문에 내담자에게 해를 끼칠 수도 있다. 그 내담자는 자신의 피부색 때문에 삶에서 많은 경험을 해 왔다. 치료사가 그런 경험을 바라보지 않는다면, 치료사는 내담자를 제대로 보지 못한다. 이것은 내담자에게 피해를 주고, 차별뿐만 아니라 인종차별과 싸우고 다문화 기반 없이 일해야 하는 치료사의 책임도 최소화한다.

미술치료사는 민족 중심적 편견에 취약하며 의도치 않게 다른 연령, 인종, 성적 지향 또는 사회적 지위를 가진 내담자를 이해하지 못할 수 있다. 좋은 의도만으로는 충분하지 않다. 만약 미술치료사가 자신들의 문화 경험을 뛰어넘는 문화적 민감성 관점에서 다원주의 사회의 다른 사람들에 대한 인식을 높이기 위해 노력하지 않는다면, 그들은 내담자의 문화적 성실성(integrity)을 침해하고 기본 인권을 침해하고 있을 수도 있다.

교육

모든 공인된 석사 미술치료 프로그램은 교육과정의 일부로 다문화 과정을 이수해야 한다. 공인된 모든 미술치료 석사학위 과정에는 다문화 과정이 포함되어야 한다. 이는 미술치료를 배우는 학생들이 AATA 표준에 따라 설계된 교육과정이 포함된 미술치료 과정을 하나 이상 이수해야 한다는 것을 의미한다. 그러나 이것이 기준인 만큼, 예술치료 교육자들은 반강제적 실천 자세를 장려하는 다문화 교육이 제공되는 모든 수업의 프레임워크의 일부인 전체 교육과정 안에 통합되도록 보장할 수 있다. 하지만 이것은 최소한의 기준이며, 미술치료 교육자들은 반-억압실천론(anti-oppressive practice)의 입장을 장려하는 다문화 교육을 전체 수업 프레임워크의 일부로 삼아서 전체 교육과정 안에 반드시 통합되게 할 수 있다. 또한 교육과정 중에 다문화 교육을 받지 못한 미술치료사는 현장에서 아무리 오랜 기간 일했더라도 다문화 인식과 지식, 기술을 높이는 데 필요한 후속 교육을 꼭 받아야 한다.

더 많은 유색인종 학생뿐만 아니라 더 많은 유색인종 교수를 모집할 필요가 있다는 점을 주장하는 글도 있다(Potash et al., 2015; Awais & Yali, 2015). 미술치료사가 다원적인 세계에서 계속 일하고 있기 때문에, 유색인종 치료사들이 조력자들 안에서 자신을 성찰하는 것을 보는 것은 학생들이 자신의 교사들에게서 그러한 성찰을 보는 것만큼이나 중요하다.

가면 증후군(imposter syndrome)[2]이나 완벽주의 때문에 일부 백인교사들은 망설일 수도 있지만, 다문화 과정을 가르치는 것은 백인강사들에게도 도움이 될 수 있다(Smith, Kashubeck-West, Payton, & Adams, 2017). 다른 백인들을 설교하거나 폄하하지 않는 것이 중요하지만, 백인 강사들은 역할 모델이자 모범적인 동맹이 될 수 있다. 학생들과 함께하는 백인 강사들은 내담자와 함께 일하는 임상가들처럼 다양한 다른 사람들과 함께 일할 때 자신들의 불완전한 모습과 자신의 다문화적 발전과정에 대해 방어 없이 투명히 공개할 수 있으며, 학생들을 위해 반인종적 정체성을 보여 주는 모델이 될 수도 있다. 종합해 보면, 미술치료는 차이를 인정하고, 인식을 증진시키며, 미술치료사에게 윤리적으로 건전한 다문화 임상가가 되기 위해 필요한 기술을 개발할 수 있는 기회를 제공하는 방식으로 현장을 계속 교육하고 진화시키기 위해 해야 할 많은 일이 있다.

---

2) 역자 주: 가면증후군이란 자신은 남들이 생각하는 만큼 뛰어나지 않으며, 따라서 자신이 주변을 속이며 산다고 믿는 불안심리다.

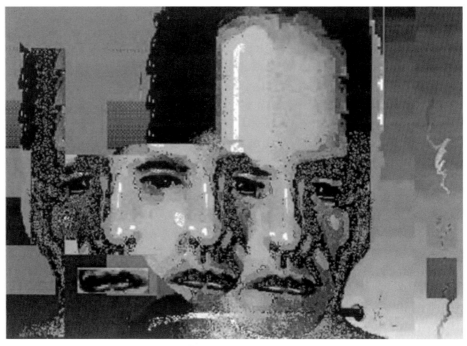

[그림 13-2] 태도 탐색하기-컴퓨터 그래픽
존 메자(John Meza)

요약

많은 저자(Hiscox & Calish, 1998; Cattaneo, 1994; Gipson, 2015; McNiff, 1984; Moreno & Wadeson, 1986; Potash et al., 2015; Talwar, 2010; Waller, in Gilroy, & Dalley, 1989)는 미술치료사에게 자신의 문화와 다른 문화에 대해 배울 것을 호소해 왔다. 이 배움을 통해 치료사는 자신들과 문화적으로 유사한 내담자들, 그리고 다른 문화적 배경을 가진 내담자들과 치료작업을 하는 방식에 문화적인 맥락이 어떻게 영향을 미치는지에 대한 인식을 높이게 된다. 미술치료사는 권력과 특권의 복잡성을 이해하면서 다른 나이, 인종, 성별, 성적 지향, 사회적 계급 또는 문화를 가진 사람들과 함께 치료 작업을 할 때 독특한 도전에 직면한다. 미술치료사들에게 있어서, 가장 중요한 도전 중 하나는 현실에 대한 자신들의 관점을 내담자에게 강요하지 않는 것이다. 내담자에게 세계에 대한 누군가의 특정한 관점을 강요하는 것은 부정적인 치료 결과를 초래할 뿐만 아니라 비윤리적인 치료 행위가 될 수도 있다(Corey, Corey, Corey, &

Callanan, 2015).

문화적 감수성, 문화적 인식, 그리고 다양성에 대한 이해는 문화적 배경에 대한 인식을 높이려는 의도적 노력뿐 아니라 다양한 문화 행사, 민족, 선별된 독서와 접촉 및 경험을 통해 개발될 수 있다. "미술치료사로서, 우리는 치료 세션에 우리의 완전한 존재, 즉 우리의 다양한 역사와 이야기를 가져온다."(Riley-Hiscox, 1999, p.148) 미술치료 서비스가 특정 내담자에게 적절한 방식으로 제공되는 것은 윤리적으로 필수적이다. 이는 미술치료사가 모든 내담자와 임상 상황에서 자신의 상담 기법을 동일한 방식으로 보편적으로 적용할 수 없다는 것을 의미한다. 내담자와 함께할 때 학생들이 자신의 정체성과 씨름하고 다문화적 인식, 지식 그리고 기법을 계속 개발하도록 가르치는 것 또한 필수적이다. 다문화 역량은 임상을 위한 최소한의 기준이지만, 미술치료학과 학생 및 교수는 인종 갈등을 치유하고 편견을 줄이는 일을 지속하는 자기반성적 임상가의 입장에서 세상을 변화시키는 데 도움을 줄 수 있다.

미술치료에서의 윤리적 다문화 역량의 다섯 가지 방법

1. 미술치료사는 내담자들의 문화적 차이를 알고 인정하며 존중하기 위해, 그들 고유의 문화적 배경, 힘, 특권, 정체성을 인식하고 소중하게 여겨야 한다.
2. 미술치료사는 자신의 문화적 · 미적 편견이 내담자의 작품과 행동에 대해 가정하고 가치를 매기는 것에 어떻게 영향을 미치는지 알아야 한다.
3. 미술치료사는 내담자의 문화적 배경에 민감해야 하고, 예술적 표현, 색채, 형태, 상징이 보여 주는 특유의 문화적 의미를 인식할 필요가 있다.
4. 미술치료사는 각 내담자가 생각하고 행동하는 패턴이 사회문화적 맥락에서 나온다는 것을 알아야 한다. 문화적 맥락은 생각과 행동 패턴의 특정한 속성과 형태뿐만 아니라 무엇이 정상적인 행동을 구성하는지에 대해서도 영향을 미친다.
5. 미술치료사는 다양한 문화적 배경을 가진 내담자에게 적절한 치료 계획과 개입을 개발해야 한다.

추천 예술활동

1. 나의 개인적 문화 그리기: 자신만의 문화적 배경에 대해 조사한다. 이 조사의 자료들에는 친척들과의 대화, 어린 시절의 개인적인 기억, 당신이 자랐던 동네의 사람들과의 인터뷰, 문화를 나타내는 편지와 일기 스크랩북, 사진 앨범, 도서관 자료 등이 포함된다. 당신의 문화를 나타내는 예술작품을 만들어 보자. 이는 페인팅, 그리기, 댄스, 시, 짧은 이야기 짓기 등 당신의 문화적 맥락의 중요한 점들을 보여 주는 것들이 될 수 있다. 이 과정 동안 당신이 속한 문화의 정신질환과 치료에 대한 당신의 태도, 편견(stigma), 믿음에 주의를 기울여 보자. 미술이 당신의 문화에서 차지하는 역할에 대해 생각해 본다. 동료들과 미술작품을 공유하자.[3]

2. 수업이나 동료 슈퍼비전 그룹에서 각자 자기 문화에서 중요하게 여기는 가치들의 목록을 만들어 보자. 분필이나 물감으로 자신의 문화적 가치를 나타내는 추상적인 이미지를 만든다. 이 이미지를 동료들과 공유하고 토론한다. 당신의 가치와 그룹 내의 다른 사람들의 가치 사이에 서로 다른 점이 있는지 찾아보자.

3. 수업이나 동료 슈퍼비전 그룹에서 골판지나 작은 나무로 된 상자를 만들고, 그 내부에 자기 문화가 아닌 다른 문화와 연관된 색, 이미지, 단어, 고정관념들이 그려진 '편견 상자'를 만들어 보자. 상자로 작업하는 과정에서 자기 검열을 하지 않는다. 작업이 끝나면 한발 물러서서 만든 것을 살펴보고, 이 작업물들이 주는 정서적 영향에 주의를 기울인다. 가능하다면 자신이 묘사한 문화 중 하나에 속한 사람과 편견 상자를 공유한다. 상자가 상대방에게 미치는 영향을 생각해 보자.

4. 당신의 문화적 배경에 대한 언급이 들어 있는 동료의 '편견 상자'를 살펴본다. 상자에 있는 이미지, 단어, 고정관념들을 보고 무슨 느낌이 드는지 생각한다. 상자에 대한 당신의 반응을 표현하는 시를 써 보자.

---

3) 역자 주: 캐서린 문(Catherine Moon)이 하딩대학원 미술치료 프로그램과 메리우드 대학교 대학원 미술치료 프로그램에서 강의한 미술치료 과정의 다문화 문제로부터 배운 활동을 나타낸다.

5. 억압 스케치북/저널: 이 작업의 목적은 억압과 특권의 사례를 기록하고 의식화(consciousness-raising)를 돕는 것이다. 일상의 삶에서 일어나는 일들에 대한 스케치나 글을 기록하여 억압 스케치북을 만든다. 일상의 경험에 대한 짧은 시 또는 단상을 관찰하거나 기록한 스케치북/저널을 보관한다. 동료들에게 당신의 저널을 공유해 보자.

6. 미술과 문화: 이 과제는 특정 문화가 유리하게 작용할 수 있는 지점에서 시각예술을 연구하는 것이다. 해당 문화에서 시각예술의 역할과 의미를 연구한다. 상징과 이미지에 대한 해당 문화 고유의 의미, 스타일과 형식에 담긴 문화적인 조건 차이를 연구한다. 그리고 이 연구의 내용을 미술치료에 실제적으로 적용하는 것에 대해 생각해 보자. 미술에 대한 내담자의 정의, 경험에 일치하는 미술치료 활동을 설계하는 데 이 지식이 어떠한 영향을 주는가? 당신이 진행한 연구와 거기서 나온 아이디어를 가지고 미술작품을 만들어 보자.

7. 자신의 여러 정체성과 그 정체성들이 교차되는 것을 표현한 마인드맵을 그린다. 당신이 찾은 정체성에서 어떤 부분이 놀라운가? 그런 정체성은 내담자를 바라보는 당신의 시각에 어떤 영향을 주는가? 내담자의 마인드맵은 당신의 것과 무엇이 다르게 보이는가?

8. 다문화 축제: 이 과제는 다양성이 지닌 풍요로운 본성을 축하하는 의식을 고취하기 위해 설계되었다. 각각의 학생이나 슈퍼비전 그룹의 구성원은 자신만의 고유한 문화적 배경에서 나온 아이템, 자신과 다른 문화적 배경에서 나온 아이템을 각각 한 가지씩 공유해 보자. 하나는 음식 아이템이고 다른 하나는 이야기, 노래, 춤, 의식, 전통, 예술품 또는 그룹의 다른 사람들과 공유할 다른 문화적 선물이 되는 것이다. 의미 있는 방법으로 아이템을 공유할 수 있도록 충분한 시간을 할애한다.

9. 다문화적 관점에서 일하는 미술치료사로서의 두려움을 이미지로 떠올리고 고찰해 본다. 무엇이 당신을 두렵게 하는가? 윤리적이고 문화적인 마인드를 가진 미술치료사로 계속 성장하기 위해 이미지를 어떻게 다룰 수 있겠는가?

14

원격치료의
윤리적 도전,
디지털 및 소셜 미디어

디지털 시대에 미술치료가 발달하게 되면서 미술치료사들은 흥미진진한 시기를 맞이했다. 미술치료사들은 이제 그 어느 때보다도, 서로 가까이 있는 것 때문에 방해받지 않을 수 있는 창의적이고 공동체적인 연결에 참여할 수 있다. 나(Emily)의 경험으로 볼 때, 미술치료사들은 오랜 시간 고립감을 느껴 왔고, 특히 한 명 이상의 미술치료사를 고용하지 않는 상담기관에서 일할 때 더욱 그렇다. 기술의 등장으로 전 세계의 미술치료사들은 미술작품 공유, 미술작품 만들기, 전문성 개발, 교육 등을 통해 서로 연결될 수 있게 되었다(Miller, 2018). 그러나 이와 관련한 윤리적인 문제 또한 제기되고 있다. 사실 기술의 발달로 인터넷을 통해 내담자가 원격으로 접근할 수 있고, 소셜 미디어에서 내담자의 작품을 공유하고, 이메일과 문자 메시지로 의사소통이 매일 가능하게 되었다. 이러한 발전으로 내담자의 안전과 비밀보장에 대한 우려가 제기되고 있다.

'미술치료사를 위한 윤리규정'(AATA, 2013)은 조항 15와 조항 16조에서 미술치료와 인터넷 및 소셜 미디어와 관련된 이슈들을 다루었다.

15.0 인터넷, 소셜 네트워킹 사이트 및 기타 전자 또는 디지털 기술의 전문적인 사용

전자 기술은 컴퓨터 하드웨어와 소프트웨어, 팩스, 전화, 비디오, 오디오 및 비디오 녹화 장치를 포함하지만 이에 국한되지는 않는다. 예정된 사람이 아닌 외부의 사용자가 이런 장비 중 일부를 통해 통신에 접근할 수도 있다. 따라서 미술치료사는 원격 통신으로 진행되는 치료나 슈퍼비전 세션을 포함한 의사소통의 비밀을 보장하는 조치를 한다.

15.1 미술치료사는 소셜 네트워킹 사이트, 토론 집단, 블로그, 웹사이트 및 기타 전자 매체에 대한 개인 및 전문적인 정보가 대중에게 쉽게 이용될 수 있다는 것을 이해한다. 따라서 미술치료사는 내담자가 대중의 이용을 원치 않는 정보를 보호하기 위해 예방 조치를 취하는 것이 바람직하다.

15.2 미술치료사는 기술을 활용한 전문 활동을 진행하기 전에 치료, 자문 또는 슈퍼비전을 위한 특정한 기술 사용이 관련 법률과 일치하는지 확인한다. 미술치료사는 전문적인 필요와 내담자, 슈퍼바이지 또는 학생의 필요를 가장 잘 충족시킬 수 있는 충분한 지식과 이용 가능 기술에 능숙해지도록 기술적인 도움을 구한다.

15.3 미술치료사는 디지털 전자 도구를 활용한 미술치료에 관심이 있는 내담자와 이러한 서비스의 장점, 한계를 논의하고, 특정 내담자가 이러한 치료 형태를 최대한 활용하는 데 필요한 인지 능력을 갖추고 있는지 판단해야 한다.

15.4 미술치료사는 장애인이 접근할 수 있는 의사소통을 제공한다. 전자 통신이 가장 접근하기 쉬운 경우, 미술치료사는 이러한 유형의 소통을 통합하고 가능한 한 안전하며 비밀이 보장되는 방식으로 사용하도록 일련의 조치를 취한다.

15.5 미술치료사는 전자 통신 고유의 비밀보장 한계뿐만 아니라 미술치료 서비스 및 슈퍼비전에서 기술을 사용할 때 관련되는 기타 비밀보장의 한계를 내담자와 슈퍼바이지에게 알린다. 미술치료사는 암호화의 한계, 인터넷에 게시된 메시지의 영구적인 특성, 전자 미디어 사이트 및 인터페이스에 디지털로 게시된 정보 또는 미술작품에 대한 대중의 접근에 대해 논의한다.

15.6 암호화가 불가능한 경우 미술치료사는 내담자에게 이 사실을 알리고 메시지를 일반적인 소통으로 제한한다.

16.0 전자기기를 활용한 미술치료

전자기기를 활용한 미술치료는 지속적으로 발전해 가는 미술치료 응용 방식이다. 따라서 이러한 미술치료는 윤리적 딜레마뿐만 아니라 서비스의 기회를 제공한다. 미술치료사는 인터넷, 전화 또는 기타 전자적 수단을 통해 미술치료 서비스를 제공할 때 수반되는 윤리적 영향을 고려한다.

16.1 전자 전송을 통해 서비스 또는 정보를 제공하는 미술치료사는 내담자에게 사생활 침해의 위험과 비밀보장의 한계를 알린다. 미술치료사는 세션을 녹음하거나 문서화하는 것의 장점과 단점에 대해 논의한다.

16.2 미술치료사는 전자기기를 사용하여 미술치료를 제공할 때, 미술치료사는 내담자 또는 법적 보호자(해당할 경우)에게 사용할 전자기술의 종류가 설명된 사전 동의를 받는다.

16.3 미술치료사는 전자기기를 통해 제공되는 미술치료 서비스가 자신과 내담자가 거주하는 주의 해당 법률, 규정 및 허가 요건을 준수하는지 확인하기 위한 합리적인 일련의 조치를 취한다.

원격치료

턱슨, 에드먼즈와 호지킨스(Tuckson, Edmonds, & Hodgkins, 2017)는 원격치료를 "환자 또는 건강을 개선하기 위해 전자 통신을 통해 한 사이트에서 다른 사이트로 교환되는 의료 정보를 사용하는 것"이라고 정의한다."(p. 1585) 또한 의학 연구소는 원격치료를 "건강 관련 서비스의 디지털 애플리케이션"으로 정의한다(Walls, 2018, p. 162).

연구에 따르면 의료 기관의 60%가 원격치료 서비스를 제공하기 위해 전자기기를 사용하고 있으며, 일부 사례에서는 전자기기를 사용한 환자-의료공급자(electronic patient-provider)의 상호작용이 직접 만나 진행하는 건강 관련 상호작용을 훨씬 초과하는 것으로 나타났다. 이러한 방식의 상호작용에는 의료공급자가 부족한 곳에 치료 서비스를 제공할 수 있고, 비용을 절감할 수 있으며, 퇴근 후에도 치료가 가능하고 이동에 대한 부담을 줄일 수 있다는 이점이 있다(Tuckson, Edmonds, & Hodgkins, 2017; Walls, 2018).

일상생활과 건강관리를 위해 전자 기술을 사용하게 되면서 얼마 전까지만 해도 상상할 수 없었던 새로운 방식으로 미술치료가 활용되기 시작했다. 이러한 잠재력과 함께, 새로운 윤리적 딜레마 또한 드러났다. 전자기기를 이용한 미술치료는 새롭게 진화하고 있으며, 따라서 과거에는 경험하지 못했던 윤리적 어려움과 함께 새로운 서비스의 기회를 제공하고 있다. 미술치료사는 인터넷과 다른 전자기기를 사용하여 미술치료 서비스를 제공할 때 나타날 수 있는 윤리적 파장에 대해 주의를 기울여야 한다.

예를 들어, 현재 뉴욕에 살고 있는 미술치료사가 이메일, 스카이프(Skype), 영상회의, 페이스타임(FaceTime) 또는 인스턴트 메시징을 통해 유타의 외딴 지역에 사는 우울증 내담자에게 미술치료를 제공하는 것이 가능하다. 내담자의 미술작품은 제작 과정에서 미술치료사가 볼 수 있으며 완성된 형태로 다운로드할 수 있다. 표면적으로는 긍정적인 발전으로 보이지만, 더 깊이 들여다보면 여기에는 심각한 윤리적 이슈가 제기될 수 있다. 그 이슈들은 다음과 같다.

1. 미술치료사는 뉴욕 주에서 자격을 취득하고 자격증을 소지한 전문가일 수 있음에도 불구하고 유타 주에서 활동할 수 있는 자격은 없다.
2. 미술치료사는 내담자의 본인 여부를 확인할 방법이 없다.
3. 미술치료사는 소셜 네트워킹 사이트, 토론 집단, 블로그, 웹사이트 및 기타 전자 매체에 게시된 미술작품, 개인적이고 전문적인 정보가 대중에게 쉽게 노출되지 않도록 보장할 방법이 없을 수 있다. 치료사는 어떻게 비밀보장을 할 것인가?
4. 내담자의 우울증이 악화되어 입원이 필요할 때, 미술치료사에게 내담자가 이용할 수 있는 적절한 시설이나 지원 서비스에 대한 정보가 없을 수도 있다. 내담자가 자살할 수도 있는 응급 상황이 발생할 때 이는 끔찍한 일이 될 수 있다.

치료 서비스 제공에 관한 법률 및 규정

전자기기를 통해 서비스를 제공하는 미술치료사는 제공하는 서비스가 자신들이 거주하는 주의 모든 관련 법률과 규정에 부합하는지 확인하는 합리적 절차를 따라야 하며, 내담자가 거주하는 주의 면허 요건, 관련 법률과 규정을 알아야 한다.

내담자의 권리와 디지털 미술작품

미국의 「의료정보 보호법(HIPAA)」에서는 어떤 종류의 카메라로 촬영한 예술적 표현의 사진이라도 서명된 동의서를 필요로 한다(Malchiodi, Cutcher, & Belkofer, 2018). 또한 치료사는 프레젠테이션에 이미지를 사용하거나 소셜 미디어 사이트에 게시하는 경우 게시에 대한 동의를 받아야 한다. 디지털 이미지는 암호로 보호된 하드 드라이브에 저장해야 하며 이미지를 촬영한 장치에서 모든 이미지를 삭제해야 한다.

의뢰

전자기기를 통해 서비스를 제공하는 미술치료사는, 다른 치료사에게 의뢰하는 것이 내담자에게 최선의 이익이 될 경우 적절하게 의뢰할 수 있도록 준비해야 한다. 의뢰 절차는 치료사들 사이에서 흔한 일이지만 미술치료사가 내담자와 같은 지역에 거주하지 않는 경우에는 복잡해질 수 있다. 이런 경우에 미술치료사는 내담자가 거주하는 지역에 의뢰 가능한 적절한 전문가를 찾을 수 있도록 교육받아, 내담자에게 가장 이익이 될 수 있는 의뢰를 해야 한다.

병원 또는 치료시설 입원

치료과정 중에 미술치료사가 내담자의 안전을 보장하기 위해 병원 또는 다른 안전한 치료시설에 입원할 수 있도록 준비할 필요가 있을 수도 있다. 내담자가 자살을 생각하고 있거나 다른 사람을 위험하게 할 가능성이 있다면 입원을 시킬 수 있다.

미술치료사가 내담자와 같은 지역에 거주하지 않을 때 응급입원 준비를 하는 것은 상당히 복잡할 수 있다. 미술치료사는 안전한 시설에 입원하는 것이 내담자에게 최선의 방법일 경우, 내담자의 거주 지역에 있는 적절한 시설에 입원이 가능한지와 관련하여 교육을 받아야 한다.

원격치료 세션에서 내담자와의 작업과 관련된 우려 사항

미술치료사 작업의 본질은 내담자의 정서적인 행복을 평가하는 지속적인 과정을 수반한다. 치료과정에서 미술치료사는 내담자가 주는 비언어적 단서를 지속적으로 모니터링한다. 이러한 단서들 중에는 내담자의 표정, 목소리 톤, 눈 맞춤, 자세, 몸치장, 그리고 그들이 미술 과정과 미디어와 상호작용하는 방법 등이 있다. 이러한 비언어적 의사소통 방식은 모두 대면 상호작용에 가장 적합하다. 스카이프, 이메일 및 기타 전자 매체의 단점 중 하나는 앞서 언급한 비언어적 단서에 대한 접근을 할 수 없다는 것이다. 비언어적 단서에 접근하는 의사소통이 불가능할 때, 미술치료사는 대면 상호작용의 부족함을 보완할 수 있는 계획을 세워야 한다.

원격으로 치료하는 미술치료사는 내담자를 물리적으로 평가하는 것과 함께, 세션 중에 미술작품을 제작하는 것을 고려해야 한다. "미술치료의 관계적이고 독특한 환경적 특성으로 인해 원격치료 방식은 미술 기반 접근의 다감각적 특성보다 언어적 상담에 더 도움이 될 수 있다."(Malchiodi, Cutcher, & Belkofer, 2018, p. 48) 많은 미술치료사는 결국 미술작품을 만들기 위해 세션에 주어진 시간을 사용하기보다는 세션 사이에 만들어진 미술작품에 대해 토론하게 된다.

또한 원격치료를 하는 모든 치료사는 최신 기술을 사용하는 수준의 역량을 갖추어야 한다(Walls, 2019). 이러한 원격치료 세션의 한계와 위험성을 이해하고, 기술적인 문제가 있을 경우를 대비한 대안을 갖는 것이 꼭 필요하다.

전자 통신

개인, 조직, 기관(agency)에서 일하며 온라인 또는 텍스트 세션을 통해 원격치료

의 기회를 제공하는 치료사뿐만 아니라 대면 세션을 수행하는 개인과 기관에서도 전자 통신에 대한 정책을 세우는 것이 중요하다. 문자 메시지 또는 이메일을 통한 의사소통은 어떤 정보를 이메일로 주고받아야 하는지를 결정하기 어렵게 만들 수 있다. 내(Emily)가 소속 상담기관에서 내담자를 치료할 때 만든 정책은 내담자가 문자 메시지나 메일로 상담 예약/취소는 할 수 있지만, 다른 정보를 요청하거나 질문은 할 수 없다는 것이다. 또한 나는 내담자에게 어떤 내용을 이메일로 보낼지, 언제 정신과 의사와 내담자의 치료에 대해 조율할지에 대해서도 매우 주의를 기울인다. 나는 첫 번째 상담 세션에서 내담자와 이메일 및 문자 통신 정책에 대해 신중하게 논의한다. 내담자가 정책의 내용을 이해하고, 필요할 경우 개인 정보 보호와 비밀보장에 한계가 있다는 것을 이해하는 데 이러한 대화가 도움이 된다. "시스템이 암호로 보호되거나 데이터가 암호화되어 있더라도 문자 메시지와 이메일 전송은 비밀보장이 안 될 위험성이 늘 있음을 내담자에게 상기시키는 것이 도움이 된다." (Malchiodi, Cutcher, & Belkofer, 2018, p. 42) 추가적으로, 모든 미술치료사가 보내는 이메일은 암호화되어야 하며 미국「의료정보 보호법(Health Insurance Portability and Accountability Act: HIPAA)」을 준수해야 한다. 미술치료사는 건강 정보의 보안과 사생활에 관한 HIPAA의 규칙과 기준을 숙지해야 한다.

세션에서 디지털 미디어 사용

디지털 매체는 미술 자료로서 탐구할 수 있는 완전히 새로운 길을 열었다. 내담자는 태블릿, 전화, 컴퓨터를 사용하여 다양한 아이디어, 생각 또는 감정을 표현하고 생각하는 시각적인 미술작품을 만들 수 있다. 미술치료사는 특정 내담자와 내담자의 관심사에 어떤 종류의 매체와 자료가 적합한지 세심하게 고려한다. 앱이나 기기에서 디지털 도구를 통해 세션에서 만든 작품은 해당 기기에서 제거되고 비밀보장 지침에 따라 저장되어야 한다. 이 작품은 다른 내담자가 접근할 수 없는 장치나 디지털 저장소에 저장하고 보관해야 한다(Alders, Beck, Allen, & Mosinski, 2011).

디지털 시대의 치료사를 위한 경계

독립적으로 활동하는 미술치료사, 내담자와의 직접적인 의사소통을 담당하는 기관의 경우 소통에 대한 경계를 유지하는 것이 까다로울 수 있다. 이메일과 문자 메시지를 사용하면, 치료사가 항상 'ON' 상태이며 내담자와 즉시 소통해야 한다는 압박감이 들 수 있다. 이러한 과잉각성(hypervigilance)은 내담자가 위기 상황에서 항상 이용할 수 있도록 '대기 중'인 시스템에서 일하는 치료사들에게서 두드러지게 나타난다(Malchiodi, Cutcher, & Belkofer, 2018, p. 49). 내담자와의 소통에 대해 기관의 정책이 있다면 그것을 따르는 것이 중요하다. 치료사가 독립적으로 활동하는 경우 전화, 문자 또는 이메일 소통과 이에 대한 응답을 기대하는 것에 대해 논의하는 정책을 갖는 것이 중요하다. 예를 들어, 나는 매일 오후 6시부터 다음날 오전 8시, 매주 금요일 오후 6시부터 다음 주 월요일 오전 8시까지는 전화, 문자, 이메일에 응답하지 않는다는 것을 정리한 정책을 가지고 있다. 또한 응답이 불가능한 시간대에 응급 상황이 발생할 경우 내담자가 어떻게 해야 하는지 알려 주기도 한다. 나는 이 정책을 상담 세션이 시작될 때 내담자와 함께 논의하고, 적용 가능한 경우를 내담자에게 상기시킨다. 독립 미술치료사는 AATA와 ATCB가 정한 윤리규정과 따라야 할 모든 기관의 정책을 준수한다. 독립적으로 활동하거나 소속 기관의 정책이 없는 미술치료사는 소통의 경계를 정한 다음에 내담자가 해당 정책을 인지했는지 확인해야 한다.

소셜 미디어도 내담자들과의 경계를 유지하는 데 어려움을 겪을 수 있다. 벨코퍼와 맥너트(Belkofer & McNutt, 2011)는 소셜 미디어를 윤리적 관심의 핵심 영역 중 하나로 지목했다. 미료치료사가 자신들의 소셜 미디어 계정에 대한 명확한 역할을 파악하는 것이 중요하다. 많은 사람이 여러 개의 계정을 가지고 있으며, 일부 미술치료사는 강력한 개인 정보 설정이 적용된 개인 계정과 자료 게시 및 상호작용이 모두 직업적 삶이나 비즈니스에 맞춰진 직업적 또는 비즈니스 계정 모두를 가지고 있으면서 이 계정들을 사용한다. 소셜 미디어 사이트에 대해 치료사가 일하는 기관의 규칙을 따르고, 소셜 미디어에서 모든 계정에 대해 명확한 역할을 식별하고 구분하는 것도 필요하다.

소셜 미디어

벨코퍼와 맥너트(2011)는 경계와 소셜 미디어 외에도 소셜 미디어의 규범과 기대치가 발전해 가야 한다고 주장했다. 콘텐츠를 업로드할 때 온라인으로 제공되는 자료의 특성을 고려하고, 대중이 게시물에 비추어 미술치료사와 미술치료 업계를 어떻게 바라보게 될지 인식하는 것이 중요하다. 미술치료 분야는 엄청나게 작다. "우리의 온라인 활동과 노력은 미술치료에 대한 인상, 의견, 믿음에 지대한 영향을 미칠 수 있다. 우리의 행동은 궁극적으로 다른 사람들이 미술치료 분야에 대해 긍정적이거나 바람직하지 않은 인식을 하게 하면서 해당 분야 전체를 반영하는 행동이 될 수 있다."(Miller, 2018, p. 55) 일반적으로 소셜 미디어 내에서는 전문가적 행동에 대한 기준이 미흡하기 때문에 미술치료 맥락 안에서 소셜 미디어를 사용하고 있는 미술치료사에게는 도전이 될 수 있다.

미술치료 자격심사위원회(ATCB, 2019)는 소셜 미디어에 대해 다음과 같이 명시하고 있다.

2.10.1 소셜 미디어 사이트를 관리하는 미술치료사는 각 사이트에 접속할 수 있는 이용자에 특정한 정보를 맞춤화하고 수정함으로써 개인 프로필과 전문 프로필을 명확히 구분해야 한다.
2.10.2 소셜 미디어에 답장하거나 내용을 게시하는 미술치료사는 직업 규율에 따라 자신의 게시물이 이 강령에 명시된 윤리와 행동 규정을 반영하도록 보장해야 한다.
2.10.3 미술치료사는 소셜 미디어를 통해 비밀정보를 공개하거나 표시하지 않는다.

슈퍼비전

전자기기를 사용한 슈퍼비전을 통해, 미술치료사는 자신이 활동하는 지역에서 슈퍼비전을 받을 수 없다는 차이를 보완할 수 있다. 외딴 지역에 거주하거나 미국 이외의 지역에 거주하여 지리적으로 슈퍼비전을 받을 수 없는 미술치료사는 인터넷, 스카이프, 구글의 화상 채팅 또는 기타 유사한 플랫폼을 통해 원격 슈퍼비전을 받을 수 있다.

ATCB는 원격 슈퍼비전에 관한 다음과 같은 권고 사항을 제시했다.

1. ATCB는 대면으로 진행하는 슈퍼비전이 미술치료사들에게 임상 슈퍼비전의 주요 수단이 되어야 한다는 것을 인정한다.
2. ATCB는 특정 상황과 환경으로 인해 미술치료사가 대면 슈퍼비전 또는 혼합된 형태의 슈퍼비전에 참여하지 못하는 경우에 한해 슈퍼비전을 독립적인 형태의 슈퍼비전으로 진행할 것을 권장한다. 다음은 독립적인 원격 슈퍼비전이 필요할 수 있는 상황의 예다.
   a. 슈퍼바이지로부터 100마일 이내에 슈퍼바이저 자격을 가진 미술치료사가 없을 경우, 또는
   b. 슈퍼바이지가 신체적 제약이나 다른 제한 사항으로 인하여 여행을 할 수 없는 경우, 또는
   c. 해외 슈퍼비전이 필요한 경우, 또는
   d. 슈퍼바이지가 대면 슈퍼비전을 못하게 하는 예상치 못한 다른 제한 사항이 발생하는 경우
3. 원격 슈퍼비전을 대면 슈퍼비전과 결합하여 진행하거나 독립적 형태의 슈퍼비전으로 진행할 경우 슈퍼바이저와 슈퍼바이지는 다음의 권고 사항을 고려해야 한다.
   a. 슈퍼바이저와 슈퍼바이지는 원격 슈퍼비전과 관련된 자신의 특정 주 및/또는 국가 자격 요건을 인식하고 해당 지침을 준수해야 한다. ATCB는 주(state) 자격 요건에 대해 책임지지 않는다.
   b. 인터넷을 사용할 때 슈퍼바이저와 슈퍼바이지는 암호화된 소프트웨어를 사용하거나 보안이 되는 서버를 사용하여 임상 파일, 예술작품, 정보를 전송해야 한다. 모든 전자 정보는 암호화된 상태로 전송되어야 한다.
   c. 모든 기록, 오디오 및 영상은 보안이 되고 암호화된 포맷 또는 암호화 서버

를 통해 처리되어야 한다.

요약

기술의 발전에 자극을 받아서 새로운 미술치료 응용 프로그램이 개발됨에 따라 해결해야 할 많은 문제가 있다. 이러한 잠재된 우려 영역 중에는 다음과 같은 것들이 있다.

1. 치료 관계와 내담자의 사생활 비밀보장에 대한 위험
2. 미술치료사가 거주하는 주의 치료 서비스 제공에 관한 법률 및 규정의 준수
3. 미술치료사의 내담자가 거주하는 국가 또는 국가의 치료 서비스 제공에 관한 법률 및 규정
4. 미술치료사가 내담자에게 최선의 이익이 될 때 다른 치료사에게 적절한 의뢰를 할 수 있는 능력에 대한 우려
5. 내담자에게 최선의 이익이 될 때 병원이나 기타 치료시설에 입원하는 것을 용이하게 하는 미술치료사의 능력에 관한 우려(예: 내담자가 자살 충동을 표현했을 경우)
6. 미술치료사의 표정, 목소리 톤, 눈 맞춤, 자세, 그리고 대면 상호작용을 필요로 하는 다른 비언어적 표현에 있어서 내담자를 적절하게 평가하지 못할 가능성에 대한 우려

전자기기를 사용한 미술치료 임상, 교육 및 슈퍼비전은 계속해서 진행될 것이다. 미술치료사는 전자기기를 사용한 미술치료 서비스 및 교육 제공과 관련된 윤리적 이슈에 대해 깊이 생각할 필요가 있다. 내담자 건강정보의 보안, 학생 교육정보의 보안, 면허 및 개별 지역 기준에 관한 법률적 쟁점, 잠재적인 의뢰인, 지속적으로 만나게 될 내담자 및 학생 평가와 관련된 윤리적 이슈에 대해 지속적인 관심이 필요하다. 미술치료사는 진화하는 온라인 문화에 참여하며, 인터넷과 소셜 미디어가 자신과 내담자 그리고 학생들의 삶에서 어떤 다양한 역할을 하는지 더욱 세밀하게 이해

하도록 노력해야 한다.

토론할 문제

1. 페이스북에 로그인 했을 때 한 내담자의 어머니로부터 친구 요청이 들어온 것을 본다. 친구 요청을 쉽게 거절할 수도 있지만, 그 어머니 역시 친구의 친구다. 아동 내담자는 나의 자녀와 학년은 다르지만 같은 학교에 다닌다. 친구 요청을 수락할 것인가, 거절할 것인가? 내담자 어머니의 친구 요청을 거절하는 것에 대해 어떻게 대처하는가?

2. 자살 고민 상담 전화번호를 인스타그램에 올렸는데, 누군가 당신의 게시물에 최근 매우 우울하며 생활에 어려움을 겪고 있다고 댓글을 달았다. 어떻게 할 것인가?

3. 한 정신과 의사가 협력 치료를 하고 있는 환자에 대한 이메일을 나에게 보낸다. 그의 개인 이메일 계정에서 발송되었고, 해당 메일에 보안이 적용되거나 암호화가 되지 않았다는 것을 확인했다. 어떻게 할 것인가?

4. 동료 중 한 명이 개인 페이스북에 미술치료사가 되는 것에 대해 불만을 토로하는 글을 보았다. 그녀가 올린 글은 상당히 모호하지만, 미술치료 분야에 환멸을 느끼고 있는 것은 분명하다. 동료에게 어떻게 대답할 수 있을까?

5. 금요일 밤 12시, 몇 가지 문자 알림을 받았다. 전화기를 보니, 현재 내담자가 제정신이 아닌 상태이고, 그는 남자 친구와 헤어졌고, 자살충동을 느끼고 있다는 것을 알게 되었다. 당신은 내담자가 상담 가능 외 시간에 문자를 보내는 것에 대한 정책을 알고 있다고 확신한다. 어떻게 할 것인가?

6. 당신은 평소에는 상담실에서 세션을 진행하던 내담자가 현재 외곽 지역에서 몇 개월간 살고 있어서 온라인 세션을 진행하기로 일정을 잡았다. 그녀는 아이들을 돌봐 줄 사람을 구하는 데 어려움이 있어서 상담 세션에 20분 늦었고, 남은 25분 동안 당신과 세션을 진행하고 싶어 한다. 그녀는 세션에 늦을 수도 있다는 전화를 하지 않았다. 어떻게 반응할 것인가?

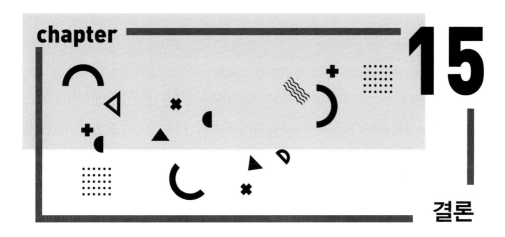

chapter

15

결론

나(Emily)는 브루스 문(Bruce Moon) 박사로부터 제4판의 편집을 맡아 달라는 부탁을 받고 몹시 기뻤다. 미술치료사들에게 다른 전문가들과 같이 일반적인 윤리적 문제도 있지만, 절대적으로 미술치료사에게만 해당하는 윤리적 딜레마가 있다. 나는 미술치료사에게 윤리적 문제를 생각할 때 도움이 되는 모델을 제공해 주고 싶었다. 미술치료사나 시각예술, 음악, 드라마, 동작, 혹은 시를 이용하는 다른 분야의 치료사들은 전문적 문헌의 도움이 없기에 다른 분야와는 다른 윤리적 문제 해결에 어려움을 겪어야만 했다. 이 책은 미술치료사들이 피할 수 없는 복잡한 윤리적 문제들을 생각하고 해결하는 방안을 제시하고자 했다.

비록 특정 윤리적 문제들이 어떻게 해결되어야 하는지에 대해서는 나의 의견을 제시하는 것을 피해 왔지만, 때론 우려되는 상황을 어떻게 관찰했는지에 대한 예시를 제공하였다. 독자들은 내가 많은 의견을 갖고 있으며 무엇이 나와 내담자에게 도움이 될지 알 것이라고 생각하겠지만, 나는 나의 의견이 누구의 행동에 지침이 되는 것을 바라지 않는다. 특정 문제에 나의 믿음을 나타낸 것은 윤리적 추론의 모델을 설명하기 위함이었다. 이런 자세가 미술치료사로 하여금 어떠한 윤리적 문제에 직면해도 스스로 결정할 수 있게끔 하는 데 도움이 되기를 바란다.

미술치료 수업이나 집단 슈퍼비전 시간에서 토론과 논의를 활성화하기 위해 나는 토론을 위한 주제와 예술활동과 더불어 윤리적 딜레마의 예들을 많이 제공해 왔

다. 미술치료사들은 이 책으로 토론하며 풍성함을 발견할 수 있을 것이다. 이 책의 대부분의 장에는 미술치료를 공부하는 학생과 종사자가 내용을 복습하고, 창의적인 방법으로 핵심 이슈에 대한 자신의 입장을 세우거나 명확히 하는 데 도움을 주는 추천 예술활동이 포함되어 있다. 추천 예술활동의 효과에 대한 피드백이나 이 책의 반응 및 비평을 출판사의 주소로 보내 주길 바란다. 이후 출판사를 통해 그 내용들을 전달받을 수 있을 것이다. 이 책에 대한 독자의 비판과 반응에 굉장히 관심이 많다. 출판사로 독자의 생각과 피드백을 보내 주길 바란다. 그러면 출판사에서 그 정보를 나에게 보내 줄 것이다.

이 책을 통해서 간단하거나 기계적인 답변을 원하는 미술치료사는 반드시 실망할 것이다. 내가 말했듯이, 미술치료의 윤리적 문제는 회색빛 스펙트럼과 같다. 미술치료사에게 사실 쉬운 답은 없다. 내담자와 절대 성적 관계를 맺지 말라는 것 빼고 말이다.

모든 미술치료사는 전문적인 삶에서 도덕적 문제와 정기적으로 맞닥뜨린다. 미술치료사들은 무슨 일이 일어날지 항상 예의주시해야 한다. 전문적인 윤리를 바로잡고 이해하기 위해서는 어려움이 일어나기 전에, 어려움 도중에, 그리고 그 후에 그것과 싸우는 것이 중요하다.

이 책에 언급된 윤리적 문제들이 미술치료사의 관점에서 쓰였지만, 나는 연극치료사, 음악치료사, 무용치료사, 드라마치료사도 그들의 전문적 맥락에 문제들을 적용할 수 있기를 바란다. 미술작업을 하는 이유 중 하나는 자신 안의 인생의 진실을 묘사하는 데 있다. 표현 미술치료의 본질은 무의식에 숨어 있는 곳에서 창의성을 끌어내고 이를 통해 진실을 생각하거나 표현하도록 돕는 것이다. 미술치료는 상담자들의 고통을 멈추게 하는 것이 아니다. 오히려 그들이 감정을 생각하고, 받아들이고, 숙고하며, 창의적으로 나타내고 표현하도록 돕는 것이다. 이 책의 목적은 미술치료사들에게 윤리적인 의사결정 과정에서 생기는 불안을 제거해 주는 것이 아니라 어려운 윤리적 추론의 복잡한 과정에 보다 집중할 수 있도록 하는 것이다.

이 책은 미술치료의 윤리적 문제의 모든 미묘함, 난해함, 복잡함에 대해 완벽하게 연구했다고는 할 수 없다. 그래도 이 분야의 학생들과 종사자들이 이 책을 읽고 나서 자신의 일에 윤리적으로 좀 더 능숙해지길 바란다. 이 책의 강점은 다양한 환경 안에서의 내담자, 학생, 미술작품에 관한 임상적이고 교육적인 설명을 접할 수 있다는 점이다.

　이 책에서는 두려운 상황과 직업적 불확실함을 주는 윤리적 문제들을 소개하였다. 그러나 사랑 없이는 이 모든 것이 소용이 없다. 미술치료사는 인간의 가장 깊은 곳에서 우러나오는 창조적 과정과 결과물을 가지고 일한다. 이 일이 사랑의 행동이라는 말은 과장이 아니다. 오히려 사랑 이하의 표현들을 사용한다면 미술치료를 과소평가하여 정의하는 것이다. 미술치료를 하고, 미술작품을 만들고, 고통받는 사람들과 함께하기 위해서는 많은 노력이 필요하다. 윤리적으로 행동하는 방법을 생각하는 것 또한 어려운 일이다. 윤리적인 미술치료사가 되려고 노력하는 것은 인간 본성을 넘어선 자기 초월과 같은 수준의 작업이다. 내담자의 행복을 위해 그런 도전에 맞서는 것은 사랑과 용기의 행동이다. 미술치료사뿐만 아니라 어떤 사람들에게도 요즘 같은 시대에 윤리적으로 행동하는 것은 쉽지 않다. 이 책만으로 미술치료 직업 종사자가 언제나 최선의 윤리적 결정을 내린다고 확신할 수는 없다. 그러나 희망은 이 책이 여러분들로 하여금 내담자 개인과 그들의 독특함을 존중하고, 소중히 하는, 윤리적이고 건전한 미술치료사가 되도록 장려하는 것이다.

저자가 추천하는 또 하나의 미술활동

　이 책이 당신에게 불러일으킨 생각, 문제, 감정을 생각해 보자. 이 책에 대한 당신의 반응을 종합하고 통합하는 미술작품을 만들어 본 후 다른 사람과 나누어 본다.

부록 A
미술치료사를 위한 윤리규정

●

미국미술치료협회

규정 발효일: 2013년 12월 4일 개정

소개

미국미술치료협회의 사명 선언문

미국미술치료협회(American Art Therapy Association: AATA)는 미술 창작의 창의적인 과정이 치료적 역할을 하고 삶의 질을 높이는 역할을 한다는 신념을 품은 전문가들의 조직이다. 협회의 사명은 미술치료사로서의 전문가적 역량에 대한 기준을 세우고 미술치료 분야에 대한 지식을 발전 · 증진시킴으로써 협회 회원들과 대중에게 이바지하는 것이다.

서론

본 '미술치료사를 위한 윤리규정'은 미술치료사의 활동에 함께하는 개인, 가족, 그룹 및 지역사회의 복지를 보호하고 회원, 학생 및 대중의 교육을 장려하기 위해 만들어졌다. 여기에 제시된 규정들은 미술치료사들이 당면하게 되는 치료 현장에서의 여러 상황을 다루기 위해 만들어졌다. 일반적으로 미술치료사가 결정을 내릴 때는 기본적 인권에 바탕을 둔 핵심 가치의 안내를 따른다. 이러한 가치들은 다음과

같이 기대되는 윤리규정을 반영한다.

자율권(Autonomy): 미술치료사는 삶의 방향, 치료목표, 그리고 선택권과 관련하여 내담자가 스스로 선택할 권리를 존중한다. 미술치료사는 내담자가 정보에 입각한 선택을 할 수 있도록 도와줌으로써 그들의 삶의 목표를 더 발전시키고, 다른 사람들의 자율권도 보장한다.

비해악성(Nonmaleficence): 미술치료사는 개인, 가족, 그룹 및 지역사회에 해를 끼치지 않는 방식으로 자신과 자신의 임상을 실행하려고 노력한다.

선행(Beneficence): 미술치료사는 개인, 가족, 단체, 지역사회가 그들의 환경을 개선하도록 도와줌으로써 복지를 증진시킨다. 미술치료사는 타인에게 이익이 되는 임상(practice)을 적극적으로 찾아서 그들의 복지를 증진시킨다.

충실성(Fidelity): 미술치료사는 내담자, 동료, 지역사회 구성원들에게 성실하게 행동해야 하는 역할과 책임을 받아들인다. 미술치료사는 거래의 정직성, 관계의 정확성, 약속에 대한 충실성, 일에 대한 진실성을 유지한다.

정의(Justice): 미술치료사는 모든 사람들을 공평하게 대하도록 최선을 다한다. 미술치료사는 내담자들이 서비스에 동등하게 접근할 수 있도록 보장한다.

창의성(Creativity): 미술치료사는 자신, 타인, 세계에 대한 이해를 높이기 위해 창의력을 키운다. 미술치료사는 의사결정과 문제 해결뿐만 아니라 의미 구성(meaning-making)과 치유를 위한 창의적인 과정을 지원한다.

미술치료사를 위한 이런 윤리규정은 대면, 우편, 전화, 인터넷 및 기타 전자 전송과 같은 다양한 맥락에서 미술치료사의 전문적 활동에 적용된다.

이런 활동은 미술치료사의 개인적인 활동과는 구별이 되는데, 이는 본 문서의 범위에 해당하지 않는다. 본 윤리 문서에서 '합리적'이라는 용어는 비슷한 상황에 비슷한 활동을 하는 미술치료사가 가진 일반적이고 전문적인 판단을 의미하며, 미술치료사가 그 당시 갖고 있었거나 또는 갖고 있었어야만 했던 지식을 말한다.

미술치료사의 업무 관련 행동에 대해 엄격한 윤리규정을 개발하기 위해서는 윤리적으로 행동하고, 학생, 감독, 직원, 동료들의 윤리적 행동을 장려하고, 윤리적인 치료에 대해 다른 사람들과 상의하는 등의 개인적인 헌신과 끊임없는 노력이 필요하다.

본 윤리 문서는 협회의 현재 및 미래 회원에 대한 윤리 행동 규정을 정의하고 제정하며, 인증기관, 미술치료사의 고용주 및 일반 대중에게 미국미술치료협회(AATA) 회원들은 미술치료사를 위한 윤리규정을 준수해야 한다는 것을 알려 준다.

미술치료사들은 미술치료사를 위한 윤리규정 외에도 모든 연방, 주 및 제도법과 규정을 따라야 한다.

윤리위원회 목적 선언문

윤리위원회는 AATA가 담당하는 위원회로, 미술치료사를 위해 윤리규정을 변경하는 것을 권고하고 승인한다. 윤리위원회는 AATA 회원 및 일반 대중을 교육하고, 윤리적인 치료 문제에 대한 질의에 답변한다.

미술치료사를 위한 윤리규정

AATA의 이사회는 정관 제11조 1항과 2항에 따라 미술치료사를 위한 윤리규정을 공표한다. 협회 회원들은 이러한 규정 그리고 미술치료사의 행위, 미술치료사가 보유한 추가 자격증 또는 인증을 관리하는 해당 법률 및 규정을 준수한다.

규정

1.0 내담자에 대한 책임

미술치료사는 내담자의 복지를 증진하고, 도움을 구하는 사람들의 권리를 존중하며, 자신들의 서비스가 적절히 사용되도록 합리적인 노력을 기울인다.

1.1 미술치료사는 내담자가 결정할 권리를 존중하고 내담자가 결정에 대한 결과를 이해하는 데 도움을 준다.

1.2 내담자가 사전 동의를 할 수 있는 능력이 부족한 경우, 미술치료사는 적절한 제3자의 동의를 받아 내담자의 이익을 보호한다. 이런 경우에 미술치료사는 제3자가 내담자의 의도와 이익에 부합하게 행동할 수 있도록 보장하기 위해

노력한다. 미술치료사는 이런 내담자가 자신의 이해 수준에 맞게 사전 동의를 할 수 있는 능력이 향상되도록 타당한 과정을 밟는다.

1.3 치료 관계에서 모호함을 피하고, 내담자와 치료사 사이에 존재하는 다양한 치료적 역할에 대해 명확성을 유지하는 것은 미술치료사의 전문적인 책임이다.

1.4 미술치료사는 내담자와의 다중관계가 미술치료사로서의 기능을 수행하는 데 있어서 미술치료사의 능력이나 효과를 손상시키거나, 전문적 관계가 있는 사람에게 착취나 해를 끼칠 위험 가능성이 있는 경우, 내담자와 다중관계를 맺는 것을 자제한다.

다중관계는 미술치료사가 내담자에게 전문적인 역할을 할 때 다음과 같은 경우 발생한다.

(a) 같은 내담자에게 동시에 다른 역할을 하는 경우

(b) 같은 내담자와 전문적 관계이면서 동시에 개인적인 관계인 경우

(c) 향후 내담자 또는 내담자와 밀접하게 연관되거나 관련된 사람과 다른 관계를 맺을 것을 약속한 경우

손상이나 착취 또는 피해 위험의 발생이 예상되지 않는 다중관계는 비윤리적이지 않다. 미술치료사는 자신들이 내담자에게 영향력 있는 위치에 있음을 인지하고, 내담자의 신뢰와 의존성을 이용하지 않는다.

1.5 미술치료사는 개인적인 문제로 업무와 관련된 활동을 잘 수행하지 못할 가능성이 크다는 것을 알고 있거나 알아야 하는 경우 치료활동에 참여하지 않는다.

1.6 미술치료사는 다음과 같은 경우에 전문적인 역할을 하는 것을 자제한다.

(a) 개인적, 전문적, 법적, 재정적 또는 기타 이익과 관계가 미술치료사로서의 기능을 수행하는 능력이나 효과를 손상시킬 것으로 예상될 때

(b) 전문적 관계를 맺은 개인이나 단체가 피해를 입거나 착취를 당할 때

1.7 미술치료사는 불편함을 느끼거나 개인 또는 내담자의 문제에 대해 질문이 있거나 이해 또는 적절하게 대처할 수 있는 능력에 대해 혼란스럽거나 불확실할 경우 슈퍼비전 또는 자문을 구한다.

1.8 미술치료사는 다음과 같은 안전하고 기능적인 미술치료 서비스 환경을 제공하기 위해 노력한다.

    a. 적절한 환기

    b. 적절한 조명

    c. 물을 공급할 수 있는 환경

    d. 미술 재료의 위험 또는 독성에 대한 지식 및 내담자의 건강을 보호하기 위한 노력

    e. 미술작품을 보관할 공간 및 모든 유해 물질을 보관할 고정 공간

    f. 사생활 보호 및 비밀보장을 감안한 공간

    g. 유사한 사업을 규제하는 주 및 연방 기관에 따른 다른 보건 및 안전 요구 사항 준수

1.9 미술치료사는 내담자가 자신의 권리를 충분히 인식할 수 있도록 윤리규정 및 지침, 면허 및 주 자격 요건, 주 및 연방 개인정보 보호법에 관한 정보를 제공한다.

2.0 비밀보장

미술치료사는 치료 중이나 치료 종결 후에 전문적 관계의 맥락 안에서 내담자의 미술작품이나 대화를 통해 얻은 정보의 비밀을 준수한다.

2.1 미술치료사는 사생활과 비밀이 보장될 수 있는 환경에서 내담자를 만나야 한다.

2.2 미술치료사는 비밀보장의 한계에 대해 내담자에게 알려 준다.

2.3 미술치료사는 내담자와 타인의 건강과 안전에 즉각적이고 심각한 위험이 된다고 판단되는 경우를 제외하고는 내담자의 명시적 동의 없이 슈퍼비전이나 상담의 목적으로 내담자의 비밀 정보를 공개해서는 안 된다. 모든 공개는 내담자, 내담자의 가족, 대중의 복지와 관련된 법률에 따라야 한다.

2.4 내담자의 비밀 정보를 공개하는 것이 내담자에게 이익이 되는 경우, 미술치료사는 내담자와 타인의 건강과 안전에 즉각적이고 심각한 위험이 된다고 판단되는 경우를 제외하고는 가능하다면 공개 전에 내담자 또는 내담자의 보호

자에게 동의서를 받는다.

2.5 미술치료사는 미술치료 중에 일어난 민사, 형사 또는 징계 처벌의 상황에서 법적 명령에 따라 정보를 공개한다. 이런 경우 꼭 필요한 정보만을 공개한다.

2.6 내담자가 미성년자인 경우, 법률로 별도 위임된 경우를 제외하고, 미성년 내담자의 부모 또는 법적 보호자로부터 필요한 모든 공개 또는 동의를 얻는다. 미성년자의 비밀을 보장하고, 미성년자의 치료에 부정적인 영향을 미칠 수 있는 정보를 부모 또는 보호자에게 공개하지 않도록 주의한다.

2.7 미술치료사는 연방, 주 및 기관 법률 및 규정과 정부 규정과 임상 실제에 부합하는 합리적인 기간 동안 내담자의 치료 기록을 보관한다. 자료는 비밀보장이 유지되는 방법으로 보관하거나 폐기한다.

3.0 평가 방법

미술치료사는 내담자의 필요를 좀 더 잘 이해하고 제공하기 위해 평가 방법을 개발하고 사용한다. 미술치료사는 평가 방법을 전문적 관계 안에서만 사용한다.

3.1 표준화된 평가 방법을 사용하는 미술치료사는 해당 평가 방법의 타당도, 신뢰도, 규격화, 오류 범위 그리고 적절한 실행방법에 대해 익숙하다.

3.2 미술치료사는 적절한 훈련과 슈퍼비전을 통해 얻은 전문적 능력 안에서만 평가 방법을 사용한다.

3.3 행동과학 연구방법을 기반으로 평가 도구를 개발하는 미술치료사는 표준 도구 개발 절차를 따른다. 그들은 평가 도구를 사용하는 데 필요한 훈련, 교육, 경험 수준을 서면으로 명시한다.

3.4 미술치료사는 사용되는 평가 도구들의 목적과 특성에 대해 내담자에게 동의서를 받는다. 내담자가 언어나 절차상의 지시를 이해하기 힘든 경우 미술치료사는 자격을 갖춘 통역사를 준비한다.

3.5 평가 방법을 선택하고 결과를 보고할 때 미술치료사는 문화, 인종, 성별, 성적지향, 나이, 종교, 교육 및 장애와 같이 결과에 영향을 끼칠 수 있는 요소들을 고려한다. 치료사들은 평가 결과가 타인에 의해 오용되지 않도록 합리적인 조치를 취한다.

3.6 미술치료사는 평가가 실시되는 전문 기관의 절차와 규칙에 따라 평가에 사용된 모든 미술작품들과 이와 관련된 자료들의 비밀이 보장되도록 합리적인 조치를 취한다.

4.0 내담자의 미술작품

미술치료사는 내담자의 미술작품을 보호해야 하는 정보의 한 형태이자 내담자의 소유물이라고 여긴다. 어떤 치료 환경에서는 내담자의 미술작품이나 미술작품의 표현을 치료사 혹은 기관이 정한 주 규정 및 임상 실제에 부합하는 합리적인 시간 동안 보관해야 하는 임상 기록의 일부로 간주할 수 있다.

4.1 치료 목적 및 치료적 이익에 따라 내담자의 미술작품은 치료과정 중이나 치료 종결 시에 내담자가 돌려받을 수 있다.

4.1.a 미술치료사 또는 임상 기관이 임상 기록의 일부로 내담자 파일에 예술작품의 사본, 사진 복제 또는 디지털 이미지를 보유하는 경우, 내담자는 그에 대한 통지를 받는다.

4.1.b 내담자의 사망으로 치료과정이 종료되었을 때, 내담자의 원본 미술작품은 다음의 경우에 한해 친척에게 양도된다.

(a) 내담자가 미술작품을 누구에게, 어떤 상황에 공개해야 하는지 명시한 동의에 서명한 경우

(b) 내담자가 미성년자거나 보호자 아래에 있으며, 미술치료사는 아동의 미술작품이 미술치료사에게 위임된 비밀보장을 위반하지 않는다고 판단한 경우

(c) 미술치료사가 내담자로부터 가족에게 공개된 미술작품의 일부 또는 전부의 양도를 원한다는 명확한 구두 표시를 받고 문서화한 경우

(d) 법정에서 위임한 경우

4.2 미술치료사는 교육, 연구 또는 평가를 목적으로 내담자 미술작품의 복사본, 슬라이드, 사진을 보관할 경우 내담자/법적 보호자에게 서면 동의를 받는다.

4.3 미술치료사는 내담자의 서면 동의서 없이는 대화 내용과 미술작품을 포함한 내담자의 미술치료 세션을 공개적으로 사용하거나 복제하는 것을 허용하지

않는다.

4.4 미술치료사는 내담자의 미술작품, 비디오 촬영, 오디오 녹음, 복제 혹은 제3자가 미술치료 세션을 보도록 허용하기 전에 내담자 또는 법적 보호자(해당할 경우)에게 서면 동의서를 받는다.

4.5 미술치료사는 강의, 글쓰기 및 공개 발표에서 임상 자료와 내담자의 미술작품을 사용하기 전에, 내담자 또는 법적 보호자(해당할 경우)로부터 서면 동의서를 받는다. 내담자의 신원을 보호하고 미술작품이나 비디오에서 내담자의 인적 사항이 드러날 수 있는 부분을 숨기기 위해 합리적인 조치를 취한다.

4.6 미술치료사는 내담자 또는 법적 보호자(해당할 경우)의 동의를 얻어 제3자, 학제 간 팀 구성원 및 슈퍼바이저에게 미술작품을 공개한다.

4.7 미술치료사는 내담자가 미술치료 서비스를 받는 동안 내담자의 미술작품이 보관되는 방식과 실제 미술작품, 사진 또는 디지털 이미지를 보관하는 기간을 설명한다.

5.0 내담자 미술작품 전시

미술치료 과정에서 만들어진 미술작품을 전시하는 것은 내담자들에게 그들의 미술작품을 일반 대중이나 그들의 작품을 보통 보지 못하는 기관에 있는 사람들에게 보여 줄 수 있는 기회를 제공한다. 미술치료사들은 작품이 내담자의 것임을 확실히 하며, 내담자의 미술작품 전시는 편견(stigma)과 선입견을 감소시키는 동시에, 대중에게 알리고 내담자에게 힘을 실어 줄 수 있는 잠재력이 있음을 확신한다. 내담자 미술작품 전시회를 준비하기 위해 미술치료사 및 내담자 또는 법적 보호자(해당할 경우)는 전시회로 얻는 이점을 내담자에게 미칠 수 있는 의도하지 않은 잠재적 결과와 비교하여 평가한다.

5.1 미술치료사들은 미술치료에서 창작된 미술작품을 전시하는 이유, 이점, 결과에 대해 사려 깊고 의도적인 대화를 통해 미술작품을 전시하고자 하는 내담자들을 참여시킨다.

5.2 미술치료사는 전시회에서 내담자와 그들의 이미지가 이용당하거나 잘못 전달되거나 내담자의 승인을 받지 않은 방식으로 사용되지 않도록 적절한 안전

장치를 보장한다.

5.3 전시용 미술작품을 선정할 때, 미술치료사는 미술작품을 전시하는 이유, 내담자에게 미술작품의 치료적 가치, 자기 공개 정도, 관객의 반응을 용인하는 능력 등 여러 요소를 바탕으로 내담자가 의사결정을 할 수 있도록 돕는다.

5.4 미술치료사는 미술치료 세션 밖에서 창작한 미술작품을 전시회에 포함시킬 때의 장단점을 내담자 또는 법적 보호자(해당할 경우)와 논의한다.

5.5 미술치료사는 내담자의 미술작품 전시와 관련하여 내담자 또는 법적 보호자(해당할 경우)와 비밀보장(예: 개인사, 진단 및 기타 임상 정보)과 익명성(예: 이름, 성별, 나이, 문화)의 중요성을 논의한다. 미술치료사는 전시회에 이름을 올리기를 원하는 내담자의 권리를 존중한다.

5.6 미술치료사는 내담자 또는 부모나 법적 보호자의 서면 동의서를 받아 내담자의 미술작품을 전시한다. 미술치료사는 전시와 관련된 동의 사항을 확실히 하기 위해, 대중과 관객에게 전시회를 설명하고 광고하는 방법에 대해 내담자, 부모 또는 법적 보호자와 논의한다.

5.7 전시된 미술작품이 판매될 경우, 미술치료사와 내담자는 작품 판매를 시작하기 전에 잠재적인 치료 효과에 대해 논의한다. 미술치료사는 내담자, 책임 있는 당사자(해당할 경우)가 수익의 사용방법과 수익으로부터 특별히 이익을 얻을 대상[예: 내담자, 전시 대행 기관, 사회기부(social cause[s])]를 인식하고 이에 동의하도록 보장한다.

5.8 미술치료사는 내담자가 관람 가능한 관객의 범위와 대중 노출 정도를 이해할 수 있도록 전시회가 열리는 장소와 시기를 명확하게 명시한다.

5.9 온라인 전시회와 관련하여 미술치료사는 내담자들에게 이미지의 광범위한 가용성, 그에 따라 확대되는 관람객, 그리고 내담자의 작품 이미지가 온라인 시청자들에 의해 다운로드, 전달 또는 복사될 가능성이 있음을 인식하게 한다.

6.0 전문적 역량과 성실성
미술치료사는 높은 수준의 전문적 역량과 성실성을 유지한다.

6.1 미술치료사는 꾸준한 교육활동과 임상 경험을 통해 미술치료 분야에서의 발

전이 뒤처지지 않도록 한다.

6.2 미술치료사는 실습, 체험, 훈련, 역량 범위를 벗어난 미술 재료, 창작과정, 장비, 기술, 치료 실습 등의 사용을 자제한다. 만약 치료사가 전문적인 도움을 제공할 수 없거나, 나타난 문제나 치료가 미술치료사의 역량 범위를 벗어나는 경우에는 사람들이 다른 치료 서비스를 받을 수 있도록 돕는다.

6.3 미술치료사는 자신의 교육, 수련, 경험을 통해 습득한 역량의 범위 내에서만 진단, 치료 또는 조언을 한다.

6.4 미술치료사는 내담자에게 효과적인 치료를 제공하기 위해 전문적으로 적절한 선에서 다른 전문가들과 협의한다.

6.5 미술치료사는 다른 사람들의 삶에 영향을 끼치고 변화를 줄 수 있는 잠재력을 갖고 있기 때문에 공개적으로 조언을 하거나 증언을 할 때 적절한 주의를 기울인다.

6.6 미술치료사는 특성상 착취의 가능성이 있는 내담자, 학생, 인턴, 슈퍼바이지, 고용인, 연구생, 동료 등과 관계를 맺지 않는다.

6.7 미술치료사는 왜곡이나 오용을 방지하기 위해 연구 결과를 정확하게 발표한다.

6.8 미술치료사는 자신과 함께 일하는 사람을 괴롭히거나 비하하는 행동을 고의로 하지 않는다.

7.0 다문화 및 다양성 역량

미술치료의 다문화 및 다양성 역량이란 미술치료사가 자신과 타인의 문화적 다양성에 대한 인식과 지식을 지속적으로 습득하고 이러한 기술을 내담자에게 성공적으로 적용하는 능력을 말한다. 미술치료사는 문화 이슈에 대한 인식과 반응을 포함한 치료 개입 및 전략을 제공하기 위해 다문화 및 다양성 역량을 유지한다.

7.1 미술치료사는 연령, 성정체성, 인종, 민족성, 문화, 국가 기원, 종교, 성적 지향, 장애, 사회경제적 지위 또는 법으로 금지된 어떤 기초에 근거하여 누구에게도 전문적인 서비스를 차별하거나 거부하지 않는다.

7.2 미술치료사는 문화적 차이에 민감하게 반응할 수 있도록 합리적인 조치를 취

한다. 미술치료사는 문화적으로 적절한 개입과 치료를 제공하기 위해 내담자가 속한 문화의 신념체계에 관해 배우도록 최선을 다한다.

7.3 미술치료사는 자신의 가치와 신념을 인식하여 이것이 어떻게 문화 간 치료 개입(cross-cultural therapy interventions)에 영향을 주는지 알고 있다.

7.4 미술치료사는 인종, 민족성, 국적, 민족적 기원, 피부색, 성별, 성적 정체성, 성적 지향, 계급, 나이, 결혼 상태, 정치적 신념, 종교, 정신적 또는 신체적 장애에 관한 사회적 다양성과 억압의 본질에 대해 학습하고 이를 이해하려고 노력한다.

7.5 미술치료사는 함께 일하는 특정 문화집단에 대한 지식과 정보 및 그 집단 안에 내재된 강점을 파악한다. 또한 미술치료사는 문화집단 내에 존재하는 개인의 차이를 민감하게 인식하고, 개인이 집단의 기준에 대해 다양하게 반응할 수 있음을 이해한다.

7.6 미술치료사는 자신과 다른 문화권의 내담자를 치료할 경우 문화적 특성을 고려한 슈퍼비전이나 교육을 받고 그 문화에 속한 사람에게 조언을 구하며, 내담자에게 최선의 이익이 된다면 그 문화에 대해 잘 알고 있는 전문가에게 의뢰한다.

7.7 미술치료사는 미국미술치료협회(AATA)의 미술치료 다문화 및 다양성 역량 가이드를 따른다.

8.0 미술치료 학생과 슈퍼바이지에 대한 책임

미술치료사는 미술치료를 배우고자 하는 학생들과 미술치료 슈퍼바이지에게 정확하고 학술적인 최신 정보를 활용하여 전문적인 성장이 촉진되도록 지도한다.

8.1 미술치료사는 교육자, 슈퍼바이저 그리고 연구자로서 고도의 학문 능력을 유지하고 정확한 최신 정보를 제공한다.

8.2 미술치료사는 학생과 슈퍼바이지에게 영향을 미칠 수 있는 자신의 위치를 인식하고 그들의 신뢰와 의존성을 이용하지 않도록 한다. 그러므로 미술치료사는 자신의 학생이나 슈퍼바이지와 치료적인 관계를 맺지 않는다.

8.3 미술치료사는 학생, 고용인 또는 슈퍼바이지가 자신들의 교육, 수련, 경험 수

준을 넘어서는 전문적인 서비스를 제공하거나 제시하지 않도록 합리적인 조치를 취한다.

8.4 미술치료사가 슈퍼바이저의 역할을 할 때에는 자신의 슈퍼비전 수준을 유지하고 자신의 슈퍼비전에 대한 적절한 자문과 슈퍼비전을 받을 책임이 있다.

8.5 미술치료사는 다음과 같은 상황을 제외하고는 학생과 슈퍼바이지에게 수업이나 교육활동 과정 중에 구두나 서면으로 그들의 성적 경험, 학대와 방임의 경험, 심리치료, 부모/동료/배우자/애인과의 관계 등 개인적인 정보를 요구하지 않는다.

(a) 프로그램과 수련기관에서 등록 당시 이를 명확하게 요구한 경우

(b) 자신의 슈퍼비전과 전문적인 활동에 지장을 주거나 자신과 그 주변인에게 위협이 된다고 판단되는 개인적 문제를 가진 학생들을 평가하고 도움을 주기 위해 정보가 필요한 경우

8.6 미술치료사가 아닌 치료사에게 교육 또는 슈퍼비전을 제공할 때, 미술치료사는 훈련생이 받게 되는 슈퍼비전과 훈련의 성격, 목표, 기대, 한계 및 그에 따른 자격이 미술치료의 공식적인 연구와 구별됨을 이해할 수 있도록 예방적 조치를 취한다.

9.0 연구 참여자에 대한 책임

미술치료 연구원은 연구 참여자의 존엄성을 존중하고 복지를 보장한다.

9.1 연구원은 연구 수행에 적용되는 법률, 규정 및 전문적 기준을 따른다. 인간 피험자를 대상으로 연구를 수행하기 위해 제도적 검토와 승인이 필요할 때, 미술치료사는 제안된 연구에 대한 정확한 정보를 제공하고, 연구 활동을 시작하기 전에 관련 기관 검토 위원회(또는 그에 준하는 기관)의 승인을 받고, 연구 단계마다 제도적으로 승인된 규약을 준수한다.

9.2 연구 참여로 인해 참여자가 피해를 입을 수도 있는 범위에서, 미술치료사 연구원은 연구에 직접 관여하지 않는 자격을 갖춘 전문가의 윤리적 조언을 구하고 연구 참여자의 권리를 보호하기 위한 보호 조치를 준수한다.

9.3 참여자의 연구 참여를 요청하는 연구자는 참가 의사에 영향을 미칠 것으로

충분히 예상되는 연구의 모든 측면을 그들에게 알려 준다. 연구원들은 모든 참여자에게서 완전한 동의와 정보에 입각한 동의를 얻기 위해 필요한 모든 합리적인 조치를 취한다. 특히 치료 서비스도 받고 있거나, 이해 또는 의사소통이 제한되거나, 미성년자인 연구 참여자와의 사전 동의 과정에 주의를 기울인다.

9.4 연구자는 참여자가 자신의 치료에 어떤 불리한 영향 없이 언제든지 연구 참여를 거절하거나 철회할 수 있는 자유가 있음을 존중한다.

9.5 연구 중에 얻은 연구 참여자에 대한 정보는 명시된 사전 동의서가 없는 한 비밀이다. 가족을 포함한 타인이 그 정보를 얻을 위험이 있는 경우, 참여자에게 사전 동의를 얻는 절차의 하나로서 그런 가능성과 비밀을 보장해 주기 위한 계획을 설명한다.

9.6 연구 참여자가 연구 내용의 일환으로 창작한 미술작품은 연구 사전 동의서에 달리 명시되지 않는 한 연구 참여자의 것이다.

9.7 미술치료 연구자는 원본 데이터를 보관하는 기간과 위치에 관련된 연방, 주 및 기관의 법률 및 규정을 준수한다. 참여자의 미술작품 원본 및 디지털 사진은 비식별처리(de-identified)를 거친 후 안전하게 보관된다. 오디오 녹음 또는 비디오 녹화물은 규정에 따라 암호화된 디지털 폴더에 저장된다. 모든 미술작품 및 그 사진은 사전 동의서에 명시된 향후 연구, 프레젠테이션, 출판물 및 관련 교육 포럼에서 사용될 수 있도록 무기한 저장할 수 있다.

10. 직업에 대한 책임

미술치료사는 전문가 동료들의 권리와 책임을 존중하고 미술치료의 목적 향상을 위한 활동에 참여한다.

10.1 미술치료사는 조직의 회원이나 직원으로 활동할 때 직업의 윤리규정을 준수한다.

10.2 미술치료사는 기여도와 전문적인 출판 관행에 따라 출판에 기여한 사람의 출판 공로를 인정한다.

10.3 책이나 다른 자료를 집필하여 출판하거나 배포하는 미술치료사는 본래의

아이디어를 제공한 사람을 적절하게 인용한다.

10.4 기관을 통해 책이나 자료를 출판하거나 배포할 경우, 미술치료사는 해당기관이 자료를 명확하게 그리고 실제에 근거하여 판촉하고 홍보하도록 합리적인 예방 조치를 취한다.

10.5 미술치료사는 더 나은 지역사회와 사회에 기여하는 활동에 참여하는 것을 중요시한다.

10.6 미술치료사는 공익에 기여하는 미술치료 분야와 관련된 법률 및 규정을 개발하고, 공익에 기여하지 못하는 법률 및 규정을 개정하는 것의 중요성을 인식한다.

10.7 미술치료사는 미국미술치료협회의 윤리위원회와 협력하고, 윤리위원회의 요청 시 위원회에게 사실을 정직하게 공개한다.

10.8 미술치료사는 자신이 고용되어 일하는 기관이나 단체가 미술치료의 결과를 왜곡, 오용, 혹은 은폐하지 않도록 적절한 조치를 취한다.

11.0 비용 합의

미술치료사는 내담자, 제3의 치료비 지불자, 슈퍼바이지와 이해 가능하며 받아들여질 수 있는 전문적 관행에 따른 재정 계약을 진행한다.

11.1 미술치료사가 다른 전문가(고용주/고용인 관계 제외)와 협력하여 일할 때, 각 전문가에 대한 비용 배분은 제공된 서비스에 기초로 두며, 누가 추천을 했는지에 근거하지 않는다.

11.2 미술치료사는 내담자를 금전적으로 이용하지 않는다.

11.3 미술치료사는 치료 시작 전에 비용을 공개하고 비용 변경이 있는 경우 적절하게 통보한다.

11.4 미술치료사는 제공되는 서비스의 내역과 비용을 내담자, 제3의 치료비 지불자, 슈퍼바이지에게 사실대로 알린다.

11.5 미술치료사는 다음의 경우에만 물물교환을 할 수 있다.

(a) 임상적으로 금지되지 않은 경우

(b) 내담자에게 착취적이지 않을 경우

(c) 내담자와 미술치료사가 거주하는 곳에 사회적으로 허용되는 기준이나 관행이 있을 경우

물물교환이란 내담자와 미술치료사가 상품이나 서비스 등 내담자의 비화폐성 보상으로 미술치료 서비스를 교환하기로 합의한 것이다.

11.6 미술치료사는 전체 비용을 부담할 수 없는 내담자에게 미술치료 서비스를 동등하게 제공하기를 간절히 바라며, 가능하다면 그런 필요를 수용하기 위해 슬라이딩 스케일 요금제(sliding fee scale)[1]를 제공한다.

12.0 광고

미술치료사는 내담자가 정보에 기초하여 전문적인 서비스를 선택할 수 있도록 전문적인 활동에 대해 적절히 홍보한다.

12.1 미술치료사는 자신의 전문적 역량, 교육, 훈련, 경험에 대해 정확한 정보를 제공한다.

12.2 미술치료사는 함께 일하고 있는 동료들의 신원, 책임, 자원, 직책에 관하여 대중이 오해할 만한 명칭을 사용하지 않으며, 미술치료사가 기관의 파트너나 제휴자일 때에만 자신을 그렇게 표현한다.

12.3 미술치료사는 거짓, 사기, 오해, 속임수가 있는 진술 혹은 주장이 포함된 전문가 증명서를 사용하지 않는다. 미술치료사는 교육 및 자격 증명을 정확하게 표현한다. 미술치료사는 오해의 소지가 있거나 취득하지 못한 자격을 암시할 수 있는 직함이나 약어를 사용하지 않는다.

12.4 타인이 미술치료사의 자격, 서비스, 성과와 관련된 정보를 사실이 아니거나, 오해의 소지가 있거나, 부정확하게 표현할 때, 미술치료사는 이를 적절하게 정정한다.

12.5 미술치료사는 자신이 고용한 사람의 자격사항이 잘못되거나 오해의 여지가 있거나 속이는 방식으로 표현되지 않는지 확인한다.

---

1) 역자 주: 슬라이딩 스케일 요금제(sliding fee scale)는 내담자의 지불 능력에 따라 비용을 다르게 적용하는 서비스 요금 체계다.

12.6 미술치료사는 특정 분야의 알맞은 교육, 훈련, 임상 경험이 있을 때에 한하여 자신을 특정 분야의 미술치료 전문가라고 밝힐 수 있다.

12.7 미국미술치료협회의 자격을 유지하고 있는 회원은 자신이 속한 멤버십 범위를 명확하고 정확하게 나타내는 한 공공 정보 또는 광고 자료에 회원 자격을 밝힐 수 있다.

12.8 미술치료사는 미술치료 자격심사위원회(ATCB)에 의해 서면으로 자신이 위원회에서 요구하는 절차와 등록을 마쳤다고 공식적으로 명시되지 않은 이상 자신의 이름 뒤에 ATR(r) 그리고/또는 ATR−BC(r)를 사용하지 않는다.

12.9 미술치료사는 협회로부터 서면 허가를 받지 않고 자신의 이름 뒤에 'AATA' 이니셜을 학위인 것처럼 사용하거나, 어떤 목적으로든 'AATA' 이니셜 또는 로고를 사용하지 않는다.

12.10 광고 목적으로 내담자의 사진이나 비디오, 미술작품 또는 치료과정에 대한 내담자의 후기를 사용하는 미술치료사는, 이를 위해 내담자에게 명시적인 동의를 얻는다. 이 동의에는 내담자의 신원 공개 여부와 방법이 포함된다.

13.0 독립 미술치료사[2]

독립 미술치료사는 내담자가 미술치료사에게 직접 비용을 지불하거나 제3자가 지불할 때 내담자에게 서비스를 제공할 책임이 있는 사람이다. 독립 미술치료사는 개인적인 정신 임상 서비스 제공과 관련된 미술치료 자격증명 및 인증 요건에 관련된 주 법률 및 규정을 준수해야 한다. 독립 미술치료사는 훈련의 한계 내에서 자신의 임상을 제한한다. 독립 미술치료사는 실제로 취득한 자격의 범위를 넘는 전문가 자격을 주장하거나 암시하지 않는다. 이들은 자격에 대한 잘못된 표현을 수정할 책임이 있다.

14.0 미술치료 시작 단계와 종결 단계

미술치료사는 내담자에게 미술치료 서비스의 본질을 알려 주고, 필요한 경우 정중히 미술치료 서비스를 종결하도록 한다.

---

2) 역자 주: 독립 미술치료사는 상담기관에 소속되지 않고 개인적으로 상담 서비스를 제공하는 미술치료사다.

14.1 미술치료사는 내담자를 받을 때 다음을 포함하되 이에 국한되지 않는 사전 동의를 제공한다.

　　: 내담자의 권리, 비밀보장 및 그 제한, 보고 의무, 내담자와 미술치료사의 역할, 미술치료 과정의 기대와 한계, 비용 구조, 지불 일정, 세션 일정 준비, 비상조치 문제 제기 및 고충 처리 절차, 그리고 내담자 미술작품이 문서화되고 저장되는 방법

14.2 초기 단계에서, 미술치료사와 내담자는 내담자가 최대 수준의 기능 및 삶의 질을 유지할 수 있도록 치료 계획, 목표 및 목적을 설계한다.

14.3 미술치료사 또는 내담자가 종결을 제안할 수 있다. 미술치료사 및 내담자는 명시된 목표 또는 목적을 달성했거나, 서비스를 계속할 가능성이 낮거나, 혜택을 볼 가능성이 없거나, 서비스를 계속함으로써 피해를 받고 있음이 명확해질 때, 종결에 맞는 징후들에 주의하면서 미술치료 서비스를 종결한다.

14.4 미술치료사는 미술치료 서비스의 종결에 대해 내담자와 소통하고 종결 과정에 내담자를 적절히 참여시킨다.

14.5 미술치료사는 가능한 한 충분한 기간의 종결 절차를 보장하여, 내담자가 다른 정신건강전문가와 만나거나 독립적으로 기능할 수 있도록 자연스러운 전환을 돕는다.

14.6 미술치료사는 치료 종결로 인해 내담자가 퇴행이나 부정적 반응을 보일 위험이 있을 시 내담자의 행동에 특히 주의를 기울인다. 미술치료사는 적절한 치료 개입을 사용하고 필요한 경우 치료의 연속성을 보장하는 조치를 취함으로써 가능한 한 그와 같은 부정적인 결과를 방지하거나 지원하기 위해 노력한다.

15.0 인터넷, 소셜 네트워킹 사이트 및 기타 전자 또는 디지털 기술의 전문적인 사용

전자 기술은 컴퓨터 하드웨어와 소프트웨어, 팩스, 전화, 비디오, 오디오 및 비디오 녹화 장치를 포함하지만 이에 국한되지는 않는다. 예정된 사람이 아닌 외부의 사용자가 이런 장비 중 일부를 통해 통신에 접근할 수도 있다. 따라서 미술치료사는 원격 통신으로 진행되는 치료나 슈퍼비전 세션을 포함한 의사소통의 비밀을 보장하는 조치를 한다.

15.1 미술치료사는 소셜 네트워킹 사이트, 토론 집단, 블로그, 웹사이트 및 기타 전자 매체에 대한 개인 및 전문적인 정보가 대중에게 쉽게 이용될 수 있다는 것을 이해한다. 따라서 미술치료사는 내담자가 대중의 이용을 원치 않는 정보를 보호하기 위해 예방 조치를 취하는 것이 바람직하다.

15.2 미술치료사는 기술을 활용한 전문 활동을 진행하기 전에 치료, 자문 또는 슈퍼비전을 위한 특정한 기술 사용이 관련 법률과 일치하는지 확인한다. 미술치료사는 전문적인 필요와 내담자, 슈퍼바이지 또는 학생의 필요를 가장 잘 충족시킬 수 있는 충분한 지식과 이용 가능 기술에 능숙해지도록 기술적인 도움을 구한다.

15.3 미술치료사는 디지털 전자 도구를 활용한 미술치료에 관심이 있는 내담자와 이러한 서비스의 장점, 한계를 논의하고, 특정 내담자가 이러한 치료 형태를 최대한 활용하는 데 필요한 인지 능력을 갖추고 있는지 판단해야 한다.

15.4 미술치료사는 장애인이 접근할 수 있는 의사소통을 제공한다. 전자 통신이 가장 접근하기 쉬운 경우, 미술치료사는 이러한 유형의 소통을 통합하고 가능한 한 안전하며 비밀이 보장되는 방식으로 사용하도록 일련의 조치를 취한다.

15.5 미술치료사는 전자 통신 고유의 비밀보장 한계뿐만 아니라 미술치료 서비스 및 슈퍼비전에서 기술을 사용할 때 관련되는 기타 비밀보장의 한계를 내담자와 슈퍼바이지에게 알린다. 미술치료사는 암호화의 한계, 인터넷에 게시된 메시지의 영구적인 특성, 전자 미디어 사이트 및 인터페이스에 디지털로 게시된 정보 또는 미술작품에 대한 대중의 접근에 대해 논의한다.

15.6 암호화가 불가능한 경우 미술치료사는 내담자에게 이 사실을 알리고 메시지를 일반적인 소통으로 제한한다.

16.0 전자기기를 활용한 미술치료

전자기기를 활용한 미술치료는 지속적으로 발전해 가는 미술치료 응용 방식이다. 따라서 이러한 미술치료는 윤리적 딜레마뿐만 아니라 서비스의 기회를 제공한다. 미술치료사는 인터넷, 전화 또는 기타 전자적 수단을 통해 미술치료 서비스를 제공할 때 수반되는 윤리적 영향을 고려한다.

16.1 전자 전송을 통해 서비스 또는 정보를 제공하는 미술치료사는 내담자에게 사생활 침해의 위험과 비밀보장의 한계를 알린다. 미술치료사는 세션을 녹음하거나 문서화하는 것의 장점과 단점에 대해 논의한다.

16.2 미술치료사는 전자기기를 사용하여 미술치료를 제공할 때, 미술치료사는 내담자 또는 법적 보호자(해당할 경우)에게 사용할 전자기술의 종류가 설명된 사전 동의를 받는다.

16.3 미술치료사는 전자기기를 통해 제공되는 미술치료 서비스가 자신과 내담자가 거주하는 주의 해당 법률, 규정 및 허가 요건을 준수하는지 확인하기 위한 합리적인 일련의 조치를 취한다.

17.0 미술치료사를 위한 윤리규정 준수

미국미술치료협회(AATA)의 회원이 됨으로써 미술치료사는 미국미술치료협회의 윤리규정을 따를 것에 동의한다. 각 회원은 이 규정을 준수하고, 각자 거주하는 주의 치료에 대한 법률과 규정 및 자격 규정을 준수해야 할 책임이 있다. 이 규정들은 교육의 기초와 윤리적인 치료의 바탕을 제공하기 위해 서면으로 작성된다.

17.1 미국미술치료협회(AATA) 규정 제11조, 11.2항은 윤리위원회를 협회의 상임위원회로 위임한다. 본 위원회는 미술치료사를 위한 윤리규정에 대해 회원과 일반 대중을 교육하고 있으며, 협회 이사회에서 채택한 규정과 수시로 개정될 수 있는 규칙들을 권고, 변경 및 시행할 책임이 있다.

17.2 윤리규정 위반으로 미술치료 자격심사위원회(ATCB)에 의해 전문적 자격이 취소된 미술치료사는 미국미술치료협회(AATA)의 회원 자격이 박탈되어야 한다.

18.0 문의 및 문제 제기

갈등과 불일치는 인간 상호작용에 내재되어 있다. 한 명이나 그 이상의 협회 회원이 미술치료사를 위한 윤리규정을 위반했을 수 있다고 한 명이나 그 이상의 개인이 생각하는 상황이 발생할 수 있다. 윤리위원회는 협회 정관에 명시된 책임 범위에 속하는 모든 문의를 처리할 수 있다. 비윤리적 행위에 대한 문제제기는 윤리위원회의 처리 범위를 벗어나며 해당 미술치료사를 관할하는 관련 자격 인정기관이나 인허가 기관에서 처리된다. 윤리위원회에 대한 문의는 다음 이메일을 통해 윤리위원회 위원장에게 제출할 수 있다.

ethicschair@arttherapy.org

부록 B
미술치료 자격심사위원회
전문 임상에 관한 강령

I. 전문

미술치료 자격심사위원회(Art Therapy Credentials Board: ATCB)는 협회의 조건에 맞는 미술치료 분야 종사자의 등록 및 위원회 인증서 발행을 하면서 대중을 보호하는 비영리 단체다. 위원회는 전국적이고 엄격한 자격과 현장 경험이 있는 학자 및 종사자들을 포함한다.

등록 및 위원회 인증(이후 자격증이라고도 표기함)은 다양한 훈련 배경에서 나오며 미술치료의 업무에서 높은 기준을 충족시키는 미술치료사들에게 주어진다.

ATCB의 자격증을 받아 유지하려면 전문 임상에 관한 강령이 포함된 ATCB 행동 규정을 따라야 한다. 전문 임상에 관한 강령은 미술치료사들의 미술치료 임상을 가이드해 줄 윤리적 고찰(Part II)과 모든 공인 미술치료사가 지켜야 할 행동 기준(Part IV)을 제공하기 위해 만들어졌다. ATCB는 행동 규정을 준수하지 않는 모든 사람의 자격 증명을 일시 중단, 취소, 보류 또는 거부할 수 있다.

ATCB는 어느 누구의 업무에 대해서도 보증하지는 않는다. ATCB는 등록된 또는 협회에서 검증된 미술치료사의 역량에 대해 의견을 제시하거나 직무 수행을 보증하지 않는다. 오히려 ATCB 등록과 위원회 인증은 미술치료사가 가장 잘 알고 있는 한 최소한의 학술활동, 준비, 전문적 경험, 지속적인 교육 및 전문적 기준을 충족하고 준수하고 있는지에 대해 승인하는 것이다.

II. 윤리적 고려사항

ATCB는 그의 권위 아래 자격증을 취득하고 유지하려는 모든 미술치료사의 행동을 가이드해 줄 다음의 일반적인 윤리규정들을 제시한다. 또한 조항 II. B에 제시된 특정 윤리규정들은 모든 독립 미술치료사들이 중요하게 고려해야 한다. 그 윤리규정들은 대부분 미국미술치료협회(AATA)의 기준을 기초로 하고 있지만, ATCB의 목표와 사명에 맞게 바뀌었으며 ATCB의 자격을 갖고 있는 그들의 업무를 가이드해 줄 독립적인 윤리규정이 되도록 만들어졌다. ATCB는 이런 윤리규정을 지키는 것이 AATA의 기준들을 따르는 것이라고 보증하거나, 주 면허 취득, 등록, 인증 프로그램의 윤리 또는 징계 절차를 준수하는 것을 보증하지 않는다.

A. 일반 윤리규정

1.0 기준. 내담자에 대한 책임

미술치료사는 모든 내담자의 복지를 위해서 노력하고, 치료사의 도움을 필요로 하는 이들의 권리를 존중하고, 서비스가 적절하게 제공되도록 합리적인 노력을 한다.

1.1 미술치료사는 어느 누구에게도 인종, 성별, 종교, 민족적 기원, 나이, 성적 지향, 장애를 근거로 전문적인 서비스를 차별하여 제공하거나 거부하지 않는다.

1.2 미술치료사는 치료사―내담자 관계가 시작될 때 내담자에게 미술치료 과정에서의 권리, 역할, 기대, 제한점에 대해 논의하고 설명해야 한다.

1.3 미술치료사는 내담자의 결정권을 존중하고 그런 결정들의 결과를 이해할 수 있도록 돕는다. 미술치료사는 내담자에게 추천된 치료를 따를지 여부를 결정하는 것은 내담자의 책임이라는 것을 말해 준다. 치료 관계에서 모호함을 피하고 항상 역할의 명확성을 보장하는 것은 미술치료사의 전문가적 책임이다.

1.4 미술치료사는 내담자가 도움을 받는다고 여겨질 때까지만 치료 관계를 지속

한다. 전문적 또는 치료적 관계를 치료사의 금전적 이득을 위해서 계속 진행하거나 치료가 내담자에게 도움이 되지 않는다고 판단되는 데도 계속 진행하는 것은 비윤리적이다.

1.5 미술치료사는 자신의 경력, 경험, 훈련, 역량 범위를 뛰어넘는 치료 임상이나 과정에 참여하지 않는다. 미술치료사는 만약 자신이 전문적 도움을 줄 수 없거나 도움을 주는 것이 내키지 않을 때, 혹은 제기된 문제나 치료가 자신의 역량 범위 밖일 때 내담자가 다른 치료 서비스를 받도록 도와야 한다.

1.6 미술치료사는 서비스를 받는 내담자들을 포기하거나 등한시하지 않는다. 만약 미술치료사가 전문적 도움을 계속하지 못하는 상황일 경우, 치료의 지속을 위해 적절한 대안을 찾도록 내담자를 돕는다.

2.0 전문적 역량과 성실성

미술치료사는 수준 높은 전문적 역량과 성실성을 유지한다.

2.1 미술치료사는 교육활동과 임상 경험을 통해 미술치료사는 자기 분야에서의 발전이나 임상 관련 정보를 얻고 업데이트한다.

2.2 미술치료사는 자신의 교육, 수련, 경험을 통해 이루어진 자신의 역량에 한해서만 진단/치료/조언한다.

2.3 다른 전문가의 동의가 있거나 다른 전문가와의 내담자 관계가 종료되었을 경우를 제외하고, 미술치료사는 다른 전문가에게 치료 또는 상담을 받는 내담자에게 고의적으로 전문적 서비스를 제공하지 않는다.

2.4 미술치료사는 다른 사람들의 삶에 영향을 끼치고 변화를 줄 수 있기 때문에, 증언이나 다른 공개적인 진술을 통해 자신의 전문적인 권고나 의견을 공개할 때 특히 조심한다.

2.5 미술치료사는 자신의 업무 수행이나 임상적 판단에 지장을 주거나 영향을 줄 수 있는 개인적인 문제나 갈등을 해결하기 위해 적절한 전문적 자문 또는 도움을 구한다.

2.6 미술치료사는 자신의 임상 및 연구 결과를 왜곡하거나 오용하지 않는다.

2.7 미술치료사는 다른 미술치료사의 이전에 보고되지 않은 활동이 본 강령의 행

동 규정이나 법을 위반하였다는 믿을 만한 근거가 있는 경우 ATCB에 제소할 수 있다. 이것이 내담자와의 치료적 관계에서 얻은 정보에 근거한 것이라면 해당되지 않지만, 법적 의무로서 필요할 경우 미술치료사는 보고해야 한다.

2.8 미술치료사는 다른 전문 인증기관 또는 단체가 다른 미술치료사에게 이전에 보고되지 않은 징계를 가했거나, 주목할 만한 규율상의 제재를 가한 경우 이 사실을 ATCB에 알릴 수 있다.

3.0 학생과 슈퍼바이지에 대한 책임

3.1 미술치료사는 교육자, 슈퍼바이저 그리고 연구자로서 높은 학문적 수준을 유지하고 정확한 최신 정보를 제공한다.

3.2 미술치료사는 학생, 고용인 또는 슈퍼바이지들이 그들의 교육, 훈련, 경험, 역량과 관련해 수준 이상의 업무를 하거나 전문적 서비스를 제공하는 것을 묵인하거나 허용하지 않는다.

3.3 슈퍼바이저 역할을 하는 미술치료사는 자신의 슈퍼비전 기술의 질을 유지하고 슈퍼바이저로서의 업무에 대해 필요할 때마다 자문 또는 슈퍼비전을 받을 책임이 있다.

4.0 연구 참여자에 대한 책임

연구자인 미술치료사는 연구 참여자의 존엄성을 존중하고 복지를 보장한다.

4.1 연구자들은 연구 수행을 관장하는 연방 및 주 법률과 규정, 기관 규정 및 전문적 기준을 알고 준수해야 한다.

4.2 연구자들은 연구를 계획할 때 윤리적 수용성(ethical acceptability)에 대해 면밀하게 조사해야 한다. 연구 참여자가 연구에 참여함으로써 손해를 볼 여지가 있음을 고려하여, 연구자는 연구에 직접적으로 개입하지 않는 전문가에게 윤리적 자문을 구하고 연구 참여자의 권리를 지키기 위한 보호 조치를 준수해야 한다.

4.3 연구에 대한 참여자의 개입 및 참가를 요청하는 연구자는 참가 의지에 영향을 줄 수도 있는 연구의 모든 내용과 위험에 대해 알려야 하고, 연구에 대한

내용과 위험을 이해했다는 동의를 서면으로 받아야 하며, 필요시 참여자의 부모나 법적 보호자가 서명해야 한다. 연구자는 참여자가 임상 서비스를 받고 있거나, 이해나 의사소통에 제약이 있는 장애가 있거나, 아동일 때 동의가 감소될 가능성에 특히 민감해야 한다.

4.4 연구자는 참여자가 언제든 참가를 거부하거나 중단할 수 있는 자유를 보장한다. 이 규정은 연구 팀의 조사자 또는 다른 연구자들이 참여자들에게 권한을 행사하거나 영향을 끼칠 수 있는 위치에 있을 때 특히 생각되고 고려되어야 한다. 그렇기 때문에 미술치료사는 연구 범위 밖에서 연구 참여자들과의 관계를 피해야 한다.

4.5 연구 중에 얻은 연구 참여자에 대한 정보는 서면으로 된 동의서에 명시되어 있지 않은 이상 비밀을 보장한다. 가족을 포함한 타인이 이 정보를 얻을 위험이 있는 경우, 이 위험은 참여자에게 사전 동의를 얻는 서면 동의 절차 내에서 비밀보장 계획과 함께 반드시 설명되어야 한다.

5.0 직업에 대한 책임

미술치료사는 전문적인 동료들의 권리와 책임을 존중하고 미술치료의 목표를 발전시키는 활동에 참여한다.

5.1 미술치료사는 조직의 회원이나 직원으로 활동할 때 전문 임상 기준을 준수한다.

5.2 미술치료사는 출판 시 출판에 기여한 사람의 공로를 그들이 기여한 부분과 전문적인 출판 관행에 따라 인정한다.

5.3 미술치료사가 책이나 다른 자료를 집필하여 출판하거나 배포할 때 본래의 아이디어를 제공한 사람을 적절하게 인용한다.

5.4 미술치료사가 책이나 다른 자료를 집필하여 기관을 통해 출판하거나 배포할 때는 해당 기관이 자료를 명확하게 사실에 근거하여 판촉하고 홍보하도록 합리적인 예방조치를 취한다.

5.5 미술치료사는 가능한 한 자신들의 전문 활동 일부를 재정적 이익이 거의 혹은 전혀 없는 전문적 서비스로 제공하는 등 좀 더 나은 공동체와 사회에 기여하는 활동에 참여한다.

5.6 미술치료사는 가능한 한 공익에 도움이 되는 미술치료 분야에 대한 법률과 규정을 개발하고, 공익에 부합하지 않는 법률과 규정을 개정하는 것에 도움을 주고 참여한다.

5.7 미술치료사는 전문기관 또는 정부기관의 윤리조사에 협조하고, 이런 기관과 조직의 요청 시 또는 미술치료 전문직의 성실성을 유지할 필요가 있을 때, 사실을 진실하게 나타내고 공개한다.

5.8 미술치료사는 자신이 종사하는 기관이나 단체가 미술치료의 결과를 왜곡, 오용, 혹은 은폐하는 것을 방지하기 위해 노력한다.

6.0 비용 합의

미술치료사는 내담자, 제3자 배상, 슈퍼바이지와의 치료 비용 합의가 이해 및 수용이 가능한 전문적인 관행에 부합되는지 확인한다.

6.1 미술치료사는 의뢰나 소개로 인한 대가를 제공하거나 받아서는 안 된다.

6.2 미술치료사는 자신의 내담자를 금전적으로 이용하지 않는다.

6.3 미술치료사는 제공되는 서비스의 내역과 치료 비용을 내담자, 제3자 배상, 슈퍼바이지에게 정확하게 언급한다.

7.0 광고

미술치료사는 전문적 서비스에 대한 지식이 없는 사람들이 적절한 선택을 할 수 있도록 전문적인 활동과 관련된 적절한 정보 제공 활동에 참여해야 한다.

7.1 미술치료사는 자신의 전문적 역량, 교육, 훈련, 경험에 대해 정확한 정보를 제공한다.

7.2 미술치료사는 규정, 공지문, 신문, 라디오나 텔레비전 등에 게재된 모든 광고나 발표들이 품위 있고 전문적인 방식으로 정확하게 전달되어 대중이 정보에 근거한 결정을 내릴 수 있게 보장한다.

7.3 미술치료사는 함께 일하고 있는 사람들의 신원, 책임, 자원, 직책에 관하여 대중들이 오해할 만한 명칭을 사용하지 않으며, 미술치료사가 기관의 파트너나

제휴자일 때에만 자신을 그렇게 표현한다.

7.4 미술치료사는 잘못되거나 위조되거나 오해의 소지가 있는 전문가 증명서 공개(명함, 간판, 인쇄 문구, 전화번호)를 하지 않는다. 다음과 같은 경우는 잘못되거나 위조되거나 오해의 여지가 있는 발언이다.

(a) 오해의 위험을 방지하기 위한 사실 자료를 제공하지 않는 경우

(b) 의도적이거나 혹은 의도적이지 않더라도 근거가 없는 기대를 하도록 하는 경우

(c) 부정확한 사실을 나타낸 경우

7.5 타인이 미술치료사의 자격, 서비스, 성과와 관련된 정보를 사실이 아니거나, 오해의 소지가 있거나, 부정확하게 표현할 때, 미술치료사는 이를 적절하게 정정한다.

7.6 미술치료사는 고용인의 자격 사항이 잘못되거나 오해의 여지가 있거나 속이는 방식으로 표현되지 않았는지 확인한다.

7.7 미술치료사는 특정 분야에서 임상하기 위해 공인된 전문기준에 맞는 교육, 훈련, 임상 경험이 있을 때에 한하여 자신을 제한된 분야의 미술치료 전문가라고 밝힐 수 있다.

B. 독립 미술치료사. 특정한 윤리적 고려사항

8.0 독립 미술치료사. 일반

독립 미술치료사는 독립적으로 미술치료를 하고, 내담자 혹은 제3의 비용 지불자가 직접 또는 미술치료가 포함되어 있는 보험을 통해 치료비를 지불할 때, 내담자에게 서비스를 제공할 책임이 있는 미술치료사다.

8.1 적절한 시점에, 독립 미술치료사는 의약품의 평가 및 투여가 필요한 경우 검증된 의료적 또는 심리적 자문을 받는다. 미술치료사는 자신이 자격증이 있거나 수료증이 있지 않은 경우 미술치료 이외의 서비스를 제공하지 않는다.

8.2 독립 미술치료사는 연방, 주, 지방의 독립 정신건강 서비스에 대한 규정을 따른다. 법은 주마다 다르다. 그러한 법들을 따르는 것은 독립 미술치료사의 전

적인 책임이다.

8.3 독립 미술치료사는 자신이 훈련받은 범위에 한해서 치료를 행한다. 미술치료 사는 자신이 취득한 범위 밖의 전문적 자격을 주장하거나 암시하지 않는다. 자격에 대한 오해를 피하거나 정정하는 것은 미술치료사의 책임이다. 미술 치료사는 자신의 업무에 해당하는 독립적인 치료와 면허에 대한 지역의 법을 따른다.

9.0 독립 미술치료사. 환경

독립 미술치료사는 미술치료 서비스를 제공할 수 있는 안전하고 기능적인 환경 을 추구한다. 다음 사항들이 포함되지만 이에 국한되지는 않는다. 즉, 적절한 환기, 적당한 조명, 물을 공급할 수 있는 환경, 미술 재료들의 위험성이나 독성에 대한 지 식, 내담자의 건강을 지키기 위한 노력, 미술 재료들을 보관할 장소, 위험한 물건을 보관할 안전한 공간, 날카로운 물건 관리, 비밀보장과 사생활 보호, 유사한 사업을 규제하는 연방과 지역의 법에 따른 건강과 안전 규칙 준수 등이다.

10.0 독립 미술치료사. 접수와 비용 합의

독립 미술치료사는 치료 관계를 맺기 전에 내담자와 전문적인 공개 서약서 (written professional disclosure statement)를 만든 후 서명하고 발행해야 한다. 다음 정보들이 포함되어야 하지만, 이에 국한되지는 않는다. 그 정보에는 교육, 훈련, 경 험, 전문적 관계 제휴, 자격증, 비용 구조, 비용 지불 일정, 세션 일정 조정, 비밀보장 의 한계 및 보고 의무에 대한 정보, ATCB의 기능과 더불어 ATCB의 이름, 주소, 전 화번호 등이 포함된다. 서약서 사본은 내담자 파일에 보관하는 것이 좋다. 독립 미 술치료사는 내담자, 제3자 배상 그리고 슈퍼바이지들과의 재정적 합의가 이해 가능 하며 또한 수용된 전문적 관행에 부합하도록 노력한다.

10.1 독립 미술치료사는 의뢰에 대한 대가를 제공하거나 받지 않는다.

10.2 독립 미술치료사는 내담자를 금전적으로 이용하지 않는다.

10.3 독립 미술치료사는 치료 전에 치료 비용을 공개하고 치료비의 변경이 있는 경우 적절하게 안내한다.

10.4 독립 미술치료사는 치료 비용과 제공되는 서비스의 내역을 내담자, 제3자 배상, 슈퍼바이지에게 정확하게 알린다.

11.0 독립 미술치료사. 치료 계획

독립 미술치료사는 다음과 같이 치료 계획을 세운다.

a. 내담자가 개개인에 적합한 최고 수준의 기능과 삶의 질을 유지할 수 있도록 돕는다.

b. 연방, 주, 지방의 규정과 미술치료 서비스에 관련된 면허 요건을 따른다.

c. 미술치료 참여의 유형, 빈도, 지속 기간을 기술한다.

d. 내담자의 이해와 허락을 받은 범위 안에서, 내담자의 현재 필요와 강점, 약점을 반영한 목표를 포함시킨다.

e. 시기적절하게 치료 계획을 재검토, 수정 및 개정한다.

12.0 독립 미술치료사. 문서화

독립 미술치료사는 가장 최근의 미술치료 진행 기록이 최소한 다음 사항들을 반영하도록 문서화 해야 한다.

a. 내담자의 현재 기능 수준

b. 모든 치료 계획에서의 현재 목표

c. 내담자의 행동 및 목표와 관련된 미술치료 세션의 언어적 내용

d. 내담자의 행동 및 목표와 관련된 예술적 표현

e. 정서, 사고 과정, 행동의 변화(또는 변화 부족)

f. 자살 혹은 살인에 대한 의도나 생각

12.1 치료가 종결되면 독립 미술치료사는 치료에 대한 내담자의 반응과 향후 치료 권장사항을 포함한 퇴원(discharge)/전원(transfer) 요약 기록을 작성해야 한다.

13.0 독립 미술치료사. 서비스 종결

독립 미술치료사는 미술치료 서비스에서 내담자가 계획했던 목표를 이루었거나, 반대로 미술치료 서비스로부터 도움을 받지 못했을 때 미술치료를 종결한다.

13.1 독립 미술치료사는 내담자와 미술치료의 종결에 대해 이야기한다.

III. 자격증의 요건

ATCB 자격증의 적격 상태, 유지 그리고 갱신을 위해서 모든 지원자, 등록자, 자격증 소지자는 다음의 조건을 따라야 한다.

A. ATCB의 기준, 정책 및 절차 준수

ATR과 ATR-BC 지원서에 명시된 모든 ATCB 자격 기준, 규칙과 표준, 정책 및 절차를 포함하되 이에 국한되지 않고, 적시에 수수료를 지불하고 자격을 갱신하기 위한 기타 요건을 갖추지 못한 사람은 자격증을 신청하거나 유지할 수 없다. 각각의 지원자, 등록자, 자격증 소지자는 항상 이 조건을 준수하고 유지해야 한다. ATCB는 신청자, 등록자 또는 자격증 소지자가 모든 ATCB 기준, 정책 및 절차를 준수하지 않을 경우 자격 증명을 거부, 취소, 갱신 거부 또는 기타 조치를 취할 수 있다.

B. 지원서 완성

1. ATCB는 자격 증명 또는 소지한 자격증의 갱신에 대한 자격증 지원서를 보완하거나 완성하기 위한 추가적인 정보 관리를 요청할 수 있다. 지원자는 ATCB가 제공한 지원서를 정직하게 작성하고 서명하며, 필수 비용을 지불하고, 부가적으로 요청한 정보들을 제공해야 한다. 지원자는 이름, 주소, 전화번호, 기타 자격증 심사에 영향을 끼칠 만한 정보의 변동을 60일 안에 ATCB에 알려야 하며, 이 정보에는 최소한 신청인과 관련된 민·형사상 고발, 기소 또는 해임, 판결의 기재, 유죄 판결, 변론 또는 소송 또는 면허위원회 또는 전문기관에 의한 징계 등이 포함된다. 신청자, 등록자 또는 자격증 소지자는 자신의 상태에 대해 부정확하거나 거짓 또는 오해의 소지가 있는 진술을 해서는 안 되며 혹 있을 경우 바로 정정해야 한다.

2. ATCB의 기준, 정책, 절차에서 '날짜'는 달력상의 날짜를 뜻한다. ATCB가 요구

하는 통신은 등기 우편, 요청된 영수증 그리고 다른 검증 가능한 배송 방법을 통해 진행되어야 한다. 지원자, 등록자, 자격증 소지자는 ATCB가 요구한 요건 준수 확인서를 ATCB의 운영위원장에게 제출해야 한다.

C. ATCB의 소유권

ATCB의 시험, 자격증, 카드 그리고 미술치료 자격심사위원회(Art Therapy Credentials Board)의 이름, ATR 마크, ATR-BC 마크 및 등록 미술치료사(Registered Art Therapist)라는 용어, 위원회 인증 공인 미술치료사(Registered Art Therapist-Board Certified)라는 용어 그리고 그에 관련된 모든 약어들은 모두 ATCB의 단독 소유이고 ATCB의 사전 동의서 없이는 사용할 수 없다. ATCB 자격 증명의 정지, 제한, 포기, 해지 또는 그 밖에 ATCB가 요구한 경우, 이전 ATCB 자격 증명 보유자는 즉시 모든 과거 명함, 부정확한 정보의 명함, 문규류, 광고, 로고, 엠블럼, ATCB 이름과 관련 약어 사용을 중지하고 비용을 부담하여 오류를 수정해야 한다.

D. 미해결 중인 소송

모든 지원자, 등록자, 자격증 소지자는 어떤 법적 정보, 건의, 미술치료에 관련된 죄/사기에 대한 고소, 공중 보건과 안전에 관련된 고소, 주 혹은 연방 소속기관의 고소, 혹은 조항 IV에 기재된 사항과 관련된 것에 대해 고소를 당했을 때 ATCB에 알려야 한다. 이와 관련한 보고는 소송 청구 또는 접수한 날로부터 60일 이내에 이루어져야 하고 소송 결과 발표 후 60일 안에 그에 대한 문서를 제공해야 한다.

E. 범죄 유죄 판결

(i) 중죄나 (ii) 미술치료, 미술치료사의 전문적 자격 또는 공중 보건과 안전에 실질적 관련이 있거나 영향을 주는 범죄로 유죄 판별을 받은 사람은 구금(해당될 경우)이 끝난 후 혹은 벌금을 낸 후 5년 동안 자격증을 취득할 수 없다. 이러한 범죄에는 강간, 내담자나 아동에 대한 성적 학대, 무기, 폭력의 실제 사용이나 협박, 통제된

물건 판매 또는 소유 등이 포함되지만 이에 국한된 것은 아니다.

IV. 행동 규정

미술치료 자격심사위원회(ATCB)는 ATCB의 권한에 따라 자격증을 취득하고 유지하기를 원하는 모든 미술치료사의 행동을 안내하는 다음의 행동 규정들을 채택한다. 이 규정들은 AATA가 채택한 규정에 밀접하게 기초하고 있지만 ATCB의 목적과 사명에 맞게 조정되었으며, ATCB 자격증 소지자의 독립적 행동 규정으로 삼기 위해 만들어졌다.

1.0 비밀보장

미술치료사는 내담자와 치료 관계에서 일어난 모든 언어적/예술적 표현을 포함하여 내담자에게서 얻은 모든 정보의 비밀보장을 존중하고 지켜야 한다.

1.1 미술치료사는 어떤 상황에서도 내담자-치료사 관계의 비밀보장을 지켜야 한다.

1.2 미술치료사는 내담자나 다른 이의 건강이나 삶에 심각하고 긴급한 위험의 이유가 있지 않은 이상, 내담자의 동의서 없이는 비밀 정보를 공개해서는 안 된다. 그리고 정보 공개는 내담자, 가족 그리고 대중의 복지를 위한 주/연방 법에 따라 이뤄져야 한다.

1.3 미술치료사가 비밀 정보를 공개하는 것이 내담자에게 유익하다고 믿는 경우, 미술치료사는 법에 따른 필수적인 공개가 아닌 이상, 공개 전에 내담자 또는 내담자의 법적 보호자에게 동의를 구하고 동의서를 받아야 한다.

1.4 미술치료사는 법률 또는 ATCB의 징계 처분에서 요구를 받을 경우 비밀 정보를 공개해야 한다. 이런 경우에 내담자의 비밀은 해당 조치의 과정에서 합리적으로 필요한 경우에 한해서만 공개될 수 있다.

1.5 미술치료사는 주정부 규정 및 철저한 임상 치료에 따라 합리적인 시간 동안 내담자의 치료 기록을 유지해야 한다. 자료는 비밀보장이 가능한 방식으로 보관되거나 폐기되어야 한다.

1.6 내담자가 미성년자일 경우 주법에 의해 다른 방법이 명시된 경우를 제외하고, 미성년 내담자의 부모나 법적 보호인으로부터 모든 공개나 동의를 얻어야 한다. 미성년 내담자의 비밀보장을 위해 특히 조심해야 하고, 주법에 명시되어 있지 않은 이상 내담자의 치료에 부정적인 영향을 줄 수 있는 부모나 보호자에게 내담자의 정보를 공개하지 않는다.

2.0 내담자 미술 표현과 치료 세션의 공적 사용 및 복제

미술치료사는 내담자(필요시 내담자의 부모나 법적 보호인)의 명시적 서면 동의 없이 언어 표현 및 미술 표현을 포함한 내담자와의 미술치료 세션을 공개적으로 사용하거나 복제를 허용해서는 안 된다.

2.1 미술치료사는 내담자의 미술 표현 사진 촬영, 비디오 녹화, 오디오 녹음 또는 기타 복제, 제3자의 미술치료 세션 관찰을 허용하기 전에 내담자(필요시 내담자의 부모나 법적 보호인)에게 서면 동의를 받아야 한다.

2.2 미술치료사는 내담자의 임상 자료를 수업, 글, 공개 발표에서 사용할 경우 사전에 내담자(필요시 부모나 법적 보호인)에게 서면 동의를 받아야 한다. 허락을 얻은 후, 미술치료사는 내담자의 신분을 보호하고, 미술 표현이나 영상에서 내담자의 신분이 드러날 수 있는 특정 부분이 나타나지 않도록 위장하는 적절한 조치가 취해졌는지 확인해야 한다.

2.3 미술치료사는 내담자의 미술품을 갤러리, 정신건강센터, 학교, 기타 공공장소에 전시하기 전에 내담자(필요시 부모나 법적 보호인)에게 서면 동의를 받아야 한다.

3.0 전문적 관계

미술치료사는 현재나 과거의 내담자, 학생, 인턴, 훈련생, 슈퍼바이지, 직원 또는 그 성격이나 효과로 인해 착취적인 관계가 될 수 있는 동료들과 어떤 관계도 맺어서는 안 된다. 미술치료사는 할 수만 있다면, 현재 혹은 이전의 내담자, 학생, 인턴, 훈련생, 슈퍼바이지, 직원, 동료, 그리고 이들의 가족 구성원, 배우자, 자녀, 가까운 친구 등 밀접한 관계의 사람들과 비치료적 또는 비전문적 관계를 맺지 않도록 최선을 다한다. 이런 관계의 성격에 의문이 제기될 경우, 미술치료사는 현재 또는 이전 내담자, 학생, 인턴, 훈련생, 슈퍼바이지, 직원 또는 동료와의 비치료적 또는 비전문적 관계가 그들에게 착취적이거나 유해하지 않음을 입증해야 할 책임이 있다.

3.1 미술치료사는 내담자와 착취적인 관계를 맺어서는 안 된다. 착취적인 관계에는 내담자로부터 돈을 빌리거나 빌려주는 것, 내담자를 고용하는 것, 내담자와 함께 사업에 투자하는 것, 내담자와 연애 관계를 맺는 것 또는 성적 친밀감을 갖는 것을 포함하지만 이에 국한되는 것은 아니다.

3.2 미술치료사는 자신의 판단력이 손상되지 않고, 착취가 발생하지 않으며, 모든 행동이 내담자의 최선의 이익을 위한 것이 되도록 적절한 전문적 예방 조치를 취해야 한다.

3.3 미술치료사는 자신의 이익을 높이기 위해 내담자와의 전문적인 관계를 이용해서는 안 된다.

3.4 미술치료사는 자신이 학생들과 슈퍼바이지들에게 영향력 있는 위치에 있음을 알고 그들의 신뢰와 의존성을 이용하지 않도록 해야 한다. 따라서 미술치료사는 학생들이나 슈퍼바이지들과 학생/슈퍼바이지 관계를 맺으면서 동시에 치료를 제공해서는 안 된다.

3.5 미술치료사는 학생들이나 슈퍼바이지와 착취적인 관계를 맺지 않아야 한다. 착취적 관계란 미술치료사와 학생 또는 슈퍼바이지 사이의 관계로서, 실제로 또는 본질적으로 미술치료사가 본인의 학생 또는 슈퍼바이지의 신뢰와 의존성을 남용할 가능성, 그리고 학생 또는 슈퍼바이지에 대한 미술치료사 본연의 영향력 있는 위치를 포함한다. 미술치료사와 학생 또는 슈퍼바이지 사이의 착취적 관계에는 학생이나 슈퍼바이지에게 돈을 빌리거나 빌려주는 것, 연애 관계를 맺거나 성적인 친밀감을 갖는 것이 포함되지만 이에 국한되는 것은 아니다.

V. 징계의 근거

ATCB는 다음과 같은 경우에 자격증 수여를 거부 또는 취소하거나 자격 증명 또는 자격증 신청과 관련하여 필요한 조치를 취할 수 있다.

A. 조항 IV에 명시된 행동 규정을 준수하고 따르지 않은 경우

B. ATCB 자격을 유지하는 데 필요한 자격 요건들을 유지하지 않은 경우

C. ATCB 자격시험과 관련하여 부정 행위를 한 경우

D. ATCB와 관련된 비용을 지불하지 못한 경우

E. ATCB의 시험, 증명서, 명함, 로고, 미술치료 자격심사위원회라는 명칭, ATCB 용어 및 관련된 약어, '등록 미술치료사[1]' '협회 공인 미술치료사[2]'라는 표현, ATR과 ATR-BC를 포함한 관련 단어들, 그리고 ATCB의 문서들을 승인받지 않고 보유, 사용 또는 이용한 경우

F. 허위 또는 오해의 소지가 있는 진술, 신청, 재신청 또는 기타 ATCB와의 소통에서 필요한 진술을 하지 않거나 사기 또는 기반함으로써 자격증을 얻거나 유지하려고 시도하는 행위

G. ATCB 자격 상태에 대한 허위 진술

H. ATCB에서 요구하는 문서 또는 정보를 제공하지 못한 경우

I. ATCB 또는 ATCB가 제정하거나 소집한 모든 사람과 윤리적 고소가 시작된 시점부터 해당 고소에 관한 모든 절차의 완료까지 협조하지 않은 경우

J. 습관적으로 술, 마약, 신체적 또는 정신적 폐해를 초래하는 물질을 복용함으로써 능력 있고 객관적인 전문적 성과를 손상시키는 경우

K. 미술치료와 관련된 일이나 다른 전문적 임상 수행에 있어서 중대하거나 반복되는 과실이 있는 경우

L. 미술치료 임상과 관련된 분야의 제한 또는 제재를 받은 경우 (규제 위원회 또는 전문 단체의 징계, 취소, 정지에 한정되지 않음)

M. (i) 어떤 중범죄 또는 (ii) 미술치료, 치료사의 자격 또는 대중의 건강이나 안전

---

1) 역자 주: 등록 미술치료사(ATR)는 ATCB에서 요구하는 조건의 임상 및 슈퍼비전 등을 받은 미술치료사를 의미한다.

2) 역자 주: ATR-BC는 독립적으로 관리되는 국가인증시험을 성공적으로 통과한 ATR 미술치료사들에게 ATCB가 부여하는 명칭이다.

과 관련된 범죄에 대한 유죄인정 답변(plea of guilty)[3] 또는 불항쟁 답변(plea of nolo contendere)[4]에 대한 유죄 판결. 이와 관련된 범죄로는 내담자, 부모, 혹은 아동에 대해 강간, 성폭행, 무기를 사용한 폭행이나 위협, 그리고 소지 및 사용이 규제되는 약물을 거래, 배포 또는 사용한 경우 등이 포함되며 이에 국한되는 것은 아니다.

N. ATCB에 이 조항을 위반한 사실을 제때 알리지 않은 경우

O. 행동 규정에 명시되어 있는 ATCB 또는 법적인 조항이 요구하는 비밀보장을 지키지 못한 경우

P. 여기에 명시된 ATCB의 조항, 정책, 관련 절차 또는 지원자나 등록자 또는 자격증 소지자들을 위해 ATCB가 발행한 책자에 명시된 사항들을 위반한 경우

VI. 징계 청문위원회의 임명

A. ATCB의 이사회는 이하 강령 또는 ATCB 표준, 정책, 관련 절차에 포함된 행동 규정을 위반한 혐의를 고찰할 윤리위원과 징계 청문위원회를 다수결 투표로 임명할 수 있다. 징계 청문위원회의 위원장 또한 ATCB의 이사회가 임명해야 한다.

B. 징계 청문위원회는 위원장을 포함한 세 명의 위원으로 구성된다. 각 위원회의 위원은 ATCB 등록자 및 자격증 소지자로부터 선출되어야 하며, 단 위원 한 명은 ATCB 등록자 또는 자격증 소지자가 될 수 없는 공공 위원이어야 한다.

C. 징계 청문위원회의 초기 임명은 ATCB 이사회에서 결정한 기간만큼 유효하다. 그 후 징계위원회의 각 위원의 임기는 3년이며 이 기간이 끝난 후 연임할 수 있다.

D. A 위원회의 위원은 단 하나의 위원회에서 활동할 수 있으며, 실질적이거나 명백한 이해충돌이 있거나 공정성이 합리적으로 의심될 수 있는 사안에는 관여

---

3) 역자 주: 유죄인정 답변(plea of guilty)은 법 위반을 인정하고 이에 대해 이의가 없음을 의미한다.

4) 역자 주: 불항쟁 답변(plea of nolo contendere)은 법 위반을 인정하지는 않지만 처벌에 대해 법정에서 다투지 않을 것임을 의미한다.

할 수 없다. 위원회 가운데 하나에서 사안의 당사자로부터 위원장을 제외한 위원회원 중 한 사람에 대해 기피 신청이 있을 경우, 기피 안건에 관한 최종 결정권은 위원회장에게 있으며, 이하 규정된 방식으로 심의를 거쳐야 한다. 위원회장에 대한 기피 신청이 있을 경우에는 ATCB 회장에게 결정권이 있으며, 이하 규정된 방식으로 심의를 거쳐야 한다.

E. 위원회의 조치는 다수결로 결정된다.

F. 위원회의 위원이 사임, 자격 박탈 또는 다른 사유로 위원회에서 활동하지 못할 경우, ATCB의 회장은 협회에 등록된 자 또는 자격증 보유자나 다른 사람을 임시 위원으로 임명해야 한다.

VII. 징계 절차

A. 진술서 제출

1. ATCB 행동 규정이나 기타 강령, 방침이나 절차의 위반 가능성을 의심하는 사람은 관리 감독관에게 제출한 서면 진술서에 증빙 서류와 함께 혐의 대상자와 혐의 행위 사실을 가능한 한 자세하고 정확하게 적시함으로 문제 제기를 시작할 수 있다.

   진술서에는 ATCB에 정보를 제공한 사람과 혐의 행위에 관한 사실 및 정황을 알고 있는 사람들의 이름, 주소, 전화번호를 적시해야 한다.

   ATCB는 관리 감독관이 지급하는 서식/양식을 이용하여 문제 제기 하는 것을 허용한다.

   문제 제기가 접수된 후 관리 감독관은 추후 조치를 위해 ATCB 이사회의 공익 위원(이하 공익 위원)에게 사안을 이첩해야 한다.

   공익 위원은 문제 제기를 발의할 수 있으며, 모든 문제 제기의 심의와 결정은 이하 규정된 방식으로 처리한다.

2. 공공 위원은 제기된 혐의와 그 혐의를 뒷받침하는 정보를 검토하고, 적절한 추가 조사와 함께 필요할 경우 변호사와 면담한 후 혐의의 타당성을 판단한다.

   공공 위원은 ATCB 관리국장에게 사실 조사 또는 혐의에 대한 최초 검토와 관련된 행정사항을 지원하도록 지시할 수 있다.

3. 사건 관련 진술들이 타당성이 없다고 판단하거나 사건 자체가 협회의 행동 규정에 어긋나지 않은 경우 또는 ATCB에서 사건을 맡을 관할권이 없는 경우, 공공 위원은 다른 어떤 행동도 취하지 말고 위원회와 문제 제기자에게 알린다.

4. 공공 위원은 ATCB의 행동 규정 또는 절차의 준수 여부를 부인하거나 문제제기 할 수 있는 타당한 사유가 있다고 판단되는 경우 사건에 대한 진술을 윤리위원에게 전달해야 한다.

5. 윤리위원은 제출된 혐의와 혐의를 뒷받침하는 정보를 검토하고 필요시 추가 조사를 할 수 있다. 윤리위원은 어떠한 사유가 ATCB의 전문 행동 강령에 어긋나는지를 판단하기 위해 ATCB의 자료들과 법적 문서들을 통해 이전 판례를 조사할 수 있다. 윤리위원은 ATCB 관리위원에게 혐의 검토와 관련된 사실 조사 또는 행정 업무를 지원하도록 지시할 수 있다. 만일 행동 규범 또는 ATCB 정책이나 절차의 준수에 의문을 제기할 수 있는 사유가 있다고 판단되는 경우, 윤리위원은 사건 진술과 본인이 조사한 내용 전부를 전체 징계위원회, 고소인 및 피고소인에게 보내야 한다. 자격을 부정하거나 규범 준수를 의심할 만한 이유가 없다고 판단하거나, ATCB에 문제 제기에 대한 관할권이 없다고 판단될 경우, 윤리위원은 차후 어떤 행동도 취하지 않고 위원회, 문제 제기자, 그리고 원고 모두에게 알린다.

B. 징계 청문위원회의 업무 절차

1. 윤리위원에게서 고발 진술서와 ATCB의 행동 규정 및 기타 ATCB 정책 또는 절차의 준수를 부정하거나 문제 제기를 할 수 있는 타당한 사유가 있을 수 있다는 내용의 통지를 받은 피고소인은 통지일로부터 15일 내에 사건에 대해 반론하는 글을 윤리위원에게 제출하거나 혹은 징계위원회와 전화 회의를 하거나 징계위원회가 정한 시간과 장소에 맞추어 직접 청문회에 참석한다. 청문회에 참석하기 위해 생기는 비용은 모두 피고소인이 부담한다. 피고소인이 고발 내용에 이의를 제기하지 않는 경우에도 피고소인은 사건의 재검토를 서면으로 제출하거나 혹은 징계위원회와 전화 회의를 통하거나 직접 청문회에 참석

하여 부탁할 수 있다. (청문회의 장소와 시간은 징계위원회가 결정한다.) 만약 피고소인이 이 문서에 규정된 서면 제출, 전화 또는 직접 심리로 심사 요청을 고소인에게 제출하지 않거나, 이사회에 통지하지 않는 경우 징계위원회는 어떤 제재를 취할 것인지 결정한다.

2. 만약 피고소인이 사건의 재검토, 전화 회의 또는 청문회를 요청한다면 이후 절차는 다음과 같다.

   a. 윤리위원은 피고소인의 주장과 답변을 징계 청문위원회에 넘기며, 징계위원회 회원 중 한 사람을 지정하여 혐의와 입증된 증거를 제시하고, 증인 조사 및 교차 조사, 그 밖의 사항을 징계 청문위원회의 청문회에서 제시해야 한다.

   b. 그 후 징계 청문위원회는 적절한 준비 기간을 두고 피고소인이 요청한 대로 서면 검토 또는 전화, 직접 대면하는 청문회를 예정하고, 신청된 우편물, 반송 접수증, 통지서를 피고소인에게 보내야 한다. 이 통지서에는 피고소인이 위반한 것으로 의심되는 기준서, 따라야 하는 절차, 서면심사 자료 제출일 또는 징계 청문위원회가 결정한 시간과 장소가 기재되어야 한다. 피고소인은 타당한 이유가 있을 경우 변론 기일의 변경을 요청할 수 있다.

   c. 징계 청문위원회는 모든 청문회의 음성, 비디오 또는 서면 기록을 유지해야 한다.

   d. 징계 청문위원회가 진행되는 동안 모든 당사자들은 자비로 변호인과 협의하고 대리 변호를 받을 수 있다. 모든 당사자나 변호인은 청문회에서 개시 진술을 할 수 있으며, 선서하에 증인을 심문하거나 대질 심문을 할 수 있으며, 종결 진술을 할 수 있고, 징계 청문위원회에서 정한 대로 사건 개요를 제출할 수 있다.

   e. 청문회나 서면 검토와 관련된 모든 증거나 절차는 징계 청문위원회에서 결정한다. 공식적인 증거 규칙은 적용되지 않는다. 관련 증거는 채택될 수 있다. 징계 과정이나 증거 인정에 대해 논쟁의 여지가 있는 쟁점은 위원회 전체의 다수결을 바탕으로 위원장이 결정한다. 모든 결정은 기록으로 남겨야 한다.

   f. 우세한 증거에 의해서만 사건이 입증되어야 한다.

   g. 심신 장애가 있다는 주장이 제기되었을 때, 피고소인은 자비로 신체검사와 정신 감정을 받아야 할 수도 있다. 그에 따른 검사 결과는 증거물로 인정된다.

h. 징계 청문위원회는 모든 청문회 또는 서면 검토, 소견 제출 후 서면 결정을 내린다. 판결문에는 사실에 대한 결론, 혐의의 사실 여부, 법률적 결론 및 적용된 법적 제재에 관한 내용이 포함되어야 한다. 피고소인이 신청한 반송 영수증은 즉시 등기 우편으로 발송되어야 한다.

i. 만일 징계 청문위원회가 혐의를 입증할 우세한 증거가 없다고 판정했을 경우 추가 조치를 취하지 않으며, 고소인과 피고소인 모두에게 해당 사실을 통보해야 한다.

C. 항소 절차

1. 징계 청문위원회의 결정이 피고소인에게 유리하지 않을 경우, 피고소인은 결정이 이루어진 지 30일 이내에 관리이사에게 이의신청서를 제출하여 ATCB 이사회에 항소할 수 있다. 징계 청문위원회는 단독 재량으로 사건의 본질과 공익을 고려하여 항소 내용을 검토한다. 항소 문서에는 항소 수수료가 첨부되어야 한다. 징계 청문위원회는 관리이사에게 서면 답변서를 제출할 수 있다. 관리위원은 모든 항소 관련 문서들을 즉시 ATCB 이사회에 송부해야 한다.

2. ATCB 이사회는 이사회가 결정한 일정에 따라 서면 보고서를 제출할 수 있지만, 추가 청문회 없이 기록에 대한 결정을 다수결로 진행해야 한다.

3. ATCB 이사회의 결정은 보고서를 접수하고 검토한 후 서면으로 내려져야 한다. 이 결정에는 사실의 발견, 혐의에 대한 사실 여부, 법적 결론, 그리고 적용되는 법적 제재에 관한 내용이 포함되어야 하며 최종적으로 이뤄져야 한다. 판결문은 피고소인에게 등기 우편으로 반송 영수증과 함께 발송되어야 한다. 피고소인이 있는 경우 이사회의 최종 결정을 통보받아야 한다.

VIII. 제재

ATCB의 행동 규정이나 다른 규범, 정책 또는 절차들을 위반한 결과에 대한 제재는 다음 중 하나 혹은 그 이상의 조항들을 포함한다.

a. 정해진 기간 동안의 자격 증명에 대한 거부 또는 자격 정지

b. 등록 또는 인증서의 박탈이나 취소

c. 등록 또는 인증의 중단

d. 인증서 갱신 불가

e. 견책

f. 문제 제기와 그에 따른 처분의 발표

g. 다른 교정 행위

IX. 정보의 공개

각 지원자, 등록자 또는 자격증 소지자는 신청서에 적힌 내용을 확인하기 위해 필요한 것으로 간주되는 문서 및 정보를 제출하는 것을 포함하여, 적격성 또는 자격 인증 상태의 검토에 대해 신속하고 완전하게 협조할 것을 동의한다. 각 지원자, 등록자 또는 자격증 소지자는 ATCB와 ATCB의 임원들, 이사, 위원회 회원, 직원, 윤리위원, 대리인 및 기타 관련된 모든 사람이 ATCB 신청서, 등록증 또는 자격증, 징계절차의 결과를 포함한 검토 문서 등을 공공기관, 면허 발급기관, 고용주, 이 외에 피고 또는 원고, 그리고 일반 대중에게 전달하는 것에 동의한다.

X. 면제

서류, 기록, 기타 정보의 제공이나 조사, ATCB에 의한 신청서나 자격증 조사나 심의 등을 포함하여, ATCB 등록과 자격 프로그램을 신청하거나 이에 참여함으로써, 그리고 ATCB의 상표나 ATCB 등록과 자격 프로그램에 관한 기타 참고 자료를 사용함으로써 발생하는 ATCB의 조치에 대해, 신청자, 등록자, 또는 자격증 소지자는 모든 청구, 피해, 손실, 합당한 변호사 비용을 포함한 지출과 관련하여 ATCB, 임원, 이사, 직원, 위원회원, 전문위원회원, 윤리위원, 대리인, 기타 사람들에게 면제, 면책, 면죄의 권리를 주어 피해를 끼치지 않는다.

XI. 자격 여부의 재고와 자격 증명서의 재교부

A. 행동 규정을 어긴 결과로서 자격 여부나 자격증명서가 거부, 취소 또는 보류
  된 후 당사자가 재고를 요청했을 경우, 이사회는 다음과 같은 사항을 토대로
  자격 부여를 재고할 수 있다.

1. 중죄를 범한 것으로 유죄 판결이 났을 경우, 항소심의 만기, 복역의 만료, 또
  는 부과된 벌금의 지불 중 가장 나중에 일어난 일로부터 최소 5년 이상이 지났
  을 때

2. 중죄가 아닌 다른 모든 경우에는 제재 부과 후 이사회 재량에 따라 옳다고 판
  단하는 때

B. 규범이나 법을 어긴 적이 있는 지원자는 ATCB에서 요구하는 사실을 제공하
  는 것 이외에도 본인의 자격 여부나 자격증명서가 거부, 취소 또는 보류되었던
  상황과 그와 같은 결정이 있은 후의 상황들을 명확히 밝혀야 한다. 지원자는
  자신이 재활을 받았으며, 타인에게 위험을 초래하지 않는다는 것을 명확하고
  납득할 만한 증거로 입증해야 할 책임이 있다.

XII. 만료일

ATCB는 등록자와 자격증 소지자들이 ATCB가 정한 만료일을 모두 지킬 것으로
기대하며, 특히 수수료 납부, 자격증 갱신 또는 재인증 신청, 교육 지속 여부에 대한
증거, 시험 응시 등에 관한 사항은 더욱 그렇다.

아주 드문 경우이기는 하지만 신청자, 등록자 또는 자격증 소지자의 고의가 아닌
어쩔 수 없는 상황 때문에 마감을 지키는 것이 어려운 것은 인정될 수 있다. 만약 신
청자, 등록자 또는 자격증 소지자가 마감을 지키지 못한 것에 관해 항소를 원할 경
우, 그 상황을 합당한 증거와 함께 서면으로 제출하고 ATCB 관리위원에게 모든 관
련 문서를 첨부하여 ATCB 이사회에 기한 연장을 신청할 수 있다.

위원회는 다음 회의에서 단독 재량에 따라 사례별로 설명된 상황을 참작하고 숙
고하며 또 이 일이 미술치료계에 미칠 전반적인 영향이 무엇일지를 토대로 어떤 조

치를 취할 것인지 결정해야 한다. ATCB의 만료일을 어겼을 때는 다른 어떤 절차도 진행하지 못한다.

XIII. 선입견, 편견, 공명정대

ATCB는 맡은 모든 일을 처리하는 동안 항상 공명정대해야 한다. ATCB가 사안을 검토하는 동안 신청자, 등록자 또는 자격증 소지자 또는 그 밖의 다른 사람이 볼 때 심사관의 판단에 선입견이 있거나 편향되거나 공정성이 손상되는 상황(경쟁 단체에 고용되는 것을 포함)이 있다면, 그와 같은 사실을 즉시 관리위원이나 ATCB의 회장에게 보고해야 한다.

부록 C
영국미술치료사협회
미술치료사를 위한 윤리 강령 및 전문적 실천 원칙

미술치료는 시각예술매체를 주된 소통방식으로 활용하는 심리치료의 한 형태다. 여기에는 자기를 표현하는 수단으로 시각적이고 촉각적인 매체를 사용하는 것이 포함된다. 미술치료사, 미술심리치료사들은 내담자가 말로 표현할 수 없는 복잡하고 혼란스러운 감정의 배출구를 발견하고 자기 인식과 성장을 촉진하게 되는 것을 목표로 한다. 전문가들은 자신들의 전문 영역에 따라 상담 방식을 발전시켜 왔다. 그들은 내담자가 미술치료를 통해 주로 도움을 받고자 하는 건강, 질병, 어려움, 장애 등의 임상적 맥락 안에서 일한다. 이러한 맥락에서, 그리고 공인된 보건 전문가로서, 미술치료사와 미술심리치료사는 안전하고 효과적으로 일하기 위한 치료의 수단으로 임상적 판단을 사용할 것으로 기대된다.

영국미술치료사협회(British Association of Art Therapists: BAAT)는 BAAT 회원('Members')에게 모범적 실무를 위한 기본 원칙, 기준, 지침을 제공하기 위해 본 윤리 강령과 전문적 실천 및 지침 지원 원칙을 발표했다. 이것은 회원들의 치료 현장에서 그들을 지원하기 위한 것뿐만 아니라 그들의 서비스를 공적으로 사용하는 것과 관련하여 회원들을 보호하기 위한 것이다.

미술치료는 법적으로 규제되는 직업이며 영국에서는 건강관리직업위원회(Health and Care Professions Council: HCPC)에 의해 적절한 자격을 갖추고 공인된 사람만이 자신을 미술치료사나 미술심리치료사라고 합법적으로 말할 수 있다. 이 두 가지 명칭은 모두 HCPC에 의해 보호되며 동일한 치료 행위를 표현하는 개별 회원들이 상호 교환하여 사용할 수 있다. 협회의 정회원 자격은 공인 미술치료사와 미술심리치료사에게만 허용된다. 다른 전문가와 일반인은 준회원으로 가입할 수 있으며 이 윤리 강령[1])에 구속되지 않는다.

회원들은 전문가로서의 활동 전반에 걸쳐 다음의 원칙을 따라야 한다.

- HCPC를 통해 자격 등록을 유지하라.
- 회원들을 위한 윤리 강령과 전문적인 활동에 대한 원칙과 지침을 준수한다.
- 슈퍼비전 지침에 따라 슈퍼비전을 수행하라.
- 고용주의 대리 책임 보험에서 제공하지 않는 경우, EU 지침 2011/24/EU에 명시된 대로 개인 전문보상보험(Professional Indemnity Insurance: PII)을 보유한다.
- BAAT(영국미술치료사협회)와 HCPC(건강관리작업위원회)에서 요구하는 대로 지속적인 전문성 개발('CPD')을 수행한다.

1. 회원

1.1 HCPC에 의해 공인되었으며 공인 미술치료사 또는 공인 미술심리치료사라는 칭호를 사용할 수 있는 자격이 있는 사람만이 협회의 정회원이 될 수 있다.

1.2 BAAT 멤버십은 다음과 같은 경우에 종료될 수 있다.

(i) 본 윤리 강령을 위반하는 경우

(ii) 자신의 치료활동에 적합하지 않은 행동으로 인한 범죄로 유죄 판결을 받은 경우

(iii) HCPC에 의해 등록이 정지되거나 취소되거나 다른 의료 규제 기관에 의해 유사한 징계를 받은 경우

(iv) 다른 전문기관으로부터 추방되거나 징계를 받는 경우

---

1) 두 직함은 모두 법으로 보호되며, HCPC 공인 미술치료사/심리치료사가 사용할 수 있다.

2. 일반 원칙

2.1 회원들은 가장 높은 수준의 윤리규정을 세워야 하며, 내담자의 치료적 이익을 가장 중요하게 생각해야 한다.

2.2 회원들은 합법적이고, 안전하고, 효과적이며, 책임감 있고, 공정하게 활동해야 한다.

2.3 회원들은 교육, 훈련 및 경험을 통해 역량을 가진 분야에서만 치료하고 조언해야 한다. 이 원칙은 회원들이 자신의 경력에 따라 특정한 영역에 한정된 '역량 범위'를 가지고 있다는 내용으로 요약된다.

2.4 회원들은 문화적 능력을 가져야 한다. 문화적 능력이란 회원들이 서로 다른 문화를 초월한(cross-cultural) 상황에서 효과적으로 일할 수 있게 해 주는 일련의 일치된 행동, 태도 및 정책이다.

2.5 회원은 다음의 내용을 인지하고 자신들의 전문적인 활동에 통합해야 한다.

(i) 문화의 중요성 및 문화 안에서의 변화

(ii) 문화 간 관계 평가

(iii) 시각적 상징과 이미지의 문화적 차이

(iv) 문화적 차이로 인한 역학에 대한 경계

(v) 문화적 지식의 확대 및 다양한 문화적 요구를 충족하기 위한 서비스의 적용

2.6 회원은 다른 전문가에게 자신의 내담자를 돌볼 의무가 있는지 확인하고, 내담자나 보호자(carer)가 의료 복지를 위해 전문의 또는 정신과 의사의 조언을 구하도록 권유해야 한다.

2.7 회원은 내담자가 스스로 결정을 내릴 때 자신의 선택사항을 이해하도록 도와야 하며, 그들이 내리는 선택을 존중해야 한다.

3. 전문적 역량과 성실성

3.1 회원들은 HCPC 숙련도 표준에 명시된 대로 높은 수준의 전문적 역량과 성실성(integrity)을 유지해야 한다.

3.2 회원들은 교육활동, 임상 경험 및 CPD를 통해 자기 분야에서 발전되어 가는

내용을 계속 알아야 한다. 회원들이 CPD의 일부로 수행하는 학습 계획의 목표는 전문 역량을 유지하고 개발하는 것이어야 한다.

3.3 회원들의 의무: 회원은 다음을 수행해야 한다.

(i) 회원의 업무와 관련된 최근의 연구 내용과 임상에서의 발전에 대해 계속 알고 있어야 한다.

(ii) 자신의 업무와 관련하여 최근의 연구 근거를 파악하고 근거기반치료 (Evidence-Based Practice)를 제공하는 것을 목표로 해야 한다.

(iii) 고용주의 재정지원이나 기타 지원을 활용하여 현행 교육 프로그램, 강의, 컨퍼런스 또는 워크숍에 참석함으로써 전문 기술을 개발해야 한다. 이상 적으로는, BAAT의 지부 또는 특별 이익 단체와 인쇄물 및 BAAT 웹사이트에서의 정기적인 전문가 업데이트를 통해 동료 전문가들과 교류를 지속해야 한다.

3.4 회원은 될 수 있는 한 내담자가 받는 다른 치료에 대해 알고 있어야 하고, 상황과 내담자의 필요에 따라 적절한 임상 결정을 내려야 한다.

3.5 회원은 증언 또는 기타 공개적인 언급을 통해 전문가로서의 추천과 의견을 제시할 때 주의를 기울여야 하며, 타인의 삶에 영향을 미치고 변화를 일으킬 수도 있다는 것을 인식해야 합니다.

3.6 회원은 임상 및 연구 결과를 왜곡하거나 오용해서는 안 된다.

4. 슈퍼비전

회원은 협회의 슈퍼비전 지침에 따라 임상 슈퍼비전을 통해 자신의 전문적 역량을 모니터링해야 하며 슈퍼바이저는 협회의 인증을 신청해야 한다.

5. 내담자 수락

회원들은 해당 사항이 있을 경우, 담당 에이전트로부터 내담자에 대한 서면 추천을 받아야 한다. 스스로 상담을 의뢰한 내담자에게는 초기 면담 후 미술치료에 대한 서면 요청서를 받아야 한다. 회원들은 평가 후 특정 내담자를 받아들이지 않을 권리를 가져야 한다.

6. 평가

6.1 회원들은 내담자의 요구를 이해하고 이에 부응할 수 있는 평가 방법을 개발하고 사용해야 한다. 이러한 평가 방법은 정의된 전문적 관계의 맥락에서만 사용되어야 한다.

6.2 회원은 적절한 교육과 슈퍼비전 경험을 통해 역량을 갖춘 평가 방법만을 사용해야 한다.

7. 사전 동의

7.1 회원은 치료 시작 전에 사전 동의를 얻어야 하며, 이는 임상 노트에 기록되어야 한다. 정보는 구두 및 서면으로 제공되어야 한다. 내담자가 언어나 절차를 이해하는 데 어려움을 겪는 경우, 회원들은 자격을 갖춘 외국어 통역사나 수화 통역사(signer)의 도움과 같이 내담자에게 적절한 지원을 제공할 수 있도록 준비해야 한다.

7.2 치료에 관한 정보로 포함되어야 할 항목

- 미술치료 개입에 대한 명확한 설명
- 내담자가 얻게 될 수 있는 이점들
- 내담자에게 있을 수도 있는 위험 요소들

 (예: "때로는 치료 초반에 내담자의 기분이 약간 더 나빠진다." 또는 "가끔 치료를 시작한 아이들에게서 처음에 파괴적인 행동이나 감정이 더 나타날 수 있다.")

- NICE 가이드라인에 따라 특정한 상황에 대한 개입을 제안할 수 있는 미술치료 외의 치료 대안들(예: 경미한 불안과 우울증에 대한 CBT)

7.3 회원들은 문화, 인종, 성별, 성적 지향, 나이, 종교, 교육, 장애 등에 대한 평가와 결과 보고를 포함하여 치료 효과에 영향을 미칠 수 있는 모든 요인을 고려해야 한다.

8. 책임감 및 치료의 일관성

8.1 회원은 내담자 치료에 대한 자신의 책임 범위를 명확히 해야 하며, 자신들의 치료 행위에 영향을 줄 수도 있는 현행법과 해당 법의 개정된 내용을 파악할 수 있도록 합리적인 조치를 취해야 한다.

8.2 회원은 내담자에게 가능한 한 일관된 치료를 해야 하며, 치료과정 동안 내담 자와의 접촉을 유지하며, 내담자가 치료를 종결할 수 있도록 최선을 다해야 한다. 치료가 조기 종결되어야 하는 상황인 경우, 회원은 임상 환경 맥락의 한계 내에서 내담자가 대안을 찾을 수 있도록 합리적인 노력을 기울여야 한다.

8.3 회원은 최상의 임상 접근법을 정의하는 연구 증거를 최신 상태로 유지하고 이 지식을 자신의 치료에 적용해야 한다. 또한 특정한 상황에서는 해가 되는 접근법에 대한 연구 근거를 인지하고 이를 사용하지 않도록 주의한다.

9. 임상적 판단

9.1 회원은 자신의 판단력이 손상되지 않고, 내담자를 착취하지 않으며, 내담자의 이익을 위해 행동하도록 적절한 조치를 취해야 한다. 또한 알코올이나 약물의 영향을 받은 상태에서나 신체적 또는 정신적 상태가 치료 능력에 영향을 미칠 수 있는 경우에는 치료해서는 안 된다.

9.2 회원은 업무 수행이나 임상적 판단에 손상을 주거나 영향을 미칠 수 있는 개인적인 문제나 갈등에 대해 적절한 전문가의 도움을 구해야 한다.

10. 비밀보장

10.1 비밀보장이 절대적인 것은 아니다. 미술치료사는 내담자를 전문적으로 돌봐야 할 의무를 가지고 있으며, 특히 내담자의 안전과 복지에 대한 우려가 있는 경우에는 이것을 비밀보장보다 더 우선시해야 한다.

10.2 대화나 예술적 표현을 통해 내담자에게서 얻은 정보는 정중하고 전문적으로 취급되어야 하며, 치료 팀 내에 보관된 비밀보장 ID는 미술치료사를 포함

한 어떤 개인에 의해서도 취급되지 않는다. 이 사실을 내담자에게 분명히 밝혀야 한다.

10.3 또한 정보의 공개 또는 공유가 필요할 수도 있다. 내담자가 그것을 요구할 수도 있다. 중요한 것은 내담자, 치료사, 내담자의 보호자 또는 일반인들의 안전이 정보 비공개로 인해 위협받을 수 있는 상황에서는 미술치료사가 정보를 공개하도록 법이 규정하고 있다는 것이다. 이런 일이 생길 경우, 정보 공개는 내담자의 이익을 가장 잘 보호하는 방식으로 이뤄져야 한다.

10.4 회원이 앞의 원칙들을 적용해야 하는 상황

(i) 다분야 팀의 체계 내에서

(ii) 고용인의 약관 내에서

(iii) 아동 및 취약한 성인을 보호하기 위한 여러 기관의 모범 사례 범위 내에서

(iv) 사설 치료 내에서

(v) 내담자–치료사 관계 내에서

11. 미성년 내담자

11.1 회원은 아동이나 청소년(CYP)을 위한 치료과정을 지원하기 때문에 가능하다면 상담을 계획하고 검토할 때 부모 또는 보호자와 의사소통하고 그들을 참여시켜야 한다.

11.2 회원은 가능한 한 미성년 내담자의 비밀을 보장하고, 미성년 내담자의 처우에 부정적인 영향을 미칠 수 있는 정보를 미성년 내담자의 부모, 보호자 또는 후견인에게 공개하거나 추가 위험에 처하게 하지 않도록 해야 한다. 그렇다고 해서 부모/보호자와 전혀 대화하지 말아야 한다는 의미는 아니다(11.1 참조).

11.3 회원은 청소년이 위험에 처해 있다고 생각될 경우 적절한 조치를 취해야 하며, 법에 따라 아동 보호 정책을 준수해야 한다.

12. 이중관계

12.1 회원은 항상 전문적으로 치료사–내담자 관계를 유지해야 한다. 회원은 내

담자와 이중관계를 맺어서는 안 된다. 이중관계는 회원과 내담자가 치료와는 별개의 관계를 맺을 때 발생한다.

이중관계의 몇 가지 예는 다음과 같다.

(i) 내담자와 긴밀한 개인적 관계를 맺는 경우

(ii) 내담자와의 성적 친밀감

(iii) 내담자로부터 돈을 빌리는 행위

(iv) 내담자를 고용하는 행위

(v) 내담자와 사업 벤처에 참여하는 행위

12.2 회원은 치료가 종결된 후 내담자와의 관계가 착취적이지 않도록 해야 한다.

12.3 학생의 슈퍼바이저, 교육 강사 또는 개인 교사인 회원은 전문적 관계가 종료된 후 적어도 2년 동안 해당 학생과 이중적인 개인 관계를 맺어서는 안 된다.

12.4 치료적 관계를 시작할 때, 회원은 내담자 또는 내담자의 부모, 법적 후견인 또는 보호자와의 명확한 계약에 동의해야 한다. 계약서에는 치료의 예상 시작일, 대략적인 치료 기간, 합의된 세션 빈도, 치료 관계의 경계(예: 비밀보장의 한계)가 명시되어야 한다.

13. 치료 환경

13.1 회원은 개인 정보와 비밀보장을 하고 다음과 같은 미술치료 서비스를 제공할 수 있는 안전하고 기능적인 장소를 제공하는 환경에서 내담자를 대해야 한다.

(i) 적절한 난방 및 환기

(ii) 적절한 조명

(iii) 물을 공급할 수 있는 환경

(iv) 관련 보건 안전 기준에 부합하는 가구

(v) 미술 재료의 위험이나 독성에 대한 지식 및 내담자의 건강을 보호하기 위하여 필요한 노력

(vi) 내담자의 작품을 보관할 수 있는 공간

14. 기록

14.1 회원은 치료를 위한 내담자의 출석을 기록해야 한다. 미술치료 세션에서 만들어진 자료에는 이름, 날짜가 기록되어야 하고, 이상적으로는 치료 관계 전반에 걸쳐 안전하게 보관되어야 한다. 일반적으로 내담자의 미술표현은 치료적 관계 안에서 관리되어야 하며, 그러한 미술작품의 폐기에 대해서는 내담자와 협의해야 한다. 미술치료사는 내담자들에게 미술작품을 치료 기간 동안 치료 공간 내에 보관하라고 조언할 수 있다. 하지만 미술작품을 집으로 가져가겠다는 내담자의 요청도 작품을 대중에게 공개하고 싶다는 요청과 마찬가지로 개별적으로 고려해야 한다. 궁극적으로 작품의 소유권은 내담자에게 있으며 이는 작품을 사용하거나 폐기할 때에도 마찬가지로 적용된다. 작품을 보관할 수 있는 공간이 부족하다면, 사진 촬영, 디지털 또는 비디오 녹화 이미지를 내담자의 실제 미술작품을 대체하는 기록물로 사용할 수 있다.

14.2 회원은 서면 또는 컴퓨터로 작성된 내담자 치료 기록 보유와 관련하여 고용주가 정한 정책 지침을 준수해야 한다.

15. 내담자 미술작품의 복제 및 전시

15.1 회원은 내담자의 작업 결과를 공개하거나 사용하기 전에 늘 동의를 얻으려고 노력해야 한다. 비록 일반 대중을 대상으로 출판 또는 전시회를 하는 것과, 동료 전문가들로만 구성된 제한된 청중을 대상으로 출판이나 전시회를 하는 것은 때로 구별되어야 하지만, BAAT는 최대한 미술치료사가 내담자나 그들의 법적 보호자에게 사적인 자료를 특정한 의도로 사용하려고 하는 것을 알리고, 그들의 동의를 얻을 것을 권고한다.

15.2 미술치료 세션에서 이루어진 대화, 그림, 글 등을 연구, 교육, 출판이나 전시 목적으로 이용하고자 하는 회원은 다음의 절차를 수행해야 한다.

(i) 치료를 시작하기 전에 가능한 경우, 내담자 또는 내담자의 법적 후견인 또는 보호자의 서면 동의를 구해야 한다.

(ii) 내담자, 법적 후견인 또는 보호자에게 자료가 어떻게 사용될지에 대해 명

확하게 알려야 한다.

(iii) 가능할 때마다, 앞서 언급된 절차에 대해 내담자의 의견을 묻고, 절차에 대한 피드백 또는 참여를 구한다.

15.3 회원은 내담자나 내담자의 미술작품이 공개 전시 및 전시를 목적으로 촬영, 디지털 녹음, 비디오 녹화, 오디오 녹음으로 복제하기 전에 가능하다면 내담자, 법적 후견인 또는 보호자로부터 서면 동의를 받아야 한다.

15.4 슈퍼비전에 사용되는 경우를 제외하고, 미술치료 세션에서 발췌한 구두 대화, 그림 또는 그림의 발췌나 글의 인용은 내담자의 특정한 허가 없이 사용되어서는 안 된다.

15.5 회원은 치료 관계에서 만들어진 미술적 표현들을 판매해서 금전적 이익을 얻으려고 해서는 안 된다.

16. 학생 및 슈퍼바이지에 대한 책임

16.1 교사, 슈퍼바이저, 연구원 회원은 정확한 정보를 제공해야 하며, 지속적인 교육을 통해 높은 학문적 수준을 유지해야 한다.

16.2 학생이나 다른 회원과의 슈퍼바이저 관계에 있는 회원은 그들과 공식적인 치료 관계를 맺어서는 안 된다.

16.3 슈퍼바이저로 활동하는 회원들은 슈퍼비전 기법의 질을 유지할 책임이 있으며, 적절한 상황에서 슈퍼바이저로서의 업무에 대한 자문이나 슈퍼비전을 받아야 한다.

17. 연구 거버넌스

17.1 고용기관, 예를 들어 대학이나 국가의료보건서비스(NHS Trust)에서 규정한 바와 같이, 연구 거버넌스는 임상 거버넌스(Clinical Governance)의 일부다. 그렇기 때문에 이와 동일한 윤리 원칙, 프로토콜 및 프로세스가 연구하는 모든 미술치료사에게 적용된다.

17.2 연구 미술치료사(Research art therapists)는 연구 참여자의 존엄성을 존중하고

복지를 보호해야 한다.

17.3 연구 미술치료사는 자신의 상황에 맞는 연구나 출판의 결과물에 해당하는 법률, 규정, 윤리 및 전문적 기준을 따라야 하며, 미술치료사의 고용주나 학술 단체의 규정 또한 준수해야 합니다.

17.4 조사과정에서 연구 참여자에 대해 학생/임상의가 입수한 정보는 비밀리에 보유하거나 저장해야 하며, 개인 식별 정보는 조사 결과를 제출하거나 발표하기 전에 익명으로 처리해야 한다.

18. 직업에 대한 책임

18.1 회원은 동료 전문가들의 권리와 책임을 존중해야 한다.

18.2 회원은 공공의 이익에 부합하는 미술치료 분야와 관련된 법률과 규정을 개발하거나 변경하는 데 도움을 주고 참여해야 한다.

19. 비용 합의

19.1 제공된 서비스 및 요금과 관련하여 내담자, 제3자 배상 및 슈퍼바이지에게 사실을 솔직히 제시해야 한다.

19.2 사설 치료를 진행하는 회원은 전문적인 치료와 부합되면서 명확하고 쉽게 이해되고 승인된 재정적 계약을 내담자, 그의 대리인, 슈퍼바이지와 체결해야 한다.

19.3 회원은 추천에 대한 대가를 주고받으면 안 된다.

19.4 사설 치료를 하는 회원은 서비스 시작 시 수수료를 공개해야 하며 수수료의 변경에 대해 합당한 고지를 해야 한다.

20. 광고

20.1 회원은 대중이 전문 서비스와 관련하여 정보에 입각한 선택을 할 수 있도록 적절한 정보 활동에 참여해야 한다.

20.2 회원은 자신의 전문적 역량, 교육, 훈련, 경험을 정확하게 표현해야 한다.

20.3 회원들은 전화번호부, 명함, 신문, 라디오, 텔레비전 또는 전자매체를 통한 모든 광고와 출판물이 서비스에 대해 전달하는 바가 정확한지를 확인하여 내담자가 치료에 대해 정보에 입각한 결정을 내릴 수 있도록 해야 한다.

20.4 회원은 자신의 정체성이나 지위에 대해 대중을 오도할 가능성이 있는 설명을 사용해서는 안 되며, 미술치료사가 기관의 파트너나 제휴자일 때에만 자신을 그렇게 표현한다.

20.5 회원은 거짓, 사기, 오해의 소지가 있거나 기만적인 진술이나 주장이 포함된 경우 전문가 증명서(명함, 사무실 간판, 편지 머리말, 인터넷 웹사이트 또는 전화 또는 전화번호 목록 등)를 사용하여서는 안 된다.

다음은 허위, 사기, 오해의 소지가 있거나 기만적인 진술이다.

(i) 진술이 오해의 소지가 없도록 하는 데 필요한 중요한 사실을 진술하지 않은 경우

(ii) 부당한 기대를 창출하기 위한 것이거나 또는 그 가능성이 있는 경우

(iii) 사실에 대한 실질적인 허위 진술이 포함된 경우

20.6 회원은 가능한 한 타인이 회원의 자격, 서비스와 관련된 정보를 사실이 아니거나, 오해의 소지가 있거나, 부정확하게 표현할 때, 가능한 언제든지 이를 정정한다.

20.7 회원은 고용된 사람의 자격을 거짓, 오해의 소지가 있거나 기만적이지 않은 방식으로 표현하도록 해야 한다.

20.8 회원은 해당 전문 분야에서 실습할 수 있는 추가 교육, 훈련 또는 경험을 수행한 경우에만 자신을 특정 미술치료 영역의 전문가로 표현해야 한다.

20.9 개인적으로 활동하는 회원은 자신의 서비스를 광고할 수 있다. 그러나 광고는 이름, 주소, 자격 및 제공되는 치료 유형에 대한 설명으로 제한되어야 하며 해당 문구는 평가적이지 않고 설명적이어야 한다.

20.10 회원은 치료 서비스를 홍보할 때 상업적 기준보다는 전문가적 기준을 준수해야 한다. 관련된 전문가와 관련 기관에 자신의 행위를 알려야 하며, 품위와 재량으로 전문 분야에 대한 대중의 인식과 이해를 높이고 촉진해야 한다.

20.11 회원은 로고를 사용할 때 BAAT의 지침을 준수해야 하며 모든 문서 및 광고

에 BAAT 회사 로고가 아닌 계열사 전체 BAAT 회원 로고만 사용해야 한다. 또한 HCPC 로고의 사용과 관련하여 HCPC 지침을 따라야 한다.

21. 서비스 종결

21.1 치료를 종결할 때, 회원은 치료에 대한 내담자의 반응 기록과 향후 치료를 위한 권고사항을 포함하는 퇴원/전원(transfer) 요약서 작성을 고려해야 한다.

21.2 가능한 경우, 회원은 내담자와 합의하고 계획된 방식으로 미술치료 서비스를 종료해야 하며, 치료가 더 이상 도움이 되거나 적절하지 않을 때 그렇게 해야 한다. 내담자와 치료의 종료에 대해 논의할 수 없을 때, 부모, 후견인, 보호자 또는 사례관리자와 같은 내담자와 가까운 다른 사람들이 이상적으로 참여해야 한다.

22. 상담 건수

22.1 회원은 상황이 바뀌면서 직장에서 점점 더 많은 도전에 직면하게 될 것이지만, 가능한 한 자신의 고용 목적, 현지 상황, 그리고 안전한 관행에 기초하여 자신들의 상담 건수에 대해 협상해야 한다.

22.2 회원은 준비, 기록 보관, 관리, 임상 및 관리 감독, 회의 및 치료 사례 콘퍼런스를 위해 사용해야 할 적절한 시간을 협상해야 한다.

23. 사설 치료

23.1 회원은 2018년 「일반 데이터 보호법(General Data Protection)」을 준수해야 한다. 가정용 컴퓨터로 내담자에 대한 정보를 보유하려는 사설 치료를 하는 회원들은 관련 국가 데이터 보호국(현재 Information Commissioners Office: ICO)에 등록할 것을 권고한다.

23.2 BAAT 인증 사설 치료사 목록에 등재되기를 원하는 회원은 다음을 수행해야 한다.

(i) 자격 획득 후 2년간의 풀타임 임상 또는 슈퍼비전 감독하에 파트타임 4년 또는 이와 동등한 시간의 임상을 완수한다.

(ii) 사설 치료(private practice: PP) 자격 신청서를 협회 회원 그룹에 제출한다.

23.3 사설 치료를 하는 회원은 훈련의 한계 내에서 치료를 제한해야 한다. 회원은 자신이 보유하고 있는 자격 이상의 전문적인 자격을 주장하거나 암시해서는 안 되며, 해당 자격에 대한 허위 진술을 피하고 수정할 책임이 있다.

23.4 사설 치료를 하는 회원은 필요하다면 내담자의 의료 복지를 담당하는 일반 임상가, 파트너, 보호자 또는 가까운 친척에게 연락할 수 있도록 내담자의 허락을 받아야 한다. 내담자가 허락하지 않는 경우, 이를 내담자 기록에 구체적으로 명시하고 사안별로 내담자의 치료를 수락할지 여부를 결정해야 한다.

23.5 사설 치료를 하는 회원은 자신이 치료를 할 수 없거나 사망 시, 내담자에게 그 사실을 알리기 위한 생전 유언장(living will)을 작성했는지 확인해야 한다.

23.6 사설 치료를 하는 회원은 적절한 전문 보상 보험을 가지고 있어야 하며 필요한 경우 공공 책임 보험도 준비해야 한다.

24. 사설 치료 안에서의 의뢰와 접수

24.1 사설 치료를 하는 회원은 내담자가 접수할 때 다음을 설명해야 한다.

(i) 수수료

(ii) 지불 방법

(iii) 세션 시간

(iv) 공휴일 통지

(v) 취소 통지

(vi) 경계

(vii) 비밀보장의 한계와 관련된 정보

(viii) 미성년자에 대한 침해나 폭력적인 위험을 다른 사람에게 보고하는 치료사로서의 의무

25. 사설 치료에서의 치료 및 계획

25.1 사설 치료를 하는 회원은 다음과 같은 미술치료 계획을 세워야 한다.

　(i) 내담자가 최적 수준의 기능과 삶의 질을 달성하고 유지할 수 있도록 노력한다.

　(ii) 미술치료의 유형, 빈도 및 기간을 기술한다.

　(iii) 가능한 경우, 내담자의 이해와 허락을 받고 내담자의 현재 요구와 강점을 반영하는 목표를 설정한다.

　(iv) 계획의 검토, 수정 및 개정을 허용한다.

참고문헌

Agell, G., Goodman, R., & Williams, K. (1995). The professional relationship: Ethics. *American Journal of Art Therapy, 33,* 99-109.

Ahia, C. E., & Martin, D. (1993). *The danger-to-self-or-others exception to confidentiality.* Alexandria, VA: ACA Legal Series, 8.

Albert, R. (2010). Being both: an integrated model of art therapy and alternative art education. *Art Therapy: Journal of the American Art Therapy Association, 27*(2), 90-95.

Alders, A., Beck, L. Allen, P. B., & Mosinski, B. (2011). Technology in art therapy: Ethical challenges. *Art Therapy: Journal of the American Art Therapy Association, 28*(4), 165-170.

Allen, P. (1995). *Art is a way of knowing.* Boston, MA: Shambhala.

Allen, P. (1992). Artist in residence: An alternative to "clinification" for art therapists. *Art Therapy: Journal of the American Art Therapy Association, 9*(1), 22-29.

Allen, P. (1992). Guidelines for getting started in research. In H. Wadeson (Ed.), *A guide to conducting art therapy research.* Mundelein, IL: The American Art Therapy Association, Inc.

Altea, Cherie. [@thejarofsalt]. (2019, March 15). Illustration of the quote, "I make art not because I want to, but because I have to." Retrieved from https: //www.instagram.com/p/BvB4g7DHlzh/?utm_source=ig_web_copy_link

American Art Therapy Association. (2013). *Ethical principles for art therapists.* Alexandria, VA: American Art Therapy Association, Inc.

American Art Therapy Association. (2003). *Ethical principles for art therapists.* Alexandria, VA: American Art Therapy Association, Inc.

American Art Therapy Association. (1997). *Ethical standards for art therapists.* Mundelein, IL: The American Art Therapy Association, Inc.

American Art Therapy Association. (2015). *Art therapy multicultural/diversity competencies.* Alexandria, VA: American Art Therapy Association, Inc.

American Counseling Association. (2014). *Code of ethics and standards of practice.* Alexandria, VA: Author.

American Association for Marriage and Family Therapy. (2012). *AAMFT code of ethics.* Washington, DC: Author.

American Music Therapy Association. (2013). *AMTA code of ethics.* Silver Spring, MD: Author.

American Psychological Association. (2010). *Ethical principles of psychologists and code of conduct.* Washington, DC: Author.

American Psychological Association. (2010). *Publication manual of the American Psychological Association* (6th ed.). Washington, DC: Author.

Anderson, F. E. (1983). A critical analysis of a review of the published research in literature in arts for the handicapped: 1971-1981, with special attention to the visual arts. *Art Therapy: Journal of the American Art Therapy Association, 1*(1), 26-39.

Art Therapy Credentials Board. (2005). *Code of professional practice.* Greensboro, NC: Author.

Art Therapy Credentials Board. (2011). *Code of professional practice.* Greensboro, NC: Author.

Art Therapy Credentials Board. (2019). *Ethics, Conduct, and Disciplinary Procedures.* Greensboro, NC: Author.

Austin, V. (1976). Let's bring art back into art therapy. In R. H. Shoemaker & S. Gonick-Barris (Eds.), *Creativity and the art therapist's identity: Proceedings of the seventh annual conference of the American Art Therapy Association,* 28-29.

Awais, Y. J., & Yali, A. M. (2015). Efforts in increasing racial and ethnic diversity in the field of art therapy. *Art Therapy: Journal of the American Art Therapy Association, 32*(3), 112-119.

Belkofer, C. M., & McNutt, J. V. (2011). Understanding social media culture and its ethical challenges for art therapists. *Art Therapy: Journal of the American Art Therapy Association, 28*(4), 159-164.

Bennett, B. E., Bryant, B. K., VandenBos, G. R., & Greenwood, A. (1990). *Professional liability and risk management.* Washington, DC: American Psycho-logical Association.

Bonhoeffer, D. (1961). *Church dogmatics*, Vol. III, Bk 4. Edinburgh: T. & T. Clark.

Borum, J. (1993). Term warfare. *Raw Vision 8*, 24-31. New York, NY: Raw Vision.

Boszormenyi-Nagy, I., & Krasner, B. (1986). *Between give and take: A clinical guide to contextual therapy.* New York, NY: Brunner Mazel.

Bratton, S., Landreth, G., & Homeyer, L. (1993). An intensive three-day play therapy supervision/training model. *International Journal of Play Therapy, 2*(2), 61-79.

Braverman, J. (1995). Retention of treatment records under the new AATA ethical standards. *American Art Therapy Association Newsletter, XXVII*(1), 15.

Campbell, J. (1968). *Creative mythology: The masks of God.* New York, NY: Penguin.

Carrigan, J. (1993). Ethical considerations in a supervisory relationship. *Art Therapy: Journal of the American Art Therapy Association, 10*(3), 130-135.

Casado, M. (1980). *In search of the meaning and duty of modern art.* Unpublished manuscript. University of Kansas, Department of History, Lawrence, KS.

Cattaneo, M. (1994). Addressing culture and values in the training of art therapists. *Art Therapy: Journal of the American Art Therapy Association, 11*, 184-186.

Champernowne, H. (1971). Art and therapy: An uneasy partnership. *American Journal of Art Therapy, 10*(3), 142.

Cieslak, R., Shoji, K., Douglas, A., Melville, E., Luszczynska, A., & Benight, C. C. (2013). A meta-analysis of the relationship between job burnout and secondary traumatic stress among workers with indirect exposure to trauma. *Psychological Services, 11*(1), 75-86.

Cohen-Liebman, M. S. (1994). The art therapist as expert witness in child sexual abuse litigation. *Art Therapy: Journal of the American Art Therapy Association, 11*(4), 260-265.

Cohen, F., Ault, R., Jones, D., Levick, M., & Ulman, E. (1980). The founding of the American Art Therapy Association: Living history of the original ad hoc committee members. In L. Gannt & S. Whitman (Eds.), *The fine art of therapy: Proceedings of the eleventh annual conference of the American Art Therapy Association*, 115-118.

Cohen, B., Hammer, J., & Singer, S. (1988). The diagnostic drawing series: A systematic approach to art therapy evaluation and research. *The Arts in Psychotherapy, 15*(1), 11-21.

Cohen, B., Mills, A., & Kijak, A. (1994). An introduction to the DDS: A standardized tool for diagnostic and clinical use. *Art Therapy: The Journal of the American Art Therapy Association, 11*(2) 105-110.

Corey, G., Corey, M., Corey, C., & Callanan, P. (2014). *Issues and ethics in the helping professions* (9th ed.). Pacific Grove, CA: Brooks/Cole.

Cox, C. (1995). Letter to the editor. *Art Therapy: Journal of the American Art Therapy Association, 12*, 157.

Das, A. K. (1995). Rethinking multicultural counseling: Implications for counselor education. *Journal of Counseling and Development, 74*, 45-52.

Dissanayake, E. (1988). *What is art for?* Seattle, WA: University of Washington Press.

Drachnik, C. (1994). The tongue as a graphic symbol of sexual abuse. *American Journal of Art Therapy, 11*, 58-61.

Everett, J., Miehls, D., DuBois, C., & Garran, A. (2011). The developmental model of supervision as reflected in the experiences of field supervisors and graduate students. *Journal of Teaching in Social Work, 31*(3), 250-264.

Farber, B. (1983). *Stress and burnout in the human service professions.* New York, NY: Pergamon Press.

Feder, E., & Feder, B. (1981). *The expressive arts therapies.* New York, NY: Prentice-Hall, Inc.

Feen-Calligan, H., & Sands-Goldstein, M. (1996). A picture of our beginnings: The artwork of art therapy pioneers. *American Journal of Art Therapy, 35*, 43-53.

Figley, C. (2001). Compassion fatigue as secondary traumatic stress: An overview. In C. Figley (Ed.), *Compassion fatigue: Coping with secondary traumatic stress disorder* (2nd ed., pp. 1-20). New York, NY: Bruner/Mazel.

Figley, C. (2002). Compassion fatigue: Psychotherapists' chronic lack of self-care. *Journal of Clinical Psychology/In Session, 58*, 1433-1441.

Fish, B. (2008). Formative evaluation research of art-based supervision in art therapy training. *Art Therapy: Journal of the American Art Therapy Association, 25*(2), 70-76.

Fletcher, J. (1966). *Situation ethics.* Philadelphia, PA: Westminster Press.

Frankena, W. (1983). *Ethics.* New York, NY: Prentice Hall.

Franklin, M., & Politsky, R. (1992). The problem of interpretation: Implications and strategies for the field of art therapy. *The Arts in Psychotherapy, 19*(3), 163-175.

Frostig, K. E. (1997). A review: Organizing exhibitions of art by people with mental illness: A step-by-step manual. *Art Therapy: Journal of the American Art Therapy Association, 14*(2), 131-132.

Gablik, S. (1984). *Has modernism failed?* New York, NY: Thames and Hudson.

Gantt, L. (1986). Systematic investigation of art works: Some research models drawn from neighboring fields. *American Journal of Art Therapy, 24,* 111-118.

Gardner, H. (1994). *The arts and human development: A psychological study of the artistic process.* New York, NY: Harper & Row.

Gardner, H. (1983). *Frames of mind: The theory of multiple intelligences.* New York, NY: Basic Books.

Gipson, L. (2015). Is cultural competence enough? Deepening social justice pedagogy in art therapy. *Art Therapy: Journal of the American Art Therapy Association, 32*(3), 142-154.

Good, D. (1999). Letter from the president. *American Art Therapy Association Newsletter,* Vol. XXXII, (1) 3.

Gorelick, K. (1989). Rapprochement between the arts and psychotherapies: Metaphor the mediator. *The Arts in Psychotherapy, 16*(3), 149-55.

Gussow, A. (1971). A sense of place. San Francisco, CA: Friends of the Earth.

Guthiel, T., & Gabbard, G. (1993). The concept of boundaries in clinical practice: Theoretical and risk-management dimensions. *American Journal of Psychiatry, 150,* 188-196.

Haeseler, M. (1989). Should art therapists create artwork alongside their clients? *The American Journal of Art Therapy, 27,* 70-79.

Hall, L. (1996). Bartering: A payment methodology whose time has come again or an unethical practice? *Family Therapy News, 27,* 7, 19.

Henley, D. (1999). Facilitating socialization within a therapeutic camp setting for children with attention deficits utilizing the expressive therapies. *American Journal of Art Therapy, 38,* 40-50.

Henley, D. (1997). Expressive arts therapy as alternative education: Devising a therapeutic curriculum. *Art Therapy: The Journal of the American Art Therapy Association, 14*(1), 15-22.

Henley, D. (1987). Art assessment with the handicapped: Clinical, aesthetic, and ethical considerations. *Art Therapy: The Journal of the American Art Therapy Association, 4*(2), 65.

Hinz, L. (2009). *Expressive therapies continuum: A framework for using art in therapy.* New York, NY: Routledge.

Hinz, L. (2018). *Beyond self-care for helping professionals: The expressive therapies continuum and the life enrichment model.* New York, NY: Routledge.

Hiscox, A., & Calish, A. (Eds.). (1998). *Tapestry of cultural issues in art therapy.* Bristol, PA: Jessica Kingsley.

Hocoy, D. (2005). Art therapy and social action: A transpersonal framework. *Art Therapy: Journal of the American Art Therapy Association, 22*(1), 7–16.

Holman, S., & Freed, P. (1987). Learning social work practice: A taxonomy. *The Clinical Supervisor, 5*(1), 3–21.

Hong, Y-Y., Morris, M. M., Chiu, C., & Benet-Martínez, V. (2000). Multicultural minds: A dynamic constructivist approach to culture and cognition. *American Psychologist, 55*(7), 709–720.

Horovitz, E. (1987). Diagnosis and assessment: Impact on art therapy. *Art Therapy: The Journal of the American Art Therapy Association, 4*(3), 127–137.

Ivey, A. E. (1990). *Developmental strategies for helpers: Individual, family, and network interventions.* Pacific Grove, CA: Brooks/Cole.

Ivey, A., Ivey, M., & Zallequett, C. (2010). *Intentional interviewing and counseling: Facilitating client development in a multicultural society.* Belmont, CA: Brooks/Cole.

Johnson, W. B., Elman, N. S., Forrest, I., Robiner, W. N., Rodolfa, E., & Schaffer, J. B. (2008). Addressing professional competence problems in trainees: Some ethical considerations. *Professional Psychology: Research and Practice, 39*(6), 589–599.

Jones, D. (1999). Exploring the dynamics of why art therapists must make art. *Proceedings of the 1999 Annual AATA Conference: Frameworks: A sense of place* (p. 164). Orlando, FL: AATA.

Jourard, S. (1964). *The transparent self.* Princeton, NJ: Van Nostrand.

Junge, M. (1989). The heart of the matter. *The Arts in Psychotherapy, 16,* 77–78.

Kapitan, L. (2014). The world we share: Four challenges worthy of art therapists' attention. *Art Therapy: Journal of the American Art Therapy Association, 31*(3), 100–101.

Kapitan, L. (2015). Social action in practice: Shifting the ethnocentric lens in crosscultural art therapy encounters. *Art Therapy: Journal of the American Art Therapy Association, 32*(3), 104–111.

Kapitan, L. (2017). *Introduction to art therapy research* (2nd ed.). New York, NY: Routledge.

Knapp, N. (1992a). Historical overview of art therapy research. In H. Wadeson (Ed.), *A guide to conducting art therapy research.* Mundelein, IL: The American Art Therapy Association, Inc.

Knapp, N. (1992b). Ethics in research with human subjects. In H. Wadeson (Ed.), *A guide to conducting art therapy research.* Mundelein, IL: The American Art Therapy Association, Inc.

Kopp, S. (1972). *If you meet the buddha on the road, kill him.* New York, NY: Bantam Books.

Kramer, S. A. (1990). *Positive endings in psychotherapy: Bringing meaningful closure to therapeutic relationships.* San Francisco, CA: Jossey-Bass.

Lachman-Chapin, M. (1983). The artist as clinician: An interactive technique in art therapy. *American Journal of Art Therapy, 23,* 13-25.

Lee, C. C. (2013). The cross-cultural encounter: Meeting the challenge of culturally competent counseling. In C. C. Lee (Ed.), *Multicultural issues in counseling: New approaches to diversity* (4th ed., pp. 13-19). Alexandria, VA: American Counseling Association.

Leedy, P. (1997). *Practical research: Planning and design* (3rd ed.). Upper Saddle River, NJ: Prentice-Hall.

Levick, M., Safran, & Levine. (1990). Art therapists as expert witness. *The Arts in Psychotherapy, 17*(1), 49-53.

Lindberg, B. (1999). Report from the legislative consultant. *AATA Newsletter,* Vol. XXXII, (1).

Linesch, D. (1992). Research approaches within master's level art therapy training programs. *Art Therapy: The Journal of the American Art Therapy Association, 9*(3), 129-134.

Linesch, D. (1988). *Adolescent art therapy.* New York, NY: Brunner Mazel.

Lusebrink, V. (1990). *Imagery and visual expression in therapy.* New York, NY: Plenum Press.

Lusebrink, V. (2010). Assessment and therapeutic applications of the Expressive Therapies Continuum: Implications for structures and brain functions. *Art Therapy: Journal of the American Art Therapy Association, 27*(4), 168-177.

MacGregor, J. (1989). *The discovery of the art of the insane.* Princeton, NJ: Princeton University Press.

Malchiodi, C. A. (2009). A Facebook fan page for your professional practice? [Blog post]. Retrieved from http://www.psychologytoday.com/blog/the-healing-arts /200907/ facebook-fan-page-your-private-practice

Malchiodi, C., & Riley, S. (1996). *Supervision and related issues: A handbook for professionals.* Chicago, IL: Magnolia Street.

Malchiodi, C. (1995a). Does a lack of research hold us back? *Art Therapy: Journal of the American Art Therapy Association, 12*(4), 218-219.

Malchiodi, C. (1995b). Editorial. *Art Therapy: Journal of the American Art Therapy Association, 12*(1), 2.

Malchiodi, C. (1994). Introduction to special issue on ethics and professional issues: Professional courtesy. *Art Therapy: The Journal of the American Art Therapy Association, 11*(4), 242-243.

Malchiodi, C. (1992). Writing about art therapy professional publications. *Art Therapy: The Journal of the American Art Therapy Association, 9*(2).

Malchiodi, C., Cutcher, D., & Belkofer, K. (2018). Ethics, digital technology and social media. In C. Machiodi (Ed.), *The handbook of art therapy and digital technology.* London, ENG: Jessica Kingsley.

Markaki, A. (2014). Understanding and protecting against compassion fatigue. In S. Shea, R. Wynard, and C. Lionis (Eds.), *Providing compassionate healthcare: Challenges in policy and practice* (pp. 214-229). London, ENG: Routledge.

Marton, J. (2002). *Journey of hope: Artwork from the living museum.* New York, NY: Todd Street Productions.

McCann, I., & Pearlman, L. (1990). Vicarious traumatization: A framework for understanding the psychological effects of working with victims. *Journal of Traumatic Stress, 3,* 131-149.

McCarthy, C. (1994). *The crossing.* New York, NY: Alfred Knopf.

McCathy, P., Sugden, S., Koker, M., Lamendola, F., Mauer, S., & Renninger, S. (1995). A practical guide to informed consent in clinical supervision. *Counselor Education and Supervision, 35,* 130-138.

McIntosh, P. (2002). White privilege: Unpacking the invisible knapsack. In P. S. Rothenberg (Ed.), *White Privilege* (pp. 97-101). New York, NY: Worth.

McNiff, S. (2013). *Art as research: Opportunities and challenges.* Chicago, IL: Intellect.

McNiff, S. (2011). Artistic expression as primary modes of inquiry. *British Journal of Guidance and Counseling, 39*(5), 385-396.

McNiff, S. (1998). *Art-based research.* Philadelphia, PA: Jessica Kingsley.

McNiff, S. (1998). *Trust the process.* Boston, MA: Shambhala.

McNiff, S. (1992). *Art as medicine: Creating a therapy of the imagination.* Boston, MA: Shambhala.

McNiff, S. (1991). Ethics and the autonomy of images. *The Arts in Psychotherapy, 18*(4), 277-283.

McNiff, S. (1989). *Depth psychology of art.* Springfield, IL: Charles C Thomas.

McNiff, S. (1987). Research and scholarship in the creative arts therapies. *The Arts in Psychotherapy, 14*(4), 285-292.

McNiff, S. (1986). Freedom of research and artistic inquiry. *The Arts in Psychotherapy, 13*(4), 279-284.

McNiff, S. (1984). Cross-cultural psychotherapy and art. *Art Therapy: Journal of the American Art Therapy Association, 1*(3), 125-130.

McNiff, S. (1982). Working with everything we have. *American Journal of Art Therapy, 21*, 122-123.

Miller, A. (2012). Inspired by El Duende: One-canvas process painting in art therapy supervision. *Art Therapy: Journal of the American Art Therapy Association, 29*(4), 166-173.

Miller, G. (2018). *The art therapists guide to social media: Connection, community, and creativity.* New York, NY: Routledge.

Mills, A., Humber, N., Rhyne, J., & Vernon, W. (1993). A continuing dialogue on non-art therapists doing art therapy. *Proceedings of the American Art Therapy Association, 24th Annual Conference.* Mundelein, IL: The American Art Therapy Association, Inc.

Mills, A., Dougherty, M., Humber, N., Rubin, J., & Schoenholtz, R. (1992). A compassionate discourse: On non-art therapists doing art therapy. *Proceedings of the American Art Therapy Association, 23rd Annual Conference.* Mundelein, IL: The American Art Therapy Association, Inc.

Moon, B. (2012). *The dynamics of art as therapy with adolescents* (2nd ed.). Springfield, IL: Charles C Thomas.

Moon, B. (2009). *Existential art therapy: The canvas mirror* (3rd ed.). Springfield, IL: Charles C Thomas.

Moon, B. (2008). *Introduction to art therapy: Faith in the product* (2nd ed.). Springfield, IL: Charles C Thomas.

Moon, B. (2004). *Art and soul: Reflections on an artistic psychology* (2nd ed.). Springfield, IL: Charles C Thomas.

Moon, B. (2003). *Essentials of art therapy education and practice* (2nd ed.). Springfield, IL: Charles C Thomas.

Moon, B. (1997a). *The gate is not burning. Proceedings of the 28th Annual Conference of the American Art Therapy Association.* Milwaukee, WI: The American Art Therapy Association, Inc.

Moon, B. (1997b). *Welcome to the studio: The role of responsive art making in art therapy.* Unpublished Dissertation. Cincinnatti, OH: The Union Institute.

Moon, C. H. (2002). *Studio art therapy: Cultivating the artist identity in art therapy.* Philadelphia, PA: Jessica Kingsley.

Moon, C. H. (1994). What's left behind: The place of the art product in art therapy. *Proceedings of the 25th Annual Conference of the American Art Therapy Association.* Mundelein, IL: Author.

Moreno, H. P., & Wadeson, H. (1986). Art therapy for acculturation problems of Hispanic clients. *Art Therapy: Journal of the American Art Therapy Association, 3*(3).

Moustakas, C. (1995). *Being-in, being-for, being with.* New York, NY: Jason Aronson.

Nash, R. (1957). *The rainmaker.* New York, NY: Bantam Books.

National Association of Social Workers. (2008). *Code of ethics.* Washington, DC: Author.

Nessan, C. (1998). Confidentiality: Sacred trust and ethical quagmire. *The Journal of Pastoral Care, 52*(4), 349-357.

Neufeldt, V. (Ed.). (1988). *Webster's new world dictionary* (3rd ed.). New York, NY: Simon & Schuster.

Neustadt, L. (1995). Letter to the editor. *Art Therapy: Journal of the American Art Therapy Association, 12*(1).

Newman, J., & Lovell, M. (1993). Supervision: A description of a supervisory group for group counselors. *Counselor Education and Supervision, 33*(1), 22-31.

Pearlman, L., & Mac Ian, P. (1995). Vicarious traumatization: An empirical study of the effects of trauma work on trauma therapists. *Professional Psychology: Research and Practice, 26*(6), 558-565.

Peck, M. S. (1978). *The road less traveled.* New York, NY: Simon and Schuster.

Pedersen, P. (1991). Multiculturalism as a generic approach to counseling. *Journal of Counseling and Development, 70,* 6-12.

Pope, K. S., & Vasquez, M. J. T. (1991). *Ethics in psychotherapy and counseling: A practical guide for psychologists.* San Francisco, CA: Jossey-Bass.

Potash, J., Doby-Copeland, C., Stepney, S., Washington, B., Vance, L., Short, G., Boston, C., & ter Maat, M. (2015). Advancing multicultural and diversity competence in art therapy: American Art Therapy Association Multicultural Committee 1990-2015. *Art Therapy: Journal of the American Art Therapy Association, 32*(3), 146-150.

Prinzhorn, H. (1922). *Artistry of the mentally ill.* New York, NY: Springer-Verlag.

Rice, J. (2009). *The church of Facebook: How the hyperconnected are redefining community.* Colorado Springs, CO: David C. Cook.

Richards, M. C. (1962). *Centering in pottery, poetry, and the person.* Middletown, CT: Wesleyan University Press.

Riley-Hiscox, A. (1999). Critical multiculturalism: A response to "questioning multi culturalism." *Art Therapy: Journal of the American Art Therapy Association, 16*(3), 145-149.

Rinsley, D. (1983). *Treatment of the severely disturbed adolescent.* New York, NY: Jason Aronson.

Robbins, A. (1988). A psychoaesthetic perspective on creative arts therapy and training. *The Arts in Psychotherapy, 15*, 95-100.

Robbins, A. (1982). Integrating the art therapist identity. *The Arts in Psychotherapy, 9*, 1-9.

Rogers, C. (1965). *Client-centered therapy.* Boston, MA: Houghton Mifflin.

Rosal, M. (1998). Research thoughts: Learning from the literature and from experience. *Art Therapy: Journal of the American Art Therapy Association, 15*(1), 47-50.

Rosal, M. (1989). Master's papers in art therapy: Narrative or research case studies? *The Arts in Psychotherapy, 16*(2), 71-75.

Rosenburg, H., Ault, R., Free, K., Gilbert, J., Joseph, C., Landgarten, H., & McNiff, S. (1983). Visual dialogues: The artist as art therapist, the art therapist as artist. *Proceedings of the 1982 Annual AATA Conference. Art Therapy: Still Growing* (pp. 124-125). Baltimore, MD: The American Art Therapy Association, Inc.

Rubin, J. (1998). *Art therapy: An introduction.* New York, NY: Brunner/Mazel.

Rubin, J. (1986). From psychopathology to psychotherapy through art expression: A focus on Hanz Prinzhorn and others. *Art Therapy: Journal of the American Art Therapy Association, 3*(1), 27-33.

Rubin, J. (1984). *The art of art therapy.* New York, NY: Brunner/Mazel.

Saari, C. (1989). The process of learning in clinical social work. *Smith College Studies in Social Work, 60*, 35-49.

Sartre, J. P. (1947). *Existentialism.* Translation by B. Frechtman. New York, NY: Philosophical Library, Inc.

Schaverien, J. (1995). *Desire and the female therapist: Engendered gazes in art therapy and psychotherapy.* London, UK: Routledge.

Seager, M. (2014). Who cares for the carers? Keeping compassion alive in care systems, culture, and environments: A psychologically minded approach. In S. Shea, R. Wynard, & C. Lionis (Eds.), *Providing compassionate healthcare: Challenges in policy and practice* (pp. 39-53). London, ENG: Routledge.

Smith, L., Kashubeck-West, S., Payton, G., & Adams, E. (2017). White professors teaching about racism: Challenges and rewards. *The Counseling Psychologist, 45*(5), 651-668.

Spaniol, S., & Cattaneo, M. (1994). The powerful use of language in art therapy art therapy relationships. *Art Therapy: The Journal of the American Art Therapy Association, 11*(4), 266-270.

Spaniol, S. (1994). Confidentiality reexamined: Negotiating use of art by clients. *American Journal of Art Therapy, 32*(3), 69-74.

Spaniol, S. (1990a). Exhibition art by people with mental illness, process and principles. *Art Therapy: Journal of the American Art Therapy Association, 7*(2), 70-78.

Spaniol, S. (1990b). *Organizing exhibitions of art by people with mental illness: A step-bystep manual.* Center for Psychiatric Rehabilitation, Boston, MA: Boston University.

Stamm, B. (2010). *The concise ProQOL manual* (2nd ed.). Pocatello, ID: ProQOL.org

Stoltenberg, C., & Delworth, U. (1987). *Supervising counselors and therapists: A developmental approach.* San Francisco, CA: Jossey-Bass.

Stoltenberg, C., & McNeil, B. (2009). *IDM supervision: An integrative developmental model for supervising counselors and therapists* (3rd ed.). New York, NY: Routledge.

Sue, D. W. (2005). Racism and the conspiracy of silence. *The Counseling Psychologist, 33*(1), 100-114.

Sue, D. W. (2013). Race talk: The psychology of racial dialogues. *American Psychologist, 68,* 663-672.

Sue, D. W., & Sue, D. (2016). *Counseling the culturally diverse: Theory and practice* (7th ed.). Hoboken, NJ: Wiley and Sons.

Sue, D. W., Capodilupo, C., Torino, G., Bucceri, J., Holder, A., Nadal, K., & Esquilin, M. (2007). Racial microaggressions in everyday life: Implications for clinical practice. *American Psychologist, 62*(4), 271-286.

Talwar, S. (2010). An intersectional framework for race, class, gender, and sexuality in art therapy. *Art Therapy: Journal of the American Art Therapy Association, 27*(1), 11-17.

Talwar, S., Iyer, J., & Doby-Copeland, C. (2004). The invisible veil: Changing paradigms in the art therapy profession. *Art Therapy: Journal of the American Art Therapy Association, 21*(1) 44-48.

Tew, J. (2006). Understanding power and powerlessness: Towards a framework for emancipatory practice in social work. *Journal of Social Work, 6*(1), 33-51.

Thomas, J. (2010). *The ethics of supervision and consultation: Practical guidance for mental health professionals.* Washington D.C.: American Psychological Association.

Tibbetts, T. J. (1995). Art therapy at the crossroads: Art and science. *Art Therapy: Journal of the American Art Therapy Association, 12*(4), 257.

Tuckson, R., Edmonds, M., & Hodgkins, M. (2017). Telehealth. *New England Journal of Medicine, 377*(16), 1585-1592.

Tyler, J. M., & Tyler, C. L. (1997). Ethics in supervision: Managing supervisee rights and supervisor responsibilities. In *Hatherleigh guide to ethics in therapy* (pp. 75-95). New York, NY: Hatherleigh Press.

Vacha-Hasse, T., Davenport, D. S., & Kerewsky, S. D. (2004). Problematic students: Gatekeeping practices of academic professional psychology programs. *Professional Psychology: Research and Practice, 35*(2), 115-122.

Vick, R. (1999). Utilizing pre-structured art elements in brief group art therapy with adolescents. *Art Therapy: Journal of the American Art Therapy Association, 16*(2), 68-77.

Vonnegut, K. (1987). *Bluebeard.* New York, NY: Dell.

Wadeson, H., Junge, M. B., Kapitan, L., & Vick, R. (1999). Why do you make art? *Proceedings of the 1999 Annual AATA Conference: Frameworks: A sense of place* (p. 157). Orlando, Fl.: The American Art Therapy Association, Inc.

Wadeson, H. (1995). Invited response. *Art Therapy: Journal of the American Art Therapy Association, 12*(4), 258-259.

Wadeson, H. (Ed.). (1992). *A guide to conducting art therapy research.* Mundelein, IL: The American Art Therapy Association, Inc.

Wadeson, H. (1986). The influence of art-making on the transference relationship. *Art Therapy: The Journal of the American Art Therapy Association, 3*(2), 81-88.

Wadeson, H. (1980). *Art psychotherapy.* New York, NY: John Wiley & Sons.

Wadeson, H. (1978). Some uses of art therapy data in research. *American Journal of Art Therapy, 18*, 11-18.

Wadeson, H., Landgarten, H., McNiff, S., Free, K., & Levy, B. (1977). The identity of the art therapist: Professional self-concept and public image. *Proceedings of the 1976 Annual AATA Conference: Creativity and the Art Therapists Identity* (pp. 38-42). Baltimore, MD: The American Art Therapy Association, Inc.

Waller, D. (1989). Musing cross culturally. In A. Gilroy & T. Dalley (Eds.), *Pictures at an exhibition.* London, UK: Tavistock/Routledge.

Walls, J. (2018). A telehealth primer for art therapy. In C. Machiodi (Ed.), *The handbook of art therapy and digital technology*. London, ENG: Jessica Kingsley.

Watkins, C. (1995). Psychotherapy supervisor and supervisee: Developmental models and research nine years later. *Clinical Psychology Review, 15*, 647-680.

Webster, M. (1994). Legal and ethical issues impacting unlicensed art therapists and their clients. *Art Therapy: Journal of the American Art Therapy Association, 11*(4), 278-281.

Author. (1988). *Webster's new world dictionary: Third college edition*. New York, NY: Simon & Schuster.

Wheeler, N., & Bertram, B. (2012). *The counselor and the law: A guide to legal and ethical practice* (6th ed.). Alexandria, VA: American Counseling Association.

Wheeler, N., & Bertram, B. (1994). *Legal aspects of counseling: Avoiding lawsuits and legal problems*. Alexandria, VA: American Counseling Association.

Wilbur, M. P., Roberts-Wilbur, J, Morris, H. R., Betz, R. L., & Hart, G. M. (1991). Structured group supervision: Theory into practice. *The Journal for Specialists in Group Work, 16*(2), 91-100.

Wilson, L. (1987). Confidentiality in art therapy. *American Journal of Art Therapy, 25*, 75-80.

Winnicott, D. W. (1960). *The maturational processes and the facilitating environment: Studies in the theory of emotional development*. New York, NY: International Universities Press.

Wirtz, G. (1994). Essential legal issues for art therapists in private practice. *Art Therapy: Journal of the American Art Therapy Association, 11*(3), 293-296.

Wirtz, G., Sidun, N., Carrigan, J., Wadeson, H., Kennedy, S., & Marano-Geiser, R. (1994). *Legal issues: Can art therapists stand alone?* Denver, CO: National Audio Video tape # 58-149.

Wolf, R. (1995). Invited response. *Art Therapy: The Journal of the American Art Therapy Association, 12*(4), 259.

Wolf, R. (1990). Visceral learning: The integration of aesthetic and creative process in education and psychotherapy. *Art Therapy: The Journal of the American Art Therapy Association, 7*(2), 60-69.

Wonders, L. L. (2018). *The ethics of self-care in psychotherapy: A 6 hour continuing education course*. Honolulu, HI: Jen Taylor Play Therapy.

Yalom, I. (1995). *The theory and practice of group psychotherapy*. New York, NY: Basic Books.

저자 소개

브루스 문(Bruce L. Moon, Ph.D., ATR-BC)

폭넓은 임상, 행정, 교육 경험을 지닌 미술치료 명예교수다. 그는 미술치료 전공으로 창의적 예술에 특화된 박사학위를 소지하고 있고 공인 미술치료사로 등록되어 있으며, 미국에서 처음 실행된 미술치료 프로그램 박사학위의 공동 설립자다. 정서장애 아동, 청소년, 성인 치료에 초점을 맞춘 그의 미술치료 임상 실습은 40년 동안 발전하였으며, 2007년에 미국미술치료협회에서 선정한 Honorary Life Member Award의 수상자로서 미국, 캐나다, 홍콩, 대만의 대학들과 콘퍼런스, 심포지엄에서 강연과 워크숍을 진행하였다.

저서로는 『Existential Art Therapy: The Canvas Mirror, Essentials of Art Therapy Training and Practice』 『Introduction to Art Therapy: Faith in the Product』 『Art and Soul: Reflections on an Artistic Psychology』 『The Dynamics of Art as Therapy with Adolescents』 『Working with Images: The Art of Art Therapists』 『Word Pictures: The Poetry and Art of Art Therapist』가 있으며, 또한 많은 저널에 기고하였다. 그는 다년간의 임상 및 교육 경험이 있으며, 이는 신학, 윤리학, 미술치료, 교육, 창조예술 분야에 대한 풍부한 훈련과 더불어 미술치료의 윤리적 문제를 이론적이고 실용적으로 접근할 수 있도록 돕는다.

에밀리 골드스타인 놀란(Emily Goldstein Nolan, D.A.T, ART-BC, LPC)

폭넓은 임상, 행정, 교육 경험을 지닌 미술치료 조교수다. 그녀는 미술치료 박사학위를 소지하고 있으며, 공인 미술치료사로 등록되어 있다. 위스콘신 밀워키에 위치한 지역사회 중심의 임상 미술치료 스튜디오(Bloom; Center for Art and Integrated Therapies, LLC)의 책임자이며, 전문 분야는 트라우마를 겪은 대상뿐 아니라 건강한 삶과 정신건강에 걸친 미술치료 전반을 포함한다. 놀란 박사(Dr. Nolan)는 국내외에 발표된 수많은 신문 기사와 학술 논문의 저자로서 내담자들과의 경험 및 수업, 미술치료사와 학생들에게 슈퍼비전을 제공하는 것, 성공적인 미술치료 프로그램 개발과 관련된 내용은 모두 그녀의 스승인 문 박사(Dr. Moon)의 저작물 개정판에 기재되어 있다.

역자 소개

임나영(Lim, Nayoung)
고려대학교에서 심리학(임상 및 상담 전공)으로 석사와 박사 학위를 받았다. 현재 가천대학교 특수치료대학원 미술치료학 전공 주임교수, 일반대학원 특수상담치료학과 박사과정의 학과장으로 재직 중이며, 가천대학교 통합 발달심리센터와 길병원 특수치료센터의 슈퍼바이저다. 또한 (사)한국예술치료학회 부회장 및 미술치료 수련감독전문가이며, 한국생애놀이치료학회의 학술위원장 및 놀이치료 수련감독전문가, 한국미술치료교수협의회 이사로 활동하고 있다. EBDT 그림검사 개발자로서 복합외상 및 외상 관련 미술평가 및 예술치료 기법에 관심이 있으며, SSCI 논문을 비롯하여 다수의 학술지에 기고하였고, 저·역서로는『전생애 놀이치료』(공저, 학지사, 2021),『인간중심 미술치료의 실제』(공역, 시그마프레스, 2012) 등이 있다.
E-mail: psyart@gachon.ac.kr

오종은(Oh, Jongeun)
경희대학교에서 미술교육 전공으로 석사학위를 받고, 숙명여자대학교에서 아동심리치료 전공으로 박사학위를 받았다. 현재 가천대학교 특수치료대학원 미술치료학 전공 초빙교수, 한양대학교 상담심리대학원 겸임교수로 재직 중이다. 한국예술상담협동조합 마음아뜰리에의 대표로서 다양한 현장에서 미술치료 프로젝트를 수행해 왔고, (사)한국예술치료학회 및 한국생애놀이치료학회의 이사이자 수련감독전문가이며, 교육부 K-MOOC 강사, CGN TV 강사로 활동하고 있다. 저서로는『내마음의 동그라미: 엄마랑 아이랑 함께하는 만다라 그림놀이』(공저, 엘리북, 2016),『전생애 놀이치료』(공저, 학지사, 2021) 등이 있다.
E-mail: ohbell@hanmail.net

이윤희(Lee, Yoonhee)
건국대학교에서 석사학위 및 박사수료를 하였으며, 전공 분야는 미술교육, 교육과정 및 교육철학, 미술치료학이다. 현재 한국미술치료연구센터장, 마인드앤심리상담센터장, 가천대학교 특수치료대학원 미술치료학 전공 겸임교수로 재직 중이다. 또한 (사)한국예술치료학회 이사 및 수련감독전문가, 한국문화예술진흥원 예술치유사업의 슈퍼바이저이며, 여러 기업에서 상담 및 교육 강사로 활동하고 있다. 저·역서로는『미술치료사 11인의 정신장애별 미술치료』

(공저, 학지사, 2021), 『상처입은 마음의 성형: 스물여섯 가지 미술치료의 길』 (공역, 한국미술치료연구센터, 2003) 등이 있다.
E-mail: leemaria@hanmail.net

홍윤선(Hong, Yoonsun)
이화여자대학교 인문학부에서 철학과 미술사학을 전공하였고, C.W. Post Long Island University에서 Clinical Art Therapy로 석사학위를 받았으며, 이화여자대학교에서 상담심리 전공으로 박사과정을 수료하였다. 현재 가천대학교 특수치료대학원 미술치료학 전공 겸임교수, 마음공간 심리치료연구센터 부소장으로 재직 중이며, (사)한국예술치료학회 학술이사 및 미술심리상담사 전문가다. 저서로는 『마음을 열어주는 통합영어미술 PLUS!』 (공저, 좋은땅, 2008) 등이 있다.
E-mail: newyoon77@hotmail.com

권민경(Kwon, Minkyung)
홍익대학교 조소과를 졸업하고, C.W. Post Long Island University에서 Clinical Art Therapy로 석사학위를 받았으며, 이후 미국등록미술치료사(ATR), 아동중심놀이치료사(Child-Centered Play Therapy) 자격을 취득하였다. 현재 한국미술치료연구센터 수석연구원, 해솔마음클리닉에서 미술치료사로 재직 중이며, 롯데뮤지엄과 예술의 전당에서 열리는 다수의 전시회에서 미술치료기반 워크숍 및 미술치료 프로그램을 기획, 운영하고 있다.
E-mail: kmink0307@hotmail.com

미술치료윤리 이론과 실제(원서 4판)
Ethical Issues in Art Therapy (4th ed.)

2022년 7월 15일 1판 1쇄 인쇄
2022년 7월 20일 1판 1쇄 발행

지은이 • Bruce L. Moon · Emily Goldstein Nolan
옮긴이 • 임나영 · 오종은 · 이윤희 · 홍윤선 · 권민경
펴낸이 • 김진환
펴낸곳 • ㈜ 학지사

          04031 서울특별시 마포구 양화로 15길 20 마인드월드빌딩
대표전화 • 02-330-5114   팩스 • 02-324-2345
등록번호 • 제313-2006-000265호

홈페이지 • http://www.hakjisa.co.kr
페이스북 • https://www.facebook.com/hakjisabook

ISBN 978-89-997-2703-0 93180

정가 22,000원

출판미디어기업 **학지사**

간호보건의학출판 **학지사메디컬** www.hakjisamd.co.kr
심리검사연구소 **인싸이트** www.inpsyt.co.kr
학술논문서비스 **뉴논문** www.newnonmun.com
교육연수원 **카운피아** www.counpia.com